Gabriele Keller

Es war einmal?

D1695995

Gabriele Keller

Es war einmal?

Bildliche Rezeption von Zaubermärchen
für Jugendliche im Pubertätsalter

Mit Unterrichtsmodellen

Schillinger Verlag · Freiburg

Grafikdesign: Lucas Managò, Barcelona
Umschlagillustration:
„König Lindwurm", Schülerzeichnung aus der Testreihe
Foto: Meinen, München

1. Auflage 1996
Alle Rechte (außer Märchentexte) bei Gabriele Keller
Schillinger Verlag Freiburg
Wallstraße 14
D-79098 Freiburg
℗ 07 61/3 32 33, Fax 07 61/3 90 55

Gedruckt auf umweltfreundlichem,
chlorfrei gebleichtem Papier
Herstellung: Freiburger Graphische Beriebe 1996
ISBN 3-89155-202-5

Als ich im Herbst 1995 in den Schulen mit meiner Testreihe „Zaubermärchen in der Pubertät" begann, erntete ich beim Vorlesen eines Märchens häufig beim ersten Satz Gelächter. Las ich weiter, so verstummte das Lachen und die Jugendlichen verfolgten ruhig den weiteren Verlauf der Erzählung, teils mit in sich gekehrtem, teils mit lebhaftem Blick. Dieser Ablauf wiederholte sich regelmäßig. Manchmal war das Lachen sogar besonders laut, und ich konnte lange nicht begreifen, warum. Schließlich merkte ich, daß es die Anfangswendung war, mit der fast alle Zaubermärchen beginnen und die den Jugendlichen so besonders lustig erschien: „Es war einmal". Und noch viel komischer erschien ihnen: „Es war einmal ein König". Als ich das begriffen hatte, änderte ich meine Vorgehensweise. Von nun an erklärte ich vor dem Beginn des Märchens, daß „es war einmal" soviel heißt wie: „irgendwo und nirgendwo", und daß die Märchen in einer Welt spielen, wo die Könige noch Macht haben. Von diesem Tag an verstummte das Lachen. Die Schwelle zur inneren Bilderwelt konnte überschritten werden: „Es war einmal" schlug die Jugendlichen in seinen zauberischen Bann.

In den Monaten der praktischen Vorbereitungen für dieses Buch habe ich viel gelernt. Die Art, wie Jugendliche in der Pubertät Zaubermärchen aufnehmen, wie sie sie an sich „heranlassen", wie sie anzeigen, was sie lieben und was sie ablehnen, wie sie sich freuen und wie sie oftmals vor der Wucht der eigenen inneren Bilderwelt erschauern, – das alles war für mich ungewöhnlich und aufregend. Und nie war ich dabei vor Überraschungen sicher. Im Umgang mit den Zaubermärchen sind die Jugendlichen meine besten Lehrmeister geworden, denen ich viel verdanke. Sie zeigten mir neue Zugänge in die Zusammenhänge des Lebens, von denen uns die Märchen seit Jahrhunderten immer wieder berichten.

Sämtliche Illustrationen wurden von den Schülerinnen und Schülern während der Testreihe angefertigt. Allen Teilnehmern herzlichen Dank!

Mein besonderer Dank gilt den Lehrerinnen und Lehrern und allen, die meine Testreihe hilfreich begleitet haben. Ich danke den Verlagen, die mir freundlicherweise die Märchentexte zur Verfügung stellten.

Unteribental, 15. August 1996   *Gabriele Keller*

INHALT

EINFÜHRUNG

ERSTER TEIL
DIE VORAUSSETZUNGEN

1. Kapitel: Was ist ein Märchen?

2. Kapitel: Zaubermärchen für Jugendliche im Pubertätsalter   53

ZWEITER TEIL

DIE PRAKTISCHE ARBEIT

DRITTER TEIL
ÜBERBLICKE UND TEXTE

Überblicke

Textanhang mit Unterrichtsmodellen

Einführung

Bildliche Rezeption von Zaubermärchen für Jugendliche im Pubertätsalter

Der Zweck dieses Modells

Bildliche Rezeption (Aufnahme) besteht darin, äußere Reize und Anregungen mit der inneren Vorstellungskraft der Phantasie in Beziehung zu bringen. Unsere innere Vorstellung setzt sich aus Bildern zusammen. Sie gehen zurück auf Sinneseindrücke und werden wirksam, weil sie Empfindungen enthalten und Botschaften übermitteln. Wir träumen auch in Bildern, wir erinnern uns in Bildern. Ihre Ausdrucksweise ist formelhaft: Die Bildersprache des Unbewußten ändert sich nicht so schnell wie die gesprochene Sprache.

Bildhaftes Denken und bildhaftes Sprechen kommen vor allem in der Welt der Mythen und Märchen zum Vorschein. Märchen sind Geschichten in erzählten Bildern, die durch Hören unmittelbar aufgenommen werden können und so vor dem inneren Auge stehen. Die bildliche Rezeption von Märchen erweitert den Erlebnishorizont und erleichtert die Orientierung zwischen Innenwelt und Außenwelt. Sie stellt eine wichtige Ergänzung zum logischen Denken dar.

In den Unterricht der Schulen finden Phantasiebilder nur wenig Eingang. Außer durch den Gebrauch von Bildern als Anschauungsmaterial in Lehrbüchern wird im Unterricht die visuelle Ebene kaum angesprochen. Dabei handelt es sich jedoch um „aufgesetzte" Bilder, die von außen an die Netzhaut herangebracht werden. Die Ebene der inneren Bilder, die aus dem Unbewußten aufsteigen, werden im Schulunterricht wenig berücksichtigt. Doch ist eine intakte innere Bildwelt die allererste Voraussetzung für die Fähigkeit, anschaulich denken zu können. Die bildliche Rezeption von Zaubermärchen hat eine umfassende Funktion: Die Schulung des individuellen Gedächtnisses an bildlichen Grundmustern, die eine wichtige Voraussetzung darstellt für das Denken in begrifflichen Zusammenhängen.

Die Schulung der Vorstellungsfähigkeit durch bildliche Rezeption setzt Geduld voraus. Oft haben wir es bei den Schülern mit einem unentwickelten Bild-Gedächtnis zu tun, mit einer kaputten inneren Bildwelt, „zerschossen" durch die pausenlosen Angriffe der Medien und ihrer kommerziellen „Schnellfeuergewehre". Bilder sind viel ursprünglicher als Gedanken. Zuerst sind die Bilder da, dann erst kommen die Gedanken und zuletzt die Begriffe und Definitionen. Die Bilder, die aus dem Unbewußten aufsteigen, haben einen individuellen Charakter, enthalten aber auch allgemeingültige Muster und überlieferte Formen. *Überlieferung* ist dabei zu verstehen als eine Summe all dessen, was in vorangegangenen Generationen erfahren und erlernt worden ist. In der Bilderwelt des einzelnen wirken die überlieferten Formen als Träger von gemeinsamen Vorstellungen und Verhaltensmustern. Märchen enthalten kollektive Handlungsmuster mit einer deutlich optimistischen Weltsicht. Ihre bildliche Rezeption ist hilfreich bei der Verarbeitung von individuellen Erfahrungen und trägt zu einer realistischen Lebenseinschätzung sehr viel bei.

Die Märchen besitzen klare und einfache Bilder, die von den Grundkonstellationen des menschlichen Lebens ausgehen. Ihre bildliche Rezeption im Pubertätsalter ist entwicklungspsychologisch von großem Wert. Märchen sind symbolische Bildgeschichten, ihre Handlungen haben einen sinnbildlichen Charakter. Das gibt ihnen eine Ausstrahlung von Zeitlosigkeit. Sie vermitteln kollektive Erfahrungen und Kontinuität. Gerade in der Zeit der pubertären Reifung brauchen die Jugendlichen die Empfindung, daß all die diffusen körperlichen Hinweise und die verwirrenden sozialen Erlebnisse ihres Alters in einem Gefühl von Kontinuität aufgehoben sind, das ihnen hilft, die innere und die äußere Welt in Einklang zu bringen. Die überlieferten Formen der Märchen sind wie ein Netz, das die Abgründe überspannt. Sie helfen den Jugendlichen, den schwierigen Übergang von der Kindheit ins Erwachsenenalter zu bewältigen. Die bildliche Rezeption von Zaubermärchen fördert die Integrationsfähigkeit und Persönlichkeitsentfaltung der Jugendlichen. Damit erfüllt sie auch eine wichtige gesellschaftliche Funktion.

Die Vorbereitung des Modells in der Praxis

Alle Abläufe in dem vorliegenden Unterrichtsmodell wurden von mir in der Praxis erprobt. Dabei hörte ich von vielen Lehrern, sie hätten ihre Klassen aus einer ganz neuen Sicht kennengelernt.

In 32 Testgängen habe ich 19 gemischte Klassen in 11 verschiedenen Schulen (Haupt-, Real- und Sonderschulen sowie Gymnasien), mit über 500 Schülerinnen und Schülern geprüft, wobei jedesmal ein ausführliches Protokoll entstand.

Parallel zu dieser Testreihe gab es Erzählveranstaltungen mit dem Titel „Kinder und Jugendliche erzählen Volksmärchen", wobei Schülerinnen und Schüler im Alter von 6 bis 15 Jahren ausgewählte Volksmärchen aus dem Gedächtnis erzählten. Im Rahmen einer dieser Veranstaltungen, die von der Stadt Freiburg unterstützt wurde, gab es auch eine Ausstellung von Bildern, die während der Testreihe gemalt worden waren.

Der Aufbau des Modells

Die eine Seite des Modells ist die Entfaltung von Phantasie und Kreativität, die andere Seite ist die Schulung des Denkvermögens. Beides will geübt sein, und dazu braucht es ein klares Konzept. Das Unterrichtsmodell ist aufgebaut in 5 Phasen von unterschiedlicher Länge. Die zu behandelnden Märchen sind eingebunden in den Lehrstoff der Klassen 7–10 von Hauptschulen, Realschulen und Gymnasien.

Für die Behandlung eines Märchens im Unterricht ist eine Doppelstunde notwendig. Dazu kommt eine weitere Einzelstunde, wenn eine „Märchenkombination" eingesetzt wird. Es empfiehlt sich, den gesamten Vorgang in jedem Schuljahr einmal durchzuführen. Bei fächerverbindendem Unterricht kann in einer Klasse in jedem beteiligten Fach ein Märchen/eine Märchenkombination durchgenommen werden.

Eine reichliche Auswahl von Märchentexten ist im Anhang dieses Buches zu finden. Dabei handelt es sich um Texte, die unter erschwerten Testbedingungen bei Schülerinnen und Schülern im Alter von 11/12 bis 16/17 Jahren in mehrfachen Durchgängen auf Akzeptanz geprüft worden sind. Märchen, die in irgendeiner Form nicht akzeptiert wurden, sind am Ende des Testes ausgeschieden.

Ich hoffe, daß das Modell bei möglichst vielen Jugendlichen als abwechslungsreiche Ergänzung zum Unterrichtsstoff eingesetzt werden kann.

Die Methode

Verständnis für die Bilderwelt der Märchen kann vom heutigen Menschen nicht ohne weiteres vorausgesetzt werden. Wir alle sind in einer Schriftkultur großgeworden. Mit Bildmotiven umzugehen, ist dem logisch denkenden Menschen meist nicht ohne weiteres möglich, obwohl die innere Bildebene gerade die Voraussetzung für eben dieses Denken darstellt. Doch sind wir meist so weit davon entfernt, daß der Umgang damit erst wieder eingeübt werden muß. Zur bildlichen Rezeption von Märchen im Unterricht habe ich deshalb eine besondere Methode entwickelt. Sie ist in mehreren Schritten aufgebaut, die in einem der nachfolgenden Kapitel eingehend beschrieben werden. Es handelt sich dabei um fünf aufeinanderfolgende Phasen:

In der ersten Phase wird zunächst (ein Tag oder mehrere Tage vor der Märchenrezeption) der für eine Verbindung damit vorgesehene Stoff im Lehrplan durchgenommen. Eine Zusammenstellung von einigen Lehrplaneinheiten aus den Klassen 7 bis 10, die besonders geeignet sind, von der Bildebene her ergänzt zu werden, und ihre Verknüpfung mit ausgewählten Märchentypen ist im Anhang zu finden.

Die zweite Phase besteht aus der mündlichen Vermittlung des Märchens. Dabei kommt es auch auf das eigene Verständnis des Textes und dessen klare Wiedergabe an. Jedes Märchen, das im Unterricht verwendet werden soll, muß zuvor vom Lehrer/ der Lehrerin selbst erarbeitet worden sein. Die Kommentare und Modelle zu den einzelnen Märchen sind als Hilfe dafür gedacht. Das Märchen soll beim Vorlesen so vermittelt werden, *daß es die Zuhörer unbewußt auf der Bildebene erfassen können.*

Vor dem Hören des Märchens steht eine kurze Einstimmung der Schülerinnen und Schüler, vor allem müssen sie damit vertraut gemacht werden, daß es sich um eine Bildgeschichte handelt.

Die dritte Phase enthält die Reproduktion des Märchens. Hier muß bei den Schülern und Schülerinnen die innere Bildebene aktiviert werden. Dabei kommt es in erster Linie auf Spontaneität an. Das Märchen soll nicht in seinen äußeren Zusammenhängen dargestellt werden, auch nicht interpretiert oder logisch hinterfragt werden. In dieser Phase ist allein die Weckung der inneren Bilder wichtig. Sie wird erreicht, indem die Schüler spontan die Bilder des Märchens nennen, die ihnen am besten im Gedächtnis geblieben sind und jetzt noch vor ihrem inneren Auge stehen. Danach wird das Märchen „zusammengesetzt", d. h. durch das Verfolgen des äußeren Erzählfadens in der chronologischen Reihenfolge wird die Ganzheit des Märchens wieder hergestellt.

Zeiteinteilung: Ende der ersten Hälfte der Doppelstunde.

Die folgende vierte Phase enthält das Gespräch über die gefundenen Bilder des Märchens. Sie stellt die meisten Anforderungen an die Lehrerin/ den Lehrer. Jetzt geht es bei den Schülern und Schülerinnen darum, ihre Phantasie zum *Verständnis der Symbolik* des Märchens einzusetzen, seine *pubertätsbezogenen Inhalte* zu erkennen und seine *formelhaften Strukturen* zu erfassen. Je klarer die Bilder zuvor reproduziert worden sind, desto lebendiger können sie nun ins Bewußtsein gebracht werden, desto intensiver verlaufen die gruppendynamischen Prozesse, die durch das Märchen in der Klasse angestoßen worden sind.

Die fünfte Phase ist das Malen der Bilder. Sie sollte 15 bis 20 Minuten nicht überschreiten. Die Materialien dafür sollten zuvor vom Lehrer gerichtet sein.

Eine Besonderheit dieses Modells besteht in der **Kombination von zwei Märchen des gleichen Erzähltyps**, wobei das zweite Märchen wesentlich kürzer ist und einige Tage danach in der gleichen Weise rezipiert wird wie das erste. Diesmal genügt eine Einzelstunde. Bei dem zweiten Text handelt es sich ausschließlich um deutsche Märchen, in den meisten Fällen um ein Märchen der Brüder Grimm.

Zur Erweiterung des Modells sind im Anhang interessante Märchentexte zum ergänzenden Vorlesen angeboten, die die Phantasie der Jugendlichen beim einfachen Zuhören anregen können.

Eine wichtige Ergänzung stellt das Erzählen von Märchen aus dem Gedächtnis dar („Kinder und Jugendliche erzählen Volksmärchen"), das zum Abschluß fächerübergreifender Aktivitäten an der Schule oder für Projekttage besonders geeignet ist und in einem eigenen Kapitel behandelt wird. Einige erprobte Texte dafür sind im Anhang zu finden.

ERSTER TEIL

DIE VORAUSSETZUNGEN

Mädchen, 16 Jahre, „Das Borstenkind"

1.

Was ist ein Märchen?

Überspringen Sie dieses Kapitel nicht: Für die praktische Durchführung und Effektivität dieses Unterrichtsmodells ist es unentbehrlich, sich zuvor mit dem Begriff „Märchen" näher zu befassen. Zaubermärchen besitzen faszinierende Bilder, sie enthalten einen unverkennbaren Aufbau und klare, positive Handlungsmuster, Jugendliche fühlen sich dadurch ebenso spielerisch wie ernsthaft angesprochen. Doch ist die Vertrautheit mit den Eigenarten der Zaubermärchen eine wichtige Voraussetzung, um sie wirkungsvoll im Unterricht einsetzten zu können.

1. Abgrenzung der Begriffe

Die ursprünglichen, überlieferten Märchen sind mündliche Erzählungen, die anonym entstanden, eine Zeitlang in mündlicher Überlieferung gelebt haben und anonym weitergegeben wurden.

Von diesen ,Volksmärchen' zu unterscheiden sind die sog. ,Kunstmärchen': Phantasiegeschichten, in denen märchenhafte Motive verwendet werden. Doch sind sie nicht anonym enstanden wie die Volksmärchen, sondern stammen von einem individuellen, meist namentlich bekannten Autor (z.B. von Hans Christian Andersen, von Michael Ende usw.). Im Gegensatz zu den viel zeitloseren Volksmärchen sind die literarischen Kunstmärchen meist schnell wieder veraltet. Doch eignen sie sich gut zur Bearbeitung für Theaterstücke und Filme. Der Stoff der echten Volksmärchen dagegen entzieht sich gerade einer solchen Dramatisierung: *Bearbeitete* Volksmärchen sind *keine* mehr.

Im Lauf der Jahrhunderte haben sich ,Volks-Poesie' und ,Kunst-Poesie' immer wieder gegenseitig ergänzt und durchdrungen. Man hat deshalb häufig den Versuch gemacht, die beiden Begriffe voneinander

19

abzugrenzen. Doch können solche Unterscheidungen im allgemeinen nur für die *europäischen* Traditionen gelten, in den Erzählungen außereuropäischer Völker sind die Übergänge der einzelnen Gattungen wesentlich fließender.

Eine eindrucksvolle und klare Typologie der volksliterarischen Gattungen ist erstmals *André Jolles* gelungen, indem er den Begriff der ‚Einfachen Formen' prägte (A. Jolles 1929; s. hierzu H. Bausinger, 1980,55–68). Heute ist es verhältnismäßig einfach, die einzelnen Erzählgattungen innerhalb der ‚Volks-Poesie' zu unterscheiden.

Im allgemeinen gilt der Begriff **Volksmärchen** als ein Sammelbegriff für alle Volkserzählungen, doch charakteristisch tritt er nur in den sog. **Zaubermärchen** in Erscheinung. Die meisten Märchen der Brüder Grimm sind **Zaubermärchen**.

Sagen beziehen sich in erster Linie auf historische Begebenheiten und bestimmte Orte, das Wunderbare nimmt in ihnen erschreckende Formen an, und sie enden fast immer tragisch.

Mythen handeln von Göttern und Geistern, von Weltentstehung und Weltende. Das Schicksal der Menschen spielt eine untergeordnete Rolle und nimmt meist ein tragisches Ende.

Legenden beschreiben himmlische Wunder und das Wirken der Heiligen.

Fabeln handeln von vermenschlichten Tieren und dienen als didaktische Beispiele, ähnlich wie die **Parabeln.**

Schwänke stellen tragisch-komische Begebenheiten des Lebens dar, die sie zwar meist mit Gelassenheit schildern, zugleich aber zersetzen.

Eine besondere Stellung nehmen die **Tiermärchen** ein: sie tragen oftmals mythische Züge.

Exempel, Rätsel, Witze usw. sind volkverbreitete, meist mündliche **Kurzformen.**

Die Übergänge zwischen den einzelnen Gattungen sind fließend, es handelt sich ja vor allem um mündlich tradiertes Erzählgut. Doch sind die Unterschiede in den Formen verhältnismäßig leicht zu erkennen. Sie liegen vor allem in der abweichenden Behandlung der **Motive** und in der **Struktur** der Erzählungen.

Eine Mischung von Schwank und Märchen z. B. wird als **Schwankmärchen** definiert: *„Das tapfere Schneiderlein"* der Brüder Grimm ist ein typisches Schwankmärchen. *„Das Muttergottesgläschen"* von Grimm ist ein **Legendenmärchen.** *„Der goldene Schlüssel"* und *„Das Hirtenbüblein"* von Grimm sind **Parabelmärchen**, sie haben vor allem Gleichnischarakter; ersteres ist zugleich ein **„Neckmärchen".**

Novellenmärchen sind eine Mischung von Volksmärchen und Kunstmärchen. Diese Formen werden zwar noch zu den Volksmärchen gezählt, doch enthalten sie **keine magischen Motive mehr.** Ähnlich wie die Schwänke eignen sich Novellenmärchen gut zur **kritischen Hinterfragung.** *„König*

Drosselbart" von Grimm ist ein bekanntes Novellenmärchen, es fordert zu einer feministischen Sozialkritik geradezu heraus. Der Grimmsche **Märchenschwank** „*Hans im Glück*" ist auf eine exemplatorische Auslegung direkt angelegt. Solche Volkserzählungen lassen sich gut **dramatisieren** und **persiflieren.** Doch besteht bei jeder Abänderung von Märchenstoffen auch die Gefahr der Sentimentalisierung. *Abgeänderte* Märchenstoffe bezeichnet man als ,**Folklore aus zweiter Hand**'. „Volk ist nie -tümlich," sagt Brecht.

Im heutigen Gebrauch werden viele überlieferte Märchenstoffe bis zur Unkenntlichkeit verulkt und sentimentalisiert. Dabei haben wir es häufig mit einer regelrechten Ausbeutung dieser vielbekannten Stoffe zu kommerziellen Zwecken zu tun. Aber auch in den Lesebüchern der Schulen tauchen solche sinnentstellenden **Märchenparodien** und **Märchenwitze** leider immer wieder auf. Bevor wir mit einer bildlichen Rezeption von „Märchen" bei Schülern beginnen, ist es ratsam, sich persönlich mit dem Begriff klar auseinanderzusetzen. Dazu möchte ich im folgenden Kapitel eine Hilfe geben.

Am deutlichsten treten die Charakteristika des ,Volksmärchens' zutage in der Gegenüberstellung mit dem ,Kunstmärchen'.

2. Literarischer Exkurs: ,Volksmärchen' und ,Kunstmärchen'

„Alles Poetische muß märchenhaft sein", sagt der Dichter Novalis, ... „im Märchen glaube ich am besten, meine Gemütsstimmungen ausdrücken zu können" (Fr. Novalis, 1803/1929, III, 220). Für ihn und die meisten Dichter der Romantik war das märchenhaft Wunderbare der Urstoff des Erzählens, ausgestattet mit der seelischen Heiterkeit eines goldenen Zeitalters. Diese Einstellung des 19. Jahrhunderts zum Märchen reicht näher an unsere heutige Zeit heran, als uns vielleicht bewußt ist. Auch unser Jahrhundert hat die naive Anschauung des „Wunderbaren" verloren und sucht die Geheimniszustände der Welt in einer „Wunderwahrheit" (Novalis), die dem neuen Bezug zu Innerlichkeit und Selbsterfahrung der Menschen entspricht. Auch heute ist es vor allem das Weltbild der Aufklärung, das uns nicht befriedigt und dem wir auf alle mögliche Weise zu entkommen suchen (M. Thalmann, 1961).

Die alten Traditionen der Volksmärchen bieten dafür einen idealen geistigen Raum. „Ein Märchen" sagt Novalis, „ist eigentlich wie ein

21

Traumbild, – ohne Zusammenhang, – ein Ensemble wunderbarer Dinge und Begebenheiten", – die idealste Form des „absoluten Chaos" (Novalis,1929,III,253; II,33). Hier kündigt sich der Beginn einer modernen Welterfahrung an, und die daraus entstehende Vorstellung vom *Märchen* hat etwas Zwiespältiges. Ihre Interpretation hat mit der Welt der eigentlichen **Volksmärchen**, so wie sie in Europa seit Hunderten, wenn nicht Tausenden von Jahren in mündlicher Überlieferung weitergegeben wurden, nur noch wenig zu tun. Das mag auch der Grund sein, warum immer wieder die Meinung vertreten wird, daß *moderne* Märchen zwar ‚*Kunstmärchen*', aber keine ‚*Volksmärchen*' mehr *sein können*.

Im Folgenden sollen die typischen Merkmale der überlieferten Volksmärchen in Gegenüberstellung mit den literarischen Kunstmärchen erläutert werden. Die Zeit der deutschen Romantik – also etwa von 1790 bis 1830 – bietet sich als Hintergrund für einen Vergleich an, weil gleichzeitig damals in ganz Europa die meisten Volksmärchen aus der mündlichen Überlieferung gesammelt und erstmals schriftlich festgehalten wurden.

… „Ich habe jetzt angefangen, [Kinder-]Märchen zu schreiben", berichtet Clemens Brentano im September 1810 in einem Brief an die Brüder Grimm, die damals gerade mit ihrer Tätigkeit als Sammler von Volksmärchen begonnen hatten. „Ihr könnt mir eine große Liebe erweisen, wenn Ihr mir mitteilt, was Ihr derart besitzt. Da ich sie ganz frei nach meiner Art behandle, so entgeht Euch nichts dadurch" (Brentano: Briefe 1951,II,52).

Alle Dichter der Romantik haben Märchen selber verfaßt, wir nennen sie heute Kunstmärchen. Das Kunstmärchen entwickelte sich aus den französischen *Contes des Fées* und den über Frankreich nach Europa gekommenen Märchen aus *Tausendundeine Nacht*: Die altüberlieferten Stoffe und Motive der Volksmärchen wurden dabei übernommen, aber sie erscheinen literarisiert. Oft erinnert nur noch der erzählerische Ton an die eigentliche Tradition der Volksmärchen. Ihre Symbolik verliert sich in allegorischen Spielen und Sinnbildnereien. Das Wunderbare wird zum *Wunderlichen*, und die überlieferten Märchengestalten wirken wie *Maskeraden*. Deshalb überrascht es auch nicht, daß Brentanos Erzählungen ebenso wie die meisten Kunstmärchen seiner Zeit heute veraltet erscheinen, trotz ihrer literarischen Qualität und sprachlichen Schönheit. Das gleiche Schicksal trifft beinahe alle Kunstmärchen. Ihr Charakteristikum liegt ja gerade im Zugeständnis an den zeitgenössischen Geschmack. Die Zeitlosigkeit des Volksmärchens fehlt ihnen. Wie weit bereits die Aufzeichnung eines Volksmärchen durch *Märchensammler* zu einer ähnlichen Verfremdung bzw. Literarisierung führt, ist eine Frage, die nicht generell beantwortet werden kann und von Fall zu Fall offenbleiben muß.

Innerhalb der mündlichen Tradition dagegen werden die Volksmärchen durch den Prozeß des ‚Zurechterzählens‘ immer wieder von den künstlichen Zutaten und modernisierenden Veränderungen „gereinigt": Alles im Sinne der Erzähltradition Unwichtige, das hinzugetan wurde, fällt allmählich wieder ab, nur das Wichtige bleibt. Doch geschieht dies nicht auf Kosten der erzählerischen Phantasie.

Ein interessantes Beispiel für das ‚Zurechterzählen‘ von Volksmärchen bietet das Rumpelstilzchen-Märchen, ein vor allem in Westeuropa weit verbreiteter Erzähltyp. Als erste schriftliche Quelle erschien eine literarische Fassung bereits 1705 in Frankreich. („Ricdin Ricdon" von Marie Jeanne l'Héritier in: La Tour ténébreuse et les Jours lumineux). Der Stoff wurde einer älteren Erzähltradition entnommen. In verschiedenen Erzählsträngen taucht das Märchen in zahllosen Varianten überall in Europa auf. Mal ist zu erkennen, daß die französische Version Pate gestanden hat, mal entfernt sich die Erzählung davon. In vielen Varianten ist die Geschichte ebenso weit von der französischen entfernt wie von der ebenfalls sehr populären späteren Grimmschen Fassung. Je nach Land und Sprache heißt das dämonische Zwerglein auch immer wieder anders, allein im deutschen Sprachraum gibt es unzählige, überaus drollige, lautmalerische Namen. Diese reiche Variation kommt schon daher, daß es ein Zaubername sein muß, den niemand raten kann. Auch die Zauberverse wechseln von Land zu Land, beinahe von Stadt zu Stadt. Doch der Kern der Erzählung ist stets der gleiche: Er handelt vom Spinnzauber, von der Geburt eines Kindes und von der Rätselwette mit einem Unhold, der das Kind oder seine Mutter holen will und zuletzt doch selber betrogen wird. In einfachen, klaren Bildern werden diese Inhalte sinngemäß immer wiederholt.

Warum wirken die altüberlieferten Volksmärchen so faszinierend, daß ihre Formen die Dichter und Schriftsteller immer wieder inspiriert haben?

Die stilistischen Merkmale der Volksmärchen wurden erstmals von Max Lüthi untersucht. (M. Lüthi, 1947/1992). Nach Lüthi besitzt die Märchensprache einen abstrakten Stil: Sie „abstrahiert" von allen Einzelheiten, die Erzählungen erscheinen dadurch „entwirklicht". Lüthi nennt diese Fähigkeit zur Abstraktion die **Flächenhaftigkeit des Volksmärchens**. Sie zeigt sich schon in den Wendungen der Erzählanfänge. Ein bretonisches Volksmärchen beginnt: „*Es war einmal, es wird eines Tages sein; das ist aller Märchen Anfang*" (Diederichs, Bretonische Märchen Nr. 4). Und in einem sibirischen Märchen heißt es: „*Es lebten einmal ein Mann und eine Frau. Wer weiß wie lange sie schon gelebt hatten? Nur das Märchen mag es wissen, keiner sonst weiß es.*" (Diederichs, Sibirische Märchen, Nr. 1). Ähnlich wie Volkslieder sind auch Volksmärchen **zeitlos und namenlos.**

Die typische Anfangswendung der Kunstmärchen „*vor vielen, vielen Jahren*" entspricht der Formel „*es war einmal*" im Volksmärchen. Doch im Kunstmärchen wird die Dimension des Abstrakten und des Anonymen immer wieder aufgelöst durch eingeschobene Spekulationen und Bewertungen. Dadurch wird das Erzählte nicht als etwas zeitlos Überliefertes erlebt, sondern eher als eine Geschichte, die sich zu einem bestimmten Zeitpunkt abspielt.

Der Entwirklichung der Zeit entspricht im Volksmärchen die Entwirklichung des Raumes. Häuser und Städte, Berge und Meere tauchen auf und verschwinden wieder. Im siebenbürgischen Volksmärchen „Der Wunderbaum" (J. Haltrich, 1974, Nr. 16) gelangt der Held in *kupferne, silberne und goldene Wälder, in denen er durch drei Quellen kupferne Füße, silberne Hände und goldene Haare* bekommt und sich jeweils einen metallischen Zweig auf seine weitere Wanderung mitnimmt. In solchen Landschaften gewinnt alles fest umrissene, klare Formen, ohne eingehende Beschreibung oder umständliche Schilderung.

Im Kunstmärchen dagegen gestaltet sich Natur zur Szenerie und wird gefühlvoll als Erlebnisraum beschrieben. In Ludwig Tiecks ‚*Runenberg*' wird die Handlung kunstvoll eingeleitet: Der Abend wirkt schwermütig und ist dunkel, die grünen Schatten des Waldes sind „traurig", der „Bach spricht in lauter Klage", und die Wolken des Himmels ziehen die Sehnsucht jenseits der Berge (L. Tieck 1829, I, 242). Landschaft wird im Kunstmärchen zum stimmungsvollen Empfindungs-Zeichen.

Der abstrakten und flächenhaften Vorstellung von Raum und Zeit im Volksmärchen entspricht nach Lüthi auch die **Flächenhaftigkeit der Personen und Gestalten**. Sie sind entweder schön und gut oder böse und häßlich. Aus dem Mund des *guten Mädchens* fallen bei jedem Wort, das es spricht, *Goldstücke*, aus dem des *schlechten Mädchens* springen *Kröten* (KHM 13). Königskinder werden mit einem *goldenen Apfel in der Hand* geboren (Sizilianische Märchen, Gonzenbach Nr. 3) oder sie tragen die *Sonne auf der Brust*, den *Mond auf dem Nacken* und *Sterne an den Seiten* (Russische Volksmärchen, Afanasjew, 283–287, V 283). In den in ganz Europa verbreiteten Erzählungen vom *„guten und vom schlechten Mädchen"* erhält das gute zuletzt Haare oder Kleider von *Gold*, das schlechte dagegen wird *schwarz*.

Im Volksmärchen wird das Innenleben der Personen nicht in Worten ausgedrückt, sondern in äußeren Handlungen: Der Königssohn im *„Aschenputtel"* macht keine Liebeserklärungen sondern er sucht das Mädchen, zu dem der Schuh paßt, und als er sie gefunden hat, heiratet er sie (KHM 21).

Im Kunstmärchen wird dies übernommen. Novalis' *Hyazinth* ist ein Märchenprinz, der wunderbar tanzt und aussieht *„wie gemalt"*, und seine kleine Märchenprinzessin hat *„kirschrote Lippen und Haare wie goldene Seide"*. Doch das Kunstmärchen liebt auch die Maskierungen: Fremdes erscheint bekannt und unbekannt zugleich. In E. T. A. Hoffmanns *„Schlänglein mit den dunkelblauen Mädchenaugen, die im Holunderbusch singen"* wird zwischen Maske und Gesicht nicht unterschieden, Gut und Böse werden nicht als *schwarz und weiß* gegeneinander gestellt (Hoffmann *„Der goldene Topf"*). Das Volksmärchen dagegen lebt gerade aus der Schwarz-Weiß-Malerei seiner Gegenüberstellungen. Polarisation ist für das Volksmärchen das wichtigste Mittel zur Charakterisierung seiner Personen. In der extremen Gegenüberstellung von Güte und Bosheit, fleißig und faul, schön und häßlich werden die Märchengestalten klar und deutlich beschrieben ohne dabei ihre Flächenhaftigkeit aufzugeben.

Die herausragendste Eigenschaft des Volksmärchens liegt nach Max Lüthi in der **Isolierung der Gestalten**. Sie treten zwar zueinander in Beziehung, aber das trifft sie nicht im Kern ihres Wesens. Die Personen tragen keine individuellen Züge. Tränen werden nur vergossen, wenn es für den Lauf der Handlung wichtig ist. Wer verzaubert ist und erlöst wird, ist so jung wie damals, als er verzaubert wurde. Der zerstückelte Märchenheld wird wieder zusammengesetzt, steht erneuert auf und macht sich an die Arbeit. Auch die Handlungslinien im Volksmärchen wirken isoliert: Nur was den Weg des Märchenhelden, diese hell beleuchtete Fläche der Handlung kreuzt, erscheint berichtenswert. Glasberge verschwinden, sobald die mit ihnen zusammenhängende Aufgabe gelöst ist. Helfer erscheinen nur, wenn ihre Hilfe nötig ist. Im Volksmärchen hat die Isolation der Personen in erster Linie das Eingehen in eine leere, d. h. abstrakte Welt zur Folge: in die Welt des *Jenseitigen,* die voller Prüfungen und Gefahren ist, aber auch frei macht, da sie von allen Bindungen loslöst. Die Einsamkeit der Heldinnen und Helden im Volksmärchen gleicht einem Schwebezustand, einem *magischen Schlaf* und *symbolischen Tod,* der die wichtigste Voraussetzung ist zu ihrer Verwandlung und zur Verwirklichung ihrer Bestimmung. *Rapunzel* verschwindet jahrelang in einem verborgenen *Turm* (KHM 12); *Schneewittchen* im *Glassarg* (KHM 53); *Goldener* wird vom Walddämon in den tiefen Wald getragen (KHM 136); *Hänsel und Gretel* werden von ihren Eltern im dunklen Wald *ausgesetzt* (KHM 15). Die Isolierung ist jedesmal der Anfang ihrer Abenteuer, der Aufbruch zu ihren Wanderungen und der Beginn ihrer Reifungswege. All dies führt im Volksmärchen zuletzt zum guten Ende. Die Helden tragen hinterher keinerlei Spuren einer Leidenszeit.

Nach Max Lüthi bedeutet **Isolation** im Zaubermärchen zugleich **Allverbundenheit,** denn der isolierte Märchenheld gewinnt von allen Seiten Hilfe: Losgelöst von seiner Umgebung ist er *allseits beziehungsfähig.* Diesseits- und Jenseitswelt gehen nahtlos ineinander über. Im Zusammenspiel der magischen Welt bilden *Held* und *Helfer* zur Vollbringung der erlösenden Tat eine untrennbare Einheit (K. Horn, 1983,24). Pflanzen und Tiere erscheinen als *Helfer,* und die Märchenhelden kennen ihre Sprache. *Tierbräutigam* und *Tierbraut* heiraten Königskinder; verstoßene Königinnen verwandeln sich in *Vögel,* die sich in die Luft erheben und fortfliegen. Alles erscheint transparent und schwerelos und ist verwoben mit dem Wunderbaren, unabhängig von Raum und Zeit. Max Lüthi nennt das die **Eindimensionalität des Volksmärchens.**

Dieses unmittelbare Nebeneinander von Zauberischem und Alltäglichem hat das Kunstmärchen stark beeinflußt. Doch die Isolation der Helden und Heldinnen in den Volksmärchen gewinnt im Kunstmärchen einen anderen Charakter. In Tiecks ‚Runenberg‘ sitzt im innersten Gebirge ein einsamer Jäger am Vogelherd, aber in seine

Einsamkeit mischt sich das Rauschen von Wald und Wasser. Das verbindet die Vorstellungen von Schicksal und undurchdringlichem Geheimnis. Es bewirkt eine Atmosphäre, die vor allem in seelische Schwingungen versetzen soll.

Außer den Personen isoliert das Volksmärchen auch alle **Gegenstände**. Die Abstraktion der Märchensprache läßt die Dinge wie holzschnitthaft nebeneinander erscheinen. Die Zaubergegenstände im Märchen treiben vor allem die Handlung voran. In der gerafften Dramatik dieser Bilderfolgen bleibt für logische Schlußfolgerungen und moralische Bewertungen keinerlei Raum. Die wunderbaren *Schlüssel, Ringe* und *Kleider*, die zauberischen *Federn, Haare* und *Tierkrallen*, die *fliegenden Schuhe* und *Pferde*, die *Zaubersalben* und *Zauberfrüchte* tauchen auf und verschwinden, sobald die gestellten Aufgaben erfüllt und die damit verbundenen Gefahren bewältigt sind.

Dieses dichte Nebeneinander hat das Kunstmärchen deutlich inspiriert. Doch im Kunstmärchen bewirkt es in erster Linie, daß die Wirklichkeit in kleinste Teile aufgespalten wird: Gebäude sind angefüllt mit unendlich vielen, aufgehäuften Gegenständen, mit Waffen, Teppichen, Vorhängen, Trinkgeschirren und Werkzeugen; Städte, Burgen und Tempel reihen sich mit Ebenen, Felsen und Einöden in großer Zahl; Dörfer in winterlichem Schnee und Wiesen im frischen Sommergrün schließen einander nicht aus. Besonders bei Clemens Brentano gewinnen diese aufgehäuften Reihungen etwas beinahe dämonisch Skurriles. Der Reichtum an Einzelheiten, der hier ausgeschüttet wird, enthält einen unerschöpflichen Wortschatz und gipfelt in Sprachspielen aller Art. Die Helden laufen durch *Wälder und Felder, Land und Sand,* über *Stock und Stein, Distel und Dorn,* und verschwinden *mit Knistern und Knastern, mit Zisch und Zasch* (Cl. Brentano, 1914, III, 149). Das entspricht bis ins Extreme der Theorie der Romantiker, „auf eine angenehme Art zu befremden" (Novalis, 1929, III, 348).

Im Volksmärchen ist die Reihung jedoch nicht verfremdend, sondern formelhaft. Sie wird beherrscht durch die **Dreierformel**, die sprachlich vereinfacht und eine klare Gesetzmäßigkeit ausdrückt. Aufbau und Struktur des Volksmärchens folgen deutlichen formalen Gesetzen: *Drei Söhne, drei Töchter, drei Wundergaben, drei Aufgaben* strukturieren die Handlung. Durch die formelhaften Wiederholungen wird die Stilisierung der Märchensprache gesteigert. Erst die dritte Steigerung ist die entscheidende. Die Wiederholungen im

Rhythmus der Dreizahl ermöglichen jene eindeutige, charakteristische Formelhaftigkeit, die für das Volksmärchen besonders typisch ist. Es gibt zwar tausende von *Zaubermotiven* im Volksmärchen und rund 900 *Typen* von Zaubermärchen, aber sie enthalten nur etwa 31 *Handlungsmöglichkeiten,* und die Zahl von sieben *Hauptfiguren* wird in der Regel nicht überschritten. Daher der unerhörte Bilderreichtum, zugleich mit strenger Formelhaftigkeit im Volksmärchen (Vladimir Propp, 1928/1972). Das Kunstmärchen wertet dies alles um. Seine „im Wachen gestalteten Träume" (R. Haym, 1914,84) besitzen eher den Nachgeschmack des allegorischen Spiels. Das Zauberische hat hier etwas Grausiges, und die Heldinnen und Helden besitzen selten die Kraft, sich aus dem Zustand ihrer anfänglichen Niedrigkeit in den umso strahlenderen Glanz des Königssymbols zu erheben, wie es im Volksmärchen die Regel ist. Nicht die Falschen werden bestraft und die Guten belohnt, sondern das Dämonische zieht alles gleichmäßig in seinen Bann, und zuletzt muß häufig auch der Glückliche unglücklich werden. Das hat das Kunstmärchen viel eher mit der Volkssage gemeinsam als mit dem Volksmärchen. Vielleicht wäre eine andere Bezeichnung als ‚Kunstmärchen‘ weniger irreführend und käme der dichterischen Form von Weltbewältigung in dieser Literaturgattung mehr entgegen als die nicht sehr geglückte Verbindung mit dem Volksmärchen. ‚Kunstmärchen‘ gehen letztlich von anderen Voraussetzungen aus als ‚Volksmärchen‘.

Dies zeigt sich vor allem im Schluß der Erzählungen. Zwar enthalten auch Kunstmärchen manchmal die Möglichkeit, die Dinge aus Unordnung und Spaltung zu einer neuen Ordnung zu bringen und aus einem verlorengegangenen Glück in ein neues Glück hinüberzuführen. Jedoch überwiegt ein spukhafter Schluß oder eine in der Schwebe bleibende Ungewißheit, die mit der populären Vorstellung von einem *Märchen* nichts mehr zu tun hat. In dem subjektiven Träumen und den ästhetischen Illusionen des Kunstmärchens spiegelt sich häufig ein gebrochenes Bewußtsein.

Im Volksmärchen dagegen ist das **gute Ende** von Anfang an vorgegeben und wird stets von vornherein erwartet (L. Röhrich, 1974,46). Braut und Bräutigam gewinnen einander und erhalten am Ende die Krone und das halbe Reich und nach dem Tod der Eltern das ganze Reich. Aus anfänglicher Armut und Unscheinbarkeit entstehen

Reichtum und Königtum. Märchen sind **symbolische Darstellungen vom menschlichen Gelingen.** Die Erhöhung der Märchenhelden ist mit ihrer Erlösungstat eng verbunden (K. Horn, 1983,45). Im Volksmärchen ist dieser positive Schluß nicht einfach „aufgesetzt": Er ergibt sich aus den vorangegangenen Entwicklungen. Viele psychologische Märcheninterpreten sehen darin nichts anderes als ein Wunschdenken, das dichterisch befriedigt werden soll. Dagegen spricht die Herkunft der Volksmärchen. Sie enthalten Reste archaischer *Riten*, die noch heute in ihnen lebendig sind, vor allem *Pubertätsriten*, die den so wichtigen Übergang von der Kindheit in die Erwachsenenwelt markieren. Die Dreierformel des Volksmärchens entspricht der Dreierstruktur des Initiationsritus (s. dazu in Kap. 2). Riten und Märchen haben *beide magische* Ursprünge. Deshalb nennt man die eigentlichen Märchen auch **magische Märchen oder Zaubermärchen.** Sie unterscheiden sich grundlegend von *Sage, Legende, Mythos, Schwank, Fabel* und allen anderen Arten der Volkserzählung. Die Reifungswege, die in den Zaubermärchen beschrieben werden, sind auch heute noch faszinierend, und ihre Kenntnis setzt immer wieder neue Signale und bringt neue Lebenseinsichten.

Das Kunstmärchen hat die *einfache Form* des Volksmärchens zwar verwendet, aber es hat daraus eine *offene Form* gemacht: ein literarisches Experiment mit ganz unterschiedlichen Erscheinungen und Kompositionstechniken. Oft erweisen sich seine Arrangements als Tarnung für soziologische und psychologische Modelle (W. Wührl, 1984). Die Abstraktion und rituelle Formelhaftigkeit der altüberlieferten Volksmärchen entwirklicht die Welt zwar, aber sie stört nicht ihre Ordnung. Der Mensch steht im Mittelpunkt, sein Schicksal entscheidet den Lauf der Handlung, doch ist er immer eingebunden in die natürlichen Abläufe des Lebens. Im eigentlichen Märchen, dem Zaubermärchen, begreift der Mensch sich selbst als einen lebendigen Teil der Natur, eingebettet in die Prozesse von Keimen, Wachsen und Vergehen.

3. Die eigentlichen Märchen sind die Zaubermärchen

Zaubermärchen – sie werden auch Wundermärchen, mythische oder magische Märchen genannt – besitzen ein unverwechselbares Merkmal: ihre **Zaubermotive, die physikalisch nicht erklärbar** sind. Zaubermärchen sind die eigentlichen Märchen, und nur mit ihnen wollen wir uns bei unserem Vorhaben befassen.

Beispiele von bekannten Zaubermärchen bei den Brüdern Grimm: *Aschenputtel, Rapunzel, Der Eisenhans, Dornröschen, Der Trommler, Schneewittchen, Das singende springende Löweneckerchen, Rumpelstilzchen, Hans mein Igel* und viele andere. Die meisten Märchen aus der Sammlung der Brüder Grimm sind Zaubermärchen, aber doch längst nicht alle. Die Grimmschen Schwankmärchen z.B. nehmen einen relativ breiten Raum ein.

In den Bildern der Zaubermärchen steckt eine archaische Erfahrung über das Leben, die mit mythischen und magischen Vorstellungen verbunden ist und naturreligiöse Anschauungen spiegelt. Die Zaubermärchen haben Vorstellungen und Lebenserfahrungen bewahrt und tradiert, die aus tiefverwurzelten Strukturen stammen. Sie reichen weit in die Menschheitsgeschichte zurück.

In der Erzählforschung wurden diese **immer wiederkehrenden Bilder** wiederholt erkannt und z.B. als *,Elementargedanken'* bezeichnet (Bastian 1860) oder als *,nicht reduzierbare Motive'* (Bédier 1893); heute werden sie meist als *,kollektive Bilder'* verstanden, psychologisch gesprochen als *,Archetypen'* (v. Franz 1938, v. Beit 1952).

Vergleiche mit sog. Primitivkulturen lassen vermuten, daß die altertümlichen Bilder, die unsere Zaubermärchen heute noch prägen, auf versunkene Weltanschauungen zurückgehen. Es sind *,survivals'*, d.h. Formen, die überlebt haben. Sie stellen menschliche Möglichkeiten und Fähigkeiten dar, die in früheren Kulturen einen körperlichen Bezug und eine magische Bedeutung hatten. Einzelne dieser Bilder reichen vermutlich bis in die Altjägertraditionen der Steinzeit zurück.

Wenn wir im Märchen **sprechenden und handelnden Tieren** begegnen, so weisen diese Motive in eine Zeit, in denen die Tiere einen naturreligös magischen Charakter hatten und wertvolle Lebenserfahrungen mitteilten.

Sprechende und handelnde Pflanzen treten im Zaubermärchen meist als magische Bäume in Erscheinung. Im Zaubermärchen sind alle Tiere und Pflanzen Zaubertiere und Zauberpflanzen.

Steine, Metalle und Mineralien, besonders Gold, Silber, Bronze und Edelsteine haben im Zaubermärchen einen magischen Charakter; ebenso alle handwerklichen Tätigkeiten wie **Sammeln, Jagen, Spinnen, Weben, Graben oder Säen**.

Diese *,Wundermotive'* kommen in anderen Erzählformen viel

spärlicher vor. Im Zaubermärchen dagegen treten sie stark gehäuft auf. Hier sind sie die Motive, welche die Ereignisfolge in Gang bringen und in Gang halten und die Erzählung erst eigentlich herstellen. Fast immer treten sie im Zusammenhang mit einer magischen ‚Aufgabenstellung' auf, meist mit einer ‚**Heiratsprüfung**'.

Die Annahme von einer Beständigkeit in der Überlieferung ist meist dort am unproblematischsten, wo es um die **leibliche** Welterfahrung des Menschen geht: Der Mensch als lebendiger Teil der Natur ist eingebettet in den Kosmos, der auch den Bedingungsrahmen setzt für sein Verhalten. Die kulturellen und sozialen Überformungen solcher existentieller Erfahrungen können sich zwar immer wieder ändern, doch bleiben sie an die natürlichen Vorgänge angebunden.

Beispiele für typische Motive im Zaubermärchen:

Die Reise ins Jenseits / Der Tierbräutigam und die Tierbraut / Die Hexe in der Waldhütte / Die Jungfrau im Turm / Die Zaubergaben aus dem Jenseits / Das Totenschloß hinter goldenen, silbernen und bronzenen Wäldern oder Bergen / Die scheinbar unlösbaren Aufgaben / Der Dienst beim Dämon / Die magische Empfängnis aus Quellen oder Pflanzen / Das Nachwachsen verlorener Glieder und ihre Metallisierung (Vergoldung) / Kleider aus magischer Substanz (aus Sonne, Mond und Sternen) / Das Tragen von magischen Aschenhemden, Tierfellen und ungeschnittenem (Gold-)Haar / Der magische Schlaf / Die Wiedererweckung vom Tod / Die Gewinnung der Kleinodien eines mächtigeren Lebens / Die magische Flucht vor dem scheinbar unbezwingbaren dämonischen Verfolger / Die Hochzeit mit einem jenseitigen Wunschpartner / Die Gewinnung eines ererbten Königreiches.

Zaubermärchen gehen gut aus: jeder kann König werden im eigenen Königreich. Die wenigen Zaubermärchen, die nicht gut enden, sind ‚Trümmerformen': hier ist bereits etwas verlorengegangen (L. Röhrich, 1974,46).

Durch Vermischung mit anderen literarischen Gattungen gehen die charakteristischen Elemente der Zaubermärchen leicht verloren. Am häufigsten geschehen solche Vermischungen mit der Sage, dem Schwank und der Tierfabel. Es besteht immer eine Gefahr für das Zaubermärchen, mit anderen Gattungen gleichgestellt oder verwechselt zu werden. Solche Irrtümer beginnen meist bei den rationalistischen Erklärungsversuchen und moralischen Bewertungen, die manche Märchensammler bei der Niederschrift der Märchen eingeschoben haben.

Ein Beispiel für die rationalistische Bearbeitung von Zaubermärchen sind die Texte des berühmten Literaten und Märchensammlers Charles Perrault aus der Zeit Ludwigs XIV. Gerade seine Märchen sind schon früh ins Englische übersetzt worden und so auch bald nach Amerika gekommen, von wo aus sie mit den Filmen Walt Disneys die ganze Welt erobert haben.

Verändernde Einschübe können die Qualität eines Zaubermärchens erheblich mindern und haben meist gattungsändernde Folgen.

Wenn z. B. in einer Märchenvariante statt des märchentypischen guten Endes ein tragisches **Sagen-Endmotiv** auftaucht oder wenn mit Hilfe eines Märchens ein **Exempel** statuiert werden soll; wenn ein jenseitiges Wesen **legendenartig** in christlicher Form erscheint, z. B. als die **Jungfrau Maria,** oder der ursprüngliche Zwerg und Tierdämon mit dem **Teufel des Christentums** ausgetauscht wird.

Märchen, in denen die altertümlichen Zauberformen zwar noch erzählt, aber nicht mehr verstanden werden, überliefern sie meist nur noch im Zusammenhang mit Erklärungsversuchen: Es wird dann der Versuch gemacht, eine Verwünschung oder eine Erlösung im Zaubermärchen *logisch zu erklären*. Durch solche Zusätze werden die ursprünglichen Bilder reduziert. Die Zaubermärchen berichten von diesen Ereignissen ja in den archaischen Ausdrucksformen früher, magischer Weltbilder. Ihre geheimnisvollen Inhalte sind logisch nicht erklärbar. Das Wiedererkennen einer persönlichen Situation in solchen Bildern hängt auch nicht von Erklärungen ab, sondern vom inneren Nachvollzug. Das Zaubermärchen ermöglicht jedem, zu empfinden und zu tun, als ob er selbst bei dem Berichteten dabei gewesen sei.

Die formelhaft magischen Bilder, die auch unsere heimischen Zaubermärchen heute noch prägen, tauchen überall in der Welt auf. Sie haben eine lange, weltumspannende Tradition, sind wie Brücken für Menschen und Völker. Zu allen Zeiten, in allen Sprachen und Kulturen der Erde hat es sie gegeben. Sie erscheinen jedem begreiflich, auch wenn sie mit dem Verstand nicht direkt faßbar sind, oder vielleicht gerade deshalb.

Mädchen, 14 Jahre, „Die Schwanenfrau"

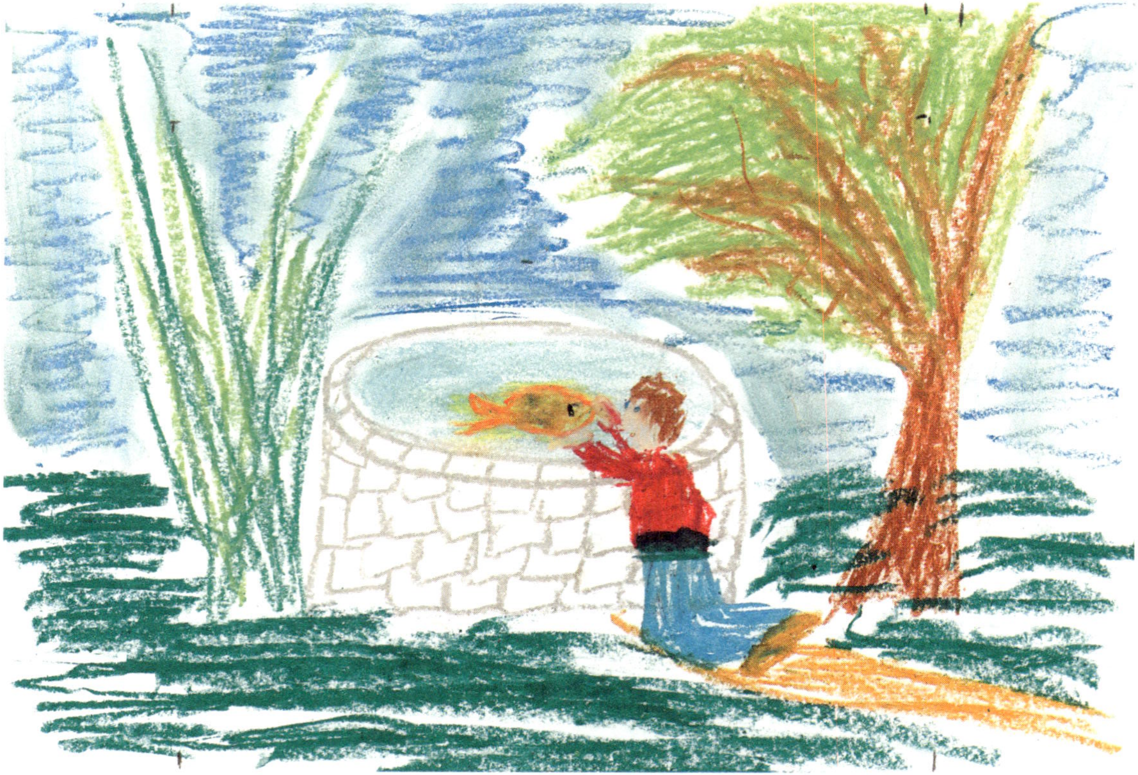

Mädchen, 15 Jahre, „Die Zedernzitrone“

Mädchen, 14 Jahre, „Die Schwanenfrau"

Mädchen, 15 Jahre, „Die Zedernzitrone"

Eines der ältesten Beispiele für ein „Zaubermärchen" ist die Jenseitsreise des Adapa, eine der frühesten schriftlich überlieferten Erzählungen der Welt. Diese in altsumerische Traditionen (4. Jt. v. Chr.) zurückreichende Jenseitsreise verläuft ganz ähnlich wie heute noch eine Jenseitsreise in einem Grimmschen Zaubermärchen, (z. B. in „Das Wasser des Lebens", KHM 97) und zeigt, wie man mit den Menschen, der Welt und den Geistern zurechtkommen kann, ohne Schaden zu nehmen (G. Keller, 1992).

Das zauberische Element in den Bildern der Zaubermärchen ist jedoch zu unterscheiden von einer Machtausübung, wie sie in der *Magie* angewendet wird. Wenn der Held in einem Märchen die ihm geschenkten Haare eines Wolfes reibt, damit der Wolf zu Hilfe kommt, dann erscheint der herbeigerufene Wolf nicht in einer durch Magie gequälten oder herbeigezwungenen Weise, sondern als ein freiwilliger, dankbarer Helfer. So ist es im Zaubermärchen auch mit den Toten. Sie haben nichts Erschreckendes an sich, sondern sind hilfreich. Die Wurzeln dieser Vorstellungen liegen bereits in frühen Schamanenkulturen.

Der Schamanismus stellt eine der ältesten Formen menschlicher Kultur und Religiosität dar. Mircea Eliade definiert ihn als eine Vorform des Priestertums ohne Hierarchie. Heute befindet sich der Schamanismus auf der ganzen Welt im Niedergang. Die höchste Blütezeit der Schamanenkulturen lag nach Eliade vermutlich noch vor der Trennung der Ur-Indogermanen (M. Eliade, 1951/1991,361–362).

In der archaischen Welt der Zaubermärchen herrscht die Ambivalenz der Erscheinungen vor. Wenn die Wirkung für den Märchenhelden dennoch immer günstig verläuft, so ist das im Zaubermärchen nicht mit Magie gleichzusetzen. Das Zauberische im Zaubermärchen ist nicht einfach Aberglauben (wie z. B. in den Aberglauben-Sagen). Seine zweifellos religiöse Dimension stellt eine innere Realität dar: In der magischen Welt gehen Diesseits und Jenseits selbstverständlich ineinander über. Das Zauberische stellt im Märchen ein Reservat dar an übernatürlichen Kräften, das von Natur aus jedem offensteht und jedem zugänglich ist. Zugute kommen kann es freilich nur dem, der damit auf die rechte Weise umgehen kann bzw. damit umgehen lernt. Nicht die Selbstsucht gewinnt im Zaubermärchen, nicht das berechnende Kalkül kommt hier zum Ziel, das wäre Magie, sondern die Naivität. Der Held im Zaubermärchen ist fast immer ein Dummling. Aber gerade er ist auserwählt, den richtigen Weg zu finden, ihn ganz allein bis zu Ende zu gehen und so sein inneres und äußeres Königtum zu erwerben. Das Zaubermärchen, jedenfalls das europäische Zaubermärchen, geht gut aus. Der richtige Umgang mit dem Magischen führt hier zum guten Ende. Doch gelingt dies nicht den Großen, sondern immer den ganz Kleinen. Das macht das Zaubermärchen so besonders faszinierend. Jeder, der Schwächste und Ärmste, der Verlassenste und Kleinste kann sich mit den Mächenhelden und Märchenheldinnen identifizieren. Gerade für den Geringen geht das Märchen gut aus. Darin liegt ein großes Hoffnungspotential. Der Märchenheld ist ein freier Mensch, den weder materielles Glück noch Lebensangst hindern, durch die diesseitige und jenseitige Welt zu wandern und sein höheres Glück zu finden. Die altüberlieferten Wundermotive der Zaubermärchen wie z.B. das *Sternenkleid,* der *Glasberg* oder die *Tierhaut* erscheinen in formelhaften Verknüpfungen in Hunderten von Variationen, immer wieder neu erzählt und tradiert. Dabei spielt das Fortdenken in einer bestimmten Wort- und Bilderfolge, wenn sie einmal angestoßen ist, eine wichtige Rolle. Der gute Ausgang des Abenteuers wird dabei von den Zuhörern bereits von Anfang der Erzählung an erwartet. Diese Formelhaftigkeit der Zaubermärchen hat etwas Spielerisches. Spiele fordern auch eine gewisse Ordnung, eine Spielregel. Doch gibt die Leichtigkeit und Zwecklosigkeit des Spieles dieser Gesetzmäßigkeit einen besonderen Reiz, stellt sie außerhalb des Realen. Im Märchen erscheinen die magische ‚Dreierformel' (z.B. drei Brüder, drei Zaubergaben, drei Prüfungen) und die eingestreuten Zauberverse als die am häufigsten wiederkehrenden „Spielregeln".

Die Zaubermärchen sind kein Eskapismus ins Reich der schönen Träume, dazu enthalten sie zu viel wirklichkeitsgesättigte Handlung: der Märchenheld leidet, handelt und entfaltet sich. Zaubermärchen sind Zeugnisse menschlichen Wagens und Hoffens und einer phantasievollen Bewältigung dieser Welt.

4. Beispiel für ein Zaubermärchen

In der ältesten Handschrift der Brüder Grimm ist ein kleiner Text enthalten, der wie ein Musterstück angesehen werden könnte für die Erzählgattung ‚Zaubermärchen'. Aufgezeichnet wurde er noch vor 1810 von Wilhelm Grimm (vermutlich nach einer Erzählung der Familie Wild in Kassel) und von ihm mit der Bemerkung „mündlich" versehen. Die Überschrift ist von Jacob Grimm, sie heißt „Dümmling ". Das Märchen stammt aus der Zeit der allerersten Sammlertätigkeit der Brüder Grimm: eine kleine und karge Erzählung, die von ihnen nicht bearbeitet und später auch wieder fallengelasssen wurde. In den Kinder- und Hausmärchen ist der Text nur in den Anmerkungen zur Erstausgabe von 1812 veröffentlicht worden. Erst 1975 kam die Handschrift durch die Nachforschungen von Heinz Rölleke ans Licht. Obwohl es sich eher um ein Rudiment von einer Erzählung handelt, ist der Handlungsablauf doch vollkommen in sich geschlossen.

(Text nach Heinz Rölleke, Die älteste Märchensammlung der Brüder Grimm, Synopse der handschriftlichen Urfassung von 1810 und der Erstdrucke von 1812, Fondation Martin Bodmer, Cologny-Genève 1975, 82).

Es war einmal ein Hans, der war so unerhört dumm, daß ihn sein Vater in die weite Welt jagte. Er rennt vor sich hin, bis er ans Meeresufer kommt, da setzt er sich hin und hungert. Da kommt eine häßliche Kröte auf ihn zu und quakt: „Umschling mich und versenk dich!" So kommt sie zweimal, er weigert sich. Wie sie aber zum dritten Mal kommt, folgt er ihr. Er sinkt unter und kommt in ein schönes Schloß unter dem Meer. Hier dient er der Kröte. Endlich heißt sie ihn mit ihr zu ringen, und er ringt, und die häßliche Kröte wird zu einem schönen Mädchen, und das Schloß mit all seinen Gärten steht auf der Erde. Hans wird gescheit, geht zu seinem Vater und erbt sein Reich.

Dieses kleine Märchen ist voller eindrücklicher Bilder, die holzschnitthaft aneinandergefügt erscheinen. In ihrer gerafften Dramatik bleibt für ästhetische und naturalistische Beschreibungen, für logische Erklärungen und moralische Berwertungen keinerlei Raum. Deutlich treten **Abstraktion und Eindimensionalität der Handlung** in Erscheinung, ebenso die **Flächenhaftigkeit der Personen und Dinge**. Es enthält „**Isolation**" und „**Allverbundenheit**". Die **Dreierformel** spielt eine beherrschende Rolle.

Das Denken in Bildern ist im Zaubermärchen ein *magisches* Denken, ausgedrückt in *Sprachformeln*.

Der besondere Sprachstil dieses kleinen Zaubermärchens:

Flächenhaftigkeit und Abstraktion:
Im ‚Dümmling' fehlt es vollständig an genauen Beschreibungen: keine Landschaftsbilder (z. b. Sonnenuntergang/nächtliche Stimmungen), auch keine Gefühlsbeschreibungen (eingehende Dialoge/ Monologe/Beschreibung psychischer Verfassungen). Von Hans heißt es nur: „er ist unerhört dumm"; und dann später: „er wird gescheit und erbt sein Reich". Auch gibt es keine genauen Ortsangaben (z. B. Länge eines Weges, der zurückgelegt wird); es fehlt jede genaue Zeitbestimmung. Die Erzählung erscheint vollständig *entwirklicht,* Landschaften und Charaktere sind flächenhaft.

Eindimensionalität der Handlung:
Diesseitswelt und Jenseitswelt gehen nahtlos ineinander über. Für den Dümmling ist das Erscheinen der Unterweltskröte ganz selbstverständlich; es gibt kein Erschrecken über das Außerweltliche und Übernatürliche. Im Zaubermärchen herrscht das ‚*selbstverständliche Wunder'.*

In der **Sage** dagegen herrscht das ‚*tremendum numinosum'* vor, die Furcht vor dem Jenseitigen; in der **Legende** das ‚*fromme Wunder',* das staunenswerte Eingreifen himmlischer Mächte.

Isolation und Allverbundenheit:
Jedes Bild enthält Symbolcharakter: Die Personen sind als „Bildgestalten" zu begreifen, die Dinge als „Lebensfiguren". Jedes Element steht für sich isoliert, und dennoch ist keines vom anderen zu trennen. Letztlich gehören alle Gegenstände, alle Gestalten und alle Begebenheiten zusammen: Vater, Hans, Kröte aus der Jenseitswelt; das Hungern, Dienen, Ringen, Königwerden.

- **Wer im Unterricht Märchentexte einsetzen will, sollte unbedingt die Regel beachten, sich selber zuerst zu fragen, um was für eine Art Text es sich handelt.**
  - Aus welchem Bereich kommt der Text?
    Hier: Offensichtlich aus dem Bereich der Folklore; ‚Dümmling' ist sicher kein Kunstmärchen wie z. B. ‚Der Kleine Prinz' usw.
  - Um welche Gattung handelt es sich, warum ist dieser Text ein Zaubermärchen und z. B. keine Sage oder Legende?

*Geographische, ätiologische, abergläubisch dämonologische
und historische Bezüge fehlen im ‚Dümmling' völlig; das Wunderbare ereignet sich ganz selbstverständlich. Es ist kein Novellenmärchen, keine Parabel, kein Schwank, denn es ereignen
sich deutlich wunderbare Dinge, die außerhalb jeder Erklärbarkeit stehen.*

5. Die formelhafte Struktur der Zaubermärchen

Bis jetzt haben wir von den Bildern der Zaubermärchen gesprochen,
von ihrem immer wiederkehrenden guten Ende und von den altertümlich magischen Inhalten, die sie vermitteln. Doch das entscheidende Merkmal des Zaubermärchens liegt in der Formelhaftigkeit
seines erzählerischen Aufbaus, die es von anderen Erzählformen klar
unterscheidet.

Betrachten wir noch einmal das kleine Grimmsche Märchen vom
Dümmling. So winzig und unscheinbar es erscheinen mag: Es hat einen in sich geschlossenen, klar gegliederten, zielgerichteten Handlungverlauf. Er ist auf einen ganz bestimmten Punkt ausgerichtet:
Die Aufhebung eines anfänglichen Schadens oder Mangels. Deutlich
ist er in drei Sequenzen gegliedert, die untereinander wiederum sehr
ähnliche Abläufe aufweisen:

Erste Sequenz:
Hans wird wegen seiner Dummheit aus dem Haus gejagt *(anfängliche Mangelsituation).*
Erscheinen der Kröte, eines dämonischen Helfers und Schenkers *(erste Lösungmöglichkeit),*
Leben in einem Unterwasserschloß *(zeitweilige Aufhebung des anfänglichen Mangels).*

Zweite Sequenz:
Gehorsamsprobe. Auseinandersetzung mit der Unterwasserkröte:
Dem Dämon dienen müssen *(erneute Mangelsituation),*
Ringen mit der Kröte *(zweite Lösungsmöglichkeit),*
Verwandlung der Kröte in eine Frau *(Aufhebung des zweiten Mangels).*

Dritte Sequenz:
Das Schloß mit all seinen Gärten kommt auf die Erde *(Veränderung).*
Hans wird gescheit *(endgültige Lösung).*
Er erbt sein Reich *(Kompensation des Anfangszustandes, Aufhebung allen Mangels).*

Das gute Ende im Zaubermärchen erscheint deshalb so einleuchtend, weil es im Ablauf aller Teilhandlungen schon vorbereitet ist. Dank dieser klaren inneren Ordnung ist es für ein unbelastetes Gedächtnis nicht besonders schwer, eine solche Märchenhandlung – ohne daß dies direkt durchschaut oder registriert werden müßte – aufzunehmen und weiterzugeben. Wer durch vieles Erzählen oder Hören mit der Formelhaftigkeit der Zaubermärchen vertraut ist, kann die wiederkehrenden Strukturen und Motive auch unbewußt im Gedächtnis behalten und erzählerisch weitergeben. Dabei stellen die kleinen *Erzähl-Formeln* eine besondere Hilfe dar: Sie treten am *Anfang* und am *Ende* auf und als Sprüche oder Zauberverse an vielen *Umbruchstellen.*

Der erzählerische Aufbau der Zaubermärchen ist auf seine **strukturbildenden Elemente** erstmals von dem russischen Folkloristen **Wladimir Propp** untersucht worden (W. Propp, Morphologie des Märchens, Leningrad 1928). Er stellte fest, daß die Strukturen der Zaubermärchen ein bestimmtes, gleichbleibendes Grundmuster aufweisen. Die gefundenen Grundelemente nannte er *Funktionen* (unter „*Funktion*" versteht Propp eine für den Gang der Handlung wichtige *Aktion*). Die Reihenfolge der Funktionen nannte er *Funktionsketten.* Aus seiner Untersuchung von annähernd 100 Zaubermärchen geht hervor, daß die Reihenfolge der Funktionsketten in den verschiedenen Zaubermärchen gleichbleibend ist.

Propp ordnete die gefundenen Funktionen nach den (römischen) Zahlen eins bis 31 (I bis XXXI). Mit diesem Grundschema hat er ein bedeutendes Hilfsmittel geliefert zur Bestimmung und Klassifikation von Zaubermärchen. Man hat gegen die Proppsche Methode später manche Einwände erhoben, besonders gegen das untersuchte Material, da er sich weitgehend auf osteuropäische Märchen begrenzt hielt (Holbeck, 1987). Auch wurde ihm eine verabsolutierende Betrachtung der Form vorgeworfen (Lévi-Strauss, in: Propp 1975,181–215). Dennoch zeigt sich bis heute immer wieder, daß Propps Methode optimale Untersuchungsmöglichkeiten bietet. Es gelang damit

z. B., die Gesetzmäßigkeiten der Märchen nordamerikanischer Indianer zu beschreiben (Dundes 1964) und eine Sammlung kindlicher Märchen überschaubar und vergleichbar zu machen (Kristin Wardetzky, 1992).

Unser Beispiel vom ‚Dümmling' kann nach der Proppschen Methode folgendermaßen gegliedert werden:

Anfänglicher Mangel als konfliktauslösendes Moment,
Funktionen 8 bis 9 (VIII–IX).

Einsetzende Gegenhandlung, *Funktionen 10 bis 13 (X–XIII)*
Reaktion auf den ‚Schenker' (die Kröte), **erste Form der Konfliktlösung,** *Funktion 14 (XIV).*

Auseinandersetzung, *Funktionen 15 bis 17 (XV–XVII);*
Sieg, *Funktion 18 (XVIII);*

Rückkehr, zweite Form der Konfliktlösung, *Funktionen 19 und 20 (XIX. XX).*

Erkennung, *Funktion 27 (XXVII)*
Transformation, *Funktion 29 (XXIX)*

Thronbesteigung, endgültige Konfliktlösung, *Funktion 31 (XXXI)*

Natürlich kann in einem so kurzen Märchen nicht die volle Vielzahl der in einem gängigen Zaubermärchen enthaltenen Funktionen auftreten. Aber der formelhafte Gang der Handlung in seinen wichtigsten Stationen ist auch hier durchaus erkennbar. Deutlich zeigt sich dabei ein *elementares Konzept,* wie es bereits *Aristoteles* in seiner Definition der Ereignisfolge einer Handlung zur Geltung gebracht hat als ein Ganzes, das „Anfang, Mitte und Ende" hat (Aristoteles, Poetik, Kap. 7).

Mit seinem in sich gegliederten, klaren Aufbau unterscheidet sich das Zaubermärchen deutlich von den meist viel einfacher verlaufenden Strukturen anderer Erzählformen, z. B. dem der Sage oder des Schwanks.

6. Märchentypen

Nachdem wir die Struktur der Zaubermärchen kennengelernt haben, ist es interessant, nun auch die Art und Weise ihrer Verbreitung zu verfolgen.

Bis vor etwa hundert Jahren noch wurde jedes bekanntere Zaubermärchen in zahllosen Varianten, die sich in den entscheidenen Punkten immer ähneln, in den meisten Landschaften Europas erzählt und weiter überliefert, in erster Linie von Analphabeten. Dabei gibt es die unterschiedlichsten Erzählstränge. Schriftliche Quellen kommen noch hinzu. Viele Zaubermärchen vermischen sich auch in dieser oder jener Form. Doch immer wieder sind bestimmte Grundmuster zu erkennen: Sie stellen deutlich verschiedene **Typen** dar.

Wenn wir die Erzähllandschaften Europas betrachten, so erscheinen sie wie ein Netz aus zahllosen Strukturen, deren Muster Typen erkennen lassen, welche wiederum aus einem Netz von unzähligen **Varianten** bestehen. Aus den Varianten eines einzelnen Erzähltyps schält sich eine bestimmte **Grundform** heraus, die diesen Erzählstoff besonders zu charakterisieren scheint. Wie reich und vielfältig ist diese Welt des mündlichen Erzählens. Und wie einförmig erscheinen darin die in einer einzigen schriftlicher Form fixierten Aufzeichnungen.

Unter den verschiedenen Erzähltypen gibt es einige, die eine besonders starke Anziehungskraft haben. Sie lassen sich meist weit zurückverfolgen: ihre Aufzeichnungen reichen häufig bis ins Mittelalter, sogar bis in die Antike oder noch weiter zurück. Sie sind verflochten mit zahllosen Varianten in allen Kontinenten. Viele haben ihren Ursprung in Indien. Fast alle Erzählstoffe sind weit umhergewandert. Durch ihre „Wanderung" breiten sich die Motive über die ganze Erde aus.

Seit dem ausgehenden 19. Jahrhundert ist immer wieder der Versuch gemacht worden, die verschiedenen Erzählstoffe zu katalogisieren. Der bedeutendste Katalog stammt aus der **finnischen Schule: Das Verzeichnis der Märchentypen** von Antti Aarne und Stiht Thompson, – abgekürzt **AaTh** – worin die meisten Erzähltypen, so wie sie im 19. Jahrhundert noch in Erscheinung traten, erfaßt und numeriert worden sind (A. Aarne, St. Thompson, The Types of the Folktale, Helsinki 1961/1981). Es enthält rund 3000 Erzähltypen aus der ganzen Welt. Mit ihrer Klassifizierung ist es möglich, die Erzählstoffe weltweit zu erfassen und zu vergleichen. Obwohl seither neue Erfassungssysteme enstanden sind und die Erzählforschung weiter vorangeschritten ist, gelten die Katalognummern nach dem AaTh-Prinzip nach wie vor als die brauchbarste Einteilung von Märchentypen. Natürlich haben sich im Lauf der Zeit einige Mängel ergeben. Doch präsentiert das Material, das zusammengetragen wurde, ein Nachschlagewerk, das für den Vergleich von Erzählstoffen von großer Bedeutung ist (s. hierzu auch im Anhang bei den einzelnen Märchen).

Im Typenkatalog von Aarne Thompson nehmen die Zaubermärchen einen wichtigen Platz ein. Sie haben die Nummern 300 *(Drachentöter-Märchen)* bis 1199 *(Märchen vom dummen Riesen)*. Jeder wichtige Typ eines Zaubermärchens wird, so weit dies durchführbar ist, in einzelnen **Motiven** und **Motivkomplexen** dargestellt. Dadurch wird es möglich, die Grundform in der Überlieferung eines Märchens ziemlich klar zu erkennen.

Die Erzählmotive, so wie sie im 19. Jahrhundert noch in Erscheinung traten, wurden von Stith Thompson im **Motiv-Index der Volksliteratur** noch weiter in einem eigenen, sehr umfangreichen Werk registriert (St. Thompson, Motif-Index of Folk-Literatur, Helsinki 1934). Er katalogisiert Erzählmotive in numerierten Reihenfolgen, die auch das Auffinden von **Grundmotiven** erleichtern.

Der Typenkatalog von Aarne Thompson und der Motivindex von Thompson sind trotz vielerlei Veränderungen in Methodik und Quellenlage auch heute noch für die Arbeit mit Märchen, insbesondere mit Zaubermärchen, eine unverzichtbare Hilfe.

Beispiel für die Grundform in einem Märchentyp (Goldener AaTh 314).

Das weit verbreitete Zaubermärchen des Typs AaTh 314 „*Goldener*" läßt durch Variantenvergleich erkennen (s. Johannes Bolte und Georg Polívka, Hildesheim 1994), daß der *Waldlehrer*, der in der Grimmschen Fassung vom *Eisenhans* (KHM 136) als *Wilder Mann* dargestellt ist, den Charakter eines *magischen Verfolgers* besitzt. Das *Zauberpferd*, das den Märchenhelden zu diesem Dämon gelockt hat oder das er dort antrifft, hilft ihm, goldene Haare oder Glieder zu erwerben und aus dem tabuierten Waldbereich wieder zu entfliehen, wobei der Herr dieses Bereiches (der in manchen Fassungen auch als Teufel des Christentums auftritt) versucht, sie zu verfolgen. Am Hof des Königs, wohin das Pferd nun Goldener trägt, hilft es ihm, die Königstochter zu gewinnen. Zuletzt verwandelt es sich in einen Prinzen. Dieser Märchentyp wird deshalb auch als „Jüngling, der in ein Pferd verwandelt ist" bezeichnet. In den schriftlichen Fassungen Westeuropas taucht der dämonische Dienstherr im Wald aber meistens als ein gütiger Mann auf, der den Märchenhelden lehrt und ihn mit goldenen Haaren versieht. Das *Zauberpferd* tritt hier viel weniger deutlich in Erscheinung.

Die kulturhistorisch interessanten Übergänge und Entwicklungen vom magischen, auch tiergestaltigen ,Waldlehrer' zum Verfolger, dann sogar zum Teufel des Christentums und wiederum zu einem gütigen Mann zeigt die vielschichtigen Bereiche, die diese Erzählung berührt. Gerade diese Vielschichtigkeit und der große Reichtum an archaischen Bezügen machen einen Märchentyp so beliebt, daß er eine derart weite Verbreitung finden kann. Jugendliche, die ein Märchen vom Typ Goldener hören, spüren den tiefen Beziehungsreichtum der Motive, ohne daß man sie eigens darauf aufmerksam macht. Im Gegenteil: Die Bilder gewinnen gerade dann eine sprühende Lebendigkeit, wenn man sie nicht logisch hinterfragt, sondern durch intensives *Hören* wirksam werden läßt.

Der Bilderreichtum der Zaubermärchen (der sich durch sorgfältige Variantenvergleiche und die daraus folgende Kenntnis von Grundformen ordnen und erschließen läßt) macht für den unbefangenen Zuhörer einen unwiderstehlichen Reiz aus. Ihre zauberische Anziehungskraft wird in erster Linie unbewußt aufgenommen. Sie ergibt sich aus der bildlichen Kombination analoger Strukturen.

- **Für die bildliche Rezeption von Zaubermärchen wird in diesem Unterrichtsmodell ausgegangen von Propps Strukturanalyse von Märchenstoffen, die das Material bereitstellt *zur Schulung des bildlichen Begreifens von formelhaft linearen Abläufen als Voraussetzung zu logischem Denken.***
- **Ebenso wird ausgegangen von den Typen- und Motivkatalogen der „finnischen Schule" (Aarne / Thompson), da sie für eine bildliche Rezeption von Zaubermärchen das erforderliche Material bereitstellen *zur Schulung des bildlichen Begreifens von formelhaft vernetzten Grundmustern als Voraussetzung zu strukturalem Denken.***

7. Grausamkeit im Märchen

Manche der altüberlieferten Inhalte im Zaubermärchen können heute befremdend wirken. Bei meiner Seminararbeit mit Erwachsenen hörte ich wiederholt die Frage: „Warum gibt es so viel Grausames im Märchen? Schon als Kind habe ich mich immer davor gefürchtet!" Fragte ich nach, so kamen keine direkten Hinweise auf bestimmte Stellen in Märchen. Aber dieser Eindruck verdüsterte bei den Betreffenden das Bild der Märchen insgesamt. Fast immer berichteten sie, daß Kinder, denen sie selber Märchen erzählten oder vorlasen, sich ebenfalls fürchteten.

Wir haben hier mehrere Phänomene beieinander: Die Grausamkeit in manchen Darstellungen der Märchen, ihre subjektive Rezeption und die Weitergabe des Märchengutes insgesamt unter einem „unguten Stern".

Wie grausam sind unsere Märchen?

Ohne Zweifel lassen sich in den überlieferten Märchen wie in allen Volkserzählungen viele Stellen finden mit altertümlichen Bestrafungspraktiken. Auch bei Grimm wird hingerichtet, verbrannt, Augen werden ausgestochen, Fersen abgeschnitten usw. Sehen wir genauer hin, so sind es vor allem die Gegenspieler, die im Märchen auf diese Weise eliminiert werden sollen: Das Böse wird bestraft, und zwar in der dem Märchen eigenen *drastischen* Weise. Diese Bilder stammen aus einer Zeit, als die Straßen und Wege in die altertümlichen Städte mit Galgen bestückt waren und öffentliche Hinrichtungen auch den Charakter von Volksfesten annahmen. In unserer westlichen Welt finden heute Grausamkeiten nicht mehr in dieser Weise statt, aber ein ähnlicher Hang zur primitiven Sensationslust zeigt sich bei Verkehrsunfällen, Kriminalprozessen und Katastrophen. Kinder und Jugendliche haben in unseren Tagen übergenug Gelegenheit, sich in den Massenmedien Opfer von Erschießungen und verbrannte Leichen anzusehen, wobei häufig die ganze Familie beisammensitzt und den Szenen kommentarlos zusieht.

Demgegenüber müssen die Märchen eher harmlos erscheinen, – ihre grausamen Handlungen werden nicht körperlich fühlbar geschildert, und die Personen beklagen sich nicht über das, was ihnen widerfährt. Wie alles im Märchen werden auch die Gewalttaten „entwirklicht" dargestellt (M. Lüthi, 1988). Vieles, was grausam erscheinen mag, wird im Märchen anders empfunden. Kaum einem

Zuhörer würde es einfallen, den Drachen oder den feurigen Hund zu bedauern, die der Märchenheld erschlägt, denn das sind Märchenwesen ohne menschliche Gefühle. Das gleiche gilt für die Riesen, die nicht einfach als Männergestalten angesehen werden können, sondern magische Wesen sind mit einer außerweltlichen Dimension. Ähnliches gilt für die bösen Stiefmütter, doch sind diese trotz ihrer magischen Dimension mehr mit der Realität verbunden, und deshalb kann ihre abschreckende Bestrafung fraglicher erscheinen. Die grausamen Bestrafungen von Familienmitgliedern, wie z. B. im Grimmschen Aschenputtel (KHM 21, AaTh 510A) wird in der Psychologie aber auch als eine Möglichkeit gesehen, das „Gute" und das „Böse" in den liebenden und zugleich bedrohenden Wesen, die uns umgeben, in Phantasiebildern aufzuspalten und damit den ungeheueren Abgrund zwischen den inneren Erfahrungen und der realen Welt zu überbrücken (B. Bettelheim, 1977,66). Ähnlich wie Träume können auch Märchen starke innere Affekte unverhüllt zur Anschauung bringen und so zu deren Objektivierung und Verarbeitung beitragen. Im Zuhörer bleibt eine gewisse Distanz zu Kannibalismus, Brudermord und Menschenopfer im Zaubermärchen, weil die Ermordung nicht als das *reale,* sondern als das *mögliche* Schicksal der Helden und Heldinnen geschildert wird (L. Röhrich, 1974,128). Mit der *spiegelbildlichen Erwiderung* des vom Gegenspieler zugefügten Unrechts wird im Zaubermärchen die Weltordnung wiederhergestellt (Die Stiefmutter tanzt sich in glühenden Schuhen zu Tode, nachdem sie zur dreimaligen Emordung Schneewittchens über die sieben Berge gelaufen ist; der böse Zar im Märchen „Der Feuervogel und Wassilissa Zarewna" [s. Textanhang] erleidet selber den Tod, den er dem Märchenhelden zugedacht hatte). Diese Strafen sind als eine „Selbstschädigung des Bösen" zu sehen (M. Lüthi, 1975,148).

Vor allem Kinder brauchen ein gewisses Maß an Grausamkeit im Märchen; das Kind muß mit Ängsten fertigwerden können. Nach Walter Scherf spiegeln die Märchen frühe Kindheitskonflikte und helfen, sie zu verarbeiten. Das enthält für das Kind die Möglichkeit, den Weg zu sich selbst freizumachen. Das Märchenhören verhindert die Verdrängung von Angst und verlockt zu Angriffsgeist und gewitzter Beobachtung (W. Scherf, 1987,25–65).

Es gibt aber auch Grausamkeiten im Märchen, die mit Bestrafung nichts zu tun haben. Ihre Hintergründe liegen in magischen Vorstellungen und rituellen Handlungen. Ein eindrucksvolles Beispiel ist die zauberische Wirkung des Blutes im Märchen. „Der treue Johannes" kann nur durch das Blut der Kinder seines Herrn wieder zum Leben erweckt werden (KHM 6, AaTh 516), und die Kinder erstehen danach wieder zum Leben. Ähnlich mutet die Art der Erlösung durch Töten an (z. B. „Der goldene Vogel" KHM 57 AaTh 550 oder Der „Froschkönig" KHM 1 AaTh 440). In vielen Tierbräutigammärchen muß die Tierhaut verbrannt werden, damit die verzauberten Tiergestaltigen zu Menschen werden („Hans mein Igel" KHM 108 AaTh 980). Das Verspeisen von Herz und Leber oder Lunge (z. B. „Wer ißt mein Herzelein/der wird bald Kaiser sein" aus: „Die zwei Schornsteinfegers Jungen" in der Handschrift der Brüder Grimm, oder: „Schneewittchen" KHM 53 AaTh 709) steht in Beziehung zu magischen Altjägerbräuchen. Das Zerstückeln oder Kochen der Märchenhelden geht auf Vorstellungen eines altertümlichen Verwandlungsglaubens zurück: im Durchgang durch einen symbolischen Tod gewinnen die Helden und Heldinnen der Märchen neues Leben. Das Abschneiden des Fingers in den „Sieben Raben" (KHM 25 AaTh 451) enthält die Vorstellung archaischer Opfer. Eine realistische Darstellung im Film wäre unerträglich; im Märchen dagegen wird von Schmerzen nichts berichtet, und die abgehauenen Gliedmaßen wachsen wieder nach (z. B. in „Das Mädchen ohne Hände" KHM 31, AaTh 706).

Die Bilder von Grausamkeiten im Märchen haben einen symbolischen Charakter und sind auch als Darstellungen von Läuterung zu begreifen. Ähnlich wie Traumbilder können sie konfliktlösend wirken. Ihre Wandlungssymbolik kann viel zur Erkenntnisbildung und Persönlichkeitsentwicklung beitragen. Werden sie ausschließlich als verletzend empfunden, so kann das auch mit der persönlichen Situation des Betreffenden zusammenhängen: In diesem Fall wirkt nicht die Märchenhandlung belastend, sondern es sind die eigenen Umstände, die sich in den symbolischen Handlungen spiegeln und als bedrückend empfunden werden (s. in Teil 9 dieses Kapitels: Märchen und Psychologie).

Deswegen ist es wichtig, sich bei der Weitergabe von Märchengut nicht allzu persönlich damit zu identifizieren. Die kulturhistorischen Hintergründe, aus denen die Zaubermärchen gewachsen sind, können nicht nur aus dem subjektiven Erleben eines Einzelnen heraus zur Darstellung kommen. Der Ton des Märchenerzählens muß so objektiv wie möglich sein: Ein Bericht von zauberischen Geschehnissen, der seit alten Zeiten überliefert ist. Die Stimme des Wolfes, die Worte der Hexe sollen nicht theatralisch erscheinen. Durch allzu subjektive Teilnahme am Märchengeschehen würde der „Berichterstatter" die Projektionen seiner Zuhörer auf sich selber lenken, was besonders für Pädagogen sehr nachteilige Wirkung haben kann. Eine Lehrerin erzählte mir, nachdem sie einmal in einer Klasse die Rolle des Wolfes in einem Märchen sehr unheimlich gesprochen habe, hätte ein Junge sie eine Zeitlang als „der Wolf" bezeichnet. Der Wolf im Märchen ist ein magisches Wesen mit übernatürlichen Kräften, das auch kulturhistorische Hintergründe hat und nicht *nur* mit menschlichen Gefühlen ausgestattet werden kann.

Ebenso wirkt sich bei der Weitergabe auch die Furcht vor den Inhalten eines Märchens schädlich aus. Nicht die „Grausamkeit" des Märchens wird dann weitergegeben, sondern die *eigene Angst*: Die Drachen der Märchen sind eine Fiktion und können wieder verschwinden, die eigene Angst aber bleibt und wird weiter übertragen.

Trotz der Entwirklichung von Gewalttat und Grausamkeit im Märchen können gewisse grausame Züge auf die Zuhörer effektiv abstoßend und beängstigend wirken. Um die Arbeit mit Zaubermärchen bei Jugendlichen im Pubertätsalter so wenig anstößig wie möglich zu gestalten, habe ich deshalb in dieses Modell nur Märchen aufgenommen, die keine *direkt* grausamen Züge aufweisen. Das konnte natürlich nicht immer gelingen; z. B. wenn in *„Prinz Schwan"* das Mädchen unterm Bett hervorgezogen wird, weil der Menschenfresser es verspeisen möchte; oder wenn im *„Recken ohne Beine"* der Junge von seinem Vater ausgesetzt wird; besonders aber in *„König Lindwurm"* mit den für diesen Märchentyp charakteristischen, dramatischen Bildern. Im Laufe meiner Testreihe haben die Schüler jedoch diese nicht alltäglichen Handlungen in den Märchen richtig eingestuft und ihre Symbolik im Erzählzusammenhang erkannt. Nie habe ich dabei eine Beanstandung von Grausamkeit im Märchen gehört.

8. Märchen und Comic

Sind Comiczeichner die Märchenerzähler von heute?
Unter den Bildern, die während meiner Testreihe gemalt wurden, waren viele Comic-ähnliche Zeichnungen und Farbbilder, die vorwiegend von Jungen geliefert wurden. Die Schüler hatten hier bei der

Märchenrezeption ein modernes Stilmittel eingesetzt: das der Massen-Zeichenware in den Medien, das vor allem durch seine serienhaften Bildfolgen gekennzeichnet ist. Der Ablauf der Erzählungen wird dabei nicht allein durch die bildliche Darstellung, sondern auch durch ,Sprechblasen' verdeutlicht. In den heute üblichen Comicserien hat sich ein eigenes, international bekanntes Zeichenrepertoire mit immer wiederkehrenden Figuren und Handlungsschemata herausgebildet, das märchenhafte Züge trägt. Von Anfang an zeigten fast alle Comics eine starke Affinität zum Märchen, was schließlich in den Zeichentrickfilmen von Walt Disney gipfelte (R. W. Brednich, 1981, Sp 88–101).

Viele Comic-Autoren nehmen deshalb für sich in Anspruch, sie wären die Erfinder der neuen Mythen und Märchen unserer Tage. Ohne Zweifel haben die Comicserien die Tarnkappen, Zaubertränke und Waffen aus den Märchen entlehnt, ebenso die Flächenhaftigkeit der Personen und Gestalten und das happy-ending. Eine unkritische Betrachtung kann aber über die Unterschiede zwischen Märchen und Comic keineswegs hinwegtäuschen. Während die Märchen ursprünglich *mündlich* durch einzelne Erzählerpersönlichkeiten an eine Zuhörerschaft weitergegeben wurden, sind die Comicserien von Anfang an als *kommerzielles Massenmedium* geschaffen worden. Eine Interaktion ist beim Konsum von Comics nicht möglich: Der Leser ist mit dem Lesestoff alleingelassen und soll zum Konsum angereizt werden. Denn Comics können nur deshalb existieren, weil sie von den Produzenten in hohen Auflagen hergestellt und von den Käufern regelmäßig massenweise abgenommen werden. So kommt es zu einem unkontrollierten Einverständnis zwischen Hersteller und Käufer: Ersatzbefriedigungen werden geschaffen, die den Konsumenten an alle weiteren Forsetzungen der gleichen Serien binden sollen. Eine Weitergabe von Lebenserfahrungen und positiven Handlungsmustern wie im Zaubermärchen ist im Comic schon deshalb nicht möglich, weil im Comic der *Held* zugleich der *Helfer* ist – dafür hat er ja seine Superkräfte – und somit einer *Entwicklung nicht bedarf* (Brednich, 1981). Die Zaubermärchen dagegen leben gerade aus der körperlich-geistigen Entfaltung ihrer Heldinnen und Helden.

Die Technik der Comicbilder wird den Jugendlichen heute nicht nur durch die Massenmedien, sondern auch in Schulbüchern nahegebracht. Vermutlich spielt dabei die stille Hoffnung eine Rolle, die Adressaten mit dieser Art von Bildtechnik zu beeindrucken oder auf dieser Ebene „einzufangen", so wie es auch im großen Stil und mit viel Erfolg durch die kommerziellen Anbieter geschieht. Es darf nämlich nicht vergessen werden, daß hinter der Schöpfung des modernen Comic von Anfang an der *Gedanke der Werbewirksamkeit* gestanden hat. Im Bild eingestreute Texte haben zwar in der europäischen Kunst eine lange Geschichte, doch die eigentlich charakteristische Darstellungsweise des Comic ist aus Flugblättern entstanden. Als erstes *modernes* Comic-Strip erschien 1897 *The yellow Kid* in New York, und die neue Erfindung war zielorientiert: sie sollte in erster Linie die Attraktivität von Boulevardzeitungen steigern.

Bei der bildlichen Rezeption von Zaubermärchen wurden nach meiner Erfahrung Comic-ähnliche Techniken von den Schülern vor allem als *Stilmittel* eingesetzt. Sie trugen zwar nicht zur Verbesserung der Bilder bei, sondern reduzierten meist die Aussage der Zaubermärchen auf bestimmte, aggressive Inhalte, aber das war vermutlich von den Jugendlichen auch beabsichtigt. Doch wurde trotzdem der Kern des vorgetragenen Märchens im allgemeinen erfaßt. Besonders das Drachenmotiv eignete sich für diese Art der Darstellung, ebenso eine handlungsorientierte Auseinandersetzung zwischen den Generationen und Geschlechtern. Die Neigung zur Komik entschärfte dabei an manchen Stellen. Doch überwogen die Macht- und Gewaltstrukturen. Subtilere Darstellungen konnten in Comics von den Schülern nicht erzielt werden. Es ist anzunehmen, daß diese Technik von den Jugendlichen auch als ein *Verschleierungsmittel* eingesetzt wurde.

In der bildlichen Rezeption können Comic-ähnlich chiffrierte Bilder und schwankhafte Zeichnungen sich kompensatorisch auswirken wie andere Bilder auch und zur eigenen Konfliktbewältigung beitragen. Es kommt aber darauf an, ob dabei das **Märchen** dargestellt wird und nicht etwas „Ausgeliehenes" und „Aufgesetztes", das mit der Erzählung selber nichts mehr zu tun hat. Alles Schwankhafte und Komische wirkt auch zersetzend. Das Märchen will jedoch in erster Linie **rezipiert und nicht parodiert** werden. Die Aktualisierung von Märchenstoffen durch Parodierung ist eine „rabiate Veränderung" (H. Schaufelberger, 1987,131).

Werden in einer Klasse überwiegend Comic-ähnliche Bilder und Witzzeichnungen geliefert, so kann man im allgemeinen davon ausgehen, daß das vorgetragene Märchen nicht zur Altersstufe oder zu dem Entwicklungsstand der Klasse gepaßt hat. Doch ist es genauso möglich, daß das Medium *Zaubermärchen* zu wenig erfaßt wurde.

12 Jahre, „Von Johannes-Wassersprung und Caspar-Wassersprung"

Junge, 11 Jahre, „Prinz Schwan"

Junge, 16 Jahre, „Die Zedernzitrone"

Junge, 13 Jahre, „Prinz Schwan"

Hans versinkt

Mädchen, 12 Jahre, „Dümmling"

Die vorgeschlagene Arbeit mit einer „Märchenkombination" wirkt in jedem Fall kompensierend, wobei der gleiche Märchentyp beim zweiten Mal besser erfaßt werden kann.

Die Zaubermärchen, die im Text-Teil dieses Modells angeboten werden, sind mehrfach auf ihre Akzeptanz bei Schülerinnen und Schülern geprüft worden, – es kommt nun darauf an, sie im Unterricht richtig einzusetzen.

9. Märchen und Psychologie

Sigmund Freud bemerkte schon zu Beginn seiner Beschäftigung mit Träumen und Traumdeutung **Beziehungen zwischen Traum und Märchen**. Er beschrieb die Bedeutung der Volksmärchen im individuellen Seelenleben des Menschen und bezeichnete sie u. a. als *Deckerinnerungen*, wobei die Erinnerung an bestimmte Lieblingsmärchen anstelle der eigenen Kindheitserinnerungen gesetzt wird (S. Freud, 1949,1–9). Seine Definitionen vom „manifesten" und vom „latenten" Trauminhalt und von der „Verschiebungsarbeit" und „Verdichtungsarbeit" in Träumen bezeichnete Freud auch als charakteristische Verschleierungsmechanismen in Mythen, Sagen und Märchen und stellte fest, daß sie das wichtigste Mittel zu deren Interpretation darstellen. Er bezeichnete die Folklorestoffe als „Wunschphantasien" und „Säkularträume" der Menschheit (Freud 1950, t. 7,222). Mit seiner Erkenntnis des animistischen Standpunktes im Märchen (Freud 1950, t.12,260) hatte er bereits eines der Grundmerkmale des Zaubermärchens erfaßt (‚Eindimensionalität' nach Max Lüthi, 1947). Die Freudsche Symbollehre, die das Sinnliche mit dem Sexualen gleichsetzt, zeigt sich für das Märchen dagegen weniger ergiebig: Der fast ausschließlich Bezug zum Kreis des Sexuallebens engt die Symbolik der Mythologie und des Zaubermärchens deutlich ein.

Die Dechiffrierungsmethoden Freuds lassen sich vor allem auf die „Brüche" *(non sequitur)* im äußeren Erzählfaden der Volksmärchen anwenden (Frederik Wyatt: literaturpsychologische Seminare über Volksmärchen, Freiburg 1989). Freuds Hinweis auf den „*Gegensinn der Urworte*" und seine Feststellung, daß Unbestimmtheit nicht unbedingt zu Vieldeutigkeit führen muß (Freud, 1977,182–184) ermöglichen ein Verständnis der Bildlichkeit vor allem in der Haß/Liebe-Beziehung im Märchen, wie es Eugen Bleuler im Begriff der

‚Ambivalenz' in das Freudsche Vokabular einführte (E. Bleuler 1910/ 11,18–21) und C. Lévi-Strauss in der Konzeption der ‚binären Opposition' weiter entwickelt hat (Lévi-Strauss, 1971). Im Zaubermärchen kommt die ambivalente Beziehung einzelner Märchenfiguren untereinander in dem Verhältnis zum Tiergemahl/zur Tiergemahlin (AaTh 400–459) unmittelbar zum Ausdruck (Lüthi/Grider 1977, Sp 446–448).

Die von C. G. Jung als *Archetypen* definierten Urbilder in der Seele des Menschen tauchen in Träumen, Mythen, Märchen und rituellen Handlungen als psychische Manifestationen auf, die das Wesen der Seele darstellen (Jung: G W 9/I, § 7). Jungs Definition der „Anima" als dem Archetypus des Seelenlebens und des Weiblichen im Unbewußten des Mannes (G W 17, § 33,8) sowie des „Animus" als dem männlichen Seelenbild und Logosprinzip in der Frau (G W 9,II, § 33) lassen sich gut auf die flächenhaften Gestalten der Märchen übertragen. Die Integration des andersgeschlechtlichen Teils in der Psyche sieht Jung als wichtigen Schritt zur Persönlichkeitswerdung an. Mit seiner Definition der inferioren Persönlichkeitsanteile als „*Schatten*" hat Jung einen Begriff geliefert, der sich ebenfalls gut auf die Flächenhaftigkeit im Märchen übertragen läßt. Er versteht darunter die dunklen Aspekte der Persönlichkeit, deren unterste Schichten animalische Züge aufweisen (G W 7, § 35). Diese psychologische Definition kann die Märchengestalten von Tierbräutigam und Tierbraut erklären helfen. Nach der ursprünglichen Auffasssung der Zaubermärchen enthält die Tierhaut einen *magischen Kräftezuwachs*. In der Integration des „Animus", der „Anima" und des „Schattens" sieht Jung eine wichtige Aufgabe vor allem für die zweite Lebenshälfte des Menschen (G W 9/II, § 14).

Die *Freudsche Schule* entwickelte sich weiter in den psychologischen Märchendeutungen von B. Bettelheim, G. Bittner, E. Fromm, O. Wittgenstein u. a.; die *Jungsche Schule* in den Beiträgen von H. v. Beit, M. L. v. Franz, E. Jung, V. Kast, E. Neumann u. a.

Die psychologische Betrachtungsweise von Volksmärchen hat zweifellos neue und interessante Impulse in die Märchenforschung gebracht. Dabei ist besonders Bruno Bettelheim zu nennen, dessen Bestseller ‚Kinder brauchen Märchen' weite Verbreitung fand (B. Bettelheim, 1975). Er hat damit die Märchen nach dem Zweiten Weltkrieg rehabilitiert, nachdem sie eine Zeitlang im Nachkriegsdeutschland verboten waren: Die Besatzungsmächte hatten angenommen,

50

daß zwischen Märchen wie „*Hänsel und Gretel*" (KHM15) und den Grausamkeiten des nazionalsozialistischen Regimes ein Zusammenhang bestand. Bettelheim stellte fest, daß Märchen vor allem heilsame Erfahrungen enthalten und zur kindlichen Bewußtseinsentfaltung wesentlich beitragen können. Sein Buch lenkte das Interesse besonders auf die Grimmschen Märchen, die nun allgemein neue Beachtung fanden.

In den letzten Jahrzehnten mehrten sich die psychologischen Bücher über Märchen in einer Weise, daß man inzwischen von einer „Schwemme" psychologischer Märcheninterpretationen sprechen kann. Dabei werden die Märchenstoffe sehr oft zur Beweisführung für eine bestimmte Theorie eingesetzt. Auch Bettelheim hat fast ausschließlich nach der Freudschen Methode interpretiert. Eugen Drewermann verwendet in seinen Deutungen die Märchen als Beweisstoff für seine eigenen Theorien (z.B.: Drewermann, 1993, 137–149). Wer das Buch „Eisenhans, ein Buch über Männer" von Robert Bly gelesen hat, weiß hinterher fast alles über den amerikanischen Mann und so gut wie nichts über das behandelte Märchen (R. Bly, 1990).

Dadurch können Zaubermärchen auch stark mißdeutet werden. Angela Waiblinger z.B. beschreibt eine psychologische Analyse mit der Hilfe des Rumpelstilzchenmärchens von Grimm (KHM 55), die sie beschließt: „Ich bin bereit, dem Rumpelstilzchen mein Kind zu geben! Ich will eine richtige Frau sein mit richtigem Gefühl." (A. Waiblinger, 1993, 98). Das weitverbreitete europäische Märchen vom „*Rumpelstilzchen*" (AaTh 500 *Name des übernatürlichen Helfers*) gehört aber zu den Zaubermärchen, die von der *Rätselwette mit dem Unhold* berichten (L. Röhrich, 1972/73). Diese eindeutige, mündlich tradierte und schriftlich immer wieder fixierte Märchenausssage ist bei Waiblinger direkt umgekehrt worden: Es geht bei ihr nicht darum, das Kind vor dem Dämon zu *retten,* sondern es ihm freiwillig zu *geben,* womit die Rätselwette verloren wäre. In dieser Weise aber wird der Ablauf der Erzählung in keiner der zahlreichen Rumpelstilzchen-Varianten geschildert (J. Bolte / G. Polívka, 1994, 490–498).

Es gibt kaum eine psychologische Märcheninterpretation, die nicht mit Fallbeispielen aus der ärztlichen Praxis ausgerüstet wäre. In den letzten Jahrzehnten sind in der Psychologie manche **psychopathischen Verhaltensformen** direkt nach Märchentiteln benannt worden, z.B. der „Cinderella-Komplex" von Colette Dowling (C. Dowling, 1984,29). oder das „Rotkäppchen-Syndrom" im „Rotkäppchen-Skript" von Eric Berne zu KHM 26 (E. Berne, 1978,53) und sein „Warten-auf-den-Tod-Skript" in *Schneewittchen* und *Dornröschen* (KHM 53; KHM 50). Die ursprünglich magischen Inhalte der Zaubermärchen werden dabei zu Illusionen psychiatrischer Krankheitsfälle verfremdet: Bei Colette Dowling wird das Cinderella-Märchen (AaTh 510) zur Chiffre für den Wahnzustand von Frauen mit unterdrückten Haltungen und Ängsten, die sie an der Entfaltung ihrer geistigen und kreativen Kräfte hindern, weil sie „wie Cinderella" immer noch auf ein äußeres Ereignis warten, das ihr Leben grundsätzlich verändern soll (zur Bedeutung der *„Aschenmenschen"* in der Volksüberlieferung s. im Textanhang das Unterrichtsmodell zum Märchen *„Aschenbrödler"*). Bei Berne stehen die Märchen KHM 53 und KHM 50 für eine Illusion von ewiger Jugend, wodurch der gesamte Lebenslauf „gestört" wird. Die Märchen erscheinen „suspekt", weil es sich beim Happy-End um das Eingreifen eines wohlwollenden, wenn auch trügerischen Eltern-Ich-Zustandes handle (Berne, 1978,54–58).

Hier geraten die Zaubermärchen unter den verengenden Blickwinkel einer *einseitigen Beurteilung.* Geht man mit den altertümlich magischen Bildern der Zaubermärchen in dieser Weise einseitig deutend um, werden ihre ursprünglichen Inhalte beeinträchtigt. Mit verstümmelten Vorstellungen aber lassen sich pädagogische und heilende Wirkungen nur noch schwer erzielen. Die Psychologie ist aus unserem heutigen Denken und Alltag nicht mehr wegzudenken. Doch darf darüber nicht vergessen werden, daß **die Ursprünge der Psychoanlyse und der analytischen Psychologie als Wissenschaft aus der Psychiatrie stammen**: ihre Begründer Sigmund Freud und C. G. Jung waren Ärzte. In diesem Sinn prägte Freud die Definition von der **„neurotischen Währung der Psychologie"**, die damit auch nur beschränkt auf Märchen anwendbar ist (S. Freud, 1975,III,23/24). Für die Deutung von Zaubermärchen ist diese Währung aufschlußreich, aber sie darf nicht die einzige sein.

Die psychologische Märchenforschung bietet insgesamt ein interessantes Spiegelbild zur Entwicklung der Psychologie als Wissenschaft. Ihr wichtigster Beitrag zur Rezeption von Märchen ist die Erkenntnis vom Nachvollzug in der menschlichen Psyche. Durch den heutigen Verlust bildhaften Denkens war diese Entwicklung auch ein notwendiger Schritt auf dem Weg zurück zu den Ursprüngen des menschlichen Wesens.

2.

Zaubermärchen für Jugendliche
im Pubertätsalter

In einer neunten Hauptschulklasse fragte mich ein Mädchen kritisch, wieweit „diese Dinge im Märchen" überhaupt realistisch seien. Ich bat sie, noch ein wenig zu warten, bis wir die Erzählung näher betrachtet hätten. Es war das kleine Grimmsche Zaubermärchen „Dümmling". Beim Assoziieren der Bilder identifizierten sich mehrere Jungen plötzlich intensiv mit der Situation „aus-dem-Haus-gejagt-werden". Sie überlegten, wie es dann wohl war, als Hans zuletzt wieder zu seinem Vater kam. Wichtig war ihnen dabei die Feststellung, er wollte seinem Vater etwas „beweisen". Ein Junge sagte: „Als am Anfang der Hans aus dem Haus rannte und hungerte, da wollte er seinem Vater etwas beweisen." Ich fragte ihn, ob das für den Hans wichtig gewesen sei. Er meinte: „Ja, sehr wichtig!" Dies war zugleich auch die beste Antwort auf die Frage des Mädchens nach der „Realität" des Märchens. Als ich sie daraufhin ansprach, merkte ich, daß sie die Märchenbilder akzeptiert hatte. Die Bemerkungen der Klassenkameraden hatten ihr die *innere Wirklichkeit* des Märchens aufgeschlossen.

Von Eltern und Lehrern wird häufig die Meinung vertreten, Jugendliche im Pubertätsalter hätten keinerlei Interesse mehr an Märchen. In diesem Alter hielten Mädchen und Jungen Zaubermärchen für etwas, das nur mit dem Denken und Fühlen der Kinderzeit zusammenhängt und das sie so schnell wie möglich loswerden möchten.

Dem ist entgegenzuhalten, daß erst seit einiger Zeit die Kinder zu den Adressaten der Märchen geworden sind; genaugenommen seit der Einführung der Bezeichnung ‚Kinder- und Hausmärchen' durch die Brüder Grimm. Besonders die Zaubermärchen sind ihrem Inhalt nach viel eher auf die Bedürfnisse von Jugendlichen ausgerichtet als auf die von Kindern. Heranwachsenden jungen Menschen können Zaubermärchen genau die Orientierungshilfen geben, die sie für ihr Alter brauchen.

1. Die Problematik der Pubertät

Die Probleme der Pubertätsphase zeigen sich in unserer Zeit so gravierend, daß in den mittleren Klassen jeder Lehrer damit fast täglich konfrontiert ist. Als Pubertätsalter gilt das *Alter der sexuellen Entwicklung*, eine Phase also, in dem die Reifung eine wichtige, drängende Aufgabe für den Jugendlichen darstellt. Sie bewirkt eine umfassende Störung des physischen und psychischen Gleichgewichts, die das Leben selber mit sich bringt. Pubertät ist eine körperlich-geistige Entwicklungsaufgabe, die bisweilen alle anderen Aufgaben in den Schatten stellt, – denken wir z.B. an das Lernverhalten vieler Jugendlicher in der Schule.

Die Aufgaben, die das Leben den Jugendlichen stellt, können so formuliert werden:

– **den eigenen Körper kennenlernen und akzeptieren**
– **die angemessene Geschlechtsrolle erlernen**
– **von der Beherrschung durch Erwachsene unabhängig werden**
– **Selbständigkeit erlangen**
– **ein eigenes Wertesystem entwickeln**

(nach Ausubel: Das Jugendalter – Fakten – Probleme – Theorien, engl. 1954, dt. München 1968)

Als wirkliche Aufgabe wird das allerdings von vielen nicht wahrgenommen. Die pubertäre Entwicklungssituation und die damit verbundene Spannung zwischen Ablösung und Individuation wird heute sogar immer weniger realisiert.

Entstrukturierung der Pubertät

Wir befinden uns augenblicklich in einer Zeit der ‚Entstrukturierung' der Jugendphase: einerseits ist sie geprägt durch eine heftige Beschleunigung der körperlichen Entwicklung, andererseits durch ein unbestimmtes Hinauszögern und Verlängern (Rosenmayr, 1976, 240; Olk, 1989, 38). Begriffe wie ‚Postadoleszenz' und ‚Kulturpubertät' gelten auch als „Reizworte". Die *‚jugendliche Identitätskrise'*, die in der klassischen Jugendforschung von Erik Erikson (1974) als ein typisches Erlebnis der pubertären Übergangszeit bezeichnet wurde, beginnt sich zeitlich immer weiter auszudehnen. Wir erleben heute nicht nur eine Verlängerung, sondern auch eine Wucherung der pubertären Phase, ein „Nicht-erwachsen-werden-Wollen".

Nach einer Studie von 1959 (Wölber) werden die Grenzen des Jugendalters zwischen 15 und 24 Jahren angegeben, nach der Shell-Studie von 1992 zwischen 13 und 29 Jahren. Der spezifische Freizeitkonsum und Lebensstil der Jugendlichen gilt vielfach auch als Vorbild und Leitbild für Erwachsene (also genau umgekehrt wie früher) und wird meist allgemein sehr schnell aufgegriffen und vermarktet. Zumindest in der westlichen Welt sind Jugendliche heute weitgehend zu Meinungsführern der Erwachsenen geworden (Ferchhoff, 1990,199). Pubertät im Sinne von menschlicher Reifung wird immer weniger erlebt oder vielleicht auch immer weniger erlebbar. Bezeichnend für diese Tendenzen ist eine häufige Vermeidung der Auseinandersetzung zwischen den Generationen. Dahinter steht eine bestimmte Weltanschauung: eine Art oberflächliche Glücksvermittlung ohne Beziehung zu Schmerz und Leid, – in der westlichen Welt oftmals in Bezug gesetzt zu „buddhistischen" Weltanschauungen. Viel näher aber liegt die Assoziation zu den Massenmedien und ihren „Unterhaltungsritualen", z. B. dem nicht zu unterschätzenden Werbefernsehen.

2. Die Wundermotive der Zaubermärchen spiegeln vor allem pubertäre Zustände – aber welche Vorstellungen haben die Jugendlichen von sich selber?

Im Mittelpunkt der Zaubermärchen steht das Schicksal eines jugendlichen Helden oder einer jungen Heldin. Allein ihr Weg entscheidet den Gang der Handlung. Diese Helden und Heldinnen der Zaubermärchen gehen in einem kindlichen Alter in magische Prüfungen hinein, die sie bestehen müssen, und danach sind sie sogleich heiratsfähig. Erlösungsfähig sein heißt im Zaubermärchen: im heiratsfähigen Alter sein.

Schneewittchen ist 7 Jahre alt, als es ins Zwergenhäuschen geht und im Glassarg verschwindet. Bei ihrem Erwachen ist sie heiratsfähig. Der Königssohn im Grimmschen Zaubermärchen *„Eisenhans"* flieht mit 8 Jahren in den Zauberwald und verbringt dort drei Tage; als er zurückkehrt, lebt er eine gewisse Übergangszeit lang als Außenseiter und ist dann sogleich ein kühner Ritter, der die Königstochter heiratet. *„Dornröschen"* gerät mit 15 Jahren in den Zauberturm, sie schläft dort hundert Jahre, dann erwacht sie und heiratet sogleich. Die Beispiele lassen sich beliebig fortsetzten. Fast immer endet die Erzählung mit einer Hochzeit, die wie ein Sakrament erscheint oder wie eine Krönung. Danach sind die Brautleute sogleich König und Königin.

Eine Motiv-Analyse von Zaubermärchen kann viel zur Kenntnis und Einschätzung pubertärer Übergangszustände beitragen. Als Beispiel möchte ich drei Motive nennen, deren Verbreitung besonders charakteristisch ist für Zaubermärchen, und sie in Vergleich setzen zur Vorstellungswelt heutiger Jugendlicher.

Ein typisches Motiv der Zaubermärchen ist die ,magische Haut'

Im Märchen ist *Haut* gleichbedeutend mit *Kleid* und symbolisiert leiblich-seelische Zustände und Entwicklungen. Die *magischen Kleider* werden meist von jenseitigen Wesen geschenkt (s. im Textanhang die Zaubermärchen mit dem Motiv der *Jenseitswanderung* AaTh 425). Sie sind von zauberischer Beschaffenheit und Farbenkraft, kommen aus wunderbaren *Nüssen* und *Eiern* hervor oder fallen von *Bäumen* herab. Sie haben metallische Substanz wie *Gold, Silber, Bronze*, oder sie sind aus *Blüten*, aus den Strahlen von *Sonne, Mond und Sternen, aus Himmel und Frühlingsblumen* oder liegen auf dem *Meeresgrund* (z. B. *„Der Feuervogel und Wassilissa Zarewna"* AaTh 550, s. Textanhang). Mit *Siebenmeilenstiefeln und Zaubergürteln* gewinnen die Märchenhelden freie Beweglichkeit, magische *Tarnkappen* machen sie unsichtbar (*„Die Schwanenfrau"* AaTh 400). Durch zauberische *Rüstungen* wird der Märchenchenheld unbesiegbar im Kampf (*„Goldhaar"* AaTh 314). Die verlassene Braut kann durch den Tausch ihrer *zauberischen Kleider* drei Nächte verbringen in der Kammer ihres in totenähnlichem Schlaf liegenden Bräutigams, und ihn so zurückgewinnen (*„Prinz Schwan"* AaTh 425).

Die wunderbaren Kleider im Zaubermärchen haben auch einen **rituellen** Charakter. Sie sind Ausdruck eines tabuierten und gefährdeten Zustandes. Als *Aschenhemden* verleihen sie den jugendlichen Märchenhelden und -heldinnen ein abstoßendes Äußeres und verbergen sie bis zu dem Augenblick, an dem sie um so strahlender aus ihrem Übergangszustand hervortreten (*„Prinzessin Mäusehaut"* AaTh 510B). Das Beibringen der magischen Kleidung wird häufig von jenseitigen Wesen unter Todesdrohung auferlegt. Sie müssen dann in tiefer Abgeschiedenheit (Aufenthalt im Wald oder unter der Erde)

und meist unter Einhaltung strengster Verbote (jahrelanges Still-
schweigen) gesponnen oder gewoben werden (z. B. in AaTh 451; Beispiel bei Grimm: „Die sechs Schwäne" KHM 49). Meistens aber
werden sie den Märchenhelden und -heldinnen von hilfreichen Tieren, zauberischen Pflanzen oder anderen Wesen geschenkt zur Lösung der im Märchen gestellten Aufgaben und Bewährungsproben.
Noch weitaus altertümlicher als die Zauberkleider erscheinen im
Märchen die Felle und Tierhäute. Die Tierhäute, die Braut oder Bräutigam häufig im Zaubermärchen tragen, verleihen ihnen eine besonders starke und verändernde Kraft (s. alle Tierbraut- und Tierbräutigam-Märchen im Textanhang). Das Motiv vom Anlegen und
Ablegen der Tierhaut gehört zu den ältesten, auf der ganzen Welt
weit verbreiteten Erzählmotiven (L. Röhrich, 1974,81–102). Es weist
auf früh-magische Weltbilder. Der Verwandlungszauber, der damit
verbunden ist, erscheint hier als eine Fähigkeit, die jedem Menschen
innewohnt. Vermutlich erst in späteren Epochen der Menscheitsge-
schichte taucht die Vorstellung auf, daß die Fähigkeit zur Tierverwandlung nur von Magiekundigen und Zauberern ausgeübt werden
kann. Noch späteren kulturhistorischen Entwicklungen entstammt
der Glaube an eine dämonistische Verwünschung in die Tierhaut. Im
Zaubermärchen steht ihr jedoch immer eine ‚Erlösung' gegenüber.
Die magische Tierverwandlung im Zaubermärchen stellt eine Integration dar von tiergestaltigen Wesen in die menschliche Gemeinschaft. Meist geschieht dies durch Heirat. Wird den Tiergestaltigen
im Märchen die Tierhaut weggenommen, z. B. einer Schwanenjungfrau das Federkleid, so sind sie an der Rückkehr in die jenseitige Welt
gehindert und können einen Menschen heiraten. Wird ihnen die
Tierhaut jedoch zu früh weggenommen oder zu früh verbrannt (meist
geschieht dies im Märchen aus Neugierde oder Unachtsamkeit), so
werden die Verwandelten erneut entrückt und können dann nur mit
größter Anstrengung wieder in die Menschenwelt zurückgeholt werden („Das Borstenkind" AaTh 425). Die Erlösung aus der Tierhaut
durch Liebe ist ein ethisch hochstehendes Motiv, das vor allem im
europäischen Zaubermärchen vorkommt, dagegen kaum in den au-
ßereuropäischen Märchen, die auch häufiger tragisch enden. Auch in
Sagen und Mythen enden die Schicksale solcher Tierwesen meist tragisch: hier gelingt die Integration der Tiergestaltigen in die menschliche Gemeinschaft nicht. Diese Formen gehen von anderen
Voraussetzungen aus als das Zaubermärchen.

Das Motiv von der *magischen Tierhaut* gehört zu den reizvollsten und den charakteristischsten Bildern der Zaubermärchen. Es bietet Zuhörern und Erzählern große Freiräume für die Beweglichkeit der Phantasie. In den überlieferten Zaubermärchen zeigt es sich in klaren, ausdrucksvollen Bildern, die auch heute noch von den Jugendlichen sehr gut verstanden und innerlich nachvollzogen werden: handelt es sich dabei doch um ihre eigenen, meist aufwühlenden Zustände und Verhaltensformen. Kein Film, kein Roman könnte die Situation Jugendlicher umfassender und geglückter darstellen als das Zaubermärchen.

Wie schätzen Jugendliche sich selber ein?

Im gleichen Maß wie die Jugendlichen ihre eigene Erziehung kritisch bewerten, suchen sie ihre Selbstdarstellung so weit als möglich authentisch zu leben: Sie möchten *lebendig* sein; sie haben den Wunsch nach Spontaneität und Unbefangenheit im Umgang und bewundern ihre Idole dafür vorbehaltlos, sie sehnen sich danach, genauso attraktiv zu sein, – *„mal im Fernsehen auftreten und alle kennen einen"*. Der Traum von gewinnender Ausstrahlung, von Schönheit und Selbstsicherheit gehört zu den wesentlichen Vorstellungen pubertierender Jugendlicher (H. Barz, 1992, II, 33–108). Die Zaubermärchen geben diesen Phantasien weiten Raum. Ihre wunderbaren Kleider von Sonne, Mond und Sternen, leuchtend wie Gold, fein wie Spinnweben, befriedigen die Phantasie nicht nur, sie enthalten auch eine kosmische Dimension, die aus der Banalität eines beschränkten, plumpen Egoismus wegführen kann, ohne jedoch den „schönen Traum" als völlig sinnlos zu zerstören. Im Zaubermärchen gibt es am Ende nie ein niederschmetterndes Gefühl, denn was hier unternommen wird, gelingt immer. Das Gelingen im Zaubermärchen ist nicht einfach aufgesetzt oder weltfremd, es hat eine reale Dimension, die dem Leben entspricht. Die Kleider der Zaubermärchen verschaffen nicht nur Schönheit und Durchsetzungsvermögen, sie sind auch glaubwürdig: Phantasiebilder von intensiver Leiblichkeit und Identität.

Wie alles Lebendige werden die magischen Fähigkeiten im Märchen geschenkt. Die jenseitigen Schenker im Zaubermärchen vermitteln ein Gefühl von Geborgenheit und von Urvertrauen. Solche Gefühle haben bei den meisten Jugendlichen einen hohen Stellen-

wert. *„Sicher sein, daß jemand da ist; daß man irgendwie dazugehört, nicht alleine herumhängt. "*

Die Zauberkleider der Märchen sind wie gute Gaben einer inneren
Welt, die im geeigneten Augenblick zur Verfügung stehen. Sie können
ihre Träger herausheben, können sie wappnen und sie verbergen. Die
Aschenhemden und Tierhäute der Märchenhelden und Märchenheldinnen sind wie eine Vermummung oder wie ein Schutz im Zustand
innerer Verpuppung. Beide Motive werden im Zaubermärchen ursprünglich als positiver Kräftezuwachs erlebt. Erst durch spätere Abwertungen erhielten sie auch einen negativen Stellenwert. Jugendliche im Zustand der Pubertät wissen sehr gut, was es bedeutet, sich vor
der Welt zu verstecken: – *„unter meiner Bettdecke sein, wo mir keiner
was will"*. Das Sichverbergen gehört zu den Lebensbewältigungsstra-
tegien dieses Alters, – *„total abschalten"*, – *„lang ausschlafen"*. Die
Fähigkeit zum Alleinsein bildet auch die Fähigkeit aus, mit seinen
Gefühlen fertig zu werden und ihre Ambivalenz aushalten zu können.
Die Tierhäute der Zaubermärchen sind Symbole für die zeitweilige
Abgrenzung der Pubertierenden von der Umwelt, ihren freiwilligen
inneren Rückzug und die oft verzweifelte, aber auch zuversichtliche
Suche nach Übereinstimmung mit sich selbst. Im Zaubermärchen ist
das Bild der wunderbaren Kleidung verbunden mit dem Aufbruch der
jugendlichen Märchenhelden und -heldinnen von zu Hause bzw. aus
der Kindheit und mit einer beginnenden Verwandlung.

*Ein anderes aufschlußreiches Motiv der Zaubermärchen:
der ‚Glasberg'*

Märchen von der *Prinzessin auf einem Glasberg* und vom *Ritt auf
den Glasberg* (AaTh 530) sind in Europa in über dreihundert Varianten aufgezeichnet und gehören zu den typischen Vorstellungen des
europäischen Zaubermärchens. Die Aufgabe der Märchenhelden und
-heldinnen ist es, sich auf den Weg zu machen, um diesen zauberischen Berg zu ersteigen bzw. ihn zu öffnen. Das gelingt auch, und
zwar auf verschiedene Weise: Zu Fuß, mit einem Zauberpferd, mit
einer magischen Leiter aus Tier- oder Menschenknochen, mit einem
Knochenschlüssel oder abgetrennen Finger, mit Hilfe von zauberischen Vögeln oder durch Selbstverwandlung in Vogelgestalt. In
schamanistischen Erlebnisberichten von Jenseitswanderungen erscheinen auffallend ähnliche Bilder.

Der Glasberg stellt im Zaubermärchen ein schier unüberwindliches Hindernis zwischen Diesseitswelt und Jenseitswelt dar. Er ist ein Teil des magischen ‚Schattenreiches'. In der Mythologie taucht das Motiv auch als eine gläserne Insel auf, als Bernsteininsel oder Glaswald. Auch im Zaubermärchen ähnelt der Zustand der im Glasberg Verzauberten und der dort freiwillig Wohnenden einem zwiespältig geisterhaften Wesen. Es sind die entrückten oder verlorenen Seelen, die in den Glasberg geraten sind, und nur mit äußerster Anstrengung können sie von den auf Erden lebenden Menschen zurückgeholt werden. Oftmals sind ihre Retter die eigenen Geschwister („*Die sieben Raben*" AaTh 451), meist aber sind es Braut oder Bräutigam, die ihre verzauberten Gefährten wiederzugewinnen suchen („*Prinz Weißbär*" AaTh 425). Ihre Jenseitswanderungen zum oder in den Glasberg hinein sind häufig mit großen Gefahren und schweren Prüfungen verbunden. *Hunger und Durst, Müdigkeit und Einsamkeit, brennende Seen, öde Berge, zusammenschlagende Felsen* müssen überstanden werden. Die *Suchwanderung* nach dem entrückten Gefährten gelingt meist nur mit der Unterstützung *jenseitiger Helfer*. Vor allem erfordert sie die unbeirrbare Kraft und Sehnsucht der Liebe.

Die urtümlichen Bilder vom Glasberg im Zaubermärchen spiegeln natürliche Reifungsprozesse. Als bedrohliche Zustände halten sie den verwunschenen Partner ebenso gefangen wie den suchenden. Beide erfahren die Glasbergsituation als einen Prozeß der Verwandlung, bei dem meist keine Schwierigkeiten erspart bleiben und der doch zuletzt immer gelingt. Der Glasberg als gefährlicher Jenseitsort pubertärer Verwandlungen ist ein eindrucksvolles Bild, dem sich kaum ein Jugendlicher entzieht. Die eigene, altersbedingte „Verpuppung" mit ihrer Vereinsamung und bedrängenden Sehnsucht wird darin ebenso erfahrbar wie die Hoffnung auf Rettung aus dieser zwiespältigen Welt durch einen geliebten Partner oder eine Wunschpartnerin, die mutig genug sind, die schwierige Jenseitsreise auf sich zu nehmen und den Weg zurück zu finden. Dies gelingt häufig nur unter Opferung eines Stückes von sich selber; meist ist es ein Stück von der Ferse. Der Glasberg der Zaubermärchen, ähnlich wie auch der ‚dunkle Wald' und das ‚Land hinter den dreimal sieben Bergen' ist eine wilde und leere Welt, die den elementaren Übertritt von einer Lebensform in eine andere ermöglicht.

Wie empfinden Jugendliche ihre eigene Situation?

Als eine ihrer größten Schwierigkeiten empfinden Jugendliche die „Angst vor dem Verlorengehen". Es ist die Angst, von allen verlassen zu sein; die Vorstellung, isoliert und völlig auf sich selbst gestellt sein zu müssen. *„Da merke ich, wie alleine ich bin, da weiß ich nicht, woher ich komme.* " Diese existentiellen Ängste haben oft mit Schulnöten zu tun und mit der Furcht vor Schulversagen, – *„alle sind gegen mich",* – und können den Charakter von Schuldgefühlen annehmen. Angst vor dem Isoliertsein heißt aber auch: keinen Partner zu finden, unverstanden zu bleiben. *„Keiner denkt so wie ich, keiner fühlt so wie ich".* Vor allem Jugendliche, die noch nicht in den beruflichen Arbeitsprozeß eingebunden sind, empfinden ihre pubertäre Isolation häufig als deprimierend. Ihre Bewältigungsversuche bestehen neben Ablenkung und Verdrängung auch in der Haltung, einfach abzuwarten, ohne zu wissen, was vor sich geht. Oft geraten sie dabei in extreme Abhängigkeit.

Die Vereinsamungsgefühle der Jugendlichen, die für ihr Alter typisch sind, bringen sie in die Nähe der Erfahrungen von Leiden und Tod. Die Vorstellungen von Tod und Jenseits wirken in der Pubertät anziehend. Von vielen Jugendlichen werden sie als attraktive „Erlebnisräume" empfunden, die eine Art Fieber bewirken nach der eigenen Entgrenzung, nach einem freischwebenden Zustand mit dem zeitweiligen Verlust von Identitätsgefühlen. Meist spielen sich solche Versuche nur in der Phantasie ab. Ist die Todesnähe aber einmal überstanden, relativieren sich fortan auch die damit verbundenen Empfindungen (H. Barz,1992).

Die Schwebephase im jugendlichen „Überschreiten der Schwelle" schildern die Zaubermärchen in den eindrucksvollen Bildern von der *Jenseitsreise* und vom *Glasberg.* Leiderfahrung und Todesnähe gelten im Zaubermärchen als unabwendbarer Bestandteil des Lebens, Tod ist gleichbedeutend mit Wiedererstehen zu einem erneuerten Leben. Die Märchen sind voller Jenseitsglauben und Jenseitshoffnung, und doch sind in ihnen alle Ereignisse immer auf das diesseitige Leben ausgerichtet: Der Durchgang durch den Glasberg ist ein Entwicklungsweg, der mit einem *Hochzeitsfest* endet. Wie alle Bilder im Märchen hat auch das Bild der Hochzeit einen symbolischen Gehalt. Es wird oft fälschlich interpretiert als Vorspiegelung einer „heilen" Welt. Im Zaubermärchen stellt die Heirat mit der Königstochter oder dem Königssohn in erste Linie einen Beweis dar für die erlangte sexuelle Reife. Die Prüfungen der Zaubermärchen sind fast immer Heiratsprüfungen. Das aus der Jenseitswelt wiedergewonnene Leben findet seine Fortsetzung auf einer nächsthöheren Altersstufe.

Das Zaubermotiv von der ‚schweren Aufgabe‘

Die Aufgabenstellungen und Prüfungen der Zaubermärchen weisen sich schon dadurch als Pubertätsinitiationen aus, weil sie fast ausnahmslos den Charakter von Heiratsprüfungen haben. Die Märchen malen die schweren Prüfungen in den phantastischsten Formen aus. Neben dem abenteuerlichen Gang auf den *Glasberg* und dem *Beibringen zauberischer Gewebe* ("*Die drei Federn*" AaTh 402) besteht die schwere Aufgabe am häufigsten im *Dienst bei einem Dämon* ("*Der Eisenhans*" AaTh 314). Der Dämon, der im Märchen auch als freundlicher Helfer anzusehen ist, aber meist zwiespältige Züge trägt, stellt die seltsamsten Forderungen: *einen Teich bewachen, daß nichts hineinfällt; hundert Hasen hüten; Bäume waschen; wunderbares Brot backen; einen Baum mit einer stumpfen Axt umhauen; einen See trockenlegen in einer Nacht; Zaubertiere und Zauberdinge bewachen und auf die wunderlichste Weise versorgen; den Dämon lausen und kämmen; Zauberhäuser putzen und fegen; offene Türen schließen und geschlossene Türen aufmachen.* Diese Aufgaben haben auch einen gefährlichen Charakter, denn sie stehen häufig unter Todesdrohung.

Nicht nur die Jenseitigen, auch die Väter und Mütter der Königstöchter und -söhne sind mit ihren Aufgabenstellungen nicht zimperlich: *Tiermilch holen von Tigern und Wölfen; dem Teufel drei goldene Haare wegnehmen; die Augen des Königs aus dem Jenseits holen; Linsen aus der Asche lesen; in siedender Milch baden; ‚Wasser des Lebens‘ stehlen und ‚Äpfel der Gesundheit‘; drei Qualnächte neben dem Sarg einer Prinzessin durchstehen; unergründbare Rätsel raten; einen siebenköpfigen Drachen töten, eine Diamantbrücke bauen in einer Nacht usw.* Diese seltsamen Aufgaben haben alle miteinander gemeinsam, daß sie im Zaubermärchen von vornherein als unlösbar erscheinen. Mit den Zauberkräften der Tierhaut sind sie dennoch zu bestehen ("*Das Borstenkind*"), auch mit List ("*Die Schwanenfrau*"), vor allem aber mit Tapferkeit, Durchhaltevermögen, Güte und Geduld, denn solche Tugenden rufen die jenseitigen Helfer herbei, die selber anpacken oder zur Bewältigung Zaubergaben spenden („*König Lindwurm*" AaTh 433B). Es kann kaum ein Zweifel bestehen, daß hier im Zaubermärchen von heranwachsenden Mädchen und Jungen altertümlich magische Fähigkeiten und rituelle Handlungen verlangt werden, die innere Qualitäten unter Beweis stellen sollen und gleichzeitig mit dem alltäglichen Leben zu tun haben. Erst wenn die schweren Aufgaben bewältigt sind, ist der Weg frei zur Hochzeit. Die phantastischen Bilder von den schweren Aufgaben enthalten in verschlüsselter Form die Möglichkeit zur Eingliederung in die Gemeinschaft der Erwachsenen.

Wie können Jugendliche im Pubertätsalter ihre altersbedingte ‚Krise‘ überwinden lernen?

„*Hauptsache, es bringt was*" ist ein häufig wiederkehrendes Argument Jugendlicher im Pubertätsalter. Gegen sie selbst gerichtete Zwänge entlarven sie unbekümmert als „*verlogen*", und doch ist keine ihrer Enttäuschung größer als die der frustrierten Erwartungen, sowohl ihrer eigenen als die ihrer Umwelt. Sich zu profilieren ist ein Hauptwunsch aller Jugendlichen in der Übergangszeit. Sie möchten „*was aus sich machen*". Für Konsequenzen sind sie meist äußerst sensibel. Ihre Selbstdiziplin als Selbstschutz wird von Erwachsenen häufig unterschätzt.

‚Pubertät‘ stellt für jeden Jugendlichen eine Aufgabe dar, die das Leben selber aufgibt. Gefordert wird die Beherrschung ganz neuer körperlicher Fähigkeiten und die Reife zur erotischen Entwicklung. Ein junges Mädchen z.B., das für seine Mutter die unterschiedlichsten Gefühle hat, ist nun auf einmal imstande, selber Mutter zu werden. In diesem Alter muß nicht nur die äußere Brust wachsen, auch eine „innere Brust" muß vorhanden sein und wachsen können. Fehlt während der Pubertät das innere Wachstum, kommt es bei der Angliederung an die Erwachsenenwelt zu rasch wechselnden „Identitätsmontagen" der Jugendlichen, zu einer „Patchwork-Identität" ohne übergreifenden Sinnzusammenhang und ohne das Gefühl von Verantwortung, ohne tatsächliche Beziehung zu Glück und Leid (Elkind, 1990, Kap. 6). Das Streben nach dem augenblicklichen Wohlbefinden stellt dann den einzigen Lebenssinn dar.

Wie das ‚Unterscheidungsalter' (7 Jahre) eine Grenze setzt zur frühen Kindheit, ist die Pubertät gekennzeichnet durch bestimmte soziale Eingliederungen: mit der Beendigung der Schulpflicht; mit der freien Entscheidung über Religionszugehörigkeit; mit der Zulassung zu bestimmten Filmen und Lokalen; mit der bedingten Geschäftsfähigkeit und Heiratsfähigkeit der Jugendlichen; mit der Strafmündigkeit. In diesen oft bedrängenden Situationen können die überlieferten Zaubermärchen zeigen, wie der Übergang zwischen Kindheit und Erwachsenenwelt gelingen kann, ohne Schaden zu nehmen. Sie sind Bildgeschichten vom menschlichen Gelingen. Die schweren Prüfungen, die im Märchen auferlegt werden, sind der Lernsituation von Jugendlichen besonders adäquat: Ihre Alltagsbezogenheit setzt sie in Analogie zur realen Umwelt; durch ihren scheinbaren Widersinn fordern sie geradezu heraus, das Richtige zu tun; die starke Aggressivität, die sie enthalten, wirkt lösend auf die inneren Spannungen; der zu erwartende gute Ausgang befriedigt und stärkt.

Im Zaubermärchen besitzt die Frau den gleichen Stellenwert wie der Mann

Beide Geschlechter müssen im Zaubermärchen ihren Weg unter Prüfungen gehen und sind dazu berufen, zu kämpfen, zu dulden und bestimmte Tugenden zu zeigen, vor allem Durchhaltevermögen, Entschlossenheit, Aufrichtigkeit und Barmherzigkeit. Die höchste Tugend der Märchenhelden und Märchenheldinnen ist ihre Kraft, Vertrauen zu zeigen. Das Urvertrauen in die Kräfte der Natur spielt im Zaubermärchen letztlich die entscheidende Rolle. Ohne Verluste geht es jedoch meist nicht ab, sie haben im Märchen den Charakter magisch archaischer Opfer (*„Die sieben Raben"* KHM 25 AaTh 451).

Die Märchenhelden können noch so viele aufregende Prüfungen erleben, zuletzt gewinnen sie oft alles wie schlafend. Das Bestehen der schweren Aufgabe wird ihnen im Zaubermärchen letzlich geschenkt, ganz genauso wie ihnen die körperliche Reifung von Natur aus geschenkt wird. Aber sie müssen dies Naturgeschenk annehmen können und fest entschlossen sein, den letzten entscheidenden Schritt dafür selber zu tun. Das Ziel der magischen Prüfungen im Zaubermärchen ist die Gewinnung von Lebenskleinodien aus dem Jenseits, deren höchste eine jenseitige Braut oder ein jenseitiger Bräutigam ist. Trotz aller Aktivität des männlichen Teils ist dabei der

Junge, 17 Jahre, „Der schwarze Lala"

Junge, 12 Jahre, „Dümmling"

Junge, 12 Jahre, „Dümmling"

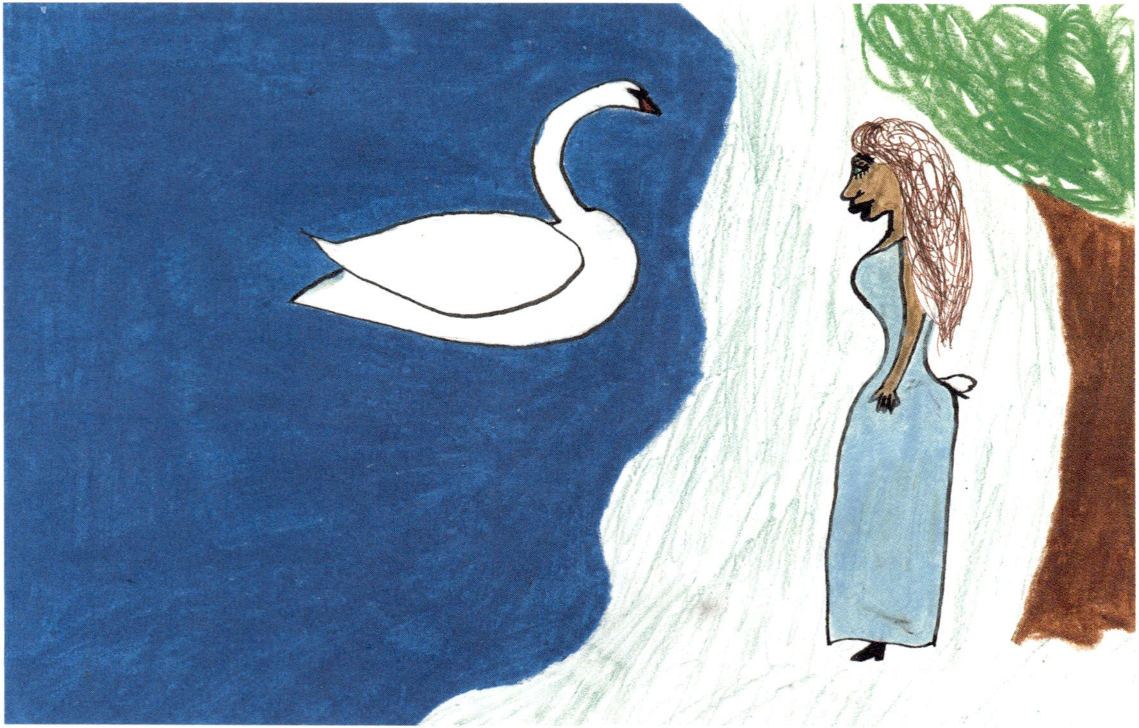

Mädchen, 13 Jahre, „Prinz Schwan“

weibliche Teil der richtungsweisendere. Nach der Jungschen Psychologie besitzt jeder Mensch in sich eine andersgeschlechtliche Seite, die integriert werden muß, und immer ist es die andersgeschlechtliche Seite, die die Bereicherung bringt. Die von Jung definierte ‚Anima‘ als weiblicher Seelenanteil des Mannes läßt sich unschwer auf das weibliche Element im Zaubermärchen übertragen, ebenso die Jungsche Vorstellung vom männlichen ‚Animus‘. Die Jenseitsreisen der Zaubermärchen besitzen auch eine auffällig soziale Komponente. Die Erfahrungen, die die Märchenhelden von ihren jenseitigen Wanderungen mitbringen, und ihre magischen Taten dienen nicht nur ihnen selbst, sondern sind dazu bestimmt, der ganzen Gemeinschaft zu nutzen: z.B. als *Orakel* mit der Beantwortung einer für das gesamte Königreich lebensnotwendigen Frage (*„Der Teufel mit den drei goldenen Haaren"* KHM 29 AaTh 461); mit einem *magischen Nahrungsmittel*, meist Getreide oder Brot, das den Hunger des ganzen Königreiches stillt (*„Das Wasser des Lebens"* KHM 97 AaTh 551); oder mit einem *rituellen Drachenkampf* zur Vernichtung eines Ungeheuers, das die Welt bedroht (*„Der Recke ohne Beine"* AaTh 300). Die geheimnisvolle Jugend-Initiation, von der in den Zaubermärchen berichtet wird, ist die Initiation von Pubertätsriten, im Zaubermärchen ist sie freilich nur noch in Resten oder Spuren vorhanden. Doch diese Reste sprechen eine deutliche Sprache. Sie bestehen nicht etwa aus einzelnen Zeremonien oder Ritualen, sondern sie stellen den gesamten biologischen Übergang bildlich dar.

3. Unbewußtes rituelles Verhalten heutiger Jugendlicher

Rituelles Verhalten soll hier nicht am Beispiel der „schwarzen Dinge und Techniken" gezeigt werden, die in der Okkultszene regelrechte Karrieren ermöglichen, sondern am gewöhnlichen Leben der Jugendlichen im Pubertätsalter.

Ein untrügliches Zeichen, daß ein Kind in die Pubertät kommt, ist die häufige Benutzung von Spiegeln und Fotoautomaten. Dabei geht es weniger um Eitelkeit als um die Frage: „wer bin ich?" Oft werden in dieser Zeit alte, abgelegte Spielsachen wieder hervorgeholt, unermüdlich wird das Zimmer umgeräumt und neu geschmückt, häufig mit Todessymbolen. Das Bedürfnis nach ausgefallenen Handlungen, die regelmäßig inszeniert werden, ist in diesem Alter sehr groß. Im allgemeinen stehen Jugendliche äußeren Zwängen ablehnend gegenüber, doch besitzen sie einen ausgeprägten ‚Ritualgehorsam'. Das zeigt sich z. B. in ihrer „Markengläubigkeit", einer Neigung, die von der kommerziellen Industrie stark ausgenutzt wird. Wer bestimmte Kleidung trägt, ist nicht nur „in", sondern erhält wie automatisch eine Ausstrahlung, die als eine Parallele angesehen werden kann zu den magischen Kleidern der Zaubermärchen. Das Tragen zerfetzter Jeans und dunkler, häufig zerrissener Kleidungsstücke erinnert an die rituellen Lumpen- und Aschenkleider der Zaubermärchen. Wie diese ermöglichen sie ein reizvoll-zwiespältiges Gefühl von Abgrenzung. Ähnlich wirkt die oft extreme Haartracht und die von manchen Jugendlichen bevorzugten Tätowierungen. Auch das schrille und gewalttätige Auftreten, das für dieses Alter typisch ist, überbordende Ausgelassenheit, Stimmungen mit berauschender Wirkung und kollektive Erhitzung können die Funktion sozialer Rituale annehmen. Was viele Jugendliche sich auf diese Weise im Alltag zu verschaffen suchen, zeigen die Zaubermärchen in Phantasiebildern, die nicht nur äußerst kreativ sind, sondern auch jene ausgeprägt **kosmische Dimension** besitzen, die in jedem Ritual das eigentliche Ziel darstellt.

Besonders deutlich zeigt sich der Hang der Jugendlichen zum Rituellen in der Hauptphase des Lebensabschnitts ‚Pubertät'. In archaischen Initiationen von sog. Naturvölkern wird die ‚Schwebephase' einer Initiation fast immer in einer Verfassung erlebt, den die moderne Medizin als ‚totalen Reizentzug' bezeichnet. Diese rituelle Entbehrung wird von vielen Jugendlichen heute unbewußt imitiert. Viele Mädchen und Jungen der westlichen Welt inszenieren bis zur Magersucht ein freiwilliges Hungern, das körperlich und geistig auf die totale Entgrenzung ausgerichtet ist, auf die Auflösung aller Dinge. Die Auseinandersetzung mit dem Tod ist der Kern jeder rituellen Einweihung. Diese Todesbegegnung wird von der Jugend oft durch das Herbeiführen krisenhafter und gefährlicher Umstände provoziert. Der Zustand des magischen Schlafes wird auch künstlich hergestellt durch den Genuß von Drogen.

Im Unterschied zum sakralen Ritus enthält solches unbewußtes Initiationsverhalten kaum ein tatsächliches Übergangs-Erlebnis für die Jugendlichen: Es geschieht ungeregelt und meist außerhalb des sozialen Umfelds und führt so manchmal wirklich zum Tod. Bekanntlich liegt eine hohe Selbstmordrate in der Phase der Pubertät. Im kultisch erprobten Übergangsritus folgt jedoch auf die symbolische Todesbegegnung das Wiedererwachen zum irdischen Leben und die Hinwendung zu einer neuen Lebensgemeinschaft.

Im Zaubermärchen wird der Durchgang durch einen symbolischen Tod in eindrücklichen Bildern geschildert, manchmal nur in andeutenden Motiven, wie z.B. im Schlaf auf einem (Grab-) Hügel (*„Die Schwanenfrau"* AaTh 400) oder im Untertauchen im Wasser (*„Dümmling"*, *„Die Puppe im Gras"* AaTh 898). Eindrucksvoll zeigt sich der symbolische Tod im rituellen Drachenkampf und der anschließenden Wiederbelebung durch die helfenden, dankbaren Tiere (*„Von Johannes-Wassersprung und Caspar-Wassersprung"* AaTh 300; *„Der Recke ohne Beine"*). Besonders drastisch tritt der Tod uns im Zaubermärchen entgegen in der Blutkammer der Verschlinger (*„König Lindwurm"* AaTh 433B) und in den Tötungsversuchen der Stiefmütter (*„Das Mädchen im Apfel"* AaTh 652A). Als „Jenseitsreise" stellt er den zeitweiligen Übertritt in eine andere Welt dar, aus der die verlorenen Gefährten zurückgeholt werden können. Immer ist der Tod im Zaubermärchen ein bedeutungsvolles Durchgangsstadium auf dem Weg zur Höherentwicklung und zur Reifung. Die rituellen Geschehnisse im Märchen haben einen formelhaften Charakter: ihre „entwirklichten" Bilder bieten die Möglichkeit zur Distanz. Von vornherein wird erwartet, daß der Märchenheld gewinnt.

Die Auseinandersetzung mit dem Tod ist im Jugendalter eine wichtige Erfahrung, die zur inneren Reifung dazugehört und die lebenslängliche Furcht vor dem Tod mindert. Sie bewirkt eine Intensivierung des Lebensgefühls. Die rituellen Initiationen der Zaubermärchen stellen dafür ein unverzichtbares kulturelles Erbe bereit.

Ritus und Zaubermärchen ergänzen einander

Die magischen Elemente im Zaubermärchen erscheinen nie willkürlich oder als bloße Fiktionen und unverbindliche Träumereien. Sie sind eine innere Realität, etwas Erlebtes, eine geglaubte Wirklichkeit, gereifte, kollektive Formen. Sie spiegeln das Leben in Wunschträumen und Probehandlungen. Diese Probehandlungen, die im Zaubermärchen durchgespielt werden, glücken immer. ‚Erlösung' wird im Märchen als Beginn einer neuen Lebensstufe verstanden, als geglückter Neubeginn eines wiederkehrenden Lebens.

Schon dieses kompensatorisch gute Ende des Zaubermärchens zeigt seine innere Nähe zum Ritus. Märchen und Riten entsprechen und ergänzen einander in ihren Formen. Die Zaubermärchen begleiten mit ihren Handlungsmodellen die Übergangsphasen des menschlichen Lebens, – Riten unterstützen sie. Gehen die Riten einmal verloren, so kann der Übergang geistig im Zaubermärchen weiterhin nachvollzogen werden. Dies geschieht gerade jetzt in unserer Zeit. Die zauberischen Elemente der Märchen kommen dem Empfinden des modernen Menschen sehr entgegen. Gerade heute sind die Menschen in erstaunlich unkritischer Weise bereit, Märcheninhalte auch wie ein Art von Kulthandlung nachzuvollziehen. Seit einigen Jahren hat sich bei uns in der westlichen Welt eine mehr oder weniger frei schweifende Form religiöser Empfindung entwickelt, die von den Sozialwissenschaften als „diffuse *religionsschaffende Tendenzen*" bezeichnet wird.

Kult und Kultur gehören eng zusammen. In den Erzähltraditionen der Volksmärchen haben die biologischen Übergänge des menschlichen Lebens – besonders der Übergang der jugendlichen Reifung – einen hohen Stellenwert. Die entsprechenden Bilder und Strukturen sind im Zaubermärchen in einer sehr eingängigen Sprache von Generation zu Generation immer weitergegeben worden. Im Märchen wurzelt die menschliche Natur in der sexuellen Reifung. Geschlechtlichkeit ist im Märchen eingebettet in den lebendigen Kosmos. Dies entspricht auch dem christlichen Weltbild, wo Menschsein von Anfang an in der Schöpfung wurzelt: „als Mann und Frau schuf er sie". Der wertvolle Erfahrungsschatz, den die Märchen beinahe unbemerkt schon seit Jahrhunderten überliefern, kann uns helfen, Pubertät auch als Geheimnis wieder erlebbarer zu machen. Das Erleben des Geheimnisvollen hat in unserer hektischen, zerstückelten Zeit eine heilsame Wirkung. Der jugendliche Reifungsweg spielt sich nach wie vor im Alter zwischen 12 und 16 Jahren ab. In diesen Altersabschnitt fällt in den christlichen Kirchen die Zeit der Vorbereitung auf Firmung und Konfirmation.

Die Bildersprache der Märchen kann auch heute den Jugendlichen im Pubertätsalter helfen und sie unterstützen. In dieser schwierigen Entwicklungszeit sollten sie von den Erwachsenen nicht alleingelassen werden.

3.

Riten im Zaubermärchen

Die Zaubermärchen enthalten vielfältige Handlungsmuster: Sie umfassen Erfahrungen des täglichen Lebens, des Umgangs miteinander und des Verhaltens in schwierigen Situationen. Diese Abläufe in den Märchen haben vor allem einen *symbolischen* Charakter: Sie enthalten **zeichenhafte Handlungen**. Ihre Wurzeln liegen in altüberlieferten Sitten und Brauchtümern und weisen auf kulturgeschichtliche Hintergründe, über die es sonst kaum noch Quellen gibt. Aus der Fülle dieser Überlieferungen in den Zaubermärchen treten einige Handlungen besonders hervor. Sie enthalten Hinweise auf altertümliche ‚Jugendinitiationen'. Solche Reste oder Spuren von ‚Pubertätsriten' sind in den Zaubermärchen bis heute überliefert (V. Propp, 1946/ 1987; L. Röhrich, 1974,Kap.III).

Das Wort Riten (in der Einzahl **Ritus,** lat. = Brauch, überlieferte Form) hängt vermutlich mit dem Wort *zählen* zusammen, griech. ἀριθμός. Damit verwandt ist das althochdeutsche *run* = Reihe, Zahl; das neuhochdeutsche Wort dazu lautet *Reim* (Herder Lexikon für Theologie und Kirche 1963). Riten haben also irgend etwas zu tun mit Ordnung und mit Anordnungen; mit etwas, das sich reimt, d.h. in sich *stimmig* ist.

Eine Vorstufe davon gibt es im Tierreich: Auch die Paarungs- und Kampfaufführungen der Tiere werden ‚Riten' genannt. Sie sind notwendig zur Erkennung der Art, damit die verschiedenen Gattungen untereinander abgegrenzt werden, und zur Sicherung des Lebensraumes. Auch für uns Menschen werden Riten als etwas Gültiges und Wahres empfunden. Doch ist ein Ritus dann mehr als eine instinktmäßige Verständigungsmöglichkeit. Für den Menschen bedeuten Riten vor allem Formung aus einer *geistigen* Tradition.

Vielleicht ist das auch ein Grund dafür, warum Riten heute nicht mehr allgemein verstanden werden. Sinn und Zweck von Riten sind vielen Menschen gar nicht mehr bewußt oder nicht mehr begreiflich.

Heute wird die geistige Formung weniger in der Tradition gesucht als in der spontanen, individuellen Selbstverwirklichung. Viele Menschen haben sogar eine *ritenfeindliche* Einstellung. Riten gelten als veraltet, als eine autoritäre Lebensform; als eine Art festgelegtes Rollenspiel, bei dem jemand unterdrückt werden soll. Häufig genug auch werden Riten und ihre Kraft für den einzelnen und für die Gruppe schamlos ausgenutzt. Wir wissen aus der jüngsten Geschichte, wieviele Kriege angezettelt werden konnten, indem man die Massen mit Hilfe von Ritualen verführte. Jugendliche sollten besonders auf die Gefahren politischer Rituale aufmerksam gemacht werden. Doch können rituelle Handlungen nicht generell als negativ eingestuft werden, sie wirken auch sehr positiv und entwicklungsfördernd (G. Kaufmann-Huber, 1955,101). Wir müssen uns also heute an den Begriff ‚Riten' und das Verständnis dafür erst einmal herantasten.

Riten haben viel zu tun mit traditionellem Brauchtum, aber auch mit Zeremonien und mit Ritualen. Alle diese Begriffe sind nicht immer leicht voneinander zu trennen und werden häufig verwechselt. Im folgenden werden wir uns zunächst von diesem breiten Spektrum ein Bild machen, um dann den Begriff ‚Riten' eindeutiger gebrauchen zu können.

1. Brauchtum, Zeremonien, Rituale

Ein **Brauch** ist etwas, das immer zum gleichen Anlaß und in der gleichen Form wiederholt wird, oft auch im kleinsten Kreis. Ein Geburtstagsfest ist z. B. ein typischer Brauch im Familienkreis. Bräuche im großen Rahmen nennt man Volksbräuche, z. B. das in vielen Ländern beliebte Weihnachtsfest mit Tannenbaum und Kerzen.

Ein Brauch kann auch eine moralische Verpflichtung enthalten, dann gilt er als **Sitte**. Im Gegensatz zum Brauch haben Sitte und Sittlichkeit einen *verbindlichen* Charakter. Z. B. gibt es heute noch die Sitte, Abmachungen per Handschlag zu treffen: sie gelten dann ‚auf Treu und Glauben'. An manchen Börsen werden heute noch Geschäfte per Handschlag geschlossen und sind rechtskräftig. Im Gegensatz zum Brauch wirkt die Sitte sich auch in der Rechtsprechung aus.

Brauch und Sitte sind auch Ausdruck religiöser Anschauung. Das zeigt sich im *Volksglauben* und in der *Volksfrömmigkeit*. Die katholische Kirche hat altes, ursprünglich heidnisches Brauchtum oft mit christlicher Sinngebung in sich aufgenommen. Solche Bräuche wurden dann im Lauf der Jahrhunderte neu gestaltet; Beispiele davon sind Kräuterweihen an bestimmten Marienfesttagen, Salzweihe an Dreikönig und am Dreifaltigkeitstag, Lichterweihe an Mariä Lichtmeß, Wasserweihe in der Osternacht und v. a. Brauchtum und Sitte gehören zum menschlichen Selbstverständnis und zur menschlichen Kultur. Manchmal wird versucht, alte Bräuche wieder neu aufleben zu lassen. Das ist nicht immer möglich. Es gelingt nur dann, wenn die seelische Grundstimmung dafür bei den Menschen noch vorhanden ist. Die alten *Fastnachtsbräuche* sind ein gutes Beispiel dafür. Meistens sind Bräuche verknüpft mit Jahreszeitenwechsel; aber auch mit dem menschlichen Lebenslauf und mit der Arbeit, – dem Handwerk und dem Beruf, und auch mit dem geselligen Leben. Traditionelles Brauchtum hat einen besonderen Wert: es ist sehr gemeinschaftsfördernd und stärkt das innere Bewußtsein der Menschen, es stärkt auch das Geschichtsbewußtsein. Bräuche werden allerdings oft geübt, ohne eigentlich verstanden zu werden. Sie ändern sich dann auch entsprechend: alte Bräuche verschwinden, neue entstehen (Lutz Röhrich: 1979, Sp 688–700).

Die meisten Bräuche haben ihre Wurzeln in einem früheren **Kult**, z. B. vieles, was mit Essen und Trinken zusammenhängt. In den Märchen spielen Speisen und Speisetabus eine große Rolle. Die magischen Speisen der Zaubermärchen enthalten besondere Kräfte, die mit frühen kultischen Bräuchen zusammenhängen. Ein Beispiel aus dem Alltagsleben für die Herstellung einer altüberlieferten Speise ist die sog. Schwarze Suppe, die vielerorts in Ostpreußen am Schlachttag zubereitet wurde. Man stellte eine frische Blutsuppe her, dann wurden die Nachbarn eingeladen und die Suppe in andere Häuser überbracht. Die Art der Zubereitung war kompliziert und nur nach altvorgeschriebenen Traditionen möglich. Dabei spielten vermutlich längst vergessene pruzzische Opferriten eine Rolle. Auch im antiken Griechenland, in Sparta, gab es die kultische Herstellung einer Opfer-Blutsuppe. Die Tradition dieses Gerichtes geht aber noch weiter zurück: Ursprünglich war es wohl ein Opferritus der Kulturen in der Altjägerzeit. Bräuche können eine sehr lange Entstehungs- und Überlieferungszeit haben.

Alte Bräuche haben immer etwas Feierliches und auch Geheimnisvolles an sich. Es ist ein Heraustreten aus der Alltagssphäre in eine besondere, festliche Sphäre, sehr oft verbunden mit dem Sinn für Schönheit und Lebensfreude, – wie das Überschreiten einer Grenze in eine andere, eine zeitlose Welt. Die damit verbundenen Anstrengungen werden nicht als Arbeit empfunden. Es gibt keinen „Arbeitslohn", auch keine Fragen nach dem „warum" oder „wozu"; wichtig ist einzig und allein die Intensität des Feierns und die Erhöhung der Lebensfreude, – für den einzelnen ebenso wie für die ganze Gemeinschaft.

Bei allen Bräuchen und Brauchtumsfesten gibt es eine Reihe festgelegter *Formeln*. Sie enthalten Regeln von Ordnung, aber auch von Bewegung und von Spannung. Man nennt sie **Zeremonien.** In unserem Kulturkreis sind im heutigen Alltag nur noch Reste von Zeremonien lebendig. Ein Beispiel ist das Grüßen, es gilt als eine Höflichkeitsform, die jeder verwenden kann. Doch gibt es auch heute noch große Zeremonien, z. B. bei Paraden, bei Staatsempfängen oder Parlamentseröffnungen. Die Zeremonien sind heute mehr aus dem privaten Bereich heraus und in den öffentlichen Bereich gerückt.

In fast allen Ländern gab es früher auch *Zeremonialsprachen*. In Japan existiert heute noch eine zeremonielle Höflichkeitssprache. „Sie kommen in Tokio an" heißt dann „Sie spielen Ankunft in Tokio". Man stellt sich dabei vor, die vornehmen Leute täten alles im Spiel, sie hätten für alles im Leben die Leichtigkeit des Spieles. „Ihr Vater ist gestorben" heißt: „Ihr Vater hat Sterben gespielt." Ähnlich wie bei uns früher „Majestät haben geruht, das und das zu tun". Die zeremonielle Höflichkeitssprache enthält die Vorstellung von etwas Übermenschlichem in der Person des Angeredeten (J. Huizinga, 1958,40).

Vielleicht liegt hier auch einer der Gründe für die heutige negative Einstellung zu Zeremonien. Sie werden oft als eine Art von Versteckspiel angesehen. Zeremonien erwecken beim modernen Menschen meistens Mißtrauen, erscheinen lächerlich und langweilig. Viele Menschen fühlen sich durch Zeremonien direkt gestört, es entsteht dabei ein Gefühl von Unsicherheit. Alles „Zeremonielle" wird leicht als eine Art von Unterdrückung angesehen. Diese negative Einstellung ist jedoch erst das Endergebnis einer langen geschichtlichen Entwicklung. Der *historische* Hintergrund zeigt sich z. B. im Ehrenkodex des mittelalterlichen Rittertums mit seinen Ordensgemeinschaften und seiner umfassenden Heraldik, die in den Turnieren und damaligen Schlachtordnungen glanzvoll in Erscheinung traten. Aus dem Verständniszusammenhang ihrer Zeit herausgenommen, wirken solche Zeremonien unverständlich. In einem Stadium der Auflösung ist eine Zeremonie keine Kulturform mehr: Sie hat dann keinen allgemein ordnungsstiftenden Charakter und ist nur noch eine Fiktion. Zeremonien bestehen dann in erster Linie aus Taktik und Prestige.

Ein Beispiel für *zeremonielle Taktik* ist das Recht auf den Vorkampf in einer Schlacht. Er war meist genau festgelegt oder stand bestimmten Geschlechtern und Landschaften zu. Das hatte in der Schlacht bei Nikopolis (1396 n. Chr.) verheerende Folgen: Ein auserlesenes Ritterheer, das mit viel Gepränge gegen die Türken gezogen war, wurde damals vernichtend geschlagen. Der einzige Grund für die Niederlage war, daß man die Gelegenheit zum Sieg mit zeremoniellen Vortrittsfragen vertan hatte. Wir müssen heute bedenken, daß seit der Antike Kampf, Rechtsprechung und Spiel in der Vorstellungswelt früherer Zeiten noch dicht beieinanderlagen. Eine Abweichung von der Spielregel macht das ganze Spiel wertlos. Bei der Einhaltung des Zeremoniells von Nikopolis ging es um das Einhalten einer tödlichen Spielregel (Huizinga: 1958,100).

Neben Brauchtum und Zeremonie gibt es den Begriff des **Rituals**. Rituale enthalten rituelle Handlungen und gehören zu einem Ritus. Fast immer haben sie mit der *Sphäre des Heiligen* zu tun. Durch areligiöse Betrachtungsweise verliert ein Ritual seine eigentliche Grundlage. Wie Zeremonien sind auch Rituale ordnungsstiftend: Die unvollkommene Welt, das verworrene Leben sollen durch rituelle Handlungen in eine wenigstens zeitweise begrenzte Ordnung gebracht werden. Im Ritual soll die Welt noch einmal *neu* werden. Es ist die Wiederholung der Weltschöpfung im kleinen Maßstab.

Ein zeitloses Beispiel dafür ist die Errichtung eines Altars. Die Erstellung von Altären hing häufig mit Landeroberungs-Ritualen zusammen. Im Vedischen Landnahmeritual bedeutete das Wasser zum Tonanrühren zugleich das Urwasser; der Ton war die Erde; die Seitenwände für den Altar stellten die Atmosphäre dar usw. Dabei wurden Verse rezitiert zum Verkünden der kosmischen Regionen, die soeben erschaffen wurden.

Rituale haben einen spielerischen Charakter, sie sind ‚geweihte‘ Spiele. Platon identifiziert ‚Spiel‘ mit ‚Heiligkeit‘ und fordert auf

„die schönsten Spiele spielend das Leben zu leben " (Platon: Leges
VII 803 CD). Die Leichtigkeit und Zwecklosigkeit des Spiels gibt
auch dem Ritual seine ganz besondere Bedeutung. Spiele und Rituale
haben die gleiche labile Sensibilität und den gleichen schöpferischen
Ernst. Doch jedes Spiel fordert zu seinem Gelingen eine Spielregel:
Das Gelingen des Rituals als „heiligem Spiel" stärkt das menschliche Zusammenleben und bewahrt die Weltordnung.
Aus dem Gesamtablauf verschiedener Rituale ergibt sich der **Ritus**. Im Ritus erst ensteht für die einzelnen Rituale ein einheitlicher
Sinnzusammenhang. Zeremonien und Rituale werden sinnlos, sobald die Geschlossenheit des rituellen Gesamtablaufs, der dahinter
steht, nicht zu erkennen ist oder gar nicht mehr existiert. Deswegen
wirkt der heutige Sprachgebrauch gerade für diese Begriffe häufig so
verwirrend, weil vielfach die Unterscheidungen nicht mehr gesetzt
werden. **Der eigentliche Ritus ist der Übergangsritus**. Wir werden uns noch
eingehend damit befassen. Übergangsriten stellen eine wesentliche
Grundlage dar für Inhalt, Form und Aussage von Zaubermärchen
(G. Keller, 1996,18)

Die besondere Qualität von zeichenhaften Handlungen

Bräuche, Zeremonien, Rituale und Riten zeigen sich in allen Kulturen der Welt. Sie haben einen besonderen Charakter, der sie von den
anderen, den „gewöhnlichen" Lebenshandlungen unterscheidet: Die
Qualität des Spielerischen in einer sozialen Funktion.
Ein Beispiel für die Verwobenheit von sakraler, geselliger und spie-
lerischer Handlung ist das *„Freundschaftschließen"*.
Auch heute kennen wir das Freundschaftschließen als eine kleine
Zeremonie in alltäglicher Form: Man reicht sich die Hand, Erwachsene bieten einander das Du, man stößt mit Wein an, trinkt auch mit
gegenseitig verschränkten Armen.
Dahinter steht ein altes Ritual. Noch bis ins 19. Jh. war es üblich,
durch Trinken von Blutstropfen oder auch durch den Bluttausch mit
Aderritzung, gegenseitig „Blutsbrüderschaft" zu schließen. Es war
eine Verbindung sogar bis in den Tod: eines Blutes, eines Sinnes.
Es gibt aber auch noch viel ältere Berichte aus frühen Zeiten, z.B.
in den altnordischen Sagas. In der isländischen *Gislasaga* heißt es:
„Sie (die beiden Männer) schnitten einen tiefen Grasstreifen aus

dem Boden, so daß beide Enden festblieben. In die Mitte stellten sie einen Speer und traten unter die Erde. Dann ließen sie ihr Blut in den Boden träufeln und vermischten Blut und Erde miteinander. Sie schworen in die Erde, jeder sollte den anderen wie einen Bruder rächen und riefen die Götter zu Zeugen an." Das Ritual des erdvermischten Blutes bedeutete in der damaligen Zeit auch eine Art Lebensversicherung. Beim Kampfestod des einen sorgte der andere für seine Bestattung (nur wer rituell bestattet war, galt als tot), er mußte den Blutsbruder rächen und für sein Erbe sorgen. Indem sie ihr Blut in der Erde mischten, vereinigten sie sich beide auch in den Grund und Boden des Kosmos: Ab jetzt hatten sie *einen kosmischen Leib*. Sollte einer von ihnen sterben, so würde die Kraft des Toten in den Leib des anderen fahren, so daß er von nun an zwei Leben in sich trug (Heino Gehrts, 1993). Dies ist eine der stärksten und tiefsten Steigerungen des realen Lebens, die man sich vorstellen kann. Aber die daraus entstehende Schicksalsfolge endloser Blutrachen wird ebenfalls in den altnordischen Sagas deutlich geschildert.

Der eigentliche menschliche Erfahrungswert, der hinter diesen verschiedenen Handlungsmustern steht – die *Freundschaft* –, bleibt von den kulturellen Hintergründen scheinbar unberührt. Freundschaft stellt ja eine ganz individuelle Beziehung dar, die auf persönlicher Übereinstimmung beruht. Ohne den sozialen und kulturellen Zusammenhang bleibt jedoch Freundschaft einzig auf diese individuelle Beziehung angewiesen. Die rituelle Einbindung in das soziale Umfeld kann deshalb auch zur Tragfähigkeit und Sicherung der Freundschaft selber wesentlich beitragen. Dabei zeigt sich, welche Werte auch für das Leben der anderen Menschen daraus hervorgehen können.

2. Der Übergangsritus

Alle Riten der Erde zeigen in ihrem äußeren Ablauf ganz ähnliche Strukturen. Dies hat als Erster *Arnold van Gennep*, der Begründer der französischen Ethnographie, um die Jahrhundertwende entdeckt (Arnold van Gennep, 1909/1986). Er stellte ein ‚Ritenschema' auf, mit dem sich die Überfülle von zeichenhaften Handlungen um sog. **Übergangsriten (rites de passage)** gruppieren und ordnen läßt („Passage-Riten"). Brauchtümer, Rituale und Zeremonien, deren rituelle Dimensionen einzeln kaum verstanden werden können, gewinnen im Zusammenhang mit einem Übergangsritus einen übergeordneten Sinn.

Übergangsriten begleiten alle wichtigen Veränderungen, in der Natur und auch im menschlichen Leben. Sie begleiten die veränderten Zustände von Ort, Tätigkeit, Sozialstatus und Alterszugehörigkeit. Sie markieren den Wechsel der Jahre, Jahreszeiten und Mondumläufe und bilden den Rhythmus des menschlichen Lebenslaufes in seinen biologischen Übergängen. Vor allem gruppieren sich Übergangsriten um die wichtigsten Ereignisse im Leben: **Geburt, sexuelle Reifung und Tod.**

Ihre Grenzen sind fließend: die Pubertätsriten der Eltern gehen über in Hochzeits- und Schwangerschaftsriten und bestimmen bereits die Geburt der Kinder, deren Kindheitsriten wiederum übergehen in ihre eigenen Pubertätsriten usw. Übergangsriten orientieren sich letztlich an sakralen Zeiten und Eeignissen, ihre Abfolge ist nicht linear vorzustellen, – also von einer Situation zu einer nächstfolgenden Situation, – sondern *zyklisch* mit immer wiederkehrenden Erscheinungen analoger Zustände.

Nach Van Gennep ist jeder **Übergangritus** gekennzeichnet durch eine bestimmte Abfolge (rituelle Sequenzen) in drei Phasen:

- **Trennungsriten (rites de séparation) kennzeichnen eine Ablösungsphase,**
- **Schwellen- bzw. Umwandlungsriten (rites de marge) eine Schwellenphase,**
- **Angliederungsriten (rites d'agrégation) eine Integrationsphase.**

Van Genneps Entdeckung blieb in Deutschland zunächst fast gänzlich unbekannt, erst 80 Jahre später ist sein Buch in die deutsche Sprache übersetzt worden (Van Gennep: 1986, 21).

Immer ein Voran, niemals ein Zurück

Übergangsriten begleiten und unterstützen die Entwicklungsstufen des Lebens, dabei kann es ein Zurück nicht geben. Deswegen wohl auch der so eindrückliche Ernst und die grundsätzlich optimistische Weltsicht, die jeden Übergangsritus kennzeichnen. Ein Zurück kann es im Übergangsritus schon deswegen nicht geben, weil es im Weiterschreiten alles Lebendigen und in allen Reifungsstufen des Lebens ebenfalls ein Zurück nicht gibt: *Übergangsriten* begleiten z.B. die *Hochzeit*, aber keine Scheidung; die *Geburt* wird von Übergangsriten begleitet, aber nicht die Abtreibung. Die Entwicklungen und Reifungen des Lebens können durch Riten *bestätigt* werden, aber durch Riten *zurückgenommen* oder sogar *ungeschehen* gemacht werden können sie nicht. In unserer westlichen Kultur gibt es nur noch sehr wenige Übergangsriten. Die meisten stellen den eigentlichen Übertritt kaum noch erkennbar dar oder sind zu Festlichkeiten erstarrt, die keine Vorstellung mehr aufkommenlassen von magischem Bedrohtsein und ritueller Welterfahrung. Dadurch entstehen **Lücken in den Ritualen des Lebenslaufes** (Chr. Burckhardt-Seebass, Etn. Eur.).

Beispiel für einen intakten Übergangsritus ist die frühchristliche Taufe. Ihre Abläufe zeigen eine klare Analogie zu den Trennungs-, Verwandlungs- und Angliederungsriten, so wie sie nach Van Gennep für den rituellen Übergang als typisch definiert sind. Dies muß um so überraschender wirken, als Van Gennep selber den *frühchristlichen* Taufakt in seine Untersuchungen nicht einbezogen hat. Der äußere Ablauf der frühchristlichen Taufe, wie er ca. 220 praktiziert und vom römischen Kirchenlehrer Hippolyt in der ältesten Kirchenordnung verbindlich angeordnet wurde, entspricht dem elementaren Ablauf eines Übergangsritus in so vollkommener Weise, daß über die *formalen* Zusammenhänge mit den Übergangsriten anderer Kulturen kein Zweifel bestehen kann. Das Verständnis dafür scheint jedoch heute weitgehend verlorengegangen zu sein. Seit Beginn der europäischen Neuzeit sind in der westlichen Welt sämtliche Übergangsriten mehr und mehr in Vergessenheit geraten. Auch in der christlichen Kirche, die immerhin noch die eigentliche Hüterin ritueller Übergänge war, ist durch eine immer stärkere Spiritualisierung in der Sakramentenlehre der Bezug zum menschlichen Lebenslauf allmählich dünner geworden. Den Eintritt ins Leben feiert die Kirche heute mit der Kindertaufe, das Ende des Lebens mit der Bestattung. Der Ritus zur Integration jugendlicher Sexualität während des pubertären Übergangs müßte (zumindest der äußeren Plazierung nach) die Firmung/ Konfirmation sein. Mit der religiösen Hochzeitsfeier wird zwar der Abschluß der Pubertät gefeiert, nicht aber der pubertäre Übergang selber.

Beispiel für einen Übergangsritus: Die christliche Taufe

Sie ist der wichtigste Ritus der christlichen Hochreligion. Ihrer äußeren Form nach ist sie aus alten kulturhistorischen Wurzeln gewachsen. In ihren Grundelementen ist der Zusammenhang mit den biologischen Übergängen deutlich erkennbar, doch ist der Übergang mehr seelisch-geistig als biologisch zu sehen.

Die bei uns heute praktizierte Säuglings- und Kindertaufe hat inzwischen starke Veränderungen erfahren. Ich greife deshalb zurück auf die älteste Kirchenordnung aus dem 3. Jahrhundert n. Chr. (J. Beckmann, 1962). Die wesentlichen Elemente dieser und aller späteren christlichen Taufordnungen (in der Ostkirche seit dem 12. Jh.; bei Luther seit 1523) sind folgende:

Trennungsritus: *Loslösen vom bisherigen Dasein* durch Weihe des Taufwassers, des Salböls und des Täuflings selber.

Übergangs- und Verwandlungsritus, die *Taufe auf den Tod Christi und seine Auferstehung: **Übergang im Schwebezustand eines symbolischen Todes*** durch dreimaliges Untertauchen im Wasser oder Überschütten mit Wasser gleichzeitig mit dem Glaubensbekenntnis durch den Täufling.

Angliederungsritus: *Einbindung in die neue Daseinsform* durch Handauflegen, Bekreuzigen, Salben und Umarmen.

Dieser ursprüngliche Taufritus der christlichen Kirchen besitzt einen eindrucksvollen Reichtum an symbolischen Handlungen. Er stellt sowohl ein religiöses als auch ein kulturgeschichtliches Erbe dar. Seine Dreiteiligkeit entspricht dem Ablauf der Übergangsriten auf der ganzen Erde.

3. „Pubertätsriten" im Zaubermärchen

Erinnern wir uns: ἀριθμός – *zählen* und run – *Reihe, Reim* gehören zum Wort *Ritus*. Ihrem inneren Sinn nach gehören sie auch zum Märchen. In den Märchen werden sehr viele Zusammenhänge erst durch das Verständnis von Riten und rituellen Abläufen erklärlich.

Zunächst die **Formelhaftigkeit:** Sie ist für das Märchen ebenso wie für den Ritus ein wichtiges Element. Schon ein kleine Abweichung kann die überlieferte Ordnung verderben. Das wird vor allem von den Kindern bemerkt. Kinder verlangen, daß eine einmal anders erzählte Stelle in einem Märchen genauso, wie sie es gewohnt sind, *wiederholt* wird, sonst verliert für sie das ganze Märchen seinen Reiz.

Das **Spielelement:** Es gehört zum Ritus ebenso wie zum Märchen. Spiel ist unentbehrlich für das Entstehen von Kultur; nach Huizinga liegen die Ursprünge der menschlichen Kultur im Spiel (J. Huizinga, 1958, Kap. 3).

Die Zaubermärchen enthalten Mitteilungen vom Entstehen und vom Wandel der menschlichen Kultur. Das Erzählen von Märchen gehört zum Kulturgut eines Volkes und wirkt stabilisierend auf die menschliche Gemeinschaft. Es weckt Hingabe und sogar Begeisterung. Spielen hat mit Freude zu tun, mit Vergnügen, es schließt aber auch den Ernst nicht aus. Kinder und auch Erwachsene spielen im allertiefsten Ernst. Das Spiel unterscheidet sich vom alltäglichen Leben, denn es enthält etwas Geheimnisvolles: Die Gesetze des gewöhnlichen Lebens haben hier keine Geltung. Im Spiel geschieht die zeitweilige Aufhebung der gewöhnlichen Welt. Das spielerische Element gibt einer Handlung eine besondere Qualität: Spielen ist immer *freies* Handeln, *befohlenes* Spiel ist kein Spiel mehr. Es ist keine Pflicht, kann aber durchaus etwas Überliefertes, Aufgetragenes sein: Die aufgetragene Wiederholung einer Handlung im Spiel.

Das eigentliche Spielelement besteht im Erstellen und Lösen von Spannungen. Der glückliche Ausgang am Ende ist das Lösen der Spannung. Es „glückt" im Märchen, – so wie beim Werfen und Fangen eines Balles im Spiel. Dabei steht etwas „auf dem Spiel". Es wird etwas auf die Probe gestellt: die Durchhaltekraft der Helden und Heldinnen, ihre Findigkeit, ihr Mut, ihre Ausdauer und ihre geistigen Kräfte. Die Überlieferung solcher Erfahrungen findet im Märchen wie auch im Ritus in zeichenhaften Handlungen statt.

In den Zauber- oder Wundermärchen, – sie werden auch magische oder mythische Märchen oder Glücksmärchen genannt, – sind Reste oder Spuren von archaischen Riten zu erkennen, die ihren Erzählungen einen besonderen Reiz und ein unverkennbares Gepräge geben. Der Begriff „archaisch" geht auf das griechische Wort „archaios" zurück, das bedeutet „uranfänglich". Auf den uranfänglichen, zeichenhaften Handlungen, die im Zaubermärchen von Generation zu Generation weitergegeben wurden, beruht die sog. *Lebensweisheit* dieser Märchen und vermutlich auch ihre therapeutische Wirkung.

Diese eindrucksvollen Handlungsabläufe in den Zaubermärchen haben große Ähnlichkeit mit den Abläufen von Übergangsriten: Beide stellen ganz ähnliche Entwicklungs- und Erfahrungsprozesse dar.

Die Spuren von Lebenseinweihungen (Initiationen) in den Zaubermärchen sind von der Wissenschaft schon früh bemerkt worden, z. B. von J. G. Frazer (The Golden Bough 1890). Der russische Märchenforscher Vladimir Propp konnte Reste von Initiationen, besonders von Jugendinitiationen, in sehr vielen Zaubermärchen nachweisen. Sein Buch *Die historischen Wurzeln des Zaubermärchens* (Propp, Leningrad 1946), das im kommunistischen Rußland stark angefeindet war, ist erst dreißig Jahre später nach Westeuropa gelangt und wurde danach auch in die deutsche Sprache übersetzt (München 1987). Die Abläufe, die Propp in den Zaubermärchen entdeckte, liegen sehr dicht beisammen mit *kultischen Handlungen*. Im Zaubermärchen erscheinen sie formelhaft und zeitlos entwirklicht.

Den Anfang der Erzählungen charakterisiert der freiwillige oder auch unfreiwillige *Aufbruch der jugendlichen Helden und Heldinnen* von zu Hause. Ihre *Reise ins Jenseits* gleicht einer Initiation, sie sind die eigentlichen Initianden. Der Wald stellt den rituellen *Initiationsort* dar (ebenso die Wüste, kahle Hügel, der Glasberg, eine Totenhöhle oder das ‚tiefe Wasser‘). Immer handelt es sich um einen Platz in der Einöde, eine ‚leere Welt‘. Hier sind die jugendlichen Helden gänzlich isoliert und auf sich selbst gestellt. In dieser totalen *Isolation* gerät der Initiand in den rituellen Initiationsraum (ethnologisch als ‚Seklusions-Hütte‘ bezeichnet). Im Zaubermärchen ist dies *ein Waldhaus im Dickicht, eine verschlossene Kammer, ein verzaubertes Schloß, eine unzugängliche Kapelle, eine gefährliche Höhle.* Diese Orte sind im Zaubermärchen jedoch nicht unbewohnt. Die Figur der *Hexe* und andere Jenseitsgestalten, vor allem *Tiergestaltige* und die toten *Ahnen*, die Zugang zu diesen Orten haben oder sie bewohnen, sind die *Initiationshelfer* der Zaubermärchen. Sie rüsten die Initianden mit *Zaubergaben* aus, die Jenseitscharakter haben, vergleichbar etwa Amuletten oder Reliquien, und die ihnen im richtigen Augenblick die richtige Hilfe bringen. Bei ihnen lernen die Initianden auch alltägliche Arbeiten und Fertigkeiten, die aber stets einen magischen Charakter haben. Die Initiationshelfer tragen vieldeutige Züge, die Initiationsorte selber sind *tabuiert* und stehen unter einem *Todesaspekt*: Ein Entkommen von dort ist nicht ohne weiteres möglich, da sie sich im Jenseits befinden. Die *Leiden* der Helden und Heldinnen, ihre *Einsamkeit*, ihr *Hungern* und ihre *Schlaflosigkeit*, vorübergehende *Blindheit und Taubheit*, schwere *Arbeit* und *härteste Lebensumstände*, all das sind auferlegte *rituelle Läuterungen* während der Isolation des Übergangs und werden in sehr vielen Zaubermärchen geschildert. Der tiefe *Schlaf*, in den viele Märchenhelden versinken, ist ein Höhepunkt der rituellen Initiation. Es ist der Zustand eines *symbolischen Todes*. Im Zaubermärchen erscheint er vielfach als zauberischer Zustand des Verschlungenwerdens, Zerhackt- und Gekochtwerdens, doch wirken diese Umstände im Märchen „entwirklicht": Von Schmerzen wird nichts berichtet, der zerstückelte Held steht wieder auf, die Glieder wachsen wieder nach (siehe dazu Kapitel 1.8).

Die Angliederung an das neue Leben ist im Zaubermärchen oftmals mit noch weiteren Proben verbunden, es sind meist *Prüfungen sozialer Art*: das Königreich vor dem Untergang retten, Rätselwetten lösen, Schlösser bauen usw. Mit wunderbaren Kräften ausgerüstet, bestehen die Märchenhelden nun alle Versuchungen und Gefahren. Ihre Körper haben sich gestärkt, ihr jugendlicher Geist hat sich erneuert, die Lebenserfahrungen, die sie gesammelt haben, ermöglichen ihnen jetzt die notwendige Angliederung an die neue Altersstufe und die Fähigkeit, zu *heiraten*. Sie bringen Wissen und Einsichten mit, die der Erwachsenengemeinschaft, in der sie von nun an leben, von größtem Nutzen sind. Mit ihrer sexuellen Entwicklung haben sie das ihnen zustehende *Königtum* menschlicher Reife gewonnen. Das Ende des pubertären Zustandes wird im Zaubermärchen meist im Bild der *Hochzeit* dargestellt als Angliederung an eine neue Lebensform, und in der Gewinnung eines *neuen Königreiches*. Die Durchgänge pubertärer Reifungsstufen in der Sprache der Zaubermärchen können von modernen Jugendlichen gut aufgenommen und seelisch verarbeitet werden. Darin liegt ein unschätzbarer Wert dieser Märchen, den sie bis heute nicht verloren haben.

Betrachten wir zum Schluß noch einmal unser kleines
Märchen vom ‚Dümmling':

Der Rhythmus der Erzählung gliedert sich in drei Sequenzen, die genau der Struktur eines Übergangs- und Initiationsritus (Passage-Ritus) entsprechen.

Der erste Teil enthält die **Loslösung von einer alten Daseinsform**: *Fortrennen von zu Hause, Vereinsamung, Hungern*, Auftauchen eines *überweltlichen Helfers*.

Der zweite Teil enthält einen **schwebenden Übergangszustand**: Hinuntersinken in eine jenseitige *Wasserwelt, Dienst* bei einer magischen Kröte, die *schwere Aufgabe* des Ringens mit der Kröte und ihre *Verwandlung* in ein schönes Mädchen.

Der dritte Teil schließlich enthält die **Angliederung an eine neue Daseinsstufe**: Das *Schloß* mit all seinen Gärten steht auf der Erde, Hans wird *gescheit*, geht zu seinem Vater und *erbt sein Reich*.

„Es war einmal" ist im Zaubermärchen stets gleichbedeutend mit „irgendwo und nirgendwo". Auch in diesem kleinen, unscheinbar wirkenden Zaubermärchen stellt sich die ‚ganze Welt' dar.

ZWEITER TEIL

DIE PRAKTISCHE ARBEIT

Mädchen, 11 Jahre, „Prinz Schwan"

4.

Bildliche Rezeption von Zaubermärchen im Unterricht der Schule

Über bildliche Rezeption im Zusammenhang mit Märchen siehe in der Einführung.

In diesem Kapitel geht es um den Einsatz des Modells in der Praxis und die Durchführung der Methode im Unterricht der Schule. Im folgenden werden die 5 Phasen des Modells einzeln erläutert. Für die Arbeit im Unterricht werden insgesamt drei Unterrichtstunden benötigt:

eine Doppelstunde für die Behandlung des ersten Märchens (auch wenn die Kombination mit einem weiteren Märchen nicht eingesetzt wird),

eine Einzelstunde für die Weiterführung der Arbeit mit einem kombinierten zweiten Märchen.

Für die Auswahl in der Kombination zweier Märchen war in erster Linie die Zugehörigkeit zum gleichen Märchentyp ausschlaggebend.

Erste Phase: Die passende Lehrplaneinheit

Im Anhang findet sich eine Tabelle mit Vorschlägen zur Koordination des Modells mit dem Unterrichtsplan. Dabei geht es um die Fächer Deutsch, Biologie, Gemeinschaftskunde, Religion, Ethik, Musik, Kunst. **Siehe 7. Kapitel: Das Modell im fächerverbindenden Unterricht.**

In der 1. Phase wird als Grundlage die ausgesuchte Lehrplaneinheit im Unterricht fachspezifisch erarbeitet, kurz bevor mit der bildlichen Rezeption der Märchen begonnen wird.

● **Ein Bezug zum Zaubermärchen wird in dieser Phase noch nicht hergestellt.**

Zweite Phase: Die Vermittlung des Zaubermärchens

Aufgabenstellung:
Herstellen eines Stuhlkreises innerhalb der Klasse, wobei die Tische an die Wände geschoben werden. Der Stuhlkreis darf nicht zu weit von der Tafel entfernt sein, die Schüler sollen nicht direkt mit dem Rücken zur Tafel sitzen.
Die Lehrerin/der Lehrer nimmt in diesem Stuhlkreis unter den Schülern Platz und liest das ausgewählte und zuvor selbst erarbeitete Zaubermärchen klar und langsam vor. Die Betonungen sollten so einfach wie möglich sein und keine Projektionen der Schüler herausfordern.
Der Text soll den Schülern möglichst unbekannt sein.

Kurze Einführung:
„Märchen sind Geschichten in Bildern; wir träumen auch in Bildern; wir erinnern uns in Bildern; zuerst sind die Bilder da, dann erst kommen die Gedanken. Die Bilder, die zum Märchen aus unserem Inneren aufsteigen, sind wie ein Netz, das die Abgründe überspannt.
Märchen beginnen mit „es war einmal", das heißt: „irgendwo und nirgendwo." Sie spielen in einer Zeit, als die Könige noch Macht hatten. Das Bild des Königs ist im Mächen auch ein Symbol für Eigenbestimmung: Wo gehe ich hin, was tue ich, welche Verantwortung übernehme ich?"

Erklären der im jeweiligen Unterrichtsmodell angegebenen Worte oder Symbole, s. dazu im Textanhang bei den Märchen.

Aufforderung:
„Laßt euch einfach mal auf die Bilder ein."

● **Beim Vorlesen eines Zaubermärchens wird der *Titel* weggelassen. Er ist erst von den Märchensammlern bei der Niederschrift eingefügt zur Kennzeichnung der einzelnen Märchen. Die Schülerinnen und Schüler nehmen das Märchen auf, ohne daß es zuvor mit einem Titel „etikettiert" wird. Es ist auch reizvoll, wenn sie nach der Erarbeitung des Märchens selber einen Titel dazu vorschlagen können. Dabei sollte dann vor allem der Typ des Märchens von ihnen (zumindest annähernd) getroffen werden.**

Was geschieht beim Hören eines Zaubermärchens?

Bei meiner Testreihe kam es manchmal vor, daß Lehrer es lieber gesehen hätten, wenn der Text verteilt und von den Schülern selber gelesen worden wäre. Dabei übersahen sie, daß es sich beim Zaubermärchen um eine **mündliche Tradition** handelt.

1. Die Rolle des Vorlesenden:

Märchen sind in erster Linie ein akustisches Phänomen. Ein gut *erzähltes* Märchen kann so lebensnah wirken, als ob es in diesem Augenblick zum ersten Mal mitgeteilt würde. Dabei geht es nicht darum, aus der Erinnerung heraus im Plauderton etwas mitzuteilen. Ein Zaubermärchen muß sehr oft gehört, genau erfaßt und gut eingeprägt worden sein, ehe es erzählerisch weitergegeben werden kann. Zaubermärchen sind kompliziert im Aufbau, viel weniger einfach als z. B. Sagen oder Schwänke. Sie enthalten Motive, die nicht ohne weiteres modernisiert werden können. Ihre Strukturen sind formelhaft und gehen auf alte Rituale zurück, die heute meist nicht mehr verstanden werden und manches im Zaubermärchen unlogisch erscheinen lassen. Aber gerade diese Inhalte können nicht einfach weggelassen oder „umfunktioniert" werden, – das Märchen wäre dann keins mehr! Die Art der Vermittlung eines Zaubermärchens muß sich in erster Linie nach der mündlichen Überlieferung richten.

Das **Märchenerzählen** ist eine Kunst, die in *nicht schriftlichen Gesellschaften* hoch bewertet wurde. Das Herabsinken des Märchenerzählens auf die Stufe eines „Märchenonkels" / einer „Märchentante" ist nur verständlich im Zug der allgemeinen Entwicklung zur Schriftlichkeit. Die letzten traditionellen Erzähler, die meist Analphabeten waren, sind durch diesen Fortgang stark beeinträchtigt worden. Oft haben sie sich auf Spaßgeschichten umgestellt, weil diese besser „ankommen". Wie dadurch auch die Feldforschung beeinträchtigt werden kann, hat die Erzählforscherin Marianne Klaar lebendig geschildert: Auf den griechischen Inseln traf sie auf Erzähler, die ihre ererbten Zaubermärchen absichtlich „vergaßen", d.h. verschwiegen, um sie so vor Verspottung und Verfälschung endgültig zu bewahren. Auf diese Weise ist manches letzte Erzählmaterial verloren gegangen (M. Klaar,1993,22; 1995,48).

In Deutschland gibt es seit einigen Jahren wieder den Beruf der Märchenerzähler. Die Ausbildung umfaßt mehrere Jahre, und es gibt verschiedene Methoden. Die *Europäische Märchengesellschaft* ist eine wissenschaftlich literarische Gesellschaft, die u. a. eine fundierte Förderung für heutige Märchenerzähler und -erzählerinnen bietet.

Gegenüber dem *lebendigen Erzählen* ist das **Vorlesen** eines Märchens viel weniger eindrucksvoll und spielt sich in einer ganz anderen Dimension ab: Derjenige, der liest, schiebt zwischen sich und die
anderen ein Papier, das ihn dem Blickkontakt mit seinen Zuhörern
entzieht. Dadurch ist die direkte Verbindung mit der Person des Ver-
mittlers unterbrochen. Das Märchen lebt aber gerade aus der Lebendigkeit der persönlichen Vermittlung.

• **Beim Vorlesen sollte das Märchen dem Lesenden so eingeprägt
sein, daß zumindest zeitweise ein Blickkontakt mit den Zuhörern
möglich ist.**

2. Die Zuhörer:
Durch das Lesen eines Märchens wird eine *schriftlich* festgelegte
Form vermittelt. Dem Lesenden selber ist sie nicht durch das Erlebnis innerer Bilder eingeprägt, wie es beim Hören geschieht, sondern
durch das Erschließen von Buchstaben. Vorlesen ist mit der Entziffe-
rung von Schriftzeichen verbunden: ein logisch linear gerichteter
Vorgang, bei dem der Blick auf die Kombination von Wörtern fixiert
ist und die Konzentration weitgehend auf das Verfolgen eines **äußeren Erzählfadens** gelenkt wird. Je rascher das Lesen, desto geringer ist
die innere Beteiligung, desto weniger Bilder können aufsteigen.

• **Nur durch langsames Sprechen können beim Vorlesen innere Bilder vermittelt werden: Das Auftauchen innerer Bilder im Bewußtsein der Zuhörer benötigt Zeit.**

3. Der Text:
Das Vorlesen eines Märchens muß auf die spezielle Wirkung der *Bildersprache* ausgerichtet sein. Die Bilder der Märchensprache haben
Symbolcharakter. Sie sind vielschichtig und haben eine tiefe, sehr
beziehungsreiche Wirkung. **Das Auslassen einzelner Bilder (Erzählmotive) hat für die Rezeption des gesamten Textes einschneidende
Folgen.**
In der mündlichen Überlieferung werden Märchen in einfach kon-
zipierten Bildern weitergegeben. Ihre Poesie äußert sich vor allem in
den Bildern selber, aber auch in Zauberversen und kleinen Merksprü-
chen. Durch die Eindimensionalität und Flächenhaftigkeit der Handlung (s. Kap. 1) wirkt eine solche Erzählung insgesamt meist

holzschnitthaft. Bei der Fixierung auf eine schriftliche Form jedoch wird diese ursprüngliche Ausdrucksweise verändert.

Feldforscher, die ihre aufgenommenen Märchen möglichst getreu wiedergeben möchten, befinden sich immer in der Schwierigkeit, lebendiges Erzählen mit lesbarem Erzählen und darüber hinaus mit richtig übersetztem Erzählen in Einklang zu bringen. Es ist bezeichnend, daß Erzähltexte aus der Feldforschung oft nicht flüssig zu lesen sind. Sie wirken aber besonders lebendig und vermitteln einen sehr reizvollen Eindruck der erlebten Erzählsituation.

Als ein Beispiel für die schriftliche Fixierung lebendigen Erzählens habe ich das sibirische Zaubermärchen *„Umtschegin und die Schwanenmädchen"* im Anhang aufgenommen. Der Bilderreichtum dieses Märchens ist ein eindrucksvolles Zeugnis mündlicher Kultur und ihrer Überlieferung.

Der Symbolcharakter der Märchensprache, so wie er in der mündlichen Überlieferung gepflegt wird, kann nur vermittelt werden, wenn die einzelnen Bilder beim Vorlesen klar und deutlich vor Augen treten können. Die symbolischen Bildinhalte dürfen nicht verwischt werden. Das gelingt, wenn das einzelne Bild auch für sich selbst zur Wirkung kommen kann. Bei jedem geübten Erzähler entsteht wie von selbst das „Erzählen im Pendelschlag" (auch *Lemniskate* genannt), das nicht ermüdet und sehr lange vorgetragen und gehört werden kann. Einen ähnlichen Rhythmus auch beim Vorlesen zu finden ist nicht ganz leicht, vor allem beim Lesen literarisierter Volksmärchen. Die Märchen der Brüder Grimm sind ein Beispiel dafür. Bezeichnend für die Grimmsche Märchensprache ist der erste Satz vom Froschkönigmärchen (KHM 1), der ihre Sammlung einleitet.

„In den alten Zeiten, wo das Wünschen noch geholfen hat, lebte ein König, dessen Töchter waren alle schön, aber die jüngste war so schön, daß die Sonne selber, die doch so vieles gesehen hat, sich verwunderte, sooft sie ihr ins Gesicht schien."

Mit den triadischen, siebenfach gesteigerten Rhythmen dieses Eröffnungssatzes ihrer Sammlung haben die Brüder Grimm ein unvergleichliches Beispiel literarischer ‚Volkspoesie' gegeben, das in sich völlig stimmig ist und eine die Erzähltradition glänzend erfassende Sprache darstellt, – aber es ist eben kein direktes, mündlich überliefertes Erzählen. Für einen erfahrenen Erzähler ist ein solcher Satz keineswegs „unaussprechbar", aber er muß geübt werden. Besonders lehrreich ist er für das Vorlesen eines Märchens.

Mit Blick auf das Vorlesen wollen wir diesen Satz kurz betrachten:
Folgende **Bilder** müssen beim Lesen klar aufsteigen können:
Wo das **Wünschen geholfen** hat/ der **König** / dessen **Töchter alle schön**
sind, / die **Jüngste so schön**, / daß die **Sonne** selber / die **vieles gesehen**
hat / sich verwundert so oft sie **ihr ins Gesicht** scheint.
Ein solcher langer Satz kann nicht hintereinander in Scheiben aufgeteilt
werden. Er muß einen **Rhythmus** bekommen, der es dem Zuhörer ermöglicht, während des Vorlesens sich deutlich und lebhaft all die unverkennbaren Bilder auch wirklich **vor Augen stellen** zu können.

• **Das von Natur aus rhythmische *Erzählen* unterscheidet sich
grundlegend vom logisch linearen *Lesen*. Deshalb sollte jedes Märchen vor dem Lesen erst für sich laut geübt werden, um dann beim
Vorlesen einen für die Bildersprache geeigneten Rhythmus zu finden.**

• **Am Anfang der bildlichen Rezeption eines Märchens steht das Hören (1. Phase), am Ende steht die Hand (5. Phase). Die letzte Phase
des Modells wird die Verbindung aufzeigen zwischen Sprache und
Fingerbewegung.**

Dritte Phase: Das Reproduzieren in Bildern

Aufgabenstellungen:
1. Nennen der gehörten Bilder des Märchens in spontaner Folge. Dabei geht es nicht um die Wiedergabe des äußeren Erzählfadens,
sondern um die durch das Hören der Bildersprache des Märchens
geweckten Eindrücke, die in **Bildern** formuliert werden sollen.

Aufforderung: *„Nennt ein Bild aus diesem Märchen, das euch besonders gefallen hat, vielleicht auch irgendwie geärgert hat oder euch
sonst aufgefallen ist, und das jetzt noch deutlich vor eueren inneren
Augen steht."*
Die entscheidende Vorbereitung dieser Phase liegt in der vorangegangenen: Wenn das Märchen bei den Schülern gut auf der Bildebene
„angekommen" ist, gehen sie ohne weiteres auf die gestellte Aufgabe
ein.

Beispiel einer Antwort:
„Die Schwanenjungfrau fliegt fort." Dies ist ein präzises Bild.
Dagegen die Bemerkung: „Sie ist traurig und möchte lieber wieder weg" hat keinen Bildcharakter und muß erst noch anders formuliert werden. Hilfreich dafür ist die Frage: *„Wie würdest du das denn malen?"* Meist kommt dann sofort ein sehr klares Bild.

Lautet die Antwort z.B. *„Die Schwanenjungfrau sucht ihr Federkleid, nimmt es aus der Schachtel hervor und legt es an, sie fliegt weg"*, so ist das alles zwar gut behalten, aber es sind damit gleich 4 bildliche Abläufe genannt. Die einzelnen Bilder verlieren dadurch an Klarheit und verschwimmen. Auch werden die anderen Mitschüler in ihrer Anteilnahme gebremst. Hilfreich ist hier die Wiederholung der Aufforderung, jeweils **ein Bild** zu nennen. Natürlich können von jedem Schüler nacheinander mehrere Bilder genannt werden.

Bemerkungen wie: *„Das ist doch unlogisch, er ist ja wirklich dumm! – So etwas Ähnliches habe ich schon mal gehört! – Sie kann diese Art von Freiheit nicht ertragen und sucht eine andere Freiheit, die ihr angemessener ist"* sind alles keine Bilder, sondern moralische Bewertungen, Assoziationen und Interpretationen. Der Lehrer muß der Lockung widerstehen, auf diese Bemerkungen der Schüler einzugehen! Gefragt ist in dieser Phase einzig das Reproduzieren des Märchens in Bildern.

Wichtig sind dabei **Farben.** Zwei Hauptschüler in einer 8. Klasse stellten sich das Tuch der Königstochter im Märchen „Der Recke ohne Beine" sofort farbig vor: der eine fand, es sei rosa, der andere stellte es sich mit Sternen gemustert vor. Im Märchen „König Lindwurm" wird der „Klumpen", der vom Drachen übrigbleibt, von den meisten Schülern farbig vorgestellt, fast immer in ganz dunklen Farben. Die Farbigkeit veranschaulicht die inneren Bilder und macht sie lebendig. Der Lehrer kann deshalb auch nachfragen: *„Wie stellst du dir vor…was für eine Farbe…?"*

2. **Während die Bilder genannt werden, schreibt die Lehrerin/der Lehrer sie an die Tafel.**
Das kann nicht von einem Schüler übernommen werden. Dieser wäre dann von der Gemeinschaft der Zuhörer ausgeschlossen. Auch ist das Anschreiben der oft dicht aufeinanderfolgenden Bilder gar nicht leicht, es erfordert Geistesgegenwart und Geschick und setzt Vertrautheit mit dem Text voraus. Bei dreiflügeligen Tafeln ist eine

Strukturierung des Tafelbildes leicht, etwas schwierig wird sie bei übereinander angebrachten Schiebetafeln.

Strukturierung des Tafelbildes (in Anlehnung an Van Genneps Definiton der drei Sequenzen des Übergangsritus):
Sogleich beim Anschreiben werden die spontan genannten Bilder der Schüler vom Lehrer strukturiert und in eine dreifache Einteilung gebracht. Sie richtet sich nach den drei rituellen „Entwicklungsschritten" des Märchens. **Die überlieferte Formelhaftigkeit der Zaubermärchen äußert sich in drei Sequenzen:** Ablösung von zu Hause / Schwebezustand in einer Übergangssituation / Angliederung an eine neue Lebensphase (Erwachsensein).

Zur Anregung ist im Anhang jedem Märchentext ein **Modell** beigegeben mit den Grundmotiven des betreffenden Märchens, die von den Schülerinnen und Schülern annähernd gefunden werden sollen, und mit der Einteilung in die drei Sequenzen.

Durch das Anschreiben an die Tafel werden die genannten Bilder zu einem **kollektiven Gut** der Klasse. Es kommt jetzt nicht mehr darauf an, wer was gesagt hat, wichtig ist, daß alle zusammen die Bilder des Märchens „gefunden" haben.

Damit an der Tafel das Ordnen in die einzelnen Sequenzen (während der Nennungen der Schüler) flüssig vonstatten geht, ist es hilfreich, sich selber zuvor die Bilder einzuprägen, bei denen *die eine Sequenz aufhört und die andere beginnt*. Im Beispiel auf S. 94/95:
Anfang bis Hochzeit
Verbrennen des Borstenkleides und Entrückung des Bräutigams bis
Entzauberung
Heimweg bis Ende

3. Wiederherstellen der chronologischen Reihenfolge.
Aufforderung: *„Wir haben das Märchen in seinen einzelnen Bildern „auseinandergefaltet". Jetzt wollen wir es wieder zusammensetzen."*

Die Bilder werden nun nach der chronologischen Erzählfolge des Märchens geordnet und gekennzeichnet, sobald sie eingeordnet sind. Manche Schüler wollen, daß die Reihenfolge der Bilder mit Zahlen angegeben werden soll. Das würde jedoch eine Einengung bedeuten: Im Symbolbereich haben Zahlen ganz andere Bedeutung als im rechnerischen Bereich. Die einzelnen Bilder an der Tafel sollen gekennzeichnet werden, sobald sie von den Schülern für die Wiederherstellung der Reihenfolge entdeckt worden sind. **Das Kennzeichnen wird von jemandem aus der Klasse besorgt.**

Nun kann es sein, daß sich plötzlich herausstellt: *da fehlt ein wichtiger Übergang, was war denn da gewesen?* Entweder wird das fehlende Bild nun von der Klasse noch erkannt, oder aber der Lehrer selber muß es einsetzen, wobei für ihn die Kenntnis vom Typ des Märchens und das im Anhang angegebene Modell mit den Grundmotiven hilfreich ist. Er benutzt dann eine etwas andere Schreibweise, denn das vegessene Bild soll sich auch nachträglich noch einprägen können. Im folgenden Beispiel: in der ersten Sequenz die Verwandlung in ein Schwein.

Manchmal werden Bilder des Märchens auch *kollektiv verdrängt.* Dies ist meist ein sehr aufschlußreicher Hinweis für den augenblicklichen Gefühlzustand in der Klasse.

Zuletzt die Frage an die Schüler: *„Wie würdet ihr denn das Märchen nennen?"* **Jetzt erst erfahren die Schüler den durch den Märchensammler gegebenen Titel des Märchens.**

Manche Schüler haben es schwer, auf die innere Bildebene zu kommen. Sie suchen jede Art von Ausflüchten, weil sie einfach keine inneren Bilder zulassen wollen oder können. Meist sind es aber gerade diese Schüler, die sich unterschwellig heftig für die Zauberwelt des Märchens interessieren und davon nicht loskommen. Häufig finden sie erst beim anschließenden Malen die nötige Ruhe. Ich habe während meiner Testreihe in 19 Schulklassen nur eine einzige Klasse erlebt, die sich zunächst vollständig gegen die innere Bilderwelt abgeschottet hatte und das Märchen direkt verhöhnte. Merkwürdigerweise hat dann gerade diese Klasse in der abschließenden Mal-Phase sehr schöne Bilder hergestellt, von denen sogar mehrere für die Bildausstellung zum Erzählnachmittag verwendet werden konnten.

Beispiel aus der Testreihe:

Tafelbild einer 8. Klasse zum Märchen „Das Borstenkind", AaTh 425 „Suchwanderung"

Linke Tafelfläche: Ablösung von Zu Hause	Mittlere Tafelfläche: Umwandlung	Rechte Tafelfläche: Eingliederung in die Erwachsenenwelt
Schwein auf der Weide bei den anderen Schweinen	*Die Braut kniet vor dem Bett des Königssohns*	*Die Feier nach der Rückkehr*
Der Vater mit dem Schwein vor dem König	*Die drei Zauberkleider*	*Das Kind hat die Zeichen der Jenseitsreise*
Die beiden Alten und ihre Freude über das Schwein	*Der Sternenwagen*	*Erlösung und Königskrone*
Der Bräutigam als Jüngling	*Die Wanderung über den Himmel*	
Die zwei Schlösser und die Diamantbrücke dazwischen.	*Das Verbrennen des Borstenkleides*	
... Die Verwandlung in ein Schwein (wurde von mir zuletzt angefügt)	*Die drei Nüsse mit den Kleidern und die Maus*	
	Die Bettlerin vor dem Tor	
	Die Insel am Ende der Welt	
	Die neugierige Königin	
	Die Königstochter verrät das Geheimnis	

Beispiel aus dem Textanhang:

Tafelbild-Modell mit den Grundmotiven zum Märchen „Das Borstenkind" AaTh 425 „Suchwanderung"

Im Modell sind die Grundmotive des Märchentyps in der Reihenfolge des Erzählablaufs angegeben

Numerierungen gemäß Motivkatalog von Stith Thompson

Linke Tafelfläche (erste Sequenz: Ablösung von zu Hause)	Mittlere Tafelfläche (zweite Sequenz: Jenseitswanderung)	Rechte Tafelfläche (dritte Sequenz: Erlösung, Angliederung an ein neues Leben)
Kind wird von seiner Mutter unbedacht in ein Schwein verwünscht (Motiv C758.1)	Verlust des Gefährten durch Brechen des Tabus (Mot C932)	Verwandlung des Tieres und Entzauberung (Mot. D7351)
Helfende alte Frau (Mot. N825.3)	Suchwanderung nach dem verlorenen Gefährten (Mot. H1385.4)	Kind mit den Abzeichen von Sonne, Mond und Sternen (Mot. H71.1)
König stellt schwere („unlösbare") Aufgaben als Heiratsprüfung (Mot. H301)	Wind, Mond, Sonne, Sterne geben die Richtung und helfen bei der Suchwanderung (Mot. H1232)	Sie werden König und Königin (Mot. Q112)
Aufgabe: Schloß (Brücke) in einer Nacht bauen (Mot. H1104)	Kleider und Schuhe bei der Suchwanderung zerrissen (Mot. H1125)	
Königstochter heiratet Tierbräutigam (Mo. B640.1)	Königstochter als Bettlerin (Mot. Q482.1)	
Er ist in der Nacht ein Mensch, am Tag ein Tier (Mot. D621.1)	Kleider von Silber, Gold und Sternenglanz (Mot. F821.1.5)	
Tabu: Nicht über das Geheimnis des Tierbräutigams sprechen (Mot. C421)	Verlassene Frau findet ihren Mann im Begriff, eine andere zu heiraten (Mot. N681.1)	
Brechen des Tabus: Verbrennen der Tierhaut (Mot. C757.1)	Sie erkauft sich den Platz vor des Bräutigams Bett, weckt sein Gedächtnis und gewinnt ihn zurück (Mot. D2006.1.4)	

Zwischen der 3. und der 4. Phase ist die Hälfte der Zeit zu Ende: Kurze Pause

Für die Schüler ist es wichtig, sich zu erholen. Das Reproduzieren in Bildern ist anstrengender, als man annehmen möchte. Die Schülerinnen und Schüler sollten so unbefangen wie möglich die nächste Phase beginnen.

Für den Lehrer ergibt sich in der kleinen Pause die Möglichkeit, die Bilder an der Tafel zu überprüfen und sie mit dem Modell der Grundmotive zu vergleichen: Es ist sehr wichtig, daß *keines der Grundmotive dem Sinn nach ausgelassen* worden ist.

Die Pause stellt im Rhythmus der Rezeptionsarbeit einen Wendepunkt dar:

Was im *ersten Teil* der Rezeptionsarbeit mehr oder weniger unbewußt aufgenommen und spontan reproduziert worden ist, wird im *zweiten* Teil als Denkmuster und Handlungsmodell ins Bewußtsein gerückt. Dieser Teil setzt sich aus einer Reihe von Schritten zusammen, die ein bestimmtes Grundmuster ergeben: Die seit vorschriftlicher Zeit überlieferte, formelhafte Struktur des Zaubermärchens.

Diese Phase stellt an den Lehrer die meisten Anforderungen. Eine Lehrerin sagte zu mir: „Das Interessanteste für mich war dabei die Festellung, daß ich selber meinen Schülern eigentlich gar nicht zuhören kann."

Vierte Phase: Das Assoziieren der Bilder

Wenn bei einem längeren Märchen das chronologische Ordnen des Tafelbildes noch nicht erfolgen konnte, so wird es jetzt nachgeholt (s. dazu die vorangehende Phase)

Für das assoziierende Gespräch sind im Anhang für jedes einzelne Märchen Hinweise gegeben. Hier wird der gesamte Verlauf im Überblick gezeigt.
Aufgabe:
Das Assoziieren der Bilder in bestimmter Auswahl (Grundmotive) und bestimmter Reihenfolge (Sequenzen).
Einstimmung: *„Wir haben die einzelnen Bilder, die ihr genannt*

habt, geordnet, so daß das Märchen wieder als Ganzes vor unseren Augen steht."

Reihenfolge: Erster Schritt

Aufgabenstellung (linke Tafelfläche):
Erarbeiten der ersten Märchensequenz: „Ablösung von zu Hause".

1. Aufforderung: „Fangen wir beim Anfang des Märchens an. Was meint ihr, **wie alt** ist der Junge (das Mädchen) wohl gewesen, als er (sie) von daheim aufgebrochen ist?"

Dazu Beispiele
Fragen: „Wie alt war wohl der Bär *(„Prinz Weißbär"* AaTh 425 Suchwanderung), als er in den Hof des Schlosses hereinkam?"
„Wie alt war wohl die Königstochter, als sie auf dem Bären in den Wald ritt?"
In manchen Märchen ist das Alter bereits angedeutet: *„Die drei Töchter waren schon erwachsen, aber bis jetzt hatte noch keine von ihnen einen Mann gefunden" („Der schwarze Lala"* AaTh 425A).
Aber: *„Der dreijährige Sohn spielte um sie herum" („Das Borstenkind"* AaTh 425): hier ist nicht das *eigentliche* Aufbruchalter gemeint!
Jedes Alter, das von den Schülern genannt wird, stimmt grundsätzlich, denn immer werden sie versuchen, ein bestimmtes *Übergangsalter* anzugeben.
Antworten: 3–4 Jahre (Kindergarten/Trotzalter); 6 Jahre (Grundschule), 9 oder 10 Jahre (weiterführende Schule); 12 Jahre (Beginn der Pubertätszeit); 18 Jahre (Mündigkeit); 20 Jahre (in der Vorstellung vieler Schüler das eigentliche Ewachsenenalter). Bei jeder Nennung ist es interessant, zu erfahren, warum gerade dieses Alter vorgeschlagen wurde.
Ziel: Das eigentliche Aufbruchalter der Märchenhelden sollte mit dem Alter der Klasse übereinstimmen oder kurz davor liegen.

2. Aufforderung: Frage: „Was *empfindet* der Märchenheld/die Märchenheldin beim Aufbruch?"
Ziel: Erkennen des Ablösungsprozesses von zu Hause.

3. Aufforderung: Frage: „Wie stellt ihr euch die *alte Frau* vor?" (z. B. in *„Die Zederzitrone"*, AaTh 408); oder: den *alten Mann* (z. B. in *„Goldhaar"* AaTh 314; *„Königstochter in der Flammenburg"* AaTh 300); die *alten Leute* (z. B. in *„Das Borstenkind"* AaTh 425 oder: *„Verstoßene Königin/ausgesetzte Königskinder"* AaTh 707); die **Kröte** (*„Dummling"* AaTh 402; *„Die drei Federn"* AaTh 402), den **Stier** (*„Königstochter in der Flammenburg"* AaTh 300), die **Schlange** (*„Aschenbrödler"* AaTh 560).
Ziel: Vorstellen der *Helferfiguren* und ihrer *Schenker-Funktion*.

4. Aufforderung: Frage: Was bewirkt *das Zauberwasser?"* Oder: die schwere **Keule** (*„Recke ohne Bein"* AaTh 300); die beiden **Blumen** rot und weiß (*„König Lindwurm"* AaTh 433B), das **goldene Haar** (*„Goldhaar"*), der **Ring** des Schlangenkönigs (*„Aschenbrödler"*).
Ziel: Vorstellen der zauberischen *Gaben*.

5. Aufforderung: Frage nach der *„schweren Aufgabe":* Etwas Zauberisches **fertigbringen, Goldschlösser bauen** (*„Borstenkind"*, *„Aschenbrödler"*); oder: **Drachen erschlagen** (Goldhaar); **etwas Unerreichbares holen** (Springendes Wasser usw. in Ausgesetzte Königskinder); **Fäden wickeln** (*„Prinz Schwan"*) usw.
Ziel: Erkennen einer *Prüfung*.

6. Aufforderung: Frage nach einem *Tabubruch:* „Was ist da eigentlich passiert?" **Anschauen und Wecken durch Licht** (*„Prinz Weißbär"*); oder: **Verraten** (*„Borstenkind"*); **Türe öffnen** (*„Schwanenjungfrau"* AaTh 400); **zeitweiliges Verlassen** (*„Zederzitrone"*); **Berühren durch Sonnenlicht** (*„Weiße Taube"* AaTh 402) usw., **Verlieren magischer Kräfte** (*„Aschenbrödler"*)
Ziel: Vorstellen des „Verbotenen"; Tabu als geheimnisvoller Grenzbereich zwischen Kindheit und Erwachsenwerden. Das Durchbrechen der Tabuzone bedeutet zugleich das Eindringen (z. B. in *„Die Zederzitrone"*) **oder auch das Zurückgedrängtwerden** (z. B. in *„Der Eisenhans"* KHM 136) **der noch nicht ganz Herangewachsenen in einer „verbotenen" (für sie „gefahrvollen") Zone.**

7. Aufforderung: Erkennen der neu entstandenen Situation: Nun kommt ein *neuer Abschnitt*, aber jetzt ist er/sie kein Kind mehr.

Reihenfolge: Zweiter Schritt

Aufgabenstellung (mittlere Tafelfläche):
Erarbeiten der zweiten Märchensequenz: „Übergangssituation im Schwebezustand" (magischer Schlaf, symbolischer Tod).

1. Aufforderung: Erkennen der neu entstandenen Situation: Jetzt beginnt erst **die wirkliche Prüfung**. *Aber nun hat er/ sie bereits* **große Kräfte** *erhalten.*

2. Aufforderung:
a) Gilt nur unter 13 Jahren *(s. Abschnitt „Welches Märchen für welches Alter?"):*
Frage 1: „Was ist das für eine **große Reise?**" *(Ausgesetzte Königskinder)*
Ziel 1: Erkennen der erweiterten Fähigkeiten im Größerwerden.
Frage 2: „Was bedeutet das Geritztwerden, daß es **blutet?**" *(„Das Mädchen im Apfel"* AaTh 652A)
Ziel 2: Erkennen der Begegnung mit dem Blut (Erstmenstruation)

b) Gilt ab 13 Jahren: Erst ab diesem Alter das Thema „magischer Schlaf", „symbolischer Tod".
Frage: „Wie stellt ihr euch diesen **Scheideweg** vor? (alle AaTh Nr. 300: *„Drachenkämpfer")*; die **Jenseitsreise?** (alle AaTh Nr. 425: *„Suchwanderung Tierbräutigam"* sowie alle AaTh Nr. 400: *„Suchwanderung Tierbraut")*; die **Unterwasserwelt?** *„Dummling")*; das Das **In-den-Brunnen-fallen?"** *(„Zederzitrone")*.
Ziel: Begegnung mit dem Tod als Voraussetzung zum Erwachsenwerden (Kernpunkt aller Pubertätsriten)

3. Aufforderung: Frage: Wie kann man eine *„schwere Aufgabe"* bestehen?
Aufgaben*: **Im entrückten (schlafenden) Bräutigam die Erinnerung wecken** (gilt für alle AaTh Nr. 425: *„Suchwanderung Tierbräutigam")*; oder: **die entrückte Tierbraut befreien** (gilt für alle AaTh Nr. 400: *„Suchwanderung Tierbräute")*; oder: **den Drachen erschlagen** (alle AaTh Nr. 300: *Drachentöter)*; oder: **Zauberische Dinge holen** *(„Die drei Federn"* AaTh 402); oder: **unscheinbare Aufgaben verrichten** *(„Zederzitrone")*; oder: **dem Dämon dienen, mit dem Dämon ringen** *(„Dummling")*; oder: **Die Hexe überwinden und die verzauberten Brüder befreien** *(Ausgesetzte Königskinder)*.

Ziel: Erkennen einer Prüfung zum Erwachsenwerden: tapfer sein, klug und findig sein, durchhalten können, sich hingeben können, lieben können.

4. Aufforderung: Erkennen der neu entstandenen Situation: *Jetzt ist der **Widerstand überwunden*** (Gilt nicht für die meisten Drachenkämpfer-Märchen und „Goldener"-Märchen).

Reihenfolge: Dritter Schritt

Aufgabenstellung (rechte Tafelfläche):
Erarbeiten der dritten Märchensequenz: „Angliederung an die Erwachsenenwelt".

1. Aufforderung: (gilt hauptsächlich für die Drachentöter-Märchen AaTh 300 und für die „Goldener"-Märchen AaTh 314).
Feststellung: Nun müssen sich beide noch einmal bewähren. Die erste Bewährung war in einem jenseitigen Bereich, jetzt müssen sie sich auch **im diesseitigen Bereich** (Königreich) bewähren. Der König will den richtigen Mann für seine Tochter! Der soll auch sein Nachfolger werden.
Frage: *„Wie geben sie sich gegenseitig und allen anderen zu erkennen?"* **Drachenzungen und halbiertes Tuch** *(„Recke ohne Beine");* **Besiegen der Feinde des Königs, Zeigen der goldenen Haare** *(„Goldhaar");* **den Gegenspieler überwinden und sich alles zurückerobern** *(„Aschenbrödler")*

2. Aufforderung: Erkennen der neu entstandenen Situation: Das gute Ende ergibt sich jetzt wie von selbst. Beide sind erwachsen geworden, haben viel gelernt und sind stark geworden. Jetzt können sie zusammenbleiben. Sie dürfen das erben, was ihnen bestimmt ist. Sie können **König und Königin werden.**

3. Aufforderung: Frage:„Was stellt eine *Hochzeit* im Lebenslauf dar?"
Erkennen: Das Zeichen, daß man **erwachsen** ist. Kinder können noch nicht heiraten.

4. Aufforderung: Frage: „Was bedeutet, *König* zu sein?"
Erkennen: Das Zeichen der **Selbstbestimmung** (Eigenbestimmung): Ich gehe dorthin, wohin ich selber gehen will, ich tue das, was ich richtig finde, ich übernehme **Verantwortung für mich selber und für die anderen.**

5. Aufforderung: Erkennen der eigenen pubertären Situation:
*„Das Märchen hat auch mit euch selber zu tun, mit dem Alter, in
dem ihr jetzt seid: Der Zustand zwischen Kindheit und Erwachsensein. Das ist gar nicht so einfach, da gibt es Aufgaben, die das Leben
selber stellt und die mit eurem Alter zu tun haben: Die Entwicklung
eures Körpers, das Sich-loslösen-können von zu Hause und allmäh-
liche Selbständigwerden. Das ist sehr wichtig für euren späteren
Lebenslauf. Ihr habt jetzt neue Kräfte bekommen, euer Körper verhält sich ganz anders als früher. Ein Mädchen in eurem Alter kann
ein unterschiedliches Verhältnis zu seiner Mutter haben, das so
oder so geprägt ist, – aber jetzt ist sie auf einmal imstande selber
Mutter zu werden; genauso bei den Jungen: das Verhältnis zum Vater kann so oder so sein, aber auf einmal ist ein Junge imstande, selber Vater zu werden. Das ist gar keine so einfache Situation: Die
neuen Fähigkeiten des Körpers müssen von euch geistig bewältigt
sein, sie müssen in euer Leben integriert werden. Das ist eine Aufgabe, die den ganzen Menschen erfaßt.
Ihr seid jetzt im Zustand der größten Kraft. Was ihr jetzt in euch
entwickelt, davon habt ihr ein ganzes Leben lang. Das Jugendalter
ist das Alter der stärksten Kraft.“*

- Das Ziel aller Aktionen und aller Motivkombinationen im Zaubermärchen heißt: *„König werden im eigenen Königreich“.* Damit ist das Ende der Handlungsabfolge *vom anfänglichen Mangel
zur Aufhebung des Mangels am Schluß* erreicht, sie läßt sich logisch linear begreifen, einprägen und weitergeben.
- Aus den vielen einzelnen Motiven und Motivkomplexen ist mit
dem sinnvollen Abschluß durch das Endmotiv *„König werden“*
ein Grundmuster entstanden, das begriffen, eingeprägt und weitergegeben werden kann.
- Die immer wiederkehrende Dreierformel in dieser Handlungsabfolge und in diesem Grundmuster entspricht dem Ablauf des
zeichenhaften Übergangs („Passage-Ritus“) *von einem Lebenzu-
stand in einen anderen.*

Fünfte Phase: Rezeption durch Malen nach Märchenmotiven

Von einer Schülerin wurde ich einmal gefragt: „Sollen wir das malen, was das Märchen in uns bewirkt oder sollen wir das Märchen selbst malen?" Die Antwort heißt: „Das Märchen malen." Die bildliche Rezeption eines Zaubermärchens ist in diesem Modell eng verbunden mit dem Ausdruck der Hand. Zunächst sind die Bilder durch **Hören** in der unbewußten Phantasie der Schüler aufgestiegen, durch **Sprechen** haben sie bewußtere Gestalt angenommen, nun geht es darum, sie mit der **Hand** konkret darzustellen. Sprechen und Bewegen der Hand sind eng miteinander verbunden. Die motorischen Felder von Gesicht und Hand liegen im somato-sensorischen Feld der Großhirnrinde dicht beieinander. Die Fingertätigkeit hängt mit dem Sprachbereich eng zusammen, sie sollte viel stärker in die Pädagogik einbezogen werden. (H. Zitzelsperger,1989,182–184).

Finger können sprechen: Im religiösen Bereich geben sie das Zeichen der Segnung und der Ordinierung; damit eng verwandt ist das Heilen durch Handauflegen. In altüberlieferten Fingererzählungen werden durch die einzelnen Finger unterschiedliche Handlungen ausgedrückt (R. Schenda, 1984, Sp 1146–1157). Zeichensprachen sind in der ganzen Welt gebräuchlich, in der Gehörlosensprache und im Flugwesen stellen sie sogar ein geregeltes Kommunikationssystem dar.

Der häufigste Einwand, den ich zu Beginn meiner Testreihe hörte, war: „Über das Märchen sprechen geht, aber *malen* wollen die Schüler gewiß nicht." Nach anfänglichem Zögern stürzen sich jedoch in der Regel die Jugendlichen mit Feuereifer über diese Aufgabe her, wobei ihr Alter keine Rolle spielt. Sie sind so erfüllt von der explosiven Kraft der von ihnen selbst gefundenen Bilder, daß sie diese jetzt vehement darzustellen und „loszuwerden" suchen. Das Malen wird dabei auch als befreiend empfunden.

Die Strukturen, Motive und Motivkomplexe der Zaubermärchen enthalten archetypische Ur-Bilder und Ur-Handlungen. Ihre Formelhaftigkeit bietet ein sicheres Netz, das die Abgründe der eigenen unbewußten Bilderwelt überspannt. In der Geborgenheit dieses tragfähigen „Netzes" wird es den Schülerinnen und Schülern möglich, in Märchenbildern auch ihre ganz persönlichen Zustände einzubringen.

Bei diesen skizzenhaften Darstellungen malt jeder auch sich selbst.

Malen im Anschluß an die Erarbeitung eines Märchens

Zur Verfügung gestellt werden: Weiße DIN A4 Blätter, möglichst viele Malkreiden, Filzstifte, Buntstifte. *Die Zeitdauer sollte 15–20 Minuten nicht überschreiten.*

1. Schritt: Auflösen des Stuhlkreises; die Tische möglichst weit auseinander stellen, damit in Ruhe gemalt werden kann.

Aufforderung: *„Die Bilder malen, die eben genannt wurden und die jetzt vorne an der Tafel stehen; am besten malt jeder ein Bild, das er selber genannt hat, ihr könnt aber auch ein anderes Bild nehmen."*

Hierzu gibt es zunächst meist spontane Kommentare, je nach der Stimmung der Klasse. Bei den einen überwiegt der halb unterdrückte Schrei: „Au fein, malen!" Bei anderen, mit wegwerfender Mimik: „Wieso jetzt malen?" – „Was sollen wir denn malen?"

Bleiben wir ruhig bei der Aufgabenstellung, so ergibt sich von selbst der nächste Schritt.

2. Schritt: Verteilen der Materialien.
Je besser die Materialien vom Lehrer vorbereitet werden konnten, desto schöner und lebendiger gestalten sich die Bilder. Meist werden Malkreiden bevorzugt. Viele Jungen lieben auch die „Filzer", die strichartiges Arbeiten unterstützen. Buntstifte und Bleistifte werden weniger gern genommen (die Schüler haben sie in der Regel dabei) und sind auch weniger ausdrucksvoll. Es ist wichtig, daß **jeder das Farbenmaterial erhält**, mit dem er/sie die augenblickliche Stimmung am besten auszudrücken glaubt. Häufig werden Lineale und Geodreiecke hervorgeholt. Das beeinträchtigt natürlich die Qualität der Bilder. Aber es kommt hier nicht auf einen Wettbewerb an (wie z.B. bei einer Prüfung), sondern vor allem auf die **ganz persönliche Gestaltung des Bildes**. *Einschränkungen von außen sollten damit nicht verbunden sein.*

Dieser Abschnitt zeichnet sich im allgemeinen durch einen ziemlich hohen Lärmpegel aus, es wird gerufen und getauscht. Je nach Temperament der Klasse ist diese Situation nicht besonders angenehm. Aber sie ermöglicht es, entstandene Spannungen bereits jetzt zu lösen oder schrittweise abzubauen.

Ist alles verteilt, tritt meist sogleich Ruhe ein. Von jetzt an muß der Lehrer dafür sorgen, daß das Malen nicht mehr gestört wird. Den Jugendlichen muß klar sein: **Jeder malt sein eigenes Bild.**

3. Schritt: Arbeitsphase.

Es entsteht eine tiefe, in manchen Klassen geradezu atemberaubende Stille. Die Köpfe sind weit auf das Papier heruntergesenkt, die Wangen beginnen zu glühen, die Augenbrauen runzeln sich, die Stifte kritzeln heftig auf der Unterlage, die ganze Körperhaltung zeigt eine tiefe innere Spannung an. Der Lehrer/die Lehrerin muß jetzt der Versuchung widerstehen, herumzugehen und interessiert über die Schultern zu blicken: Es sind ja **ganz persönliche,** manchmal aufwühlende Bilder, die hier entstehen – und wann haben die Schüler je Gelegenheit, ihre Empfindungen auf diese Weise in der Schule loszuwerden? Je ruhiger und ungestörter diese Phase verläuft, je weniger „Prüfungsgefühle" bei den jugendlichen Malern auftauchen, desto eindeutiger gestalten sich ihre Bilder.

4. Schritt: Endphase.

Einige sind jetzt fertig, manche beginnen, ihre Bilder hochzuhalten. Dabei wird gelacht, andere dagegen malen immer noch heftig. Nun kommt es auf das Geschick des Pädagogen an, die **Losgelassenheit in der Atmosphäre** der Klasse zu erhalten. Es ist ja eine ganz ungewöhnliche Situation, in der sich die Jugendlichen befinden.
Aufforderung:
„Ihr könnt jetzt eure Bilder kennzeichnen. Am klarsten und eindrucksvollsten sind die Zeichen ‚weiblich' (Kreis mit Kreuz nach unten) und ‚männlich' (Kreis mit Pfeil nach oben)."
Da die beiden Zeichen nicht so bekannt sind, wie man annehmen möchte, werden sie vom Lehrer an die Tafel gemalt.
Dieses Zeichnen der Bilder fördert das lebendige Gefühl, ein **Junge** oder ein **Mädchen** zu sein, wie es ja in der Pubertätszeit besonders klar erlebt und erfahren werden soll. Deswegen sollte noch **das Alter** dazugemalt werden: das lebensintensive Übergangsalter von der Kindheit zum Erwachsensein.

5. Schritt: Abschluß.

Die Zeit ist um, alle Bilder werden gesammelt. Nun muß der Pädagoge selber Ruhe bewahren, denn er wird feststellen, daß viele Bilder keineswegs „schön" sind. Vor allem Jungen neigen dazu, auch comicserienartige Bilder herzustellen, manche Mädchen malen Modepuppen, es kann auch vorkommen, daß ein Blatt z. B. nichts anderes enthält als die Zeichen XTC (Abkürzung für chem. Modedrogen). Aber diese Darstellungen können auch sehr aufschlußreich sein. Generell überwiegen jedoch die subjektiv eindrucksvoll gestalteten Bilder. Ich habe während der ganzen Testreihe nur eine Klasse erlebt, die geschlossen *Comics* malte und von den rund fünfhundert Schülern bekam ich nur ein einziges *obszönes* Bild. Die meisten Schülerinnen und Schüler gaben ihre innersten Empfindungen in eindrucksvollen, oft farbensprühenden Formen kund.

Im allgemeinen geben die Schüler ihre Bilder gerne ab, es kann aber auch geschehen (vor allem, wenn kein regulärer Kunstunterricht stattfindet), daß die Klasse zuvor in „Trauergeschrei" ausbricht, in einer 8. Klasse rief ein Mädchen empört: „Wir können ruhig weitermalen, wir haben doch hinterher Computer!" Manche wollen auch noch zu Hause fertig malen. Nur selten entstehen dabei noch hübsche Bilder, meistens wird irgend etwas abgemalt. Der eigene Ansatz ist dann verdrängt, die spontane Reaktion abgewertet. Oft schämen sich die Jugendlichen nachträglich ihrer spontanen Bilder und zerstören sie.

6. Schritt: Was geschieht mit den Bildern?

Es gibt verschiedene Möglichkeiten:

1. Die Bilder werden eine Zeitlang an die Wand des Klassenzimmers gehängt. Das erscheint vernünftig; nur: was geschieht mit den „häßlichen" Bildern, was mit den erschütternden Biographien, die gestaltet worden sind? Sollen sie tagelang zur Schau gestellt werden? Oder sollen sie eliminiert werden? Dann hätten wir ja wieder die Wettbewerbssituation, die hier unter allen Umständen vermieden werden muß.

2. Den Schülern die fertigen Bilder mit nach Hause zu geben, ist eine andere Möglichkeit, doch enthalten sie vielleicht auch manches, von dem die Jugendlichen sich innerlich zu trennen suchen, was sie selber nicht mehr möchten.

3. Der Lehrer sammelt die Bilder ein und wertet sie aus, sie werden ihm sicher tiefe Einblicke geben in das Wesen seiner Schüler. Bei

öfterem Malen nach Märchenmotiven ist eine vergleichende Bildersammlung für den Pädagogen wertvoll.

Von einem Gespräch innerhalb der Klassengemeinschaft über die Bilder ist in jedem Fall dringend abzuraten. Die Jugendlichen laufen dabei Gefahr, mißverstanden oder verspottet zu werden, sich innerlich verletzt zu fühlen und sich dann selber zurückzuziehen, während sie den anderen ihren eigenen Unmut wieder weitergeben. In diesem mimosenhaften Alter brauchen die Jugendlichen vor allem das Gefühl, selber etwas wert zu sein. Sie brauchen die Hoffnung, sich verändern zu können und das Gefühl, daß solche Veränderungen sich lohnen. Ganz besonders brauchen sie die Beziehung zu Erwachsenen, die an ihrem Leben echten Anteil nehmen.

Beispiel zweier Bilder aus einer Klasse

In einer achten Klasse war das Grimmsche Zaubermärchen „*Die weiße Taube*" vorgelesen worden. Die Schüler hatten die Erzählung sehr eifrig reproduziert und assoziiert. Dabei hatte sich herauskristallisiert, daß das Motiv vom „Wachen des ‚*Dummlings*', unter dem Birnbaum ein ganzes Jahr hindurch" auch als ein Symbol verstanden werden kann für das Leben (Reifwerden) gemeinsam mit dem Baum während einer ganzen Entwicklungsperiode (Erntejahr/Lebensabschnitt). Danach wurde gemalt.

Eines der Bilder stellt einen eindrucksvollen Birnbaum mit großem Stamm dar, breit auf der Erde gelagert; oben mächtig verzweigt, wobei links die Birnen hängen, in der Mitte sind die Blätter braun, daneben kahle Zweige, dann rechts an den Ästen frisches, neues Grün. Am Boden ausgestreckt schläft der ‚*Dummling*', der den Baum bewacht, mit dem Rücken ruhig gegen den breiten Stamm gelehnt, den Hut tief ins Gesicht gezogen; alles farbig gemalt in Grün und Braun. Klarer und eindrucksvoller könnte man die Erzählung bildlich kaum darstellen.

Ein anderes Bild: Alles ist mit Bleistift und ohne Farbe ausgeführt. Der Boden erscheint als Gitter, auf dem das undurchsichtige Wurzelwerk des Baumes mehr hängt als steht. Der Stamm ist zart und gerade. Oben verzweigt er sich in vier dicke Äste, die sich wiederum mehrmals verzweigen. Alles hängt schnurgerade voller Birnen, und alle Äste sind wie mit einem Messer jäh abgeschnitten. Die heraus-

ragenden Stümpfe wirken wie Kreuze, was durch feste, dunkle Um-
rißlinien noch betont erscheint. Der ‚Dummling‘, sitzt am gitterarti-
gen Boden auf einem Hocker, die Hände vor sich ausgestreckt, ganz
ähnlich wie die abgesägten Baumäste. Sein Kopf ist fischartig dargestellt, ohne Hals, ein breiter offener Mund, schwarze Haare. Die Füße
stehen auf einer Art Brettchen am Boden. Das ganze Bild zeigt etwas
intensiv Geschautes, eine innere Realität.

Für den Lehrer enthält das Malen nach Märchenmotiven auch die
Möglichkeit, seine Schüler besser kennzulernen und ihre persönliche Eigenart deutlicher einschätzen zu können. Doch kann die tatsächliche Situation beim Malen kontrastreich überzeichnet sein.
Auch die Märchensymbolik selber ist ja überaus kontrastreich. Dennoch verdienen die Bilder, die die Jugendlichen zu den Märchenmotiven malen, sorgfältige Beachtung:
Eine Lehrerin, mit deren Schülern ich einen Teil meines Märchen-
testes durchführte, machte mich darauf aufmerksam, daß ein Mädchen, 11 Jahre, eine Inzestgefährdung bildlich dargestellt haben
könnte. Hier ist die weiterführende, einfühlsame Beobachtung der
Lehrerin gefordert. Wenn sich die Vermutung von Gewalt bestätigen
sollte, kann sie den Schulpsychologen zu Rate ziehen oder andere
mit dem Problem vertraute Stellen, z. B. den Kinderschutzbund, an-
rufen. Durch die starke Intensität der Urbilder in den Zaubermärchen kann es bei den Schülern zur inneren Vergegenwärtigung früher
traumatischer oder gegenwärtig verdrängter Erfahrungen kommen.
Hier können die gemalten Bilder Zeichen geben oder ein Hilferuf
sein.

5.

Erfahrungen mit dem Modell
in dreißig Testgängen

1. Mündliche Tradition?

Manchmal wurde ich von den Schülern gefragt: „Wer hat denn dieses Märchen geschrieben? Irgendjemand muß es doch erfunden haben!" Auch Erwachsene können sich oft kaum vorstellen, daß nicht jede Erzählung einen bestimmten Urheber haben muß und daß nicht jede Überlieferung zwangsläufig eine schriftliche sein muß. Die **Parallele zum Volkslied** ist dann meist sehr hilfreich, denn die Vorstellung von *Liedern* als einem gemeinsamen Erbe fällt offenbar leichter als die Vorstellung von einem gemeinsamen *Erzählgut*.

Ein aufgeweckter Junge kam einmal nach einer Teststunde zu mir und wollte es ganz genau wissen. Mein Hinweis, Volksmärchen könnten zwar „gesammelt", aber nicht einfach „erfunden" werden, genügte ihm nicht. Er wollte durchaus wissen, wer diese Geschichte denn nun *zum ersten Mal geschrieben* habe. Schließlich sah er ein, daß sie vielleicht jahrhundertelang erzählt worden ist, aber jetzt wollte er wissen, aus welchem Grund sie denn immer *erzählt* worden sei. Meine Geduld erschöpfte sich allmählich. Doch eigentlich hatte er ja recht! Warum erzählen sich die Menschen immer wieder die gleichen Geschichten? Ich sagte zu ihm: „Es sind bestimmte Erlebnisse, auf die die Märchen zurückgehen, und die von allen Menschen immer wieder ähnlich erlebt werden." Er fragte: „Auch dieses Märchen, das wir eben gemalt haben?" (Er selber hatte ein schreckliches Comic abgegeben.) „Ja", sagte ich, „gerade dieses Märchen." Da sah er mich sprachlos an, und seine Augen weiteten sich plötzlich. Ich merkte, daß etwas vor seinen inneren Blick trat. Er rief: „Dann *müssen* wir es ja immer wieder weitererzählen! Das Schlechte darf nicht mehr passieren."

Die Märchen schildern archetypische Erlebnisse und werden immer wieder erzählt, weil solche Erlebnisse auch heilsam sind. Die Zaubermärchen sind nicht sentimental, sie schildern nicht einfach

die „heile Welt". Doch hat das Zaubermärchen auch keine Schreck-
und Warnfunktion wie z.B. die Sage. Abschreckende oder moralisie-
rende Märchen sind bereits „zerzählte" Märchen. Die magisch rituellen Hintergründe, aus denen das Zaubermärchen kommt, stärken
die Menschen, sie bieten ihnen die Möglichkeit, immer wieder mit
dem „Schrecklichen" fertig zu werden. Das ist die eigentlich Moral
des Märchens und macht es so erzählenswert.

Die unterschiedlichen Varianten und Erzählstränge innerhalb der
mündlichen Tradition, durch welche die Zaubermärchen so unglaub-
lich bunt und faszinierend erscheinen, können aber den modernen
Zuhörer oder Leser auch verwirren. Wir haben ja heute den Zugriff
auf so viele Texte gleichzeitig! Was früher selten und geheimnisvoll
war, ist jetzt ohne weiteres zugänglich. Wir leben in einer Welt der
Patchwork-Identität, auch das Zaubermärchen wird davon nicht aus-
genommen. Manchmal passierte es, daß in einer Klasse skeptische
junge Leute das Märchen folgendermaßen abwerteten: „Das ist ja alles zusammengesetzt, das meiste kennt man schon. Der Anfang ist
von Hänsel und Gretel, da werden sie auch im Wald ausgesetzt.
Dann kommt eine Mischung von Froschkönig und Aschenputtel. Ein
Märchenmix!" Merkwürdigerweise genügte ihnen dann sogleich der
Hinweis auf die Wanderung der Motive innerhalb der mündlichen
Tradition und auf die gleichbleibenden rituellen Hintergründe. Doch
war da sicher auch der eigene Wunsch mit im Spiel, das Märchen
möchte insgeheim doch „echter" sein, als sie selber augenblicklich
imstande waren anzunehmen. Sie wollten das Geheimnis zwar skeptisch und zerstörerisch angehen, aber sie wollten es auch nicht ganz
verlieren. Oft waren es gerade diese hartnäckigen „Zweifler", die das
Märchen dann am schönsten zu assoziieren verstanden. Das hat
mich immer wieder gefreut und gab mir auch bei der Arbeit innere
Ruhe. Die Märchen haben ja im Lauf der Zeiten schon so viele Zer-
störungen erlebt und sind doch immer wieder erhalten geblieben! Solange ein Märchen in der mündlichen Tradition lebendig ist, wird es
beständig „zurechterzählt": Das Unwesentliche fällt allmählich wieder ab, das Wesentliche bleibt. Erst die heutige Fixierung auf eine
einzige schriftliche Form hat dieser natürlichen Auslese ein Ende gemacht.

Die symbolische Sprache der Zaubermärchen ist eine formelhafte
Bildersprache. Solange ihre Formeln ein *Allgemeingut* darstellen,
wirken sie nicht wie Einzelteile, sondern werden stets im Zusam-

menhang begriffen. **Einen bildichen Zusammenhang auch als bestimmtes *Erzählmuster* zu behalten und aus dem Gedächtnis wieder weiterzugeben ist nicht so schwer.**

In einer 8. Hauptschulklasse hatte ich zur Ergänzung eines Drachenkampfmärchens eine Georgslegende vorgelesen. Sie stammt direkt aus der mündlichen griechischen Tradition und wurde 1995 auf Amorgós, Kykladeninseln, von einer alten Frau aufgenommen, die sie seit ihrer Kindheit auswendig kann. Diese Legende, die in Form einer griechischen Ballade in 15syllabos Versen gereimt erzählt wird (was in der deutschen Übersetzung nur annähernd beibehalten werden kann), geht auf eine sehr alte Tradition zurück: sie handelt von der Ikone des hl. Georg in dem Kirchlein Hagios Georgios Barsamitis auf Amorgós, auf dessen Grund seit dem Altertum sich ein Wasserorakel befindet, bis heute „Hydromanteion" genannt. In der Antike nannte man den Ort „Pythia von Archipel". Die schöne Ballade beeindruckte die Klasse sehr. Besonders schien sie einem Mädchen zu gefallen, das sich die ganze Zeit schüchtern zurückgehalten hatte, da es nicht fließend deutsch sprach.

Nach der Stunde kam sie zu mir und fragte mich, ob sie versuchen dürfte, mir aus ihrer siebenbürgischen Heimat ein Märchen vom „Drachentöter" zu erzählen. Wir konnten uns miteinander in das Zimmer des Schuldirektors setzten, und nach gut zwei Stunden stand der deutsche Text klar und schön vor unseren Augen: Es war ein Zaubermärchen, genau nach dem Muster einer Georgslegende – oder vielleicht im Ursprung älter? Bei Zaubermärchen kann man das nie so genau wissen. Das junge Mädchen sagte, sie habe die Erzählung in ihrer Heimat als Kind in einem Märchenbuch gelesen. Es war ein schönes Erlebnis, wie die Bilder der Geschichte ganz langsam in dem Mädchen aufstiegen und von ihr dann allmählich immer deutlicher, klarer und sicherer wiedergegeben wurden.

2. Die Märchen der Brüder Grimm

Die Figuren aus Grimms Märchen sind in Deutschland die bekanntesten Märchenfiguren (mit Ausnahme des „Aschenputtel", das häufig durch Perraults bekanntere „Cinderella"-Figur ersetzt wird). Sie erscheinen z. B. auf Briefmarken, im Reklamerummel und in den sog. Märchenparks, wo sie als automatisierte Puppen sich bewegen und

„sprechen" können. Auch in Lesebüchern für die Grund- und Hauptschulen treten im Zusammenhang mit dem Stichwort „kreatives und handelndes Umgehen mit Texten" im Deutschunterricht manchmal Märchenparodien und Witze über Märchen auf. Der allgemeine Bekanntheitsgrad der Erzählungen Grimmscher Herkunft läßt vor allem die populären Zaubermärchen wie „Rotkäppchen", „Frau Holle", „Schneewittchen" und „Hänsel und Gretel" zur Zielscheibe der Aktivitäten werden. Gerade diese Märchen bieten ja einen vielschichtigen Stoff für solche Verfremdungen, wobei es im Fall der Schulbücher offenbar um eine Erhellung menschlicher Verhaltensweisen gehen soll.

Über die Zaubermärchen, ihre charakteristischen Merkmale und Erscheinungsformen liegt heute eine reiche wissenschaftliche Literatur vor. Daraus geht klar hervor, daß bei Zaubermärchen eine übermäßige Anreicherung mit *einzelbiographischen* und *naturalistischen* Ausschmückungen, eine Erweiterung der *Personenzahl, Paradigmenwechsel* oder die Einführung neuer, *nicht formverwandter Sequenzen* (wie sie bei Parodierungen auftreten müssen) ganz entscheidende Veränderungen zur Folge haben. Das Gesetz von ,**Reproduktion vor Neuproduktion**', **das die Grundlage aller erzählerischer Überlieferungen ist**, wird aufgehoben, die ursprüngliche Form des Märchens wird *gebrochen*. Statt dessen entstehen diffuse Gebilde, meist zugunsten eines interpretativen Aktionismus unter dem Stichwort ,Kreativität'. Der Verwässerung, wenn nicht Zerstörung eines wertvollen sprachlichen Kulturgutes wird damit erheblich Vorschub geleistet.

Natürlich geht eine solche Behandlung der Märchen im Schulunterricht an den Schülern nicht spurlos vorüber. Man muß heute leider davon ausgehen, daß vielfach nur noch die ältere Generation mit den eigentlichen Inhalten der Zaubermärchen vertraut ist. Auch bei meinen Besuchen in Kindergärten habe ich die Feststellung gemacht, daß die Generation der Erzieherinnen und Erzieher, die nach 1968 *selbst* im Kindergartenalter war, Grimms Märchen meist nicht mehr vermittelt und häufig sogar ablehnt. Vielfach werden die Zaubermotive der Märchen und ihre Figuren dann nur noch als eine Art „Ersatzteillager" für eigene Kreativitäten angesehen, so wie es in den geschilderten Schullesebüchern der Fall ist. Bei einer Fortentwicklung in dieser Richtung kann das unter Umständen das Ende der Weitergabe von traditioneller „*Volkspoesie*" überhaupt bedeuten.

Wie reagierten in meiner Testreihe die Schülerinnen und Schüler auf Grimmsche Märchen bei der bildlichen Rezeption?

Ich hatte von vornherein nur solche Märchen ausgewählt, von denen ich annehmen konnte, daß sie weitgehend unbekannt waren. Die meisten dieser Texte enstammten der **Grimmschen Ausgabe** ‚letzter Hand' von 1857, so wie sie auch heute noch in Gebrauch ist. Ganz eindeutig war zu erkennen, daß ein Grimmsches Märchen, das den Schülern unbekannt ist, bei ihnen auf große Aufmerksamkeit stößt. Nach anfänglicher Unruhe war es meist vollkommen still: Die Gesichter waren aufmerksam, die Augen intensiv auf mich gerichtet; bei vielen Schülerinnen und Schülern hatte ich das Gefühl, daß sie streckenweise die Bilder dieses Märchens innerlich geradezu „verschlangen". Immer wieder wurde mir dabei bewußt, wie sehr die Jugendlichen die zauberischen Erzählungen mit den alten magischen Bildern und formelhaften Abläufen brauchen und wie wenig sie sonst damit in Berührung kommen.

Eine ganz veränderte Situation ergab sich jedoch bei der **bildlichen Reproduktion** dieser Grimmschen Märchen: Die Schüler tappten meist im Dunkeln, Grundmotive und Typus des Märchens verschwammen, die Strukturen waren offenbar nur schwer zu erkennen. Eine allgemeine Unlust machte sich breit.

Das **Assoziieren der Bilder** wurde dann fast zur Qual. Da die Schüler die Grundmotive nicht gut erkannt hatten, verstanden sie nicht recht, was ich von ihnen wollte. Bei willigen Klassen erfolgte dann ein „Ertrinken in Einzelheiten", aggressivere Klassen dagegen setzten sich direkt zur Wehr. Dabei beklagten sie sich ununterbrochen, das Märchen sei *„überhaupt nicht logisch"* und *„sinnlos"*. Ich merkte, daß sie enttäuscht waren. Irgenwie hatten sie die Zauberschwelle bereits überschritten, und nun verwirrte sich alles.

Ich war zunächst betroffen und meinte, das Märchen sei nicht richtig ausgesucht gewesen. Da ich aber in anderen Klassen bereits positive Erfahrungen mit *anderen* Zaubermärchen des *gleichen Erzähltyps* gemacht hatte, begann ich die Schüler näher zu befragen und ihre Formulierungen zu untersuchen. Folgendes stellte sich heraus:

- **Die Grimmsche Sprache gefiel allen.** Sie störten sich weder an ihrer „Altmodischkeit" noch an der literarischen Grundstimmung. Auf die *Sprache* der Erzählung hin befragt, riefen die meisten spontan: „Ja, gut!" –

- **Auf den Gesamteindruck hin befragt**, erklärten sie dagegen meist rundheraus: „Schrecklich unlogisch, völlig unverständlich."

- **Gemalt** wurden die Grimmschen Märchen trotzdem meistens hübsch, doch handelte es sich bei den gewählten Motiven teilweise um kleine Nebenmotive. Vom *„Singenden springenden Löweneckerchen"* KHM 88 (AaTh 425 *Tierbräutigam*) malte fast die Hälfte einer Klasse (9 von 20) ein Bild vom Nußbaum im Meer, ein Motiv, das reizvoll und psychologisch interessant ist, aber mit dem *Erzähltyp* des Märchens fast nichts zu tun hat.

Was spielte sich hier ab? Ein intelligentes Mädchen in einer aufgeweckten 10. Klasse, die sich besonders schwer getan hatte, sagte zum Schluß: *„Zu viel Handlung, die einzelnen Bilder sind kaum zu erkennen."* Klarer und treffender hätte die Situation vermutlich nicht formuliert werden können.

Im deutlichen Gegensatz zu diesen Erfahrungen mit den Grimmschen Märchen ,letzter Hand' von 1857 standen die Ergebnisse, die ich vom Anfang der Testreihe an mit den **frühen Grimmschen Märchen aus den Erstdrucken** (1812–1815) gemacht habe (s. hierzu H. Rölleke, 1975; 1982; 1987). Diese waren alle gut bei den Schülern angekommen und oft auffallend schön gemalt worden, viele davon wurden sogar beim Erzählnachmittag vorgetragen. Ein großer, fünfzehnjähriger Junge, der sich zuerst besonders skeptisch Märchen gegenüber geäußert hatte, wählte später solch ein kleines Zaubermärchen selbst zum Erzählen aus und trug es ausgezeichnet vor (*„Die goldene Ente"*).

Bei diesen *frühen* Märchen der Brüder Grimm handelt es sich um kleinere Erzählungen, die später in den reichen und lebendigen, von Wilhelm Grimm vielfach ausgeschmückten Versionen der letzten Ausgabe Eingang gefunden haben. Sie erscheinen meist schon in der Grimmschen Handschrift und wurden nach den Erstdrucken von den Grimms selber eliminiert. Es sind ganz eigenständige Zaubermärchen. Das Märchen *„Prinz Schwan"* z. B. (in den Anmerkungen der Brüder Grimm zu ihren Kinder-und Hausmärchen notiert zum Märchen ,Der Eisenofen' KHM 127 als *„eine andere abweichende Erzählung aus Cassel"*) hat allen Klassen, in denen es getestet wurde, sehr gut gefallen und ist auch zur Nacharbeit meines Testes mit Erfolg von den beteiligten Lehrern selber mehrfach eingesetzt worden. Bei einem Erzählnachmittag wurde „Prinz Schwan" von einer Schülerin (Klasse 8) sehr schön erzählt.

Ich erkannte bald, daß die teilweise Literarisierung der Grimmschen Märchen aus der Ausgabe ‚letzter Hand' bei einem märchenungewohnten Publikum, wie es eine Schulklasse darstellt, bildliche Rezeption nur schwer gestattet. Dagegen können die nicht oder wenig bearbeiteten Märchen der Brüder Grimm bei den Schülern gut eingesetzt werden. Ich zog daraus die Konsequenzen und stellte nun eine andere, möglichst klare Variante vom gleichen Typ **voran,** das ausgewählte Grimmsche Märchen folgte dann einige Tage später nach (Ausgabe 1857). Ergebnis: Nicht nur der Typ der Erzählung, sondern auch die Grundmotive konnten nun von den Schülern gut erkannt und bildlich rezipiert werden.

Leider wurden diese Erfahrungen nicht weiter vertieft, da die Testreihe inzwischen zu Ende gegangen war.

Anders gestaltete sich die Arbeit mit den sog. **Vormärchen** der Brüder Grimm. Beispiele dafür sind „*Rumpenstünzchen*" (aufgezeichnet von Jacob Grimm noch vor 1808, erschienen 1812, dann erweitert als „*Rumpelstilzchen*" KHM 55) oder „*Der Froschprinz*" (erschienen 1815, dann erweitert als „*Der Froschkönig oder der eiserne Heinrich*" KHM 1). Solche Texte enthalten bereits deutlich den Ablauf der späteren Versionen. Dementsprechend werden sie mit diesen viel bekannteren Märchen verwechselt und es tritt dann bei den Schülern leicht die Vorstellung auf „da fehlt doch die Hälfte!" Natürlich kann man ihnen das erklären, und sie finden dann das erste Märchen auch „sehr schön", aber die geläufigere Fassung verstellt meist das Bild, so daß sich beständig die eine Fassung mit der anderen verquickt. Daraus kann ein reizvoller Programmpunkt entstehen: „Märchen der Brüder Grimm im Vergleich", dies hat jedoch mit dem Vorgang der *bildlichen Rezeption* nichts mehr zu tun.

Das Malen solcher „Vormärchen" brachte ähnliche Ergebnisse. Eine sehr konzentriert arbeitende 7. Hauptschulklasse reagierte in der Weise, daß ausnahmslos die gesamte Klasse den „*Froschprinzen*" mit der goldenen Kugel des „*Froschkönigs*" darstellte (den er von Wilhelm Grimm allerdings erst für die letzte Version bekam!). In ihrer Vorstellung ging es in der Konstellation Mädchen/Froschbräutigam eben nicht ohne eine goldene Kugel.

Noch anders liegt die Situation bei den „**Vormärchen" für weniger bekannte Grimmschen Märchen,** z.B. „*Von Johannes-Wassersprung* *und Caspar-Wassersprung"*, einem der interessantesten Märchen der Brüder Grimm. Es bildete die Vorlage für *„Die zwei Brüder"* KHM 60 und ist so gut wie unbekannt. Es enthält eine besonders kraftvolle Darstellung der alten Überlieferungen vom *Drachenkampf* AaTh 300. In seiner kargen Sprache ist das Märchen von den beiden „Wassersprung" für eine bildliche Rezeption gut geeignet und wird von den Schülern gerne akzeptiert.

Für die bildliche Rezeption von Grimmschen Zaubermärchen konnte ich als Ergebnis meiner Testreihe folgendes feststellen:

- Bei einem **märchenunerfahrenen Publikum** (Schüler) können Grimmsche Zaubermärchen in den üblichen Textfassungen nicht ohne weiteres zur bildlichen Rezeption eingesetzt werden (dies gilt jedoch nur bedingt für die *frühen* Märchen der Brüder Grimm). Ein Verständnis auf der Bildebene konnte bei den von mir ausgewählten Grimmschen Märchen (z.B. *„Der Eisenhans"* KHM 136, *„Das singende springende Löweneckerchen"* KHM 88) nur schwer erreicht werden, noch weniger wurden magische Zusammenhänge erkannt. Dafür entwickelte sich bei den Schülern ein großes Bedürfnis zu moralisieren und zu exemplifizieren. Das Erfassen des Märchentyps wurde dadurch stark verstellt: Durch mangelndes Erkennen wichtiger Motive und Motivkomplexe wurde das *bildhafte* Verständnis für den Erzählfaden und für die Struktur der Erzählhandlung auf ein Minimum reduziert. Pubertätsbezogene Inhalte wurden von vornherein nicht „herangelassen".

- Bei all meinen Testdurchgängen hat sich gezeigt, daß die Grimmschen Märchen sehr stark durch ihre **Sprache** wirken: Die natürliche und kraftvolle Poesie der Schilderungen, die geheimnisvollen Verse, die knappe aber eindrückliche Beschreibung geben den Grimmschen Märchen einen unwiderstehlichen Reiz, dem gegenüber sich die Jugendlichen sehr aufgeschlossen zeigen. Grimms Märchen regen zum inneren Schauen an, zum Träumen, zum Erinnern und zum Vergessen. Das ist für ein Märchen ein wichtiges Kriterium! Doch können Motive und Strukturen der europäischen Volksmärchen, so wie es für die bildliche Rezeption in diesem Modell vorgesehen ist, an der „Gattung Grimm" im allgemeinen nicht sehr flüssig erkannt und eingeübt werden. Dazu sind einfachere Varianten, die den **typischen** Ablauf deutlicher darstellen, mehr geeignet.

- Es empfiehlt sich deshalb, Grimmsche Zaubermärchen (gemeint sind hier vor allem die Texte aus der Ausgabe ‚letzter Hand' von 1857) erst dann für eine bildliche Rezeption einzusetzen, wenn vorher eine **andere**, einfache, klar holzschnitthaft strukturierte **Variante des gleichen Typs** bereits erarbeitet worden ist. In den Märchen-Kombinationen dieses Modells wird darauf besondere Rücksicht genommen.
- Die *frühen* **Grimmschen Zaubermärchen aus der Handschrift und den Erstdrucken** (1810–1815, s. dazu die Ausgaben von H. Rölleke im bibliographischen Anhang) können meist ohne Vorbehalt eingesetzt werden. Sie werden von den Jugendlichen sogar gerne selber erzählt. Doch ist dabei auf die sog. Vormärchen zu achten: Sie werden von den Schülern abgelehnt, wenn sie den bekannten Versionen der späteren Ausgabe zu ähnlich sind und deshalb verwechselt und dann als „viel zu kurz" bezeichnet werden. Bei der Auswahl im Textanhang ist dies berücksichtigt worden.
- **In jedem Fall eignet sich Grimm sehr gut zum Vorlesen und zum Erzählen.**

Grimms Märchen sind ein wertvolles Erbe. Ohne die Sammlertätigkeit der Brüder Grimm und ihre eindrückliche Darstellungsweise der überlieferten Volksmärchen hätte diese ursprünglich mündliche Tradition in Deutschland wahrscheinlich kaum überleben können. Andere volksliterarische Sammlungen deutscher Sprache haben keine auch nur annähernd ähnliche Aufnahmebereitschaft bei der Bevölkerung gefunden.

Wer liest oder erzählt heute noch die wunderbaren Sagen von Musäus?

(„Auf den oft und matt besungenen Sudeten, der Schlesier Parnaß, hauset in friedlicher Eintracht neben dem Apoll und den neun Musen der berufene Berggeist, Rübezahl genannt, der das Riesengebirge traun berühmter gemacht hat als die schlesischen Dichter allzumal").

Wer kennt noch Ludwig Bechsteins reizendes ‚Siebenschön'?

(„Sie aber sagte, sie habe noch keine Zeit gehabt, sich zu besinnen, es gebe im Haushalt so viel zu tun und sie sei ja doch ein armes Mädchen und er ein reicher Prinz, und sein Vater werde sehr böse werden, wenn *er*, der Prinz, *sie* zur Frau nehmen wolle.").

Oder wer liest seinen Kindern noch Clemens Brentanos hinreißendes Kunstmärchen von ‚Gockel, Hinkel und Gackeleia' vor?

(„Die Puppe aber wackelte mit Kopf und Händchen, und da er sie an den Boden setzte, lief sie gar geschäftig am Gartengitter hin und her, nickte und winkte und stieß manchmal ans Gitter, weil sie durch wollte in den Garten, aber nicht konnte, denn die Öffnung war nicht groß genug").

Diese Erzählungen gehen von anderen Kriterien aus als die **Kinder- und Hausmärchen** der Brüder Grimm. In der Vorrede von 1819 heißt es da:

„Es war vielleicht gerade Zeit, diese Märchen festzuhalten, da diejenigen, die sie bewahren sollen, immer seltener werden. Freilich, die sie noch wissen, wissen gemeinlich auch recht viel ... Was die Weise betrifft, in der wir hier gesammelt haben, so ist es uns zuerst auf Treu und Wahrheit angekommen...Wir haben jede Eigentümlichkeit, die wir bemerkten, zu erhalten gesucht."

Grimms Märchen haben trotz ihres manchmal biedermeierlichen Tons die Zeiten überlebt und sind bis heute das meistübersetzte und bestbekannte deutschsprachige Buch. In Japan (und nicht nur dort) sind sie so beliebt, daß das deutsche Wort ‚Märchen' als Lehnwort übernommen worden ist.

3. Rezeption durch Nacherzählen aus der Erinnerung

Da dieses Buch in erster Linie auf eine **bildliche Rezeption** von Zaubermärchen ausgerichtet ist, wurde in der vorbereitenden Testreihe eine **mündliche Rezeption** im Unterricht nur stichprobenweise durchgeführt. Interessante Beispiele für das Nacherzählen eines Zaubermärchens aus dem Gedächtnis lieferten zwei 10. Gymnasialklassen in unterschiedlichen Schulen.

1. Vorgang:

Im Zusammenhang mit der Lehrplaneinheit „Liebe, Partnerschaft, Zärtlichkeit" im Fach Religion war das (den Schülern gänzlich unbekannte) türkische Zaubermärchen „Der schwarze Lala" (Typ AaTh 425A „Amor und Psyche") vorgelesen und bildlich rezipiert worden. Bei der Reproduktion des Märchens kam die gesamte Klasse mit Leichtigkeit auf die Bildebene und zeigte mit wachsender Aufmerksamkeit ein klares Verständnis sowohl für die Motive des Märchens als auch für seine pubertätsbezogenen Inhalte und rituellen Grundstrukturen. Es war für sie nicht schwer, in innere Übereinstimmung mit den Inhalten dieses Märchens zu kommen.

Wenige Tage danach wurde ein Grimmsches Zaubermärchen des gleichen Typs (AaTh 425) „Prinz Schwan" vorgelesen. Diesmal sollte das Märchen nach dem Malen schriftlich nacherzählt werden. Dabei war nicht ganz klar geworden, daß es sich um eine Nacherzählung handeln sollte, die Schüler verstanden: „Erzählen eines selbsterfundenen Märchens".

Das Resultat: Zuerst wurden die Inhalte von „Prinz Schwan" bildlich rezipiert und dabei zeichnerisch sehr klar erfaßt wiedergegeben. Anschließend wurden Phantasiegeschichten erfunden, die nur in zwei Fällen in Struktur und Inhalt einem Zaubermärchen ähnelten. Alles andere war eine Mischung von Traum und Wunschvorstellungen, eher in der Form von Grotesken. Die Schüler meinten dazu, daß es doch sehr, sehr schwierig sei, „ein Märchen zu erfinden". Obwohl sie den ersten Teil der Aufgabe, die bildliche Rezeption, besonders gut bewältigt hatten, gelang es anschließend nicht, die Formelhaftigkeit des Zaubermärchens in freier Erfindung sprachlich nachzuvollziehen: Der formale Rahmen des Märchens wurde „gesprengt".

2. Vorgang:

Bei der Behandlung von Literaturgattungen im Fach Deutsch war ein (den Schülern unbekanntes) Grimmsches Zaubermärchen vorgelesen und bildlich rezipiert worden. Doch hatte dieses Märchen bei der Klasse nur wenig Verständnis gefunden. Durch Moralisieren und Exemplifizieren wurde der Text von den Schülern gründlich zerpflückt. Weder der Erzähltyp noch die wichtigsten Grundmotive konnte von ihnen richtig erfaßt und noch viel weniger bildlich ausgedrückt werden. Auf Befragen gaben sie an, das Märchen sei sprachlich zwar sehr schön, doch der Inhalt habe ihnen „nicht gefallen". Es sei ihrer Meinung nach „sinnlos" gewesen, darüber zu sprechen (Parallelen dazu s. im vorangehenden Abschnitt).

Wenige Tage danach wurde in der selben Klasse ein sprachlich recht knappes Zaubermärchen **des gleichen Typs** (AaTh 425) vorgelesen und bildlich erarbeitet. Anschließend wurde dieses zweite Märchen **gemalt** und sollte sodann **schriftlich nacherzählt** werden. Ergebnis: Typ und Hauptmotive des zweiten Märchens wurden von den meisten Schülern auf Anhieb gut erfaßt. Obwohl der Text auch diesmal allen unbekannt war und natürlich nicht verteilt wurde, brachte es hinterher ein Mädchen fertig, aus dem Gedächtnis dieses ganze Märchen *fast wörtlich* zu Papier zu bringen! Bei einigen Schülerarbeiten fand eine Kontamination zwischen den beiden Erzählungen statt, und zwar wurde die zweite Variante mit der ersten an einer bestimmten Stelle von mehreren Schülern ausgetauscht (ein wenig eindrucksvolles Motiv in der zweiten Variante wurde ersetzt durch ein bildlich viel stärkeres in der ersten Variante). Es entstand dadurch aber keine Verfremdung, sondern eine klare Verdeutlichung der magischen Inhalte. In einer der Arbeiten wurde ein Zaubermotiv aus der zweiten Variante leicht verändert (eine goldene Spindel in einen goldenen Ring), wodurch eine hübsche Variation geschaffen wurde. Ein Mädchen hatte die rituellen Inhalte des Märchens diesmal sogar so deutlich wahrgenommen, daß sie das entscheidende *Sichttabu,* das einige Tage zuvor von niemanden in der Klasse erkannt worden war *(„du darfst mich sieben Jahre lang nicht sehen")* außerordentlich klar und anschaulich ausdrücken konnte. **Diesmal hatte die Klasse zum größten Teil das Märchen in bildlicher Form im Gedächtnis klar aufgenommen und konnte es deshalb auch erstaunlich präzise wiedergeben.**

- **Rezipieren heißt nicht „frei erfinden" oder „verändern". Überläßt man die Schüler ihrer eigenen Phantasie, entfernen sie sich von der Formelhaftigkeit des Märchens und finden dann nur noch schwer zu den über Jahrhunderten „zurechterzählten" Strukturen. Zaubermärchen können überliefert, aber nicht „erfunden" werden wie Kurzgeschichten oder Kunstmärchen.**
- **Vor jeder Rezeption eines Märchens durch Nacherzählen sollte immer zuerst eine gründliche bildliche Rezeption stehen. Wenn bei den Schülern die Bildebene erreicht worden ist und die märchenhaften Motive und Strukturen durch Reproduzieren und bildliches Rezipieren eingeübt und erarbeitet worden sind, kann man davon ausgehen, daß die Aufgabe des Nacherzählens dieses Märchens für die Schüler sinnvoll ist. Es ist dann anzunehmen, daß kleine Einschübe, Auslassungen und Veränderungen, die vorgenommen werden, nicht so gravierend sind, daß sie die Schulung an der formelhaften Bildlichkeit des Zaubermärchens, um die es hier in erster Linie geht, beeinträchtigen.**

• **Das freie Erfinden eines Märchens ist im Zusammenhang mit diesem Modell sinnlos. Es würde in ganz andere Aufgabenstellungen hineinführen.**

Solches Nacherzählen aus der Erinnerung nach dem Vortrag eines Märchens darf nicht verwechselt werden mit dem auswendigen Erzählen bei Erzählveranstaltungen, wie es z. B. bei „DAS SELBSTVERSTÄNDLICHE WUNDER – KINDER UND JUGENDLICHE ERZÄHLEN VOLKSMÄRCHEN" praktiziert wird (s. Kap. 8). Aber auch hier ist eine vorherige Einstimmung durch bildliche Rezeption unerläßlich.

4. Märchen als Medium bei gruppendynamischen Prozessen

Märchen sind ein spannendes und unterhaltsames Medium. Ihre Zaubermotive enthalten Bilder, mit denen wir heute sonst nicht mehr in Berührung kommen. Sie führen zur Selbstfindung und zum anderen Menschen. Der eigentliche Reiz des Märchens liegt dabei in seiner mündlichen Überlieferung: in der Wiedergabe durch die menschliche Stimme beim lebendigen Erzählen. Ein guter Märchenerzähler kann eine Atmosphäre schaffen, die die Zuhörer zu einer **Erzählgemeinschaft** werden läßt, die sie „verzaubert" und die sie untereinander verbindet. Diese lebendige Erzähltradition ist im heutigen Europa abgebrochen. Wir sind heutzutage auf „Buchmärchen" angewiesen und die wenigsten von uns sind imstande, ein Märchen wortgetreu wiederzugeben. Deswegen werden Märchen heute vor allem vorgelesen. Aber auch das gut vorbereitete Lesen kann gemeinschaftsbildend wirken (s. dazu Kap 4,2). Die kollektive Bilderwelt im Zaubermärchen regt die Phantasie an, beim **Einzelnen** ebenso wie im Zusammenspiel der **Gruppe**. Die rituellen Grundstrukturen des Zaubermärchens und seine positiven Handlungsmuster helfen, Gemeinschaftsgefühle aufzubauen und Konflikte zu lösen. Wünsche und Ängste werden dabei oft gleichermaßen empfunden und können Interaktionsmuster bilden. Paßt das Thema eines Zaubermärchens gut auf die augenblickliche Befindlichkeit einer Gruppe, so können seine symbolischen Bilder transparent werden auf kooperative Gruppenphasen, auf Gruppenstörungen und -krisen. Grundsätzlich ist jedes überlieferte Zaubermärchen geeignet, gemeinschaftsfördernd und konfliktlösend zu wirken. Es gibt jedoch bestimmte Handlungsmuster im Märchen, die auf *jugendliche Gemeinschaften* besonders stark wirken.

Das russische Märchen „*Der Recke ohne Beine*" ist eine Erzählung, in der u.a. das Gruppenverhalten heranwachsender Jungen dargestellt ist. Der zugrundeliegende Typ des „*Drachenkampfes*" (AaTh 300) gehört zu den ältestüberlieferten rituellen Erzählmustern, die wir kennen. Die Handlungen spielen sich deutlich im Rahmen ritueller Vorstellungen und Überlieferungen ab. Dadurch wird eine Atmosphäre geschaffen, die typische Situationen innerhalb von Jugendgruppen in altüberlieferten Mustern klar und eindeutig vor Augen stellen und die darin enthaltene Problematik zur Lösung bringen kann. Dabei geht es vor allem um die wechselseitige Ergänzung von Gruppen-Ich und Ich-Identität. Jungen und Mädchen fühlen sich von der kollektiven Bilderwelt dieses Märchentyps gleichermaßen angesprochen. Es war für mich faszinierend zu beobachten, wie Mädchen sich mit der Jungenproblematik in dieser Erzählung auseinandersetzten, ohne ihren eigenen Standpunkt aufzugeben.

In einer 8. Hauptschulklasse beschäftigten sich die Jugendlichen sehr intensiv mit diesem Märchen. Die Jungen identifizierten sich sofort mit dem Märchenhelden. Am Anfang, wo der Kräftezuwachs des Helden geschildert wird, lachten sie und einige ließen ihre Muskeln spielen. Doch reagierten sie auf seine „falschen Freunde" mit deutlicher Indifferenz und Zurückhaltung. Die Mädchen dagegen stuften die falschen Freunde klar als „Möchtegern-Helden" ein, was für die Rezeption des Märchens hilfreich war. Umgekehrt war die Haltung der Mädchen zur Ambivalenz der Königstochter konziliant (*„sie mußte einfach lügen, sie war ja dazu gezwungen!"*). Obwohl die Jungen bei der Reproduktion und Assoziation des Märchens weit vorne lagen und das Feld eindeutig beherrschten, gaben die wenigen Hinweise der Mädchen die eigentliche Richtung an, in der die Klasse sich „bewegte". In der sehr jungentypischen Auseinandersetzung innerhalb dieses Drachenkampf- und Freundschaftsmärchens wirkten die Mädchen in Bezug auf die besonders sensibilisierenden Märchenmotive katalysatorisch. Die Erfahrungen, die die Klassengemeinschaft mit diesem Märchen machte, wirkte fördernd auf die Symbiose zwischen den Jungen und Mädchen und ebenso auf ihre Fähigkeiten, eigene Identitäten aufzubauen. Beim anschließenden Malen des Märchens gab es viele ausdrucksvolle und klare Bilder. Ein körperlich sehr kümmerlich gewachsener Junge, der besonders eifrig malte, stellte eine Folge von 6 ganz kleinen Bildern her, die immer das Gleiche zeigten: den Helden ohne Beine, der nicht laufen kann. Beim vorletzten Bild wird er durch die Sonne von oben mit einem kräftigen, langen, leuchtenden Strahl berührt und er hat kurze, grüne Beine. Beim letzten Bild hat er dann so starke Muskeln, daß er sein kleines Haus bis weit über den (gezeichneten) Bildrand emporstemmt. Dieser Junge, dessen Stand in der Klasse nicht einfach war, freute sich besonders über das Märchen. Wie der Drachentöter hatte er entdeckt, einer zu sein, der *stehen* kann.

Eine intelligente, angriffslustige Klasse, die untereinander besonders schwierige Verhaltensmuster und autoritäre Machtstrukturen aufgebaut hatte und gleich von Anfang an versuchte, mich in dieses Wechselspiel einzubeziehen, zeigte sich dem Märchen gegenüber ausgesprochen spröde und ablehnend. Auf die Bildebene ließen sie sich nicht ein, waren daher auch nicht imstande, Grundmotive und Typ des Märchens erkennen. Zwei oder drei, die versuchten, aus diesen kollektiven Strategien auszubrechen und das Märchen „an sich heranzulassen", konnten in der allgemeinen Stimmungslage die innere Ruhe nicht dazu finden. In dem Zeitabschnitt, der mir zur Verfügung stand, war es nicht möglich, die einzelnen Rezeptionsphasen aufzubauen. Zuletzt sagte ein Mädchen, das sich die ganze Zeit über zwar aufmerksam, aber sehr scheu und zurückgezogen verhalten hatte: *„Das war wieder so typisch! In dieser Klasse gibt es einfach keine Freundschaft."* Die Auseinandersetzung mit dem Märchen hatte das Bild der Klassengemeinschaft für sie durchschaubar gemacht, von der sie enttäuscht war, und in der jedes Mitglied ebenso verschieden von der Gruppe wie identisch mit ihr war. Zugleich fühlte sie sich durch die positiven Handlungsmuster des Märchens gestärkt, so daß sie die Initiative gewann, ihre Empfindungen auszudrücken.

In einer 10. Gymnasialklasse war das griechische Märchen „Die Zederzitrone" (AaTh 408) gut aufgenommen worden. Dieser Märchentyp eignet sich für Jungen und Mädchen gleichermaßen, weil er beide Entwicklunswege anschaulich darstellt. Die rituellen Vorstellungen und Überlieferungen, die seiner Struktur zugrundeliegen, beziehen sich u. a. auf die Eingliederung bereits initiierter Jugendlicher in die Gesellschaft. Deshalb ist dieser Märchentyp besonders für 15–18jährige gut geeignet. Bei der Reproduktion des Märchens wurde (wie bereits auch in anderen Klassen) von einem Jungen sogleich das Anfangsmotiv erwähnt, das die Reifung des Märchenhelden einleitet. Der Junge formulierte es so: „Der Prinz geht mit Menschen um wie mit Zitronen!" Beim anschließenden Malen wurde von einem Mädchen die Prinzessin wie eine im Baum verpuppte Raupe dargestellt. Die Jungen identifizierten sich mit dem Werdegang des Prinzen, die Mädchen mit dem der Prinzessin, ein direkter Austausch untereinander fand nicht statt. Die Standorte waren verteilt, man schottete sich ab, aber unter dieser scheinbar ruhigen Oberfläche „rumorte" es heftig. Nach abgeschlossener körperlicher Reife steckte diese Klasse in einer empfindliche Phase der Selbstfindung, in einer Periode mit erhöhter Sensibilität. Daß das Märchen die angestauten Spannungen lösen half, zeigte sich besonders beim Malen, das von der ganzen Klasse sehr schweigsam und ausgiebig betrieben wurde, wobei eindrucksvolle Bilder entstanden. Die rituellen Handlungsmuster des Zaubermärchens konnten die ins Stocken geratenen Prozesse innerhalb der Gruppe unmerklich in Fluß bringen.

Manchmal kann auch in einer Klassengemeinschaft eine Krise ganz plötzlich zum Ausbruch kommen. Dies geschah in einer 11. Klasse, als im Fach Gemeinschaftskunde das Stichwort „männlich/ weibliches Rollenverhalten" eine starke Reaktion bei den Schülern auslöste, wobei es auch Tränen gab. Die Lehrerin wollte das Thema noch einmal aufnehmen, und da sie von meiner Testreihe gehört hatte, bat sie mich, mit einem Märchen die heftige Reaktion der Klasse aufarbeiten zu helfen. Das Thema paßte zum Bereich der *Tierbräutigammärchen* (AaTh 425–449) und ich suchte das dramatische Zaubermärchen „*König Lindwurm*" (AaTh 433B) aus. Es geht darin um Geschlechterkampf und um die Einübung in partnerschaftliches Verhalten. Wie in jedem Zaubermärchen spielt die Handlung sich in der kollektiven Bilderwelt sehr alter, ritueller Überlieferungen ab.
Durch ihre eigenen, vorangegangenen Diskussionen war die Klasse auf diesen Erzähltyp emotional von selber eingestimmt, die drastischen Bilder wurden sofort gut aufgenommen. Vom Lindwurm sagten sie im assoziierenden Gespräch, er habe Angst gehabt vor seiner eigenen Gestalt. Das Eingangsmotiv der *magischen Empfängnis durch Blumen* beschäftigte sie sehr, ein Junge meinte dazu: „*Es ist wie mit dem Apfel im Paradies, da kommt auch etwas Böses heraus.*" Durch die positiven Handlungsmuster des Märchens verlor je-

doch ihre eigene Auseinandersetzung allmählich den Beigeschmack der „Katastrophe". Die teilweise aufgewühlten Ängste vor Kränkung, Isolation und Verlust bauten sich langsam ab. Das Malen der gefundenen Bilder wirkte auf die Klasse befreiend und wurde mit großem Ernst betrieben, gerade die Mädchen ließen auch die heiklen Szenen nicht aus *(Blutkammer, Drachenbildnis, Drachenhäute)*. Das Mädchen, das bei der vorangegangenen Diskussion in Tränen ausgebrochen war, malte seine Empfindungen sehr farbig und schön: Mädchen mit Tränensee vor einem Drachen, darüber eine rote Sonne, von einer schwarzen Wolke zum Teil verdeckt. Die beiden Blumen, weiß und rot, die die Geschlechter symbolisierten, tauchten immer wieder auf: entweder als Hauptmotive oder als Attribute, – bei den Jungen sogar nahezu in jedem Bild! Diese Hervorhebung spielte offensichtlich bei der inneren Verarbeitung des Themas eine Rolle. Die Märchensymbolik stärkte die Balance der Klasse und die in ihr vorhandenen kooperativen Tendenzen. Später bekam ich einen Brief mit der Nachricht, die Klasse habe aus der Begegnung mit dem Märchen viel gewonnen. Seine positiven Lösungsmuster wirkten nach.

Einige Wochen später wurde in einer anderen Schule dasselbe Märchen bildlich rezipiert. Diese Klasse zeigte ein harmonisches Gruppenverhalten, sie wirkte aufgeschlossen, ruhig und aktionsfreudig. Der Drache als repressive Figur wurde deutlich erkannt, die dramatischen Szenen beim Malen durch klare innere Bildvorstellungen rezipiert. Aber wieder erschienen auf den meisten Bildern das bedeutungsvolle Anfangsmotiv von der *roten und der weißen Blume bei Sonnenaufgang!*

Innerhalb der mündlichen Tradition können Bilder in einzelnen Varianten und Erzählsträngen durchaus variieren, doch die eigentliche *Funktion* der Motive bleibt in der Überlieferung erhalten. Das gilt für alle wichtigen Grundmotive eines Märchens, ganz besonders für seine Anfangsmotive.

Wird ein typisches Motiv aus irgendeinem Grund nicht mehr wahrgenommen oder ganz ausgelassen, ist das Gleichgewicht des Märchens gestört: Das Märchen wird „zerzählt". Der positive Schluß ist der Erzählung dann nur noch „aufgesetzt", oder er fällt sogar ganz weg. In der Forschung werden solche Märchenerzählungen als Trümmerformen bezeichnet (s. Kap. 1,2)

- Der typisch überlieferte, formelhafte Ablauf eines Zaubermärchens ist für Jugendliche im Pubertätsalter anregend, weil er stets auf Konfliktlösung zielt. Eigene Probleme und Gruppenprobleme können dadurch bearbeitet werden. Bei der den Zaubermärchen eigenen Bildersprache gelingt dies jedoch nur durch bildliche Rezeption: Mit logischem Hinterfragen werden Zaubermärchen „zerredet". Umgekehrt sind bereits „zerzählte" Formen von Märchen (Trümmerformen) durch die Künstlichkeit ihrer Abläufe für gruppendynamische Prozesse wenig geeignet.

Ein interessanter interaktioneller Prozeß ist das *kollektive Vergessen*. Für die vielschichtigen Abläufe innerhalb der bildlichen Rezeption von Zaubermärchen in einer Schulklasse ist das gemeinschaftliche Vergessen eines wichtigen Märchenmotivs so bezeichnend, daß ich ihm einen eigenen Absatz widmen möchte.

Gemeinschaftliches „Vergessen" von Märchenmotiven

Eine der ersten Erkenntnisse der Psychoanalyse war, daß die seelischen Vorgänge unbewußt sind. Die bewußten stellen dabei bloß einzelne Akte und Anteile des ganzen Seelenlebens dar (S. Freud, 1977, 18). Auf die Existenz des Unbewußten im Menschen war Freud durch die Beobachtung der *Fehlleistungen* gekommen, zu denen auch das zeitweilige *Vergessen* gehört. Freud nennt es eine Fehlhandlung, die eigentlich eine ganz ordentliche Handlung wäre, sich aber nur an die Stelle einer anderen, erwarteten Handlung gesetzt hat. Der Sinn der Fehlhandlung liegt im Gegeneinanderwirken zweier verschiedener Absichten (w. o. 28).

In Freuds Traumdeutung spielt diese besondere Art von innerem Widerstand eine bedeutsame Rolle: sie bewirkt die *Verschiebung* der eigentlichen Inhalte. Dabei kann etwas verdeckt werden, es entsteht eine „Unterbrechung", eine „dunkle Stelle" (Freud, 1989, 278). C. G. Jung bemerkt, daß der Schlußgedanke einer langen Reihe von Traumbildern schließlich genau das enthält, was schon im ersten Bild dargestellt werden sollte (C. G. Jung, 1910, III).

Bei der bildlichen Rezeption von Zaubermärchen ereignete sich manchmal innerhalb einer Klassengemeinschaft ein zeitweiliges Vergessen bestimmter Märchenmotive. Ein wichtiges Motiv tritt dann bei der ganzen Klasse nicht ins Bewußtsein, es wird von allen gleichmäßig verschwiegen, vergessen oder umgangen. Dabei handelt es sich nicht um irgendeine Kleinigkeit, das wäre verzeihlich, sondern um das tragende Grundmotiv innerhalb einer Sequenz in diesem Märchen. Zunächst glaubte ich, die Klasse wäre nicht aufmerksam gewesen, und begann, das entsprechende Motiv herauszufragen. Meistens gelang das auch, besonders, wenn es sich um den Schluß des Märchens handelte, dessen positive Lösungsmuster manchmal nicht nachvollzogen wurden, aber zum Verständnis des Märchens entscheidend wichtig sind. Manchmal jedoch mußte ich festellen, daß ein zentrales Grundmotiv „umgangen" wurde. Fragte ich nach, so begann ein „Ertrinken in Einzelheiten". Das Märchen wurde von der Klasse vollständig zerpflückt auf der Suche nach der Antwort auf meine Fragen. Das entscheidende Motiv jedoch entzog sich hartnäckig jedem Zugriff, es schien sich sogar immer mehr zurückzuziehen, je intensiver ich nachfragte. Ich merkte, daß auf diese Weise der gesamte Vorgang der bildlichen Rezeption empfindlich gestört wurde, da die Klasse auf der Jagd nach dem gewünschten Motiv begann, den Erzählfaden logisch zu hinterfragen. Genau das wollte ich aber nicht. Ich nahm mir deshalb vor, den Vorgang, wenn er sich ereignete, genauer zu prüfen. Dabei stellte ich fest, daß die so beharrlich vergessenen Grundmotive untereinander ähnlich waren. Offenbar berührten sie bei den Schülern entscheidende Zusammenhänge. Das kann auch einen kompensatorischen Charakter haben – vielleicht wirkte das „Vergessen" auch gemeinschaftsbildend?

Beispiele

In Kapitel 4,4 ist das Tafelbild dargestellt, das eine aufgeweckte 8. Gymnasialklasse zu dem siebenbürgischen Zaubermärchen „Das Borstenkind" (AaTh 425 Suchwanderung) lieferte. In der 1. Sequenz fehlt das entscheidende Motiv der Verwandlung des Kindes durch seine Mutter in ein Schwein. Auf dem Modell ist zu erkennen, daß ich dieses Motiv zuletzt selber eingefügt habe. Die ganze Klasse hatte es „vergessen".

Diese Klasse hatte sich mit großer Freude sofort auf die Gestalt des Borstenkindes gestürzt, es fand ihr lebhaftes Interesse. Daß es von Zuhause fortlief, fanden sie „richtig". Es sollte „was lernen". Jedoch lachten sie immer wieder unbändig, wenn ich das Wort „Schwein" aussprach. Die Situation dieses ungeliebten, von seiner Mutter über-

126

forderten Kindes regte sie irgendwie auf. Doch wurde dies von keinem der Schüler verbalisiert. Das gemeinsame Lachen genügte. Hinterher malte fast die Hälfte der Klasse die „schwere Aufgabe" für das Schwein, das sich damit in die Menschengemeinschaft zurück eingebracht hatte. Seine *weiteren* Verzauberungen und die endgültige Entzauberung wurden von ihnen allen gut erkannt. Beim Malen gab es sogar viele sehr schöne Bilder von dem Schwein. Besonders sein Leben in der Gemeinschaft mit den anderen Schweinen wurde lebhaft dargestellt. Mehrere Mädchen malten dann auch den Jungen, wie er gerade verzaubert wird.

Es ist nicht schwierig, sich vorzustellen, warum diese Klasse beim Reproduzieren des Märchens die Verzauberungsszene „vergaß". Sie hatten sich selber mit dem Schwein indentifiziert und die Auseinandersetzung mit der herrischen Mutter war der „Knackpunkt". Den galt es zu überwinden. Unterschwellig fühlten sie sich dabei gemeinschaftlich verbunden. Was dieses „Schwein" betraf, waren sie einer Meinung, aber sie wußten ihr Geheimnis zu hüten.

Ich war nun gespannt, wie das selbe Märchen auf eine ländliche Klasse mit naturerfahrenen Bauernkindern wirken würde. In einem versteckten Schwarzwaldtal traf ich auf eine 8. Hauptschulklasse, die mitsamt ihrer jungen Lehrerin dieses Märchen mit Interesse aufnahm. Zum Thema „Schwein" wußten die Schüler viel zu sagen: Ein stämmiger Bursche berichtete mir von „seinen" Schweinen zu Hause. Die Unterschiede zwischen Eber, Fähe, Sau, Ferkel und Frischling wurden gegenseitig fachmännisch erklärt. Das Reproduzieren des Märchens ging langsam, aber sehr genau und umfassend vor sich. Die Bildersprache machte ihnen nicht die geringste Schwierigkeit. Das Schicksal des Schweines und die mühevolle Suchwanderung nach ihm wurden von allen mit großem Interesse verfolgt. Doch was die ganze Klasse vergaß, war die Verwandlung des Jungen in das Schwein. Ich konnte fragen, so viel ich wollte, sie hatten es absolut vergessen! Ohne das Anfangsmotiv vom „vermessenen Elternwunsch" und der anschließenden Schweineverwandlung aber wäre dieses Märchen ein anderes Märchen.

In der Auseinandersetzung mit den übersteigerten, vielleicht auch unbewußten Erwartungen der Erwachsenen hilft die Bildersprache der Märchen den Jugendlichen im Stadium des oft auch schmerzlichen Ablösungsprozesses von Zuhause.

In einer 7. Realschulklasse hatte ein Mädchen bei der bildlichen Reproduktion sogleich mit der allerersten Nennung eine wichtige Handlungsfunktion des Märchens gefunden (AaTh 402, „Tierbraut"), und die Klasse ging auch weiterhin sehr geschickt mit den Hauptmotiven dieses Märchens um. Doch das zentrale Bild der Verwandlung der Maus in die Braut wurde nicht gefunden. Ich fragte immer wieder nach, weil ich mir einfach nicht vorstellen konnte, daß diese aufgeweckten Jugendlichen einen so wichtigen Punkt des Märchens nicht erfaßt haben könnten. Es begann das „Ertrinken in Einzelheiten", auch bereits genannte Bilder wurden jetzt nochmals angeführt, – aber die entscheidende Verwandlungsszene blieb ausgespart.

Die Integration der „Tierbraut" in die Menschenwelt enthält auch die Dynamik unbewußter Seelenanteile, deren Integration eine Lebensaufgabe für jeden Menschen darstellt. Die Jugendlichen scheuten vielleicht noch vor der Auseinandersetzung mit diesem Bild zurück und „vergaßen", es zu formulieren.

Ebenso auffällig wie das kollektive Vergessen der Bilder von der Tierverwandlung war in mehreren Klassen die Reaktion auf die Ermordung des Märchenhelden im Märchentyp „Drachenkampf" (AaTh 300). Seine Wiedererweckung durch die dankbaren Tiere wurde problemlos erwähnt, hingegen wurde sein symbolischer Tod manchmal hartnäckig „verschwiegen". Dabei waren die Schülerinnen und Schüler dieser Klassen keineswegs ängstlich in ihren Empfindungen, die grausame Aussetzung des Jungen „ohne Beine" z. B. wurde von ihnen sofort positiv eingestuft: „Er muß doch irgendwann selbständig werden"; „der Vater tut ihm eigentlich nur was Gutes an, er muß halt irgendwann weg von daheim"; „er kriegt es auch selber hin". Aber die Tötung durch die Kameraden wurde schlichtweg vergessen. Hinterher beim Malen wurde sie jedoch nicht ausgespart. Ein Junge z. B. malte ein eindrückliches Bild, wo ein riesiger Kerl mit einem Dolch grinsend auf den Drachentöter zueilt, der mit dem friedlichsten Gesicht und einem entspannten, belustigten Lächeln ruhig schläft, die Hände leicht gegen den Herannahenden gehoben, als wollte er ihn abfangen.

Als Parallele erscheint die Reaktion auf die Tötung des Zitronenmädchens (AaTh 408) durch die eingeschmeichelte falsche „Freundin", die sie zu bewundern vorgibt, während sie sie in den Brunnen stürzt. Diese Szene wurde bei sämtlichen Durchgängen dieses Mär-

Junge, 17 Jahre, „König Lindwurm"

Mädchen, 14 Jahre, „Die Zedernzitrone"

Mädchen, 11 Jahre, „Die sieben Raben"

Junge, 16 Jahre, „Die Zedernzitrone"

Junge, 16 Jahre, „Der schwarze Lala"

Junge, 16 Jahre, „König Lindwurm"

Mädchen, 15 Jahre, „Prinz Weißbär"

Mädchen, 14 Jahre, „Das Borstenkind"

chentyps vollständig vergessen. Auf mein hartnäckiges Fragen sagte einmal eine Schülerin schließlich: „Sie fiel in den Brunnen." – „Aber wie fiel sie denn da hinein?" – „Sie wurde halt geschubst." Die „Unsterblichkeit" des Zitronenmädchens und seine wunderbaren Verwandlungen hingegen wurden von allen Jugendlichen stets mit viel Anteilnahme reproduziert und hinterher auch gemalt; ebenso in sehr lebendigen und farbigen Bildern die vorausgegangene Szene, wo beide Mädchen sich im Wasser lächelnd spiegeln. Nur die Auseinandersetzung mit der gleichaltrigen „Kameradin" blieb ausgespart.

Bei den kollektiv verschwiegenen Bildern handelte es sich in den beobachteten Fällen stets um tiefgreifende Veränderungs- oder Angriffssituationen, die den Helden/ die Heldin des Märchens betreffen. Die Sympathielenkung im Zaubermärchen ist immer eindeutig auf den *Märchenhelden* gerichtet. Sie ist ein Teil der Flächenhaftigkeit des Märchenstils: nur was den Weg des Märchenhelden kreuzt, ist bestimmend für den Handlungsverlauf. Die Märchenbilder von der **Tierverwandlung** und vom **symbolischen Tod** markieren die wichtigsten Stationen in der Entwicklung der Märchenhelden. Die Jugendlichen können darin auch ihren eigenen Entwicklungsweg erkennen. Diese symbolischen Bilder konfrontieren sie mit ihren persönlichen Konflikten. Dabei wirken unterschiedliche unbewußte Kräfte gegeneinander und erzeugen innere Widerstände, die dann die eigentlichen Inhalte des Märchens verdecken können.

Die Eindimensionalität des Märchenstils stellt aber auch eine unlösbare Verbindung her zwischen *allen* Figuren: Sämtliche Figuren innerhalb des Märchens gehören zusammen. Erst aus der Handlungsweise aller Märchenfiguren *zusammen* ergibt sich der Erzählablauf. Trotz getrennter Handlungsrollen, Verwandlungen und Verschmelzungen sind die konfliklösenden Funktionen im Märchen stets auf die Abfolge *Mangel/Aufhebung des Mangels* ausgerichtet. Die eigentlichen Markierungspunkte im Zaubermärchen sind die Stellen, wo der Held mit den übrigen Figuren in Konflikt gerät: Sie bezeichnen seinen Entwicklungsweg. Die negativen Taten der „Unhelden" sind im Zaubermärchen nichts anderes als die erfolglosen Vorahmungen für die positiven Taten des „Helden". (Siehe hierzu das von Katalin Horn aufgestellte Modell für Handlungsrolle und Strukturänderung im Volksmärchen, 1983, 1987). Die Freundschaften und Feindschaften von Mädchen und von Jungen gehören zu ihren wichtigsten Erfahrungen in der Entwicklungszeit. Sie bringen Prozesse in

129

Gang, die sich innerhalb der Gruppen und der Zweierbeziehungen häufig unterschwellig abspielen und auch mit schmerzlichen Erlebnissen verbunden sind, – aber das Lächeln überwiegt in der Jugend. Im Stadium des erwachenden Selbstwertgefühls können die Zaubermärchen den Jugendlichen Grundmuster und Urbilder des Lebens aufzeigen. Der Optimismus und erzieherische Wert der Märchen liegt vor allem darin, daß sie den Menschen zeigen, in der Gemeinschaft **frei** und doch **verantwortlich** zu leben.

5. Märchen in Klassen mit Ausländerkindern

Bei meiner Testreihe begegnete ich vielen Ausländerkindern. In einer 5. Gymnasialklasse waren im Fach Ethik von 20 Kindern nur 4 aus Deutschland, die übrigen kamen zum größten Teil aus islamischen Ländern. Diese Kinder sprachen sehr gut deutsch, so daß die Arbeit mit ihnen nicht schwierig war. Ich hatte ein sizilianisches Märchen ausgewählt, das auch in der Sammlung von „1001 Nacht" zu finden ist: „Die verstoßene Königin und ihre beiden ausgesetzten Kinder" (AaTh 707 *„Goldene Königskinder"*). Sie kannten es nicht. Ihre Haltung war hochgespannt, und beim Vorlesen „knisterte" das Märchen förmlich in ihren Augen. Hinterher sprudelte die Bilderwelt nur so aus ihnen hervor. Sie identifizierten sich heftig mit den beiden Kindern in dem Märchen, besonders die Mädchen mit der **Prinzessin mit dem goldenen Stern auf der Stirn**. Ein Mädchen mit flammendem Blick hatte zuletzt plötzlich selber einen Stern im Haar. Ich hatte keine Ahnung, woher er kam, aber sie sah wirklich „märchenhaft" damit aus. Das Märchen konnte von ihnen allen nicht nur hervorragend reproduziert werden, sie gingen auch in einer selbstverständlichen Weise mit dem magischen Symbolbereich um, der ihnen ganz natürlich erschien. Auf die Frage einer Schülerin, warum die Zaubergabe von den Kindern nur einmal benutzt worden war und sie die mühevolle Suchwanderung zu den Kleinodien der Hexe selber auf sich genommen hatten, riefen mehrere: „Verzauberte Dinge kann man nicht einfach mit Zauberdingen holen!" Zum Schluß wollten sie das Märchen noch spielen, aber die Zeit reichte nicht, und außerdem wollte jedes der 13 Mädchen unbedingt die Prinzessin spielen. Sie stellten sich gleich alle dazu in einer Reihe auf. Als ich jedoch die Rolle von ihnen hören wollte, wußte keine einzige mehr, was die

Prinzessin eigentlich zu sagen hätte. So glänzend ihnen die bildliche Rezeption gelungen war, die verbale Rezeption löste sich sogleich auf (ein Märchen nachzuerzählen ist nicht einfach! Siehe dazu Kap. 5,3).

Eine Überraschung bot diese Klasse noch, als sie in den folgenden Tagen ein anderes Märchen (von Grimm) malen sollte und lauter wunderhübsche, farbensprühende Gemälde ablieferte, die zum großen Teil mit dem vorgetragenen Märchen nichts mehr zu tun hatten. Sie stellten geheimnisvolle Szenerien dar, die man mit Freude betrachten konnte, deren Inhalte jedoch zum Teil völlig unerklärlich blieben.

In dieser Klasse wurde mir in höchst lebendiger Weise die Theorie vor Augen geführt, nach der alle Märchen *ursprünglich* aus dem Orient gekommen sind!

In vielen Hauptschulklassen erlebte ich junge Ausländer, die kaum deutsch sprachen. Aber immer leuchteten ihre Augen, sobald sie begriffen, daß es sich um ein Märchen handelte. Hingerissen folgten sie der Erzählung, und ich fragte mich oft, was sie überhaupt davon verstanden, denn die Texte sind ja keineswegs einfach. Die altüberlieferten Zaubermärchen, die sich in ihren Strukturen nach verschwundenen rituellen Mustern richten, sind kompliziert im Aufbau und keineswegs so leicht zu verstehen wie z. B. Sagen oder Schwänke. Deswegen nahm ich von den schweigend vor mir sitzenden jungen Russen oder Kroaten zunächst an, sie hätten den Inhalt des Märchens gar nicht begriffen. Da hatte ich mich getäuscht. Die **Bilder** der Märchen hatten sie meist gut erfaßt. In einer 9. Hauptschulklasse malte ein Junge, der die ganze Zeit kein Wort gesprochen hatte, zu dem Märchen „*Die Königstochter in der Flammenburg*" (AaTh 300 „*Drachenkampf*") eine Prinzessin, wie sie schöner kaum zu denken ist, in stolzer Haltung, geschmückt mit Gold und Edelsteinen. Sein Nachbar versuchte, sie ihm nachzumalen, aber es gelang ganz anders.

In einer 8. Gesamtschulklasse malte ein dunkelfarbiges Mädchen sich selbst: Ein buntes Bild zum Grimmschen Märchen „*Prinz Schwan*" (AaTh 425 „*Tierbräutigam*"). Das Mädchen steht an einem tiefblauen See, der sich ihr in geheimnisvollen Wellen nähert, darauf der weiße Schwan auf sie zuschwimmt. Sie hatte ihre eigenen Merkmale deutlich und in anmutiger Weise dargestellt und sich so zu ihrer eigenen Identität gestellt.

Als ich in einer Klasse das Märchen „*Das Borstenkind*" vorlas (AaTh 425 „*Suchwanderung*"), fiel mir auf, daß gegen Ende des Märchens, als Mann und Frau mit ihrem Kind ins Königreich heimkehren, neben mir ein Junge laut und tief aufseufzte. Es war wie das Abfallen einer großen inneren Spannung. Er sprach kein Wort, erst ganz zuletzt sagte er plötzlich stockend: „Sie tragen ihr Kind!" Vom Lehrer erfuhr ich, daß dieser Junge, der so gut wie nie sprach, mit seinen Eltern von weither geflohen war. Das Märchen hatte ihn dazu gebracht, diesen Satz auszusprechen.

In einer 9. Klasse hatten die Schüler Schwierigkeiten, das Hauptmotiv des Märchens „*Goldhaar*" (AaTh 314 „*Goldener*") zu erkennen. Ich mußte oft nachfragen, das Motiv kam immer nicht heraus. Als ich schließlich sagte. „Welches Bild würdet ihr denn nun malen?" sagte ein kleiner ausländischer Junge seine einzigen Worte an diesem Vormittag: „Den Golden-Haar!" Damit hatte er nicht nur den Typ des Märchens gefunden, sondern auch noch den Namen (den ich vorher nicht genannt hatte). Es war reizend zu sehen, wie er selbst sich riesig darüber freute! In seiner inneren Bilderwelt hatte er das für ihn sicher schwierige Märchen glänzend eingeordnet und wahrscheinlich besser verstanden als alle anderen.

Aus diesen wenigen Beispielen wird deutlich, daß ausländische Kinder und Jugendliche meist sehr lebendige innere Bilder haben, die oft noch aus ihren altüberlieferten Traditionen herkommen. Deswegen sind sie manchmal auch imstande, schwierige Märchentexte **im Ganzen** zu begreifen und bildlich zu rezipiern. Das gibt ihnen die Möglichkeit, sich in ihrer neuen Umgebung heimischer zu machen. Sie können damit trotz Sprachschwierigkeiten die Klassenkameraden sogar „überflügeln". Auf jeden Fall sind sie glücklich, sobald sie erkennen, daß es sich um eine „Bildersprache" handelt, deren Inhalte sich auf der eigenen inneren Bildebene zusammenfügen lassen. Die bildliche Rezeption von Zaubrmärchen gibt ausländischen Kindern die Möglichkeit, Sprachschwierigkeiten und die daraus entstandene Scheu zu überwinden, und sich besser zu integrieren. Für mich selber war es jedesmal eine Freude zu sehen, wie sie sich dabei zu ihrer eigenen Identität stellten und damit auch sich selbst besser annehmen konnten.

6. Unterschiedliche Märchenrezeption bei Jungen und Mädchen

Bei meiner Testreihe handelte es sich ausschließlich um gemischte Klassen. Zwar wurden die rund fünfhundert Schülerinnen und Schüler nicht einzeln von mir befragt, sondern stets klassenweise, doch waren unterschiedliche Verhaltensmuster bei Jungen und Mädchen zu erkennen.

Den ersten Hinweis auf geschlechtsspezifisch unterschiedliche Märchenrezeption bei den Jugendlichen erhielt ich ganz zufällig im Zusammenhang mit dem türkischen Zaubermärchen „Der schwarze Lala". In verschiedenen Klassen hatten die Jungen sich für die Schubladen voller Schätze interessiert, die in diesem Märchen auf Befehl des Bräutigams aufgebrochen werden, damit die Braut versorgt werden kann. Das Bild der aufgebrochenen Schubladen ist für den Ablauf der Erzählung nicht unerläßlich notwendig, doch enthält es ein entscheidendes Moment: *die Ausrüstung mit einer Zaubergabe.* Diese Stelle in dem Märchen wurde von zwei Jungen unabhängig voneinander folgendermaßen reproduziert:

„Das Öffnen der Schubladen mit einem Hammer, damit die Schätze herauskommen."

„Das Hauen auf die Schubladen."

In einer weiteren Klasse, in der ich das Märchen vorlas, sagte ein Mädchen an der gleichen Stelle: „Die Schachtel des Prinzen." (Die „Schubladen" waren in ihrer Erinnerung zu einer „Schachtel" geworden, die als Symbol in den Zaubermärchen viel verbreiteter ist). Im Blick auf die bereits vorangegangenen Beschreibungen dieser Szene fragte ich sie: „Meinst du das Hauen auf die Schubladen?" Sie sagte sofort: „Nein, ich meine *das, was drin ist.*"

Hier zeigte sich für mich zum ersten Mal die **Bevorzugung von konfliktlösenden Aktionen im Handlungsablauf bei Jungen gegenüber der Bevorzugung von Motiven bzw. Motivkomplexen bei Mädchen.**

Gemäß dem Proppschen Katalog für „Funktionen" in der Handlung von Zaubermärchen ging es bei den beiden Jungen um die Funktion XV „der Held (die Heldin) wird ausgerüstet"; bei dem Mädchen dagegen um das Motiv des geheimnisvoll ausgerüsteten Palastes (Aarne Thompson Typenkatalog 425C).

Im Katalog von Siuts wird das Motiv als Ausstattung der Jenseitswohnung im „Inventar des Jenseits" unter I C § 544 aufgeführt; im Motivindex Thompson unter Mot. F163, mit Unterteilungen, sowie im Zusammenhang mit Mot. F820 Magische Kleider und Schmuck.

Natürlich war das nur ein kleiner und auch recht unsicherer Hinweis, aber er brachte mich auf eine Spur, die ich nun weiter verfolgen wollte! Bald sollte ich wieder fündig werden und diesmal in eindrucksvoller Weise.

In einer aufgeweckten Klasse war das Märchen „Das Borstenkind" (AaTh 425 Suchwanderung) gut angekommen, und die Jungen und Mädchen, die zuvor ziemlich unruhig gewesen waren, stürzten sich nun auf das Malen der von ihnen gefundenen Märchenbilder, wobei es in der Klasse schlagartig still wurde. Nun zeigte sich eine auffällige Erscheinung: Von den 11 Jungen malten 10 genau das gleiche Motiv: die Diamantbrücke. Dabei wurde jedes Bild anders konzipiert, nur eines wirkte ein wenig „abgeschaut". Die Jungen, die da so geschlossen malten, saßen zum Teil weit auseinander und konnten sich bei der Größe der Klasse (26) unmöglich vorher abgesprochen haben. Ein Junge, der erst in der zweiten Stunde dazukam, konnte nicht gleich mitmachen, da er ja das Märchen vorher nicht gehört hatte. Ich setzte ihn neben mich vorne an den Tisch und gab ihm den Text zu lesen. Er freute sich, ergriff sofort seine Buntstifte und malte ... die Diamantbrücke. Ich war nun gespannt auf die Bilder der Mädchen. Sie hatten die unterschiedlichsten Motive gewählt, zwei Mädchen hatten auch die Diamantbrücke gemalt. Ihre Bilder waren aber ganz anders als die Bilder der Jungen, die fast alle ihre Lineale zu Hilfe genommen hatten.

Nach dem Proppschen Schema ergab sich nun folgendes Gesamtbild: Die Jungen hatten beim **Malen** fast alle das Strukturelement ,Bestehen der schweren Aufgabe' bevorzugt (Funktionen xxv/xxvi). Die Mädchen dagegen wandten sich einzelnen Motivkomplexen zu: z.B. dem speziellen Eingangsmotivkomplex in AaTh 425 (Mot. C758.1): Kind wird von seiner Mutter in ein Schwein verwandelt; oder dem wichtigen tabubrechenden Motivkomplex: Anschauen des übernatürlichen Bräutigams AaTh 425 II (d); Mot. C32.1. **Die Jungen waren demnach mehr auf die bildliche Rezeption von *Aktionen* ausgerichtet, die Mädchen dagegen auf die bildliche Rezeption von *Motivkomplexen*.**

Wenn dieser Eindruck generell stimmt, so dachte ich mir, dann müßte es auch möglich sein, bei der Reproduktion eines Märchens den Gang der Erzählung allein aus den handlungsorientierten Nennungen der Jungen „zusammenzusetzen". Das wollte ich nun bei meinem nächsten Test versuchen.

Bei der Klasse, die als nächstes vorgemerkt war, handelte es sich um eine liebenswürdige und muntere 8. Gymnasialklasse (als ich hereinkam, flogen gerade Gegenstände durch die Luft). Die Klasse, die deutlich in der Pubertät war, besaß gute Fähigkeiten zur Reproduktion und zeichnete sich aus durch lebendige Phantasie und klares Erkennen von symbolischen Bildern. Die Jungen waren hier in der Minderzahl (10 Jungen zu 15 Mädchen). Zu testen war das siebenbürgische Zaubermärchen „Die Schwanenfrau" (AaTh 400). Es gefiel gut und beim anschließenden Reproduzieren stiegen die Mädchen und Jungen auch sofort ein. Der Bilderreichtum des Märchens faszinierte sie. Ich bat die Lehrerin, die Nennungen der Schüler und Schülerinnen beim Anschreiben an der Tafel unauffällig zu kennzeichnen. Der Typ des Märchens „Schwanenjungfrau" wurde schon zu Anfang von mehreren Mädchen zugleich erkannt: „Fortfliegen des Schwanenmädchens" (AaTh 400 IV (d); Mot D361.1.1). Die Jungen hielten sich bei der Mitarbeit eher zurück und lachten viel untereinander.

Zu Hause sortierte ich zunächst die Beiträge der **Jungen** aus (12 von den insgesamt 27 Schülern der Klasse) und begann, ihre einzelnen Nennungen nach dem Proppschen System für Märchenhandlungen zu ordnen. Nicht lange, so stand das vollständige Märchen vor mir in seinen den Erzählverlauf bestimmenden Aktionen. Es war leicht, sie in der märchentypischen Dreierformel anzuordnen: die rituellen Grundmuster waren deutlich zu erkennen. Das Ergebnis (nach Propp und nach Van Gennep):

Erste Sequenz
„Er will den Vogel haben" (Propp: Mangelsituation, Abreise von zu Hause. Van Gennep: Abtrennung von der Kindheit)
„Drei Jungfrauen baden im See" (Propp: Probestellung)
„Öffnen der Türe" (Propp: Verletzung eines Gebotes)
„Er muß noch ein Jahr warten" (Propp: erste Funktion des Schenkers und Reaktion des Helden auf den Schenker)
„Den Schlüssel geben" (Propp: Empfang des Zaubergegenstandes. Er-

ste Konfliktlösung, Behebung des ersten Mangels. Van Gennep: Kräftezuwachs)

Zweite Sequenz:
„Sie will das Schwanenkleid zurückhaben" (Propp: Auseinandersetzung)
„Öffnen der Schachtel" (Propp: Schädigung, Erneuerung des Mangels)
„Wanderung über die Berge" (Propp: Raumvermittlung)
„Er liegt auf dem Hügel und denkt, daß er stirbt" (Propp: Kennzeichnung)
„Überlisten der Hünen" (Propp: Rettung. Zweite Konfliktlösung, Behebung des zweiten Mangels. Van Gennep: Isolierung, symbolischer Tod und Wiederbelebung)

Dritte Sequenz:
„Abschlagen der Drachenhäupter" (Propp: Prüfung, Lösen der Aufgabe)
„Hochzeit feiern" (Propp: Hochzeit und Thronbesteigung. Endgültige Konfliktlösung, Behebung des anfänglichen Mangels. Van Gennep: Angliederung an die Erwachsenenwelt)

Mit Ausnahme des namengebenden Motivs *„Fortfliegen des Schwanenmädchens"* – von den Mädchen gleich mehrfach genannt – waren von den **Jungen** die wichtigsten Aktionselemente aufgezeigt. Sie hatten (gemeinsam) das Märchen in seinem Verlauf klar erkannt. Sowohl nach dem Funktionsschema von Propp wie nach dem Ritenschema von Van Gennep waren von ihnen alle wichtigen Stationen dieses Märchens erwähnt worden. Eine beachtliche Leistung, wenn man bedenkt, wieviel Unsinn sie zwischendurch auch noch gemacht haben!

Die **Mädchen** bevorzugten einzelne Motive oder Motivkomplexe, die sich ebenfalls in die Dreierformel einordnen ließen, auch hier waren die rituellen Grundmuste gut zu erkennen:

Erste Sequenz: Ablösung von zu Hause:
„Das Kornfeld AaTh 400 I(d); Motiv H147.1
„Vogel fliegt in den Wald" Mot. N771;
„Burg und alter Mann" Mot. F147.2;
„Schafe hüten beim alten Mann im Wald" Mot. G672

Zweite Sequenz: Wandlung
„Verbotenes Zimmer" AaTh 400 II(b), Mot. C611
„Junge gibt zu, daß er im Zimmer der Mädchen war" Mot.N711.2
„Aussuchen der Schachtel" AaTh 400 II(e) Mot. K1335
„Nicht umschauen" AaTh 400 III (Tabu); Mot C32.1
„Schwan fliegt fort" AaTh 400 IV (d); Mot. D361.1.1
„Der alte Mann hilft" Mot. N825.3;
„Junge wünscht sich zur Jungfrau" AaTh 400 VI(b), Mot. H1385.3
„Jungfrau, die den Drachen laust" AaTh 300 IV, Mot. D1962.2;

Dritte Sequenz: Angliederung an die Ewachsenwelt:
„Sie holen mit dem Wünschhut die Mutter zu sich": Mot. D1520,
Mot. L161

Die einzelnen Nennungen der Mädchen zusammengenommen stellen die ganze Erzählung bildlich dar. Das Märchen ist hier von den Mädchen klar erkannt in der Form eines Grundmusters: gewoben aus einem Netz von Motiven und vielfältigen Beziehungen zwischen Motiven. Statt *Aktionen* werden in erster Linie *Verflechtungen* genannt. Z. B. wird das Motiv von der *„Suche nach der entrückten Braut"(*Mot. H1385.3), das ein tragendes Hauptmotiv des großen Themenkreises der Märchen von der „Suchwanderungen" darstellt, hier nicht als *Handlung* geschildert, sondern als ein *Zustand von Gefühlen und Beziehungen* (*„Junge wünscht sich zur Jungfrau")*. In der Systematisierung von Propp läßt sich diese Nennung der Mädchen kaum einordnen. Sie ist nicht als „Funktion" im Proppschen Sinn zu bezeichnen. Ebensowenig läßt sich das beziehungsreiche Bild von der Herstellung eines neuen Verhältnisses zur Mutter (*„sie holen mit dem Wünschehut die Mutte zu sich")* einer Systematisierung zuordnen. Im Motivkatalog von Thompson taucht ein ähnliches Motiv m. W. nur unter dem Stichwort *„Wiedervereinigung mit der (*vom Va-ter) *verstoßenen Mutter"* auf (Mot. S451), was jedoch eine ganz andere Qualität hat. An diesen Beispielen zeigt sich, daß männliche und weibliche Märchenrezeption sich unterscheidet. Doch können die Unterschiede nur dann in Erscheinung treten, wenn die innere Bildebene tatsächlich erreicht ist, d. h. wenn *sowohl die Schüler als die Schülerinnen das Märchen* **bildlich** *reproduzieren.*

Die geschilderten Beobachtungen können hier nur als stichprobenartige Werte stehen, doch gibt es in der psychologischen Literatur ganz ähnliche Untersuchungsergebnisse. Dabei zeigt sich immer wieder, daß Jungen und Mädchen gegebene Möglichkeiten ganz verschieden nutzen: **Die Denkmuster des einen Geschlechts treten nur selten auch bei denen des anderen Geschlechtes auf.**

Eine Langzeitstudie an der University of California, wo 150 Jungen und 150 Mädchen auf ihr **Spielverhalten** untersucht wurden, ergab, daß bei der Raumaufteilung die Mädchen den *inneren* Raum betonten, die Jungen den *äußeren* Raum (Erik Erikson 1968).

Parallel dazu sah Bruno Bettelheim in seiner Analyse von Märchenstoffen (1976) die Dynamik der männlichen Adoleszenz in der **Konzentrierung der Kräfte nach außen**, die der weiblichen in der **Konzentrierung nach innen**.

Jean Piaget (1932) stellte fest, daß Jungen generell organisatorische Konstruktionen bevorzugen und zur **Koordination von Aktivitäten und deren Systematisierung** neigen, wobei es immer wieder um Verwerfung und Neuerrichtung geht; Mädchen generalisieren weniger, sind **innovativer** und haben eine **pragmatischere** Einstellung zu ‚Regeln'.

Carol Gilligan (1982) sieht in männlichen Konfliktlösungsmustern **logische Systeme**, in weiblichen ein **Netzwerk von Verbindungen und Beziehungen**.

Was hier als *geschlechtsspezifische Denkmuster* dargestellt wird, findet sich anderswo als *historischer Wandel* interpretiert. Die Vielzahl der Grundverfassungen des menschlichen Denkens ist geprägt durch einen beständigen Wandel. Heute stehen wir vor allem in der Auseinandersetzung zwischen zwei Grundverfassungen des Denkens: die *lineare, kausale Weise zu denken* und *die vernetzte, strukturale Weise zu denken*. Diese Auseinandersetzung ist tiefgreifend, sie erfaßt uns in unserer Existenz und dringt bis in die Wurzeln des gegenwärtigen Lebens. Das Modell der **linear** gerichteten Kausalitätskette ist sehr wirksam und gilt heute allgemein als notwendige Form des Denkens und als Grundverfassung wissenschaftlicher Logik schlechthin. Doch hat das **struktrale** Denken in Europa eine mindestens ebenso lange Tradition (z.B. bei Cusanus im 15. Jh.), sein Prinzip liegt in der unendlichen Vernetzung. Auch hier gibt es Kausalitätsketten, aber sie sind unbegrenzt und bestehen aus vielfältigen Beziehungen und Verflechtungen. Lineare und strukturale Ordnungen ergeben verschiedene Bilder und unterschiedliche Folgerungen (Ph. Herder-Dorneich, 1989,36–40).

Diese beiden Grundverfassungen des Denkens finden wir auch bei der Rezeption von Märchen. Jungen neigen mehr zu linear gerichtetem kausalem Denken, Mädchen mehr zu venetztem strukturalem Denken. Deshalb empfiehlt es sich, im Schulunterricht *beide Denkformen* zu berücksichtigen. Zur Kenntnis der realen Welt müssen beide Denkformen aufgeschlossen werden. Es kommt vor allem auf die Kombination der beiden Grundverfassungen an, denn beide sind erfolgreich.

Die bildliche Rezeption von Zaubermärchen kann vom Bild zum linearen Denken führen und ebenso vom Bild zum strukturalen Denken. Beide Wege müssen geschult werden, denn sie sind im heutigen Wissenschaftsdenken unerläßlich.

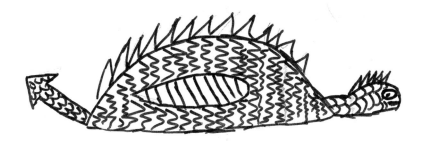

Junge, 15 Jahre, „Die Zedernzitrone"

6.

Welches Märchen für welches Alter?

Von 9/10 bis 16/18 Jahren

Für die Zuordnung von Märchenstoffen zu bestimmten jugendlichen Altersgruppen sind in erster Linie die Erkenntnisse der Entwicklungspsychologie maßgebend. Als ‚Jugendalter' gilt die Phase vom 11. bis zum vollendeten 17. Lebensjahr. Dabei treten drei wichtige Lebensabschnitte in Erscheinung:

Die ‚Vorpubertät' von 10 bis 12 Jahren.
Die ‚Transeszenz' von 11/12 bis 14 Jahren.
Die ‚frühe Adoleszenz' von 14 bis 18 Jahren.
(Nach R. Oerter/E. Dreher, 1995, 312)

‚Vorpubertät' kennzeichnet die Periode zwischen reifer Kindheit und dem Auftreten erster sekundärer Geschlechtsmerkmale (die Zeitangabe 10. bis 12. Lebensjahr vernachlässigt die geschlechtsspezifische Variation).

‚Transeszenz' ist die Phase der Pubertät, in der sich der Prozeß der Geschlechtsreifung vollzieht. Sie stellt den Übergang von der Kindheit in die frühe Adoleszenz dar. Zeitabschnitt: 11./12. bis 14. Lebensjahr.

‚Frühe Adoleszenz' umfaßt die Zeitspanne vom 14. bis zum 18. Lebensjahr (juristisch: ‚Jugendalter'). Das zentrale Thema des Jugendalters ist die Identitätsfindung, die sensible Phase für die Entwicklung der Identität ist die Adoleszenz.

Der Pubertät geht die **‚Latenzperiode'** voraus: eine „Aufschubphase" (psychosexuelles Moratorium), die am Ende der Kindheit eine Art Ruhestadium darstellt, das durch provokative Verspieltheit seitens der Jungen und Gewährenlassen seitens der Erwachsenen gekennzeichnet ist (E. Erikson, 1970,151–152).

Die altersbezogene Periode **‚Späte Adoleszenz'** ist eine nachpubertäre Phase, die in das ‚Junge Erwachsenenalter' mündet und zeitlich nicht genau nach oben einzugrenzen ist. Meist wird sie mit dem 21. Lebensjahr für abgeschlossen gehalten, da diese Altersmarke auch als das „eigentliche Volljährigkeitsalter" angesehen werden kann.

Die ausgesuchten Märchenthemen

1. Abschluß der ‚Latenzperiode' (9/10 Jahre), Thema: Aufbruch aus der Welt der Kindheit. Dieser Phase sind Märchen zugeordnet, die von einem Aufbruch aus der kindlichen Abhängigkeit handeln und vom Wachstum des Körpers. Als zentrales anspruchsvolles Thema für diese Phase habe ich den Märchentyp AaTh 707 (The three golden sons) *„Goldene Königskinder"* ausgewählt, kombiniert mit dem Typ AaTh 451 (The maiden who seeks her brothers) *„Schwester sucht ihre Brüder".* Märchen dieses Typs sind *keine Liebesgeschichten*: Sie zeigen den andersgeschlechtlichen Partner (noch) als (vermeintlichen) Bruder / (vermeintliche) Schwester, und die Geschwister stehen in gemeinschaftlicher Auseinandersetzung mit der Elterngeneration und deren Konflikten. Am Ende der Erzählung findet keine Hochzeit statt. In AaTh 707 kehren die goldenen Königskinder heim zu Vater und Mutter, die sie miteinander versöhnen.

Kinder, die in diesem Alter die Scheidung ihre Eltern erleben müssen, sind besonders betroffen, da sie die Schwierigkeiten gut erkennen aber noch nicht fähig sind, selber unabhängig zu sein. Das ausgesuchte sizilianische Märchen stellt die Kinder als „unantastbar" dar: auserwählt die Welt zu verschönen und ihre Eltern liebevoll zu versöhnen; stark genug, die entwicklungshemmenden Faktoren auszumerzen. So sehr dieses Märchen die reifen Kinder im Alter von etwa 10 Jahren bezaubern kann, – in einem späteren Alter sollte es nicht mehr angeboten werden: Die Elf-/Zwölfjährigen reagieren meist heftig ablehnend auf die Vorstellung, am Ende friedlich nach Hause zu gehen, da sie selber jetzt schon in großer Aufbruchstimmung sind. Es muß von Fall zu Fall entschieden werden, wie weit auch *Zehnjährige* sich bereits in dieser Stimmung befinden.

2. Für das Alter von 11/12 Jahren, der Zeit zwischen Kindheit und dem Auftreten der ersten sekundären Geschlechtsmerkmale, sind „aktive" Märchen ausgesucht. Sie handeln von einer magischen Reise (AaTh 560 The magic ring, *„Der Zauberring"*); von dem Erlebnis des Größerwerdens verbunden mit dem Ausströmen von Blut aus geheimnisvollen inneren Wunden (AaTh 652A The Myrtle, *„Die Myrthe"*); vor allem von der Auseinandersetzung mit Drachen (AaTh 300 The Dragon-Slayer, *„Der Drachenkämpfer"*) und von wunderbarem Kräftzuwachs (AaTh 316 The Nix of the Mill-pond, *„Die Nixe* *im Teich"* in einer griechischen Variante*).* Diese Märchen enden mit einer *Hochzeit:* Mädchen und Jungen erleben sich in diesem Alter als verschiedengeschlechtlich. Am klarsten drückte dies eine Schar Jungen aus, die sich während der Testreihe demonstrativ von den Mädchen weggesetzt hatte. Auf meine diesbezügliche Frage riefen mehrere, die Mädchen seien nicht auszuhalten, sie strömten „gefährliche Dünste" aus!

In diesem Alter sollten noch keine Märchen angeboten werden, in denen die Todesbegegnung eine zentrale Stelle einnimmt: Die Jugendlichen haben in dieser Phase ihrer körperlichen Entwicklung kein Interesse am Tod: sie schieben ihn von sich weg und wollen viel lieber mit dem Leben konfrontiert sein.

3. Dem Alter zwischen 13 und 15 Jahren sind in diesem Modell die meisten Märchen gewidmet. Aus den Erfahrungen mit Schülerinnen und Schülern während meiner Testreihe sehe ich persönlich die Hauptphase der Pubertät in diesem Zeitabschnitt. Es ist die interessanteste Periode der Pubertät. Hier spielen sich, sichtbar oder auch unterschwellig, große Veränderungen ab. Als zentrale Themen habe ich drei Märchenbereiche ausgesucht:
1. *Drachenkampfmärchen* mit dem Durchgang durch einen „symbolischen Tod" (AaTh 300 The Dragon-Slayer, *„Der Drachenkämpfer");*
2. *Tierbräutigammärchen* (AaTh 425 The search for the lost husband, *„Die Suche nach dem verlorenen Gefährten"):* Partnersuche und gegenseitige „Erlösung";
3. *Tierbrautmärchen* (AaTh 400 The man on the quest for his lost wife, *„Der Mann auf der Suche nach der verlorenen Frau"):* Partnersuche und gegenseitige „Erlösung".

Immer wieder konnte ich feststellen, daß diese sehr alten Initiationsthemen für Jugendliche in diesem Alter sehr fesselnd sind. Sie bieten ihnen genau die inneren Bilder und rituellen Abläufe, die sie in ihrer Alterstufe brauchen. Die *Auseinandersetzung mit dem Tod* ist jetzt für sie interessant; die *Partnersuche* gewinnt wachsende Bedeutung; *Identitätsgewinnung* ist das zentrale Thema. Dabei spielt die Auseinandersetzung innerhalb der gleichen Altersgruppe eine große Rolle als individuelle Spiegelung des *gesellschaftlichen Gruppenverhaltens* (‚Looking-glass-self', Cooley 1922,347), wobei sich der Einzelne durch die Brille der anderen sieht.

Die **Fünfzehnjährigen** stellen häufig eine eigene Gruppe dar: Sie zeigen dann nur geringe Lust, sich mit irgend etwas zu identifizieren, da sie sich, ähnlich wie die Zwölfjährigen, in einer Art Zwischenstadium befinden. Es muß von Fall zu Fall offenbleiben, wie weit sie sich bereits für die Themen der nächstfolgenden Märchenbereiche interessieren, doch sollten sie dabei nicht überfordert werden, da die folgende Altersgruppe meist über eine schon entwickeltere Sensibilität verfügt.

4. Als zentrales Thema für das Alter ab 16 Jahren habe ich die *Entwicklung zur zärtlichen Partnerschaft* und die Auseinandersetzung mit *Abhängigkeit und Freiheit* gewählt. In dieser Phase geht es um die *Angliederung an das Leben der Erwachsenen.* Die rituellen Überlieferungen in AaTh 408 (The three oranges, the quest for the orange princess, the false bride, *„Die drei Orangen, die Suche nach der Orangenprinzessin, die falsche Braut"*) weisen auf Eingliederungsriten in die Erwachsenengesellschaft, die nun für diesen Lebensabschnitt zunehmend an Bedeutung gewinnt.

Eines der wichtigsten Resultate meiner Testreihe war die Feststellung, daß die gleichen Altersgruppen unterschiedslos gleich reagierten, gleichgültig ob es sich um Hauptschüler, Realschüler, Sonderschüler oder Gymnasiasten handelte. Die Anforderung, die das Leben mit der Bewältigung des Übergangs zwischen Kindheit und Erwachsenenleben an sie stellt, ist in diesem Alter für alle die gleiche. Hauptschüler sind meist reifer, Gymnasiasten vertragen schwierigere Texte – doch die Märchen werden allen gleichmäßig gerecht: Immer steht das große Thema des rituellen Übergangs im Mittelpunkt der Erzählungen.

Kombination von zwei Märchen des gleichen Erzähltyps

Eine Besonderheit meines Modells besteht in der Kombination zweier Märchen für ein bestimmtes Alter bzw. für bestimmte Klassenstufen. Dabei wird nach den Grundsätzen der Märchenforschung vorgegangen, indem möglichst *Märchen des gleichen Typs* (Varianten) oder eines sehr *ähnlichen Typs* zusammengestellt werden. Die Auswahl der Märchen richtet sich nach den Erkenntnissen der Entwicklungspsychologie. Diese Idee, die ich in der Praxis getestet habe, ist neu auf dem Gebiet der Pädagogik.

● Der Vorteil der Kombination von Märchen des gleichen (oder ähnlichen) Erzähltyps liegt vor allem darin, daß bildliche Rezeption bei den Jugendlichen *langsam eingeübt* werden kann.

● Bei der bildlichen Rezeption geht es nicht um eine Textanalyse: Das erste Märchen soll keinesfalls mit dem zweiten Märchen verglichen werden.

● Der Sinn der Kombination liegt ausschließlich in der Intensivierung bildlichen Denkens und Sprechens.

Das erste Märchen, das bei den Schülern eingesetzt wird, ist ein besonders *typisches* Zaubermärchen, d. h. es entspricht weitgehend der in der Erzählforschung herausgearbeiteten *Grundform eines Erzähltyps* (s. dazu ausführlich in Kapitel 1,6). Ein solches *typisches* Zaubermärchen enthält meist sehr klare Bilder und ist dementsprechend einfach zu rezipieren. Es besitzt anschauliche Motive, Motivkomplexe und Strukturen und ist für die Schüler leicht verständlich: Sie können sich gut ein „Bild" von dem Märchen machen. Dies war für mich das eine Kriterium bei der Auswahl.

Das zweite Kriterium: Der Typ, den ein solches ausgewähltes Märchen repräsentiert, sollte möglichst altüberliefert, weitverbreitet und in zahlreichen Varianten tradiert sein. Die Spuren archaischer *Jugendinitiationen (Pubertätsriten)* sollten darin möglichst eingängig sein. Dementsprechend entwickelt sich dann auch die bildliche Rezeption für die Jugendlichen interessant: sie können sich selber leicht mit dem Märchen **identifizieren.**

Das Auffinden solcher typischer Zaubermärchen war schwierig. Sie sollten für den Schulgebrauch eine gewisse Länge nicht überschreiten, sollten sprachlich gut formuliert sein und keine besonderen Grausamkeiten enthalten oder anderes, was die Schüler abschrecken könnte. Vor allem sollten sie entweder deutschsprachig sein oder aber in einer deutschsprachigen Übersetzung vorliegen. Da die schönsten Varianten der Zaubermärchen meistens in den Ländern zu finden sind, in denen sie am häufigsten erzählt und am eifrigsten gesammelt wurden, konnte ich auch bei solchen Ländern am besten fündig werden. Das bedeutet: Viele Texte aus der ersten Gruppe der Kombination sind ausländische Märchen, wir haben es also mit *Übersetzungen* zu tun. Der Nachteil: übersetzte Märchen sind manchmal schlecht bearbeitet und verblassen häufig gegenüber dem Original. Auch hier galt es gut auszusortieren und zu wählen. Der Vorteil dabei: Bei Übersetzungen können eher leichte Veränderungen angebracht werden. Diese Möglichkeit habe ich auch genutzt. *Doch sind die einzelnen Abweichungen bei jedem Märchen in den Anmerkungen festgehalten.*

Das zweite Märchen in der Kombination, das wenige Tage nach dem ersten eingesetzt werden soll, wurde von mir nach anderen Kriterien ausgewählt: Zunächst sollte es sehr kurz sein, da es sich diesmal nicht um *zwei* Schulstunden, sondern nur um *eine* handelt. Ich legte Wert darauf, beim zweiten Mal nur deutschsprachige Märchen zu verwenden. Ganz abgesehen davon, daß das Original die Übersetzung stets übertrifft, ging ich bei der Auswahl dieser zweiten Märchengruppe davon aus, die Muttersprache der Schüler (für Ausländer die zu erlernende deutsche Sprache) zu bevorzugen: Die Bilder, die in den Schülern und Schülerinnen aufsteigen, sollen vor allem auch zu den Wurzeln der *eigenen* Sprache und Kultur führen. Die mündlich tradierten Zaubermärchen vermögen die Kultur des Volkes, in dem sie erzählt und berichtet werden, besonders anschaulich zu spiegeln. Alle diese Kriterien erschwerten die Auswahl, doch konnten viele kleine Zaubermärchen aus den Handschriften und Erstdrucken der Brüder Grimm dabei Verwendung finden. Das wirkt sich auch positiv für den Erzählnachmittag der Schülerinnen und Schüler aus, für den diese Märchen besonders geeignet sind.

Dieser Ansatzpunkt wurde in einigen Fällen variiert:
1. In der ersten Textkombination für das beginnende Pubertätsalter (11/12 Jahre) handelt es sich bei den kombinierten Märchen nicht um den gleichen Erzähltyp. Das erste entspricht dem Typ AaTh 560 *„Zauberring" („Aschenbrödler")*, das zweite dem Typ AaTh 652A Zauberpflanze *„Myrthe" („Das Mädchen im Apfel")*. Doch sind die Themen dieser beiden Erzähltypen einander nahe. Die zweite Abweichung (wieder bei der gleichen Kombination) stellt die Herkunft der beiden Märchen dar: das erste stammt aus Griechenland, das kombinierte aus Italien. Gerade dieses zweite Märchen ist jedoch besonders eindringlich und entwicklungspsychologisch für das ausgesuchte Alter bedeutungsvoll (eine Grimmsche Variante dieses Typs existiert nicht).

2. In der zweiten Textkombination für die nachpubertäre Phase stimmen die Erzähltypen ebenfalls nicht überein: „König Lindwurm" AaTh 433B stellt einen besonderen Untertyp der Tierbräutigam-Märchen dar, während das kombinierte Grimmsche Märchen „Hans Dumm" dem Typ 675 „Langsamer Junge" entspricht (die Gründe für diese besondere Zusammenstellung sind im Textanhang in den Anmerkungen zu diesem Märchen erwähnt).

3. Das türkische Märchen „Der schwarze Lala" repräsentiert seinen Erzähltyp AaTh 425A „Amor und Psyche" nicht ganz eindeutig, denn das Motiv der Suchwanderung nach dem unsichtbaren Bräutigam fehlt. Der Grund, warum ich das Märchen dennoch in mein Modell aufgenommen habe, besteht darin, daß die Erzählung insgesamt stimmig ist und die entwicklungspsychologischen Elemente, um die es geht, sehr gut darin zum Tragen kommen. Ich habe dieses Märchen in der Praxis am häufigsten getestet, da seine Akzeptanz bei den Jugendlichen schwankte, doch überwogen die positiven Reaktionen.

4. Die Märchen „Goldhaar" und „Dummling" wurden für den Religionsunterricht eigens nach rituellen Gesichtspunkten zusammengestellt.

Mädchen, 14 Jahre, „Die Schwanenfrau"

Geeignete Zaubermärchen
zum Abschluß der Latenzperiode
(0)

Alter: 9–10 Jahre.

Hauptthema: Vorbereitung zum Aufbruch aus der Welt der Kindheit

Einzelne Texte

Leicht faßliche Texte:

Die Puppe im Gras (norwegisch)

Die Wassernixe (Grimm)
Geschwister im gemeinsamen Aufbruch aus der kindlichen Abhängigkeit

Anspruchsvoller Text:

Die verstoßene Königin und ihre beiden ausgesetzten Kinder (sizilianisch)
Geschwister in der gemeinschaftlichen Auseinandersetzung mit den Konflikten der Elterngeneration

Dieses Märchen kann kombiniert werden mit:

Die sieben Raben (Grimm)
Schwester sucht ihre verlorenen Brüder.

Geeignete Kombinationen
von Zaubermärchen
zum Eintritt in die Pubertät
(1)

Alter: 11–12 Jahre

Einsetzende körperliche Reifung

Hauptthema: Kräftezunahme und wachsendes Selbstvertrauen

Aschenbrödler *(griechisch)*
lustiges Märchen für Jungen und für Mädchen

Das Mädchen im Apfel (italienisch)
Reifungsmärchen für Mädchen

Vom Prinzen, der dem Drakos gelobt wurde (griechisch)
Reifungsmärchen für Jungen und Mädchen

Die Königstochter in der Flammenburg (siebenbürgisch)
Reifungsmärchen für Jungen

Geeignete Kombination
von Zaubermärchen
für die Hauptphase der Pubertät
(2)

Alter: 13–15 Jahre
Reifung des Körpers
Hauptthema: Partnersuche und Ablösung von zu Hause

Der Recke ohne Beine (russisch)
Reifungsmärchen besonders für Jungen

Von Johannes-Wassersprung und Caspar-Wassersprung (Grimm)
Reifungsmärchen besonders für Jungen

Das Borstenkind (siebenbürgisch)
Reifungsmärchen für Jungen und Mädchen

Prinzessin Mäusehaut (Grimm)
Reifungsmärchen für Mädchen

Prinz Weißbär (dänisch)
Reifungsmärchen für Jungen und Mädchen

Das singende springende Löweneckerchen (Grimm)
Reifungsmärchen für Jungen und Mädchen

Die Schwanenfrau (siebenbürgisch)
Reifungsmärchen für Jungen und Mädchen

Die weiße Taube (Grimm)
Reifungsmärchen für Jungen und Mädchen

Geeigente Kombinationen von Zaubermärchen für die nachpubertäre Phase (3)

Alter: 16–18 Jahre
Abgeschlossene körperliche Reifung
Hauptthema: Abhängigkeit und Freiheit

Auseinandersetzung mit einem „Spiegelbild":

Die Zedernzitrone (griechisch)

Die Goldene Ente (Grimm)

Reifung zur Partnerschaft:

König Lindwurm (dänisch), dramatischer Text

Hans Dumm (Grimm)

Entwicklung und Erfahrung:

Der schwarze Lala (türkisch), sensibler Text

Prinz Schwan (Grimm)

Kombination für Religion
mit Blick auf Initiationsriten

Goldhaar (siebenbürgisch)
Reifungsmärchen für Jungen und Mädchen

Dummling (Grimm)
Reifungsmärchen für Jungen und Mädchen

Geeignetes Märchen für Musik
mit Blick auf Harmonie und Rhythmik

Die drei Federn (Grimm)
Kombiniert mit musikalisch geführter Bewegung

7.

Das Modell im fächerverbindenden Unterricht

Die Welt der überlieferten Zaubermärchen eignet sich gut für ein fächerverbindendes Thema und kann die Neugier der Schülerinnen und Schüler wecken. Sie können damit ein Projekt gestalten und mit einem *Erzählnachmittag* und einer *Bilderausstellung* auch öffentlich auftreten. Im Lauf der Testreihe zu diesem Modell wurden damit bereits gute Erfahrungen gemacht.

Von einer Märchenaufführung ist in Verbindung mit dem vorliegenden Modell jedoch dringend abzuraten: Durch Dramatisierung verändern sich die ursprünglich mündlich überlieferten Volkserzählungen und werden zur „Folklore aus zweiter Hand" (s. Kap. 1,2). Dagegen sollte das Augenmerk besonders auf den Erzählnachmittag oder Erzählabend der Schülerinnen und Schüler gerichtet sein, wobei die Märchen wieder ihr ursprüngliches Gepräge erhalten: das lebendige Berichten von Mund zu Mund, gut aus dem Gedächtnis wiedergegeben.

Um die Schüler mit der Kunst des *Märchenerzählens* besser vertraut zu machen, empfiehlt es sich, zu Beginn des Projektes ausgewählte Märchenerzähler/-erzählerinnen einzuladen, damit sie in der Schule Zaubermärchen erzählen.

Für den Fächerverbund sind vorgesehen:
Deutsch, Biologie, Religion, Ethik, Gemeinschaftskunde, Musik und Kunst.
Im Tabellenanhang werden dazu einige passende Lehrplaneinheiten vorgeschlagen.

Eine Besonderheit stellen in diesem Zusammenhang die Fächer **Religion, Musik und Kunst** dar, denen jeweils ein eigenes Teilkapitel gewidmet ist.

Religionsunterricht

Es gibt kaum ein Schulfach, dem die symbolischen Bilder der Zaubermärchen und die darin enthaltenen Reste von rituellen Handlungen
so entgegenkommen wie dem Religionsunterricht. Die bildliche Rezeption von Zaubermärchen stellt für den Religionsunterricht eine
gute Hilfe dar, da sie die Jugendlichen mit inneren Bildern und Abläufen bekanntmacht, mit denen sie sonst im alltäglichen Leben
kaum in Berührung kommen (W. Scherf,1983,162–175).

Bereits in der frühpatristischen Literatur wurde immer wieder die
Aufforderung an die Christen gestellt, *das geistige Auge auch an
heidnischen Überlieferungen zu schärfen* (z.B. Basilius in seiner ,*An-
leitung für junge Menschen*', 22. Rede). Eine solche Schulung erfordert jedoch viel Verantwortungsbewußtsein: Es handelt sich dabei
um Erfahrungen von menschlichen Urbildern. C. G. Jung, der Begründer der analytischen Psychologie, hat sie als *Archetypen* definiert (Ges. Werke 7,§109;8,§417;9,I,§155) und ihnen einen „*unheimlichen Lebensdrang*" zugeschrieben, der auch die Tendenz
besitze, aus der Realität wegzulocken. Es ist deshalb wichtig, die Jugendlichen während ihres pubertären Übergangs mit den Urbildern
des Lebens besser vertraut zu machen, um sie in der elementaren
Entwicklungsphase, in der sie sich befinden, gut zu unterstützen.

Die magischen Motive in den Überlieferungen der Zaubermärchen
haben manches gemeinsam mit den christlich religiösen *Vorstellungen vom Tod und der verwandelten Wiederherstellung des Leibes*.
Unterschiede zwischen *magisch* und *religiös* können in keiner Religion präzise gesetzt werden. Besonders die katholische Kirche besitzt
in ihren Überlieferungen zahlreiche magisch religiöse Bestandteile,
die nicht einfach als Äußerlichkeiten abgewertet werden können,
z.B. die Gnadenhilfe aus besonderen Wasserquellen; den Schutz der
Engel und Heiligen, die zur Hilfe der Menschen aus einer anderen
Welt herbeieilen; die Reliquien der Heiligen, über deren Gräbern die
Handlung des Brotbrechens seit dem Beginn des Christentums gefeiert wurde; die Hilfe für die ,Armen Seelen im Fegfeuer' und die seelische Verbundenheit mit den ,Verstorbenen im Himmel'. Es gehört zu
den großen kulturellen Gütern der Kirche, daß sie nicht leichtfertig
der europäischen Aufklärung folgend die altüberlieferten Urbilder
aufgegeben hat, sondern sie im Glauben eingebettet bewahrt.

Trotz mancher Parallelen stehen die Frömmigkeitsformen der

christlichen Religion aber auch in einem scharfen Gegensatz zum Zaubermärchen: Im Märchen trägt alles Magische *doppelwertige* Züge. Die magischen „Bildfiguren" und „Lebensfiguren" der Zaubermärchen sind vielleicht am ehesten als **Tabu-Erscheinungen** zu begreifen. In den Naturreligionen können *Tabus sowohl gutartig als auch bösartig wirksam werden* (S. Freud, 1991,66–124). Auch im Alten Testament wird Tabu noch deutlich als Zustand empfunden (Moses vor dem brennenden Dornbusch). Im Neuen Testament begegnen wir ebenfalls tabuierten Stätten (Jesu Tempelreinigung). Die höchste christliche Vorstellung vom absolut Unantastbaren stellt der *Wille Gottes* dar, dem sich Jesus am Kreuz letztlich unterwarf.

Versuche, im Religionsunterricht mit Märchen zu arbeiten, sind schon mehrfach unternommen worden, aber hauptsächlich mit jüngeren Kindern. Die eigentlichen Adressaten der Märchen sind jedoch nicht die Kinder: Märchen sind ursprünglich für Jugendliche und Erwachsene erzählt worden. Wird diese Zielgruppe ausgespart, so wird das Märchen einer wichtigen Funktion beraubt.

Der Einsatz von Zauber- oder Wundermärchen bei Jugendlichen im Religionsunterricht fordert jedoch eine klare Abgrenzung der Begriffe: **Märchen sind kein Religionsersatz, christliche Religion ist kein Märchenstoff.** Die Zaubermärchen sind archaische Erzählungen, sie haben weder *Götter* noch einen *Hochgott*. Ihre Welt ist älter als das Christentum. Sie enthalten keine rein jüdisch-christliche Symbolik und keine direkt jüdisch-christliche Moral. ‚Erlösung‘ wird im Märchen stets als Beginn einer neuen *diesseitigen* Lebensstufe verstanden, als geglückter Neuanfang eines wiederkehrenden Lebens (L. Röhrich, 1984,Sp. 196). Die Bilderwelt der Zaubermärchen ist ganz ursprünglich und besitzt die naive Moral früher, animistisch-totemistischer Kulturen. Man hat aber die Erfahrung gemacht, daß gerade diese Bilder bei labilen und sogar bei gestörten Menschen gut aufgenommen und verstanden werden können (C. H. Mallet,1983,150). Märchen zu erzählen kann eine geradezu therapeutische Wirkung haben. ‚Heil‘ im Sinne von Heilung liegt also in einem hohen Maß auch im Märchen, religiöse Wahrheit finden wir in der Religion. Es kommt nun darauf an, im Religionsunterricht *eine Verbindung herzustellen zwischen dem Heilsgehalt der Zaubermärchen und dem Heils- und Wahrheitsgehalt der christlichen Hochreligion.*

Eine *Parallelbehandlung* von Märchen und Bibelstellen ist fraglich, wenn über die teilweise ähnliche Motivik hinaus Märchen als korrespondierende Erzählungen behandelt werden wie z. B. in dem Buch von Axel Denecke „Vertreibung oder Befreiung aus dem Paradies. Was die Märchen und die Bibel gemeinsam haben" (Denecke 1990).

Denecke versucht den Charakter eines mündlichen Vortrags und die Atmosphäre einer im Abendgottesdienst von Kerzen erhellten Kirche in das Buch einzubringen (1990,3). Das alttestamentliche Paradies wird zusammen mit „Elternhaus" und „Knusperhaus" als „Paradiesgefängnis" empfunden (S. 26). Um christliche Moral am Beispiel des Zaubermärchens *Schneewittchen* (KHM 53) darzustellen, wird vorgeschlagen, Schneewittchen mit der Stiefmutter zu versöhnen und sie so zu einem „Schneeröschen" werden zu lassen (S. 40). Im Vergleich dazu wird der Jüngling zu Naim (Lukas 7,11–17) behandelt. *Rumpelstilzchen* (KHM 55) ist ein einsames lebendiges Männchen, das tanzt und jubelt, sich aber zerreißen muß, während die Müllerstochter in Prunk und Pracht daherlebt, ihre Kinder standesgemäß erzieht und an ihrem Gold ersticken wird (S. 63). Deswegen träumt der Autor das Märchen anders zu Ende: Die Königin weint große Tränen, die das Kind benetzen wie bei der Taufe, und trägt es in den Wald, wo sie es dem Rumpelstilzchen in die Arme gibt (S. 65). Als Vergleich steht die alttestamentliche Erzählung von der Opferung Isaaks (1 Mose 22). Um das Buch lebendig zu gestalten, werden auch Ereignisse aus dem Zeitgeschehen einbezogen, die die Haltung des Märchenhelden im Grimmschen Schwankmärchen *Hans im Glück* (KHM 83) verdeutlichen sollen (S. 100). Als Parallele zu diesem Märchen wird die Bibelstelle vom reichen Jüngling (Matthäus 19,16–26) behandelt. *Hans mein Igel* (KHM 108) wird ohne Vermerk stark gekürzt zitiert und so mit dem biblischen verlorenen Sohn (Lukas 15,11–32) in Verbindung gebracht.

Die Themen der Zaubermärchen handeln in erster Linie von der *„Suche im Jenseits nach dem entrückten oder verlorenen Gefährten"* (s. dazu im Textanhang das entsprechende Modell zum Religionsunterricht). Diese Suche oder *„Jenseitsreise"* ist eine bildliche Darstellung der Gewinnung und Integration eines andersgeschlechtlichen Partners (Braut/Bräutigam). Sie kann aber auch als Gewinnung und Integration der eigenen, noch nicht klar gestalteten oder schwer erreichbaren Seelen-Anteile gesehen werden. Gerade hier liegt ein besonderes Interesse der Jugendlichen während ihrer sexuellen Reifungs- und Durchgangsphase. Magische „Jenseitsfahrten" gehören zu den Kernstücken der archaischen Jugendinitiationen, die in den Zaubermärchen noch bis heute bewahrt sind. Sie stellen eine elementare Prüfung dar, die im **Erlebnis eines symbolischen Todes** gipfelt.

In der christlichen Taufe wird der symbolische Tod durch Untertauchen im Wasser oder Überschüttetwerden mit Wasser erfahren:
Es ist die **Taufe auf den Tod Christi**, der – im Unterschied zu heidnischen Überlieferungen –, der **Retter und Erlöser vom Tod** ist und auf
den in der **Hoffnung auf das ewige Leben getauft** wird (s. Kap. 3,2).
Die für den Religionsunterricht in diesem Modell vorgeschlagene
Märchenkombination des siebenbürgischen Zaubermärchens „Goldhaar" mit dem frühen Grimmschen Märchen „Dümmling" enthält
als Ansatzpunkt für den Unterricht die Erarbeitung der christlichen
Taufe.

Der Ritus ist die Basis allen religiösen Lebens

Das Pubertätsalter ist für viele Jugendliche eine Phase der Abwen-
dung von der traditionellen Kirche. Häufig hat diese zeitweilige Di-
stanzierung den endgültigen Bruch zur Folge. Was spielt sich in
dieser Zeit bei den Heranwachsenden ab? Und wie kann die Kirche
den oft gefahrvollen Übergang ins Erwachsenenalter begleiten und
stützen? Die Formung aus den Werten christlicher Lebenshaltung ist
im heutigen Umbruch wieder neu gefordert.

Die moralischen Wertsetzungen des Christentums gehen immer
von einem *ganzheitlichen Menschenbild* aus. Die äußere Basis aller
Wertsetzungen und Handlungen der christlichen Kirchen sind ihre
Riten: Zeichen einer religiösen Alltagswelt und Lebensordnung. Riten enthalten zunächst *körperliche* Erfahrungen. Die zeichenhaften
Handlungen der christlichen Riten und ihre körperlich-ganzheitliche
Welterfahrung kann heute wieder neue Zugänge öffnen zum religiösen Empfinden der Jugendlichen während ihrer körperlichen Entwicklungszeit.

Die Märchen sind erfüllt von den Bildern *ritueller Verwandlungen,*
besonders von denen der Pubertät. Mit Zaubermärchen können
Übergangsriten gut eingeübt und verstanden werden. Der Lebensabschnitt, in dem gerade die Firmlinge und Konfirmanden stehen, ist
eine hochsensible charismatische Phase. Die körperliche Reifung ist
eine der wertvollsten Gnadengaben dieses Alters. Hier wurzelt auch
das Ideal der christlichen ‚*virginitas*‘, der Bewahrung körperlicher
und geistiger Unversehrtheit, das heute so schwer verstanden wird.
Christliche Virginitas kann sicher nicht einfach als eine Verlängerung der Kindheit angesehen werden.

Im ersten Teil habe ich auf das Werk des Ethnologen Van Gennep hingewiesen, der den sog. **Übergangritus** definierte (rites de passage). Danach begleiten Übergangsriten alle wichtigen Veränderungen in der Natur und im menschlichen Leben, vor allem bei Geburt, sexueller Reifung und Tod. Um sie herum sind sämtliche Brauchtümer, Rituale und Zeremonien gruppiert, erst im Zusammenhang mit dem Übergangsritus gewinnen sie einen übergeordneten Sinn.

Sämtliche Übergansriten, auch die der christlichen Kirchen, sind aus einem bestimmten kulturhistorischen Umfeld hervorgegangen: Für die frühchristliche Kirche kamen die meisten äußeren Anstöße aus dem Alten Orient, dem Judentum, der Antike und aus dem byzantinischen Hofzeremoniell. Der Anteil naturreligiöser Kulturen ist bis heute vermutlich zu wenig beachtet worden. Doch hat jedes kulturhistorische Umfeld immer sehr fruchtbar auf die Kirche eingewirkt. Heute bewegt die Menschen vor allem die Sehnsucht nach den Kräften der Naturfrömmigkeit, die ja auch in den animistischen Zaubermärchen zu erkennen ist. Das Sehnen des modernen Menschen nach seinen natürlichen Wurzeln sollte im Religionsunterricht aufgenommen und gelenkt werden. *Erst kommt das Natürliche, dann das Übernatürliche* (Paulus, 1. Kor.)

Bei den christlichen Riten ist die Bedeutung von Übergangssituationen im Lauf der Zeit immer mehr in den Hintergrund getreten und wird heute teilweise kaum mehr wahrgenommen. Doch enthält jedes christliche Sakrament im Kern auch einen biologischen Übergang. Als Beispiel kann vor allem die Taufe angesehen werden. Zwar begleitet die Taufe als Übergangsritus keine biologischen Veränderungen zu einer nächstfolgenden *irdischen* Lebensstufe, sondern in erster Linie den seelisch-geistigen Übergang zum *ewigen* Leben. Das gleiche gilt für die Firmung und die Konfirmation, die heute an der Schwelle zum Erwachsenenalter stehen: Sie stellen nicht einfach eine Bestätigung der sexuellen Reife dar. Auch hier ist der Übergang mehr seelisch-geistig als biologisch zu sehen. Doch enthalten Taufe und Firmung/Konfirmation mit den Gaben des Hl. Geistes eine besondere Prägung: die Führung zur Individuation des Initianden während einer entscheidenden Reifungsphase.

In Kapitel 3 habe ich bereits die wesentlichen Elemente der Taufe als dem wichtigsten christlichen Ritus angedeutet. Sie enthält alle charakteristischen Stufen eines Übergangsritus. Ihre Dreiteilung in TRENNUNG / VERWANDLUNG / ANGLIEDERUNG entspricht dem Hergang der Übergangsriten auf der ganzen Erde. Die älteste Kirchenordnung der christlichen Welt ist die Taufordnung des 3. nachchristlichen Jh. Sie geht auf den römischen Lehrer Hippolyt zurück, ca. 220 n. Chr. (J. Beckmann,1962,147) und enthält folgenden Ablauf (s. auch: U. Steffen, Stuttgart 1988,164).

Vor der Taufe: *Loslösen vom bisherigen Dasein durch Trennungsriten.*

Fasten des Täuflings, in manchen Fällen begleitet durch einen Berufswechsel, falls mit der Ausübung des Berufs die Anerkennung der antiken Götterwelt verbunden war. Weihe des Taufwassers; Entkleiden des Täuflings, Ablegen allen Schmucks, Abschneiden der Haare; Weihe des Salböls (durch den Bischof); Absage an den Satan, erste Salbung des Täuflings zum Zweck des Exorzismus.

Bei der Taufe: *Übergangs- und Verwandlungsriten, im Schwebezustand eines symbolischen Todes. Die Taufe auf den Tod Christi und seine Auferstehung:*
Übergabe des unbekleideten Täuflings an den Täufer (Bischof); – (im Wasser) Frage nach dem Glauben („Glaubst du an Gott den Vater ..." mit den Worten des römischen Bekenntnisses; dreimaliges Untertauchen im Wasser oder Überschütten mit Wasser (jeweils mit der Antwort: „ich glaube"); die zweite Salbung mit dem Öl der Danksagung (durch Presbyter); Abtrocknen und Ankleiden des Täuflings.

Nach der Taufe: *Angliederungsriten. Die Einbindung in die neue Daseinsform*
Handauflegen durch den Bischof in der Gemeindeversammlung und Gebet um den Heiligen Geist; dritte Salbung (durch Ausgießen des Öls auf das Haupt), Kreuzzeichen, Friedensgruß und Friedenskuß.

Alle religiösen Formen stellen sich in unserem Inneren zunächst als Bilder dar. Was geschieht, wenn die innere Bilderwelt der Menschen zugrunde gerichtet ist oder verlorengeht? Wie sollen Jugendliche sich Jesus als den *Erlöser vom Tod* vorstellen, wenn ihnen ein symbolischer Bezug zum eigenen Tod gar nicht gegenwärtig ist? Sie können sich kaum den himmlischen *Christ-König* vorstellen, wenn sie das Urbild des Königs als ein Symbol von Eigenbestimmung und körperlich-geistiger Entfaltung gar nicht kennen. Wie sollen sie sich die

Jungfrau Maria vorstellen, wenn sie das Urbild der Jungfrau als christlichen Inbegriff der „grünenden Kraft" (*maria viridissima*) und ein Symbol für Unantastbarkeit von Leib und Seele nicht kennen; und wie das Christkind als *Erlöser*, wenn sie nichts wissen vom Urbild des Kindes als einem Symbol für Ganzheit und Neubeginn? Gerade die Bilder vom *Durchgang durch einen symbolischen Tod*, vom *König*, von der *Jungfrau* und vom „*goldenen*" *Kind* gehören zum festen Bestandteil der Zaubermärchen und können in deren Bildersprache spielerisch erlernt und erfahren werden. Wir haben heute weitgehend vergessen, uns etwas *bildlich* vorzustellen! Wir müssen die Sinnlichkeit der Sprache erst wieder erlernen.

Immer wieder war ich erstaunt, wie leicht mit Zaubermärchen die Urbilder zu wecken sind. Zwar wurde ich zu Anfang meiner Testreihe auch gewarnt, die Schüler könnten z. B. das Wort *Jungfrau* als „unzeitgemäß" empfinden. Doch habe ich diese Reaktion nicht erlebt. Die Bilder der Zaubermärchen erklären sich selbst: sowohl die Jungen wie die Mädchen entdeckten ihre eigenen Vorstellungen von diesem oder jenem Urbild ganz von selbst. Besonders die Jungen sprachen das Wort ‚Jungfrau' ohne Scheu aus. Die heranwachsenden Mädchen protestierten manchmal dagegen durch Lachen, doch im Lauf der Märchenerzählung wurden sie ruhiger und begriffen allein durch die Aussage des Bildes die Kraft des Symbols. Wenn wir zum Schluß der Stunde von den Zusammenhängen sprachen zwischen *Jugendalter* und *größter Lebenskraft*, war ihre eigene Lebensfreude immer deutlich zu spüren.

Die Jugendlichen verbringen einen sehr großen Teil ihrer Zeit in der Schule, doch finden sie dort immer weniger Lebensraum. Die Schule bietet ihnen **Lebenschancen** für einen beruflichen und sozialen Aufstieg, aber kaum Hilfen zur **Lebensbewältigung**. Im Unterricht werden Erlebnisintensität und Leiblichkeit vielfach herausgehalten. Häufig erscheint es den Jugendlichen, als ob auch die Kirche ganz andere Werte vermittle als die, die sie selber für wichtig halten. Viele basteln sich deshalb eine eigene Religiosität zusammen nach den Maßstäben des dieseitigen Lebens (Eudämonismus). Doch wird die Mauer der Abwehrhaltung bei den Jugendlichen meist durchbrochen, sobald Lebensfragen besprochen werden, die ihre Situation unmittelbar angehen. Den Zaubermärchen kann hier eine wichtige Vermittlerrolle zukommen. Sie können viel zur Lebensbewältigung im Jugendalter beitragen, und die Beschäftigung mit den darin enthaltenen Urbildern und Übergangsriten kann zu einem neuen, ganzheitlichen Verständnis auch der christlichen Riten führen. – Das Himmelreich gleicht einem winzigen Senfkorn, und die altüberlieferten Märchen bieten viel Wurzelgrund.

Musikunterricht:
Märchenthemen im Zusammenhang mit musikalisch geführter Bewegung

Die Bilder von Begegnungen und Verwandlungen im Zaubermärchen können durch Bewegung sehr lebendig werden. Für Jugendliche ist das interessant, wenn sie dabei den Zusammenhang spüren mit ihrem eigenen Leben. Schüler reagieren z.B. nachdenklich auf die Vorstellung, später einmal als Erwachsene andere Menschen im täglichen Umgang und im Beruf selbst zu führen: Sie spüren, daß dies mit dem Verstand allein nicht möglich ist. Die Feinfühligkeit im Umgang miteinander ist eine wichtige Voraussetzung für das soziale Leben. Sie kann durch musikalisch geführte Bewegung eingeübt werden.

Im Fach Musik können die Bilder der Zaubermärchen interessante Anregungen bieten durch das Erarbeiten von Klangimprovisationen, mit denen Übungen zum Bewegungsausdruck musikalisch begleitet werden. Dabei ist vor allem an **nonverbale Interaktionen** aus dem Bereich der **sensitiven Rhythmik** gedacht.

Eine Verbindung von Märchenthemen mit musikalisch geführter Bewegung wurde in gemeinsamer Seminararbeit von Prof. Martina Jacobi und mir im Rahmen der Europäischen Märchengesellschaft mehrfach arrangiert. Die dabei gemachten Erfahrungen sind in dieses Modell eingeflossen. Prof. Jacobi führt und begleitet Bewegung improvisierend vom Klavier aus.

Wenn an Stelle von Klavierimprovisationen komponierte Musikwerke eingesetzt werden, empfiehlt es sich, melodische Musik in getragenem Tempo auszuwählen. Nach unserer Erfahrung sind folgende Musikstücke gut geeignet:

Musik zur Bewegung:
A. Vivaldi, Der Winter, 2. Satz
J. S. Bach, Air in D-Dur
Joh. Pachelbel, Canon D-Dur, in der Version von Rudolf Baumgartner.

Vom Einsatz intensiv rhythmischer Musik ist in diesem Zusammenhang dringend abzuraten, da starke Rhythmen für sensitive Bewegung nicht geeignet sind.

Das Zaubermärchen „*Die drei Federn*" von Grimm (KHM 63 AaTh 402 „*Frosch als Braut*" s.Textanhang) eignet sich gut zur Einübung von Harmonie und Rhythmus, da es einen sehr ausgeglichenen Märchentyp darstellt.

Der Erzähltyp ist in Europa und auch Lateinamerika weit verbreitet (allein in Finnland zumindest 103 Varianten). Die *Grimmschen Versionen* sind besonders reizvoll, bei Grimm gibt es insgesamt fünf Varianten dazu (H. Rölleke, 1989, Bd 3,470). Inhalt: Die Braut als Maus, Frosch, Kröte oder Katze hilft dem von seinem Vater zur Brautwerbung ausgeschickten jüngsten Sohn, indem sie ihm zauberische Gewebe, Schmuck und „die schönste Braut" zu finden hilft. Diese ist sie selber, indem sie sich in ein schönes Mädchen verwandelt. Zum Schluß findet die Hochzeit und Thronbesteigung der beiden statt.

Sehr geeignet ist die Kombination von Deutschunterricht mit Musik und Bewegung

Für den Einsatz des Märchens im Unterricht werden *zwei Unterrichtsstunden* benötigt, wobei in der *ersten* Stunde das Märchen erarbeitet wird (Deutschunterricht) und in der *zweiten* Stunde (Musikunterricht) die Symbolik des Märchens in musikalisch geführter Bewegung weitergeführt wird (passende Lehrplaneinheiten s. im Anhang).

Zur Vorbereitung werden benötigt:
- Ein genügend großer Raum
- Die Musikkassetten mit Lautsprecher
- Weißes Papier (Format DIN A4), Wachskreiden, Filzstifte und Buntstifte für das Malen des Märchens.
- Eine Anzahl Reifen.

Die Reifen sollen *leicht* sein, sie werden benötigt zur *fühlbaren Verbindung* zwischen den Schülern.

Ein unmittelbarer Bezug zu dem zuvor gehörten und bildlich rezipierten Märchen soll zunächst noch nicht hergestellt werden: Zuerst geht es für jeden Teilnehmer darum, Grundelemente dieses Märchens durch musikalisch geführte Bewegung selbst zu erleben. Dabei richtet sich die Aufmerksamkeit auf:

- Behutsames Gehen, einzeln und mit geschlossenen Augen
- gegenseitige Wahrnehmung und Einschwingen in die musikalisch geführte Bewegung
- einfühlsames Führen und sich von einem anderen führen lassen können
- besondere Raumerfahrungen durch das wechselseitige Führen mit Reifen

Die durch musikalisch geführte Bewegung gemachten Erfahrungen werden durch die inneren Bilder des Märchens intensiviert.

Diese Arbeit sollte in *kleinen Gruppen* durchgeführt werden: Der gerade nicht beschäftigte Teil der Schülerinnen und Schüler sitzt im weiten Kreis an den Wänden und malt die aus dem Märchen bereits gefundenen Bilder, während der andere Teil der Klasse sich bewegt.

Nonverbale Interaktionen
durch musikalisch geführte Bewegung

Nach Ablauf der *vierten* Phase des Modells (s. dort) und der Unterbrechung durch die *kleine Pause* am Ende der ersten Schulstunde beginnt die Bewegung.

Alle folgenden Abläufe sind konzipiert von **Prof. Martina Jacobi, Freiburg** (Seminare 1993–1996). Ihre Anweisungen wurden während der Arbeit von mir mitgeschrieben.

Erster Teil:
einzelne Gruppen oder die gesamte Klasse

1. Figur:
Wir gehen frei im Raum ohne Musik, jeder in seinem ganz *persönlichen Rhythmus*. Jeder erobert sich selbst den Raum: Wenn wir einander begegnen, weichen wir uns aus, gehen aneinander vorbei, denn jeder ist mit sich und seinem Gehen beschäftigt. Wir nehmen den *Raum* in uns auf: seine Länge, seine Breite.

2. Figur:
Wenn wir uns begegnen, werden wir jetzt allmählich etwas aufmerksamer. Langsam finden wir uns *paarweise* zusammen, unsere *Füße* sind sich wie zufällig begegnet, und wir gehen paarweise nebeneinander her – rein zufällig, ohne miteinander zu sprechen. So haben wir

einander eingefangen und gehen jetzt ruhig im *gleichen Rhythmus paarweise* nebeneinander her.

Musik: Vivaldi: Anfang des ‚Winter'.

3. Figur:

Wir gehen, wie wenn *einer der Schatten des anderen* wäre: Der andere ist mein Schatten, und ich bin sein Schatten, wir machen die *gleichen Bewegungen,* wie zufällig, ohne uns abzusprechen. Wenn mein Schatten schneller geht, gehe auch ich schneller, denn wir gehören zusammen. Jeder achtet auf die *Füße* und die Bewegungen des anderen, der mit ihm geht.

Jetzt können wir erfahren, wie sensibel und einfühlsam wir aufeinander eingehen. **Keiner von beiden führt.** Die Bewegungen kommen wie von alleine: Wir wechseln *miteinander* die Richtung, gehen *miteinander* schneller oder langsamer, wie es kommt; immer ist der andere mein Schatten, der mit mir geht und ich mit ihm.

Wir kommen allmählich zur Ruhe und bleiben nebeneinder stehen.

(Hier klingt die Musik leise aus)

Zweiter Teil:
nur für einen Teil der Klasse, die übrigen malen das Märchen

1. Figur:

Wir wenden uns einander zu, so daß einer vor den anderen zu stehen kommt: **A mit B.**

Wir machen nun miteinander eine Übung, bei der es darauf ankommt, wie *feinfühlig* wir miteinander umgehen können.

Der Hintenstehende berührt den vor ihm Stehenden mit seinen *Fingern* an den *Schulterblättern* (die Hände nicht auf die Schulter legen!). Ich mache es einmal vor: So gehen wir nun miteinander los. *Jetzt führt der eine den anderen.*

Wenn ich die *Richtung wechseln* möchte – in diesem Falle bin ich der Führende –, drücke ich leicht mit dem *Finger* auf die *Seite,* wohin ich möchte. Genauso machen wir es für die andere Seite. Wenn ich *stehenbleiben* möchte, nehme ich *beide Hände weg.* Dann bleibt der Vordere stehen. Wenn es wieder weitergehen soll, lege ich die *Finger* wieder an die *Schultern,* und der andere geht weiter. **(A mit B)**

2. Figur:
Jetzt tauschen wir unsere Plätze aus und machen das Gleiche nochmal, mit dem Unterscheid, daß der *Aktive* nun *passiv* wird und der *Passive aktiv* wird. **(B mit A)**
Musik: Bach, Air

3. Figur:
Wir trennen uns wieder und gehen frei durch den Raum, – erobern uns neu den Raum.
Dann finden wir einen *anderen* Schatten, der mit uns geht und wir mit ihm. **(A mit Y)**
Wir *tauschen* wieder die Rollen. **(Y mit A)**

4. Figur:
Jetzt bleiben wir so stehen, wie wir sind. Der Vornestehende *schließt seine Augen* und läßt sich vertrauensvoll führen. Der andere hinter ihm ist wie ein „Schutzengel", der ihn an den Schulterblättern führt. **(A mit Y,** davon einer mit geschlossene Augen)
Nun bleiben wir stehen und tauschen unsere Erfahrugen aus. Jeder berichtet, wie es ihm gegangen ist: Wir erzählen uns, was wir *gefühlt* haben.

5. Figur:
Wir *tauschen* wieder die Rollen. Jetzt versuchen wir all das, was wir vorhin als *gut* empfunden haben, *selber einzusetzen* und unserem Vordermann (Vorderfrau) angedeihen zu lassen.
Musik.
Wir halten wieder an und tauschen unsere Erfahrungen aus.

- **Jetzt wird das bildhafte Denken der Schüler durch den Lehrer auf das zuvor gehörte Märchen gelenkt: Der Dummling im Märchen ging *ins Dunkle hinein*, im Dunkel der Erde verließ er sich auch auf *seine anderen Sinne*. Er ließ sich *vertrauensvoll führen*. Die Welt unter der Erde und die hilfreichen Tiere, die er dort fand, eröffneten ihm *eine ganz neue Dimension*.**

164

Dritter Teil:
nur für einen Teil der Klasse, die übrigen malen

Wir nehmen zu zweit einen Reifen, jeder *mit einer Hand* und gehen damit.
Dann fassen wir den Reifen *mit beiden Händen* an und gehen so miteinander.

1. Figur:

a) Zu zweit mit einem Reifen **üben**: vorwärtsgehen, zurückgehen; nach rechts gehen, nach links gehen. Dabei reden wir miteinander.

b) Einer **schließt die Augen** und wird jetzt *geführt*. Dabei **reden** wir miteinander.

c) *Tauschen.*

d) Dasselbe mit **Musik**: jetzt **schweigend**.

e) Wir trennen uns: einer läßt den Reifen los, der andere behält ihn, geht herum, sucht einen *neuen Partner*, der auch keinen Reifen hat.

f) Das Gleiche nochmal. Diesmal alles mit **Musik und schweigend**.
Motto: Wechseln der Partner/Tauschen der Rollen.

2. Figur:

Die *eine* **Hälfte** der Gruppe schaut jetzt zu; die *andere Hälfte*:

a) Zu zweit halten wir mit beiden Händen den **Reifen**

b) ein dritter **steigt in den Reifen** und hält sich (vorne) am Reifen *mit beiden Händen* fest; sofort **mit geschlossenen Augen**.

c) alle drei gehen **ruhig miteinander:** im Reifen mit geschlossenen Augen.

d) Mit **Musik** dasselbe.

e) Alle drei **wechseln** die Position: *Jeder geht mal in der Mitte!*
Das Gefühl, im Reifen „getragen" zu werden, ist für manche fast überwältigend. Deshalb gilt:
Immer die Augen aufmachen dürfen und sich setzen dürfen, wann man möchte.
Zuletzt tauschen wir die Erfahrungen aus.

● **Die Aufmerksamkeit wird jetzt wieder auf das Märchen gelenkt: Der freischwebende Ring am Ende des Märchens enthält nicht nur eine Geschicklichkeitsprobe, sondern vor allem eine Probe auf das *innere Gleichgewicht*.**
Aus der *Harmonie des inneren Gleichgewichtes* kommen Selbstvertrauen und Lebensfreude.

Vierter Teil
(nur für einen Teil der Klasse):
Musik: Pachelbel, Kanon

Zwei mal drei Personen:
Eine Person in der Mitte mit geschlossenen Augen hält rechts und links einen Reifen, der von je einer Person mit beiden Händen geführt wird. Der Reifen wird von den beiden führenden Personen ruhig und leicht gehalten (weder Druck noch Ziehen noch Hin- und Herschwenken).

Durch das Geführtwerden an den Händen ohne direkte Körperberührung kann bei der innen gehenden Person ein Erlebnis enstehen, das in eine neue Dimension führt.
Bei dieser Figur wird nicht angehalten:
Die Beteiligten können selber bestimmen, wann sie wechseln wollen.
Jeder aus dieser kleinen Gruppe sollte möglichst einmal in der Mitte gehen dürfen. Zuletzt: Gedankenaustausch im Kreis.
Wird im Rahmen einer **Projektwoche** eine Aufführung dieser musikalisch geführten Bewegung geplant, sollten die einzelnen Figuren so eingeübt werden, daß auch vor Zuschauern die unmittelbare Lebendigkeit in der Bewegung erhalten bleibt. Es ist deshalb sinnvoll, wenn bei den Proben die eine Hälfte der Gruppe zuschaut, während die andere Hälfte sich bewegt. Das Zuschauen ist interessant, weil die einzelnen Bewegungsabläufe von außen gut mitempfunden werden können.
Eine solche Arbeit kann **nur in kleinen Gruppen** stattfinden.

Kunstunterricht

Im fächerverbindenden Unterricht mit dem Thema „Märchen" kommt dem Kunstunterricht eine besondere Rolle zu.
Die in der 5. Aufbauphase des Modells angefertigten Bilder und Zeichnungen der Schülerinnen und Schüler haben in erster Linie den Charakter von **Skizzen**: sie erscheinen wie Momentaufnahmen im Rezeptionsprozeß und stehen ganz unter dem Eindruck der inneren

Bilder, die durch das zuvor gehörte Märchen ausgelöst worden sind. Ihre Spontaneität verfliegt, sobald sie nachträglich verändert werden. Deshalb können nur die Bilder als charakteristisch erscheinen, die in der kurzen Zeit von 15 bis höchstens 20 Minuten in der Klasse selbst angefertigt werden. Innerhalb dieses Zeitraums gelingt es nur ganz selten, ein so konzentriert ausgearbeitetes, prächtiges Farbbild herzustellen wie z. B. das abgebildete „schöne Mädchen" zum Grimmschen Märchen „Dümmling". Doch kommt es bei der bildlichen Rezeption in erster Linie auf Spontaneität an, weniger auf die künstlerische Ausarbeitung. Die Schülerinnen und Schüler dürfen dabei nicht unter Leistungsdruck geraten. Die enstandenen Bilder werden nicht benotet.

Ganz anders gestaltet sich die Situation, wenn das Thema „Märchen" im Kunstunterricht einbezogen wird: Dann kommt es auf die im Unterricht vermittelten Werte an. Für die beteiligten Klassen ensteht nun die Möglichkeit, miteinander zu konkurrieren, und die angefertigten Bilder können im Rahmen der **Projekttage** und zum **Erzählnachmittag** ausgestellt werden.

Dabei könnten auch die entstandenen „Skizzen" zur Vorlage genommen werden, doch ist es für die Schüler meist viel interessanter, ein neues Thema zu wählen. Dazu eignen sich alle im Textanhang aufgeführten Märchen. Es ist jedoch unbedingt darauf zu achten, daß **im Kunstunterricht Märchen erst dann aufgenommen werden, wenn sie in einem der anderen Fächer bereits rezipiert worden sind und nicht umgekehrt.** Wenn ein Märchen oder eine Märchenkombination im Kunstunterricht bereits künstlerisch dargestellt wird, bevor die vorgesehene bildliche Rezeption stattgefunden hat, ist das Märchen schon bekannt, eine Auseinandersetzung mit dem Thema ist dann schwierig und eine spontane bildliche Darstellung kaum mehr möglich.

Die künstlerische Ausarbeitung zuvor bildlich rezipierter Märchen eröffnet im Kunstunterricht ganz neue Möglichkeiten zur gestalterischen Bearbeitung.

8.

Ein neues Projekt:
Kinder und Jugendliche erzählen
Volksmärchen

Bitte zum Märchenerzählen die Richtlinien in Kap 4,2 beachten.

Im Laufe meiner Testreihe wurden mehrere Erzählnachmittage veranstaltet. Sie waren in den einzelnen Klassen entweder durch meine Arbeit oder von den Lehrern selber vorbereitet worden. Jedesmal nahmen erstaunlich viele, auch ältere Jugendliche aktiv daran teil. Mein Ziel war von vornherein, dabei möglichst viele **verschiedene Schularten gemeinsam** zu beteiligen. Jedesmal machten bis zu acht Schulen mit, wobei die Schüler aus Hauptschule, Behindertenschule, Realschule und Gymnasium zusammenkamen. Was sie verband, war die gemeinsame Freude am Zaubermärchen und am Erzählen. Einige Schüler und Schülerinnen machten mehrmals mit, so daß sich bereits junge Erzähltalente herausbildeten.

Die letzte Veranstaltung wurde von der Stadt Freiburg unterstützt durch *Bereitstellung eines historischen Raumes*, die Sparkasse spendete *Märchenbücher als Belohnung* (es wurden keine Preise vergeben, da kein Wettbewerb stattfand, sondern „Erzählen aus Freude"). **Diese Aufmerksamkeit der Öffentlichkeit trug sehr zum Selbstverständnis der jungen Erzähler und Erzählerinnen bei.** Die Ausstellung ihrer eigenen Märchenbilder gab einen schönen Rahmen und fand beim Publikum großes Interesse.

Im folgenden sollen die Erfahrungen aus den Erzählveranstaltungen kurz geschildert werden, um Anregungen zu geben und zur Nachahmung zu ermuntern. Ich war immer wieder erstaunt, wie selbst 13- oder 14jährige Jungen – auch bunte Punker –, sich von den echten, alten Zaubermärchen anregen ließen und beim Erzählen mitmachten.

Es kommt aber auch darauf an, daß **die beteiligten Ewachsenen Märchen selber ernst nehmen und nicht als „eine Kinderei" abtun.**

Die Erzählnachmittage während der Testreihe fanden kurz vor den Ferien statt, das Aussuchen der Texte, die Benachrichtigung der Schulen, das Verteilen der Märchenthemen nach Interesse, Alter und Fähigkeit und dann das Lernen der Märchen nahmen insgesamt etwa sechs Wochen in Anspruch.

Da heute fast kaum noch Märchen erzählt werden, ist es außerordentlich hilfreich, wenn vor Beginn einer Erzählveranstaltung **gute, erfahrene Märchenerzählerinnen und Märchenerzähler** Gelegenheit haben, in der Schule vor den Jugendlichen zu erzählen. Erst durch das Beispiel von anderen kann man selber das Erzählen **lernen**. Sehr wichtig ist eine **Hauptprobe.** Wenn die Jugendlichen aus verschiedenen Schulen kommen und sich nicht kennen, muß die Reihenfolge, in der erzählt wird, deutlich festliegen und auch geprobt werden. Es muß **ganz langsam, deutlich und laut** gesprochen werden. Vor der Hauptprobe muß der begleitende Lehrer oder die Lehrerin das Märchen „abhören", denn es wird häufig erst in der letzten Minute gelernt. Es hat gar keinen Zweck, die Jugendlichen den Text *irgendwie* nacherzählen zu lassen: Sie brauchen die alterprobte Formelhaftigkeit der Zaubermärchen zu ihrer eigenen Sicherheit beim Erzählen und möchten sich darauf verlassen können. Durch die vorangegangene bildliche Rezeption von Märchen sind sie gut auf die Bildersprache eingestimmt und bewältigen dann meist auch einen unbekannten Text. Das Üben in der Klasse ist sehr vorteilhaft, doch ist dabei die Gegenwart des *begleitenden* Lehrers notwendig, damit die ungeübten Erzähler nicht ausgelacht werden. Das Erzählen sollte so wenig theatralisch wie möglich sein.

Sehr hilfreich sind die **Eltern.** Sie sind fast immer überrascht und erfreut, daß im Pubertätsalter „noch" Märchen erzählt werden sollen und nehmen die mühevolle Arbeit des Begleitens meist gerne auf sich. Die Hauptprobe zeigt in der Regel, daß viele der Schüler die Gedächtnisarbeit unterschätzt haben, doch bleiben dann noch ein paar Tage Zeit zum Üben. Es ist sehr wichtig, daß die Jugendlichen nicht zum Schluß eine Enttäuschung an sich selbst erleben! In jeder Gruppe sollten stets ein paar gute Erzählerinnen und Erzähler sein, die leicht auswendig lernen und keine Angst haben beim Erzählen. Das ist die beste Aufmunterung für alle übrigen.

Die einzelnen Märchen können nicht einfach nacheinander erzählt werden, das würde stark ermüden. Ein Musikstudent (Gitarrist) bereichert nicht nur das Programm, sondern wirkt meist auch beruhigend auf die Jugendlichen: sie stellen sich gerne zum Erzählen neben ihn und fühlen sich da gut aufgehoben. **Musik und Märchen** gehören zusammen (früher wurden einzelne Märchenstellen häufig gesungen). Eine **Anerkennung** durch kleine Geschenke am Schluß ist sehr wertvoll. Eine Wettbewerbssituation sollte nicht angestrebt werden.

Erprobte Texte zum Erzählen finden sich im Textanhang.

DRITTER TEIL

ÜBERBLICKE UND TEXTE

Mädchen, 14 Jahre, „Die Schwanenfrau"

Überblicke

1. Für das Pubertätsalter geeignete Märchentypen

Für das vorpubertäre Alter von 9/10 Jahren (Abschluß der ‚Latenzperiode') können folgende Märchentypen vorgeschlagen werden:
AaTh 898 „Sonnentochter, Puppe als Braut"; AaTh 313 „Magische Flucht"; AaTh 707 „Die drei goldenen Söhne" („Goldene Königskinder"); AaTh 451 „Schwester sucht ihre Brüder".

Für das beginnende Pubertätsalter (11/12 Jahre):
AaTh 300 „Drachenkampf"; die „Wunderdinge" vom „Zauberring"
AaTh 560 und von der Zauberpflanze AaTh 652A „Myrte"; AaTh 316 „Dämon im Teich".

Für das Pubertätsalter (13–15 Jahre):
AaTh 300 „Drachenkampf"; AaTh 425 „Suchwanderung" („Tierbräutigam") und AaTh 400 „Suchwanderung" („Schwanenjungfrau") sowie AaTh 402 „Maus, Katze, Frosch als Braut"; AaTh 510 „Zauberkleid"; AaTh 314 „Goldener".

Für die nachpubertäre Phase (16–18 Jahre):
AaTh 408„Drei Orangen, falsche Braut"; AaTh 403 „Die schwarze und die weiße Braut"; AaTh 433B „König Lindwurm"; AaTh 675 „Langsamer Junge"; AaTh 425A „Amor und Psyche"; AaTh 425 „Suchwanderung".

Weit verbreitete Märchentypen wie AaTh 510A „Aschenputtel"; AaTh 327A" Hänsel und Gretel"; AaTh 480 „Das gute und das schlechte Mädchen" („Frau Holle"); ATh 410 „Schlafende Schönheit" („Dornröschen"); AaTh 709 „Schneeweiß und ihre Stiefmutter" („Schneewittchen") konnten wegen ihres Bekanntheitsgrades und der daraus entstandenen teilweisen Abwertungen und Fehldeutungen leider nicht in das Unterrichtsmodell aufgenommen werden.

2. Märchentitel und Altersgruppen (9 bis 18 Jahre)

Alter: 9/10 Jahre

„Die Puppe im Gras" (norwegisch)   AaTh 898 (Tochter der Sonne, Puppe als Braut)

„Die Wassernixe" (Grimm, KHM 79)   AaTh 313 (Magische Flucht)

„Die verstoßene Königin und ihre beiden ausgesetzten Kinder" (sizilianisch)   AaTh 707 (Goldene Königskinder)

„Die sieben Raben" (Grimm, KHM 25)   AaTh 451 (Schwester sucht ihre Brüder)

Alter: 11/12 Jahre

„Aschenbrödler" (griechisch)   AaTh 560 (Zauberring)

„Das Mädchen im Apfel" (italienisch)   AaTh 652A (Myrte)

„Vom Prinzen, der dem Drakos gelobt wurde" (griechisch)   AaTh 316 (Dämon im Teich)

„Die Königstochter in der Flammenburg" (siebenbürgisch)   AaTh 300 (Drachenkampf)

Alter: 13–15 Jahre

„Der Recke ohne Beine" (russisch)   AaTh 300 (Drachenkampf)

„Von Johannes-Wassersprung und Caspar-Wassersprung" (Grimm, KHM 1812,I)   AaTh 300 (Drachenkampf)

„Das Borstenkind" (siebenbürgisch)   AaTh 425 (Suchwanderung)

„Prinzessin Mäusehaut" (Grimm KHM 1812,I)   AaTh 510B (Zauberkleid)

„Prinz Weißbär" (dänisch)   AaTh 425 (Suchwanderung)

„Das singende, springende Löweneckerchen" (Grimm KHM 88)   AaTh 425 (Suchwanderung)

„Die Schwanenfrau" (siebenbürgisch)   AaTh 400 (Suchwanderung)

„Die weiße Taube" (Grimm 1812,I)   AaTh 550 (Suche nach dem goldenen Vogel)

„Goldhaar" (siebenbürgisch)   AaTh 314 (Goldener)

„Dummling" (Grimm Hs. 1810)   AaTh 402 (Maus, Frosch als Braut)

„Die drei Federn" (Grimm KHM 63)   AaTh 402 (Maus, Frosch als Braut)

Alter: 16–18 Jahre und darüber

„Die Zederzitrone" (griechisch)   AaTh 408 (Drei Orangen, falscheBraut)

„Die goldene Ente" (Grimm Hs. 1810)   AaTh 403A (Wünsche, falsche Braut)

„König Lindwurm" (dänisch)   AaTh 433B (König Lindwurm)

„Hans Dumm" (Grimm, 1812,I)   AaTh 675 (Langsamer Junge)

„Der schwarze Lala" (türkisch)   AaTh 425A (Amor und Psyche)

„Prinz Schwan" (Grimm, 1812,I)   AaTh 425 (Suchwanderung)

3. Ausgewählte Kombinationen von zwei Märchen gleichen oder sich ergänzenden Typs

„Die verstoßene Königin und ihre beiden ausgesetzten Kinder" AaTh 707
„Die sieben Raben" AaTh 451
(beide sind Geschwistermärchen)

„Aschenbrödler" AaTh 560 *(Märchen vom Zauberding)*
„Das Mädchen im Apfel" AaTh 652A *(Märchen von der Zauberpflanze)*

„Vom Prinzen, der dem Drakos gelobt wurde" AaTh 316
„Die Königstochter in der Flammenburg" AaTh 300
(beide sind Drachenmärchen)

„Der Recke ohne Beine" AaTh 300
„Von Johannes-Wassersprung und Caspar-Wassersprung" AaTh 300
(gleicher Typ: „Drachenkämpfer")

„Das Borstenkind" AaTh 425 *(Märchen vom Tierbräutigam)*
„Prinzessin Mäusehaut" AaTh 510B *(Märchen von der Tierhaut)*

„Prinz Weißbär" AaTh 425
„Das singende, springende Löweneckerchen" AaTh 425
(gleicher Typ: „Suchwanderung")

„Die Schwanenfrau" AaTh 400
„Die weiße Taube" AaTh 550
(beide sind Tierbrautmärchen)

„Goldhaar" AaTh 314
„Dummling" AaTh 402
(Kombination für den Religionsunterricht mit Blick auf Initiationsritus)

„Die Zedernzitrone" AaTh 408
„Die goldene Ente" AaTh 403A
(„Die schwarze und die weiße Braut")

„König Lindwurm" AaTh 433B
„Hans Dumm" AaTh 675
(ganz verschieden in Typ und Inhalt, aber zueinander passend als Ergänzung)

„Der schwarze Lala" AaTh 425A
„Prinz Schwan" AaTh 425
(gleicher Typ)

4. Passende Lehrplaneinheiten zum Thema ‚Zaubermärchen‘

Seit der letzten Lehrplanrevision in den achtziger Jahren hat sich in allen Lebens- und Wissensbereichen ein tiefgreifender Wandel vollzogen. Die Aufnahme pädagogischer Leitgedanken in den Bildungsplänen der Schulen unterstreicht die stärkere Orientierung der Inhalte am Entwicklungsstand der Schülerinnen und Schüler. Durch fächerverbindende Themen werden vernetzte Denk- und Sichtweisen unterstützt. Zu dieser ganzheitlichen Erziehung gehört auch, daß die Schülerinnen und Schüler eine geschlechtliche Identität finden und kooperative Verhaltensformen lernen (aus: *Vorwort zu den Bildungsplänen für Hauptschule, Realschule und Gymnasium in Baden-Württemberg*).

Die bildliche Rezeption von Zaubermärchen stellt eine gute Ergänzung zum Unterichtsstoff dar. Sie entspricht dem Grundsatz der Anschaulichkeit und des Wechsels von Arbeitsformen. Die Zusammenstellung einiger ausgesuchter Lehrplaneinheiten von Hauptschulen, Realschulen und Gymnasien zeigt einen Überblick über die vielfältigen Verflechtungen zwischen einzelnen Unterrichtsfächern und bietet Anregungen zur Einbeziehung dieses Modells in die Unterrichtsgestaltung.

Das Modell eignet sich gut für den fächerübergreifenden Unterricht, besonders im Zusammenhang mit einem Märchen-Projekt, das mit einem gemeinsamen Erzählnachmittag und der dazu passenden Bilderausstellung auch *von mehreren Schulen zusammen* gestaltet werden kann.

4.1 HAUPTSCHULE
Klassen sieben bis zehn

Klasse 7

Fächerverbindendes Thema:
Veränderungen in der Pubertät; der Mensch als geschlechtliches Wesen;
dazu passend: Thema Märchen

Deutsch:
Textarten: Schwänke, Kurzgeschichten; dazu passend: Zaubermärchen

Religion:
Mich selbst entdecken; Junge – Mädchen; Reifwerden – Erwachsenwerden; Freunde; Mut zur eigenen Entscheidung; Kindheit – Pubertät – Adoleszenz; Geschlechtlichkeit prägt den ganzen Menschen

Biologie:
Veränderungen in der Pubertät; Geschlechtlichkeit des Menschen

Musik:
Ganzheitliches Erleben von Musik durch Bewegung

Kunst:
Malen mit Farben (Kreiden)

Passende Lehrplaneinheiten für die Hauptschule
zum Thema ‚Zaubermärchen'

Klasse 8

Fächerverbindendes Thema:
Suchtprävention, Stärkung der Persönlichkeit; dazu passend: Thema Märchen

Deutsch:
Textarten: Parabeln, Kurzgeschichten; dazu passend: Zaubermärchen
Nacherzählen; partnerbezogenes Sprechen; dazu passend: auswendig Märchen erzählen

Religion:
Taufe (Firmung); Firmung als Vollendung der Taufe. „Was in mir steckt"; „ich bin kein Kind mehr"; „ich muß mich entscheiden"

Gemeinschaftskunde:
Gleichberechtigung von Mann und Frau

Biologie:
Bedeutung von Wasser; im Zaubermärchen ist Wasser ein Ort der Verwandlungen

Musik:
Harmonie und Rhythmik

Ethik:
Konfliktbewältigung

Passende Lehrplaneinheiten für die Hauptschule
zum Thema ‚Zaubermärchen'

Klasse 9

Fächerverbindendes Thema:
Kindheit – Jugendalter; Partnerschaft und Geschlechtlichkeit;
dazu passend: Thema Märchen

Deutsch:
Textarten: Erzählungen; dazu passend: Zaubermärchen; Textwiedergabe, Nacherzählen; dazu passend: auswendig Märchen erzählen; verkürzte Textwiedergabe nach Vorgabe

Religion:
Rituale; Jugendinitiationen; Auseinandersetzung mit dem Tod; Taufe; Taufe Jesu; Auferweckung Jesu vom Tod; authentisch leben; Wunsch nach Beziehungen, Selbsterfahrung, Sinngebung; auf der Suche nach Geborgenheit; Sehnsucht nach Liebe, Treue; Sehnsucht nach Bindung

Biologie:
Umgang mit Bedürfnissen und Wünschen; Rollenerwartungen

Gemeinschaftskunde:
Erziehung der Jugend; dazu passend: Zaubermärchen als Jugendinitiations-Erzählungen

Musik:
Rhythmische Gestaltung

Kunst:
Umsetzen von erfundenen Bildmotiven

Ethik:
Lebenswünsche, glücklich sein; Erfolg und Enttäuschungen; Ziele erreichen; Wünsche werden zu Zielen; Erlösung; Tod Jesu als Opfer zur Erlösung

Passende Lehrplaneinheiten für die Hauptschule
zum Thema ‚Zaubermärchen'

Klasse 10

Fächerverbindendes Thema:
Eingebundensein des Menschen in die Natur; dazu passend: Thema Märchen

Deutsch:
Literarische Gattungen, dazu passend: Gattung Zaubermärchen; Erfassen und Wiedergabe eines Textes

Religion:
Leben als Geschenk; Junge – Mädchen; partnerschaftliche Umgangsformen; spontane Hilfsbreitschaft leben; Freiheit und Bindung; Zusammengehören; Phantasie und Kreativität entfalten; den eigenen Standpunkt vertreten; sich entscheiden; den eigenen Körper wahrnehmen; zu sich selber finden

Biologie:
Erwartungen an das Leben; Lebensziele; Partnerschaft

Gemeinschaftskunde:
Friede geht jeden einzelnen an

Musik:
Harmonie und Rhythmik

Kunst:
Farbe

Ethik:
Belebte Natur, der Mensch braucht die Natur; Wünsche, Hoffnungen, Ängste, Lebensglück; Tod als Übergang; Freundschaft, Partnerschaft; Konflikte und Krisen; an Krisen reifen; einander vertrauen; Geschlechtlichkeit; das Leben gestalten; glücklich sein

Passende Lehrplaneinheiten zum Thema ‚Zaubermärchen'

4.2 REALSCHULE
Klassen sieben bis zehn

Klasse 7

Fächerverbindendes Thema:
Das Lernen lernen; Aufmerksamkeit, Gedächtnishemmungen, Gedächtnissützen;
dazu passend: bildliche Rezeption von Zaubermärchen

Deutsch:
Vorgangsbeschreibung; Texte zusammenfassen

Religion:
Nicht mehr Kind, noch nicht erwachsen; Vertrauen, Suchen nach neuen Wegen; ich brauche Orientierung; Spannungen aushalten; nachgeben, sich durchsetzen; die „dunkle" Seite annehmen

Biologie:
Den Körper wahrnehmen; erwachsen werden

Gemeinschaftskunde:
Jugendliche in der Gemeinschaft, Gewalt, Aggression, Fremdbestimmung

Musik:
Rhythmus

Passende Lehrplaneinheiten für die Realschule
zum Thema ,Zaubermärchen'

Klasse 8

Fächerverbindendes Thema:
Bedeutung von Liebe und Treue; Verantwortung in der Partnerschaft; dazu passend: Thema Märchen

Deutsch:
Sach- und partnerbezogenes Sprechen; Assoziationen sammeln

Religion:
Grundgegebenheiten des Lebens entdecken; Initiationsriten; Taufe; Sterben, Tod und Auferstehung. Geschlechterrollen; Suche nach Anerkennung; einen eigenen Lebensstil entwickeln; „was ich selber bestimmen kann"; die eigene Persönlichkeit entwickeln

Ethik:
Miteinander leben, erwachsen werden; Erwartungen an die Jugendlichen, Verläßlichkeit

Musik:
Musik und Bewegung

Kunst:
Raum; Haus, Höhle

Passende Lehrplaneinheiten für die Realschule
zum Thema ‚Zaubermärchen‘

Klasse 9

Fächerverbindendes Thema:
Ökosystem Wald; im Zaubermärchen: Ort der Verwandlungen

Deutsch:
Erzählzeit, erzählte Zeit; Landschaften und Räume; sprachliche Bilder, Redewendungen. Dazu passend: Formelhaftes Sprechen im Zaubermärchen

Religion:
Auferstehung Jesu: Grund zur Hoffnung; „wie stelle ich mir mein Leben vor?" Der Tod hat nicht das letzte Wort; „ich habe Hoffnung, ich bejahe das Leben"

Biologie:
Stammesgeschichte des Menschen, biologische und kulturelle Entwicklung; Metamorphosen in der Natur

Ethik:
Leben als Weg mit Chancen und Gefahren, Einflüsse auf dem Lebensweg; verschiedene Arten von Glück; Glück als Ergebnis eines sinnerfüllten Lebens

Musik:
Rhythmische Gestaltung

Passende Lehrplaneinheiten für die Realschule
zum Thema ‚Zaubermächen'

Klasse 10

Deutsch:
Intention von Texten; Erfassen und Wiedergabe eines Textes

Religion:
Umgang mit Sterben und Tod. Als Mann und Frau geschaffen; Grundlage der Lebensbeziehung; auf der Suche nach Geborgenheit; selbständig werden; Zärtlichkeit – Freundschaft – Liebe

Ethik:
Der Mensch ist Teil der Natur, Mensch und Umwelt; Familie; Konflikte und Lösungswege

Musik:
Auswendig lernen, experimentieren

4.3 GYMNASIUM
Klassen sieben bis zehn

Klasse 7

Fächerverbindende Themen:
Drogenprävention: Stärkung des Selbstvertrauens; Ermutigung zur Verantwortung;
nachgeben und sich durchsetzen; Konflikt als Grunderfahrung;
dazu passend: Thema Märchen

Deutsch:
Mündliches Berichten und Beschreiben; Sammeln und Ordnen von Informationen; Inhaltsangaben; verständliches Sprechen, aktives Zuhören, dazu passend: auswendig Märchen erzählen

Religion:
Beziehungen zu Gleichaltrigen; Körperlichkeit, Geschlechtlichkeit; Gefährdung und Wahrnehmung der Identität; Eltern, Geschwister: Identifikation und Absetzung; Selbstvertrauen; Konflikte bestehen; körperliche Veränderungen; Phantasiereisen

Biologie:
Insekten: Metamorphose; Mädchen und Jungen in der Pubertät, Freundschaft, Liebe

Musik:
Rhythmische Bewegung

Kunst:
Farbe, Symbolfarbe

Passende Lehrplaneinheiten für das Gymnasium zum Thema ‚Zaubermärchen‘

Klasse 8

Fächerverbindendes Thema:
Wasser; im Zaubermärchen: Ort der Verwandlungen

Deutsch:
Textarten, Gattungsmerkmale, dazu passend: Zaubermärchen;
Sinn und Wahrheitsbezug; Konflikte und Handlungsmöglichkeiten

Religion:
Wunder im Alltag; das Wunderbare in der Phantasie;
Riten: Bedürfnis des Menschen nach Beziehung zum Numinosen; Leben als Geheimnis; Tod als Geheimnis; elementare Erfahrungen: wie mein Leben mit anderem Leben zusammenhängt; Identitätsbildung

Biologie:
Wald und Wasser als Lebensraum; im Zaubermärchen: Ort der Verwandlungen

Ethik:
Wer bin ich? Was will ich? Jugendliche in der Gruppe

Passende Lehrplaneinheiten für das Gymnasium
zum Thema ‚Zaubermärchen'

Klasse 9

Fächerverbindendes Thema:
Visuelle Wahrnehmung als zusammenhängender Strom in der Zeit;
dazu passend: bildliche Rezeption von Zaubermärchen

Deutsch:
Textarten: Parabeln, Parodien, Kurzgeschichten; dazu passend: Zaubermärchen

Religion:
Verantwortung übernehmen; Grenzen überschreiten: Eifersucht; Suche nach Identität; Gefühle zulassen; Entdecken neuer Lebensbereiche. Die Wirklichkeit des Bösen: Gewalt, Entsolidarisierung. Einordnung des Todes in das Ganze des Lebens: Tod und Auferstehung Jesu

Ethik:
Selbstfindung; Zielvorstellungen; wertorientiertes Handeln; Vertrauen; Konfliktsituationen

Musik:
Anregung der Phantasie

Kunst:
Helldunkel

Passende Lehrplaneinheiten für das Gymnasium
zum Thema ‚Zaubermärchen'

Klasse 10

Fächerverbindende Themen:
Familien- und Geschlechtserziehung; Bedeutung der Geschlechtlichkeit;
Partnerschaft und Geschlechtlichkeit; Liebe und Treue.
Dazu passend: Thema Märchen.

Deutsch:
Romantik, dazu passend: Romantik, Zeit des Märchensammelns in Europa;
Textarten: Erzählungen, Kurzprosa; Stil- und Formmerkmale; dazu passend: Zaubermärchen

Religion:
das Leben als „Reise": „Lebensgefährten", „Irrwege";
Sexualität als Gabe Gottes, als Ausdruck von Liebe; Zärtlichkeit; Integrierung der Sexualität in die Person und Kultivierung der Sexualität als wichtige Aufgabe; Mannsein, Frausein, Bejahung des Lebenstriebes, Sensibilisierung der Sinne

Biologie:
Geschlechtlichkeit und Partnerbindung

Gemeinschaftskunde:
Rollenerwartung; der Einzelne in der Gruppe; Familie, Gleichaltrige; Verhältnis der Geschlechter

Ethik:
Sexualethik; gelungene Partnerschaft; Sterben und Tod als Lebenswirklichkeit

Textanhang mit Unterrichtsmodellen

Die meisten Märchentexte in diesem Buch mußten für den Gebrauch im Unterricht leicht bearbeitet werden. Meist handelt es sich um behutsame Kürzungen. Wendungen, die für die Schüler mißverständllich erscheinen können, wurden ausgetauscht. Die veränderten Stellen sind in den Anmerkungen zu den einzelnen Märchen angeführt.

Die den Texten jeweils beigegebenen Modelle für Tafelbilder sind nach dem Konfliktlösungsmuster des Proppschen Märchenschemas *Mangel – Aufhebung des Mangels* und nach Van Genneps Ritenschema in der Form eines *Übergangsritus* strukturiert.

Zur Behandlung der Märchen im Unterricht:
s. bildliche Rezeption in Kapitel 4.

Alle Märchen werden von den Schülern gemalt.

1. Textkombinationen und Modelle für den Unterricht an Hauptschulen, Realschulen, Gymnasien

Jeder Text der Kombinationen (0) bis (4) ist versehen mit:
- **einer kurzen Einführung** zur Vorinformation für den Lehrer;
- **einem Modell zum jeweiligen Tafelbild,** das in der Reproduktionsphase (3. Phase des Modells) von den Schülern zu erstellen ist;
- **Anregungen für das Gespräch** mit den Schülern in der Assoziationsphase (4. Phase des Modells).

Zusätzlich ist für jede Altersstufe ein ausgewähltes Märchen mit entwicklungspsychologischen Informationen versehen.

Den Textkombinationen vorangestellt sind zwei einzelne Texte für jüngere Kinder („Die Puppe im Gras", „Die Wassernixe").

„Die Puppe im Gras" AaTh 898 „Tochter der Sonne, Puppe als Braut"

Norwegisches Zaubermärchen aus: Peter Christian Asbjornsen und Jorgen Moe: Norwegische Märchen, Verlag Franz Greno, Nördlingen 1985, 126, Nr. 25

Herkunft und Verbreitung: Das Motiv von der **winzigen Braut** ist sehr verbreitet. Die Zaubermärchen schildern ihre Entwicklung zum Erwachsenwerden.

Der Name „Aschenbrödel" hat nicht direkt zu tun mit dem in der ganzen Welt verbreiteten Ezähltyp AaTh 510A *Cinderella/ Aschenputtel:* In der Bildersprache der Volkserzählungen bezeichnet er ganz allgemein einen Menschen, der **in der Asche sitzt** zum Zeichen von größter Zurückgezogenheit, von Mit-Sterben und von der Erniedrigung durch andere oder auch durch sich selbst. Dieser Zustand wird im Zaubermärchen jedoch immer als Vorstufe empfunden zu strahlendem Aufstieg, zu Hochzeit und Königtum. Feuer und Asche gehören zu den ältesten Zivilisationsgütern der Menschheit und spielen dementsprechend eine große Rolle in der Überlieferung.. Die **Aschen-Menschen** der Volksüberlieferungen tragen Züge von rituell Isolierten im Zusammenhang mit einem Übergangsritus, im Zaubermärchen vor allem mit dem des pubertären Übergangs (s. Kapitel 2). Neben der Gestalt des weiblichen *Aschenputtels* (Cinderella) ist auch die Gestalt des männlichen *Aschenhockers* in Europa weit verbreitet

Der Erzähltyp AaTh 898: Die winzige (oder auch sprachlose) Braut steht häufig in Verbindung mit der Sonne, deren Tochter sie dann ist: sie wurde in einem Garten ausgesetzt und kann erst durch ihren Bräutigam erlöst werden. Das vorliegende Märchen besitzt dieses Anfangsmotiv nicht, doch der Name der Braut weist ebenfalls auf einen Garten hin. Das Märchen weist Ähnlichkeiten auf mit dem Typ AaTh 402 „Braut als Maus, Frosch etc.", vertreten bei Grimm in KHM 63 „Die drei Federn".

Vorlesen des Märchens: siehe zweite Phase des Modells
Zeiteinheit: mindestens eine Unterrichtsstunde

Vor dem Lesen erklären: Name „Aschenbrödel" s. o. ; **Wasser** als reinigende, heilende, die Natur fruchtbar machende und verändernde Kraft.

Das Märchen soll nach dem Vorlesen von den Kindern gemalt werden (siehe fünfte Phase dieses Modells).

Die Erzählung eignet sich für Förderschulen, da der Text sehr bilderreich und leicht faßbar ist.

Für einem Erzählnachmittag von Schülerinnen und Schülern paßt das Märchen sehr gut, doch ist für *jüngere* Schüler zum Erzählen ein einfacherer Text vorzuziehen.

❁ Es war einmal ein König, der hatte zwölf Söhne. Der Jüngste von ihnen hieß nur ‚der Aschenbrödel'. Als sie groß geworden waren, sagte der Vater zu ihnen, sie sollten fortreisen in die Welt und sich jeder eine Frau suchen, aber diese sollte spinnen und weben und ein Hemd in einem Tag fertig nähen können. Sonst wollte er sie nicht zur Schwiegertochter haben. Jedem von ihnen gab er ein Pferd und eine neue Rüstung, und darauf reisten die zwölf Söhne fort in die Welt.

Als sie eine Strecke Weges gereist waren, sagten sie zu Aschenbrödel, sie wollten ihn nicht mehr dabeihaben, er tauge doch zu nichts. Aschenbrödel mußte nun zurückbleiben und wußte nicht, wie er es anfangen sollte. Da wurde er traurig, stieg von seinem Pferd herunter, setzte sich ins Gras und war sehr niedergeschlagen. Als er eine Weile so gesessen hatte, bewegte sich einer der Grasbüschel, und es kam daraus eine kleine, weiße Gestalt hervor. Als sie näherkam, sah Aschenbrödel, daß es ein niedliches Mädchen war, aber ganz, ganz klein. Es trat auf ihn zu und fragte ihn, ob er nicht die ‚Puppe im Gras' besuchen wollte. Ja, das wollte Aschenbrödel gerne und ging mit ihr hinunter in die Erde.

Als er hinabkam, saß da die ‚Puppe im Gras' auf einem Stuhl und war so schön! Sie fragte Aschenbrödel, wo er hinwolle. Er erzählte ihr, daß sein Vater ihn und seine Brüder in die Welt geschickt habe, damit sie sich eine Frau suchten, die sollte spinnen und weben und ein Hemd in einem Tag fertig nähen können. „Wenn du das kannst und meine Frau werden willst", sagte Aschenbrödel, „dann will ich nicht weiterreisen." Ja, das wollte sie gerne und machte sich sogleich an die Arbeit, fing an zu spinnen und zu weben und nähte das Hemd in einem Tag fertig. Aber es war so klein, so klein, nicht länger, als – so lang.

Damit reiste Aschenbrödel nach Hause. Als er aber das Hemd hervornahm, um es seinem Vater zu zeigen, war er ganz beschämt, weil es so klein war. Der König aber sagte, es mache nichts, er solle das Mädchen nur bringen. Darauf ritt Aschenbrödel froh und vergnügt zurück, um seine kleine Braut abzuholen. Wie er nun bei der ‚Puppe im Gras' ankam, wollte er sie zu sich auf sein Pferd nehmen. Aber das wollte sie nicht, sondern sagte, sie wolle in einem silbernen Löffel fahren mit zwei kleinen Schimmeln davor. So reisten sie nun fort, er auf seinem Pferd und sie in dem silbernen Löffel. Die beiden Schimmel, die sie zogen, waren zwei kleine, weiße Mäuse. Aschenbrödel hielt sich immer auf der anderen Seite des Weges, damit sein Pferd nicht auf seine Braut treten sollte. Als sie eine Strecke Weges gereist waren, kamen sie zu einem tiefen Wasser. Da wurde Aschenbrödels Pferd scheu und sprang hinüber auf die andere Seite und warf den Löffel um, so daß die ‚Puppe im Gras' ins Wasser fiel. Da war Aschenbrödel sehr betrübt und wußte gar nicht, wie er sie retten sollte. Es dauerte aber nicht lange, so tauchte sie empor. Ein Wassermann brachte sie, und nun war sie so groß geworden wie jedes andere erwachsene Mädchen, und noch viel schöner als zuvor. Da nahm Aschenbrödel sie vor sich auf sein Pferd und ritt mit ihr nach Hause.

Als er dort ankam, waren auch schon seine elf Brüder eingetroffen, jeder mit einer Braut. Aber die waren alle so häßlich und böse, daß sie sich unterwegs schon mit ihren Brautmännern gezaust hatten. Auf dem Kopf trugen sie Hüte von Teer und Ruß, das war ihnen ins Gesicht herabgetröpfelt, so daß sie davon noch viel häßlicher und abscheulicher aussahen. Als nun die Brüder Aschenbrödels Braut sahen, wurden sie alle neidisch auf ihn. Der König aber freute sich so sehr über die beiden, daß er alle anderen davonjagte und Aschenbrödel das Königreich übergab. Aschenbrödel hielt mit der ‚Puppe im Gras' Hochzeit und lebte mit ihr vergnügt und zufrieden eine lange Zeit. Und wenn sie nicht gestorben sind, so leben sie noch.

Mädchen, 17 Jahre, „Der schwarze Lala"

Mädchen, 13 Jahre, „Das Borstenkind"

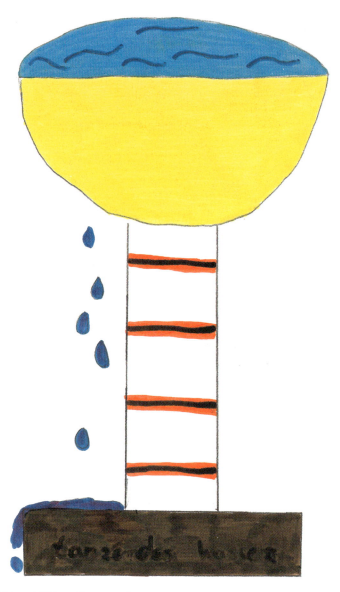

Mädchen, 12 Jahre, „Die verstoßene Königin und ihre beiden ausgesetzten Kinder"

Mädchen, 15 Jahre, „König Lindwurm"

Die Wassernixe (KHM 79), AaTh 413A Magische Flucht

Deutsches Zaubermärchen aus: Brüder Grimm, Kinder- und Hausmärchen, Ausgabe letzter Hand mit den Originalanmerkungen der Brüder Grimm, hsg. mit Anhang und Herkunftsnachweisen v. Heinz Rölleke, Philipp Reclam Jun. Stuttgart 1989,Bd1,389,Nr. 79. Zum Nacherzählen mußte der Text für die Schüler leicht geglättet werden. Die Wendung vom „Sonntag" wurde weggelassen: „... warteten bis eines Sonntags die Nixe in der Kirche war ..." (s. hierzu Kap. 1).

Herkunft und Verbreitung: Das Märchen wurde Jacob Grimm von der damals 20jährigen Marie Hassenpflug aus Kassel erzählt aus der Erinnerung an ihre Kindheit im Hanauer Land; seit der Erstauflage von 1812 kaum verändert in der Grimmschen Sammlung.

Der Erzähltyp AaTh 413, der das weit verbreitete Motiv von der **magischen Flucht** enthält, berichtet von der Flucht vor einem Dämon aus einem geschlossenen (tabuierten) Bereich.

Für einem Erzählnachmittag von Schülerinnen und Schülern ist das Märchen gut geeignet.

Die Vorstellung, durch Gegenstände *Sperren hinter sich aufbauen zu können*, kann eine heilsame Wirkung haben. Vor allem jüngere Kinder lieben Märchen, in denen sie vor etwas dämonisch Unangenehmem oder Gefährlichem weglaufen können, ohne eingeholt zu werden. Die dabei entfaltete Aktivität befriedigt das Streben nach Autonomie. Die Auseinandersetzung mit der Gestalt der Wassernixe bietet den Kindern die Möglichkeit zur Objektivierung und Verarbeitung von Konflikten. Im Übergangsprozeß der Ablösung von der Mutter wirkt *treue Geschwisterlichkeit* hilfreich. Daß Bruder und Schwester einander helfen, entspricht auch der Vorstellung von ‚Latenz-Kindern' vom andersgeschlechtlichen Partner (s. Kap. 9,1).

Vorlesen des Märchens: s. zweite Phase des Modells
Zeiteinheit: eine Unterrichtsstunde

Vor dem Lesen erklären: „Wassernixe" – märchenhafte oder sagenhafte (mythologische) Figur

Nach dem Vorlesen soll das Märchen von den Kindern gemalt werden (s. fünfte Phase des Modells).

✿ Ein Brüderchen und ein Schwesterchen spielten an einem Brunnen. Und wie sie so spielten, plumpsten sie beide hinein.

Da unten war eine Wassernixe. Die sprach: „Jetzt habe ich euch, jetzt sollt ihr mir brav arbeiten." Und sie führte die Kinder mit sich fort. Dem Mädchen gab sie verwirrten, garstigen Flachs zu spinnen, und es mußte Wasser in ein hohles Faß schleppen. Der Junge aber sollte einen Baum mit einer stumpfen Axt hauen. Und nichts zu essen bekamen sie als steinharte Klöße. Da wurden die Kinder ganz ungeduldig.

Sie warteten, bis die Nixe einmal fort war, dann liefen sie weg.

Als die Nixe zurückkam, sah sie, daß die Vögel ausgeflogen waren. Da setzte sie den beiden Kindern mit großen Sprüngen nach. Die Kinder erblickten sie aber von weitem. Da warf das Mädchen eine Bürste hinter sich, das gab einen großen Bürstenberg mit tausend und tausend Stacheln. Über den mußte die Nixe mit großer Mühe klettern. Endlich aber kam sie doch hinüber.

Wie das die Kinder sahen, warf der Junge einen Kamm hinter sich. Das gab einen großen Kammberg mit tausend mal tausend Zinken. Aber die Nixe wußte sich daran festzuhalten, und zuletzt kam sie doch hinüber.

Da warf das Mädchen einen Spiegel hinter sich. Das gab einen Spiegelberg, der war so glatt, so glatt, daß die Nixe unmöglich drüber konnte.

Da dachte sie: „Ich will geschwind nach Haus gehen und meine Axt holen und den Spiegelberg entzwei hauen." Bis sie aber wiederkam und das Glas aufgehauen hatte, waren die Kinder längst weit entflohen.

Die Wassernixe mußte sich wieder in ihren Brunnen trollen.

KOMBINATION
(0)

„Die verstoßene Königin
und ihre beiden ausgesetzten Kinder"
sizilianisch

„Die sieben Raben"
Grimm

„Die verstoßene Königin und ihre beiden ausgesetzten Kinder", AaTh 707
„Drei goldene Söhne" (goldene Königskinder).

Sizilianisches Zaubermärchen aus: Laura Gonzenbach, Sizilianische Märchen, aus dem Volksmund gesammelt, Leipzig 1870; Greno Verlag Nördlingen 1989,13, Nr. 3, hsg. von Hans Magnus Enzensberger.

Zum Gebrauch im Unterricht mußte der Text etwas gekürzt werden, die Kürzungen beziehen sich vor allem auf die *erzählerische Breite der Wiederholungen (Begegnungen mit den Einsiedlern)* und auf die *Einzelheiten der Grausamkeiten* in den Befehlen des jungen Königs.

Herkunft und Verbreitung: Laura Gonzenbach (1842–1878) war die Tochter eines Schweizer Konsuls in Messina und sammelte bei Bäuerinnen und Bürgersfrauen Märchen, deren Lebendigkeit und Frische eine deutliche Nähe zur mündlichen Tradition zeigen. Unterstützt wurde sie von dem Theologen und Historiker O. Hartwig in Messina.

Das Thema dieses Märchens, *Kinder suchen und versöhnen ihre Eltern,* ist weit verbreitet. Die Erzählung entspricht nicht dem Muster von Zaubermärchen, die Reste von Pubertätsriten enthalten, denn sie **schildert keinen pubertären Übergang.** Das zweigipflige Märchen enthält **sehr viele Reste von verschiedenen Übergangsriten.** Der Anfang handelt in verknappter Form von den Hochzeitsriten der Eltern und den Schwangerschafts- und Geburtsriten der Mutter: weibliche Heiratswerbung, gefährliches Wochenbett durch Eingriff dämonischer Mächte, Tabuierung der Wöchnerin durch die rituelle Isolation, Entfernung der Neugeborenen von der Mutter und zuletzt deren Rückkehr aus der rituellen Isolation. Daß die in diesem Märchen überlieferten Reste von Geburtsriten einen *ausgesprochen negativen Charakter* haben (die Isolierung im Verschlag an der Treppe) hängt mit dem *Wertungswandel* von Riten zusammen und ihrer im Zaubermächen häufigen Umkehrung in die Bedeutung der Bestrafung, die in der Erzählung dann erst am Ende aufgehoben wird. Wie bei allen realen Lebensriten sind auch hier die Riten der Eltern eng verknüpft mit denen der Kinder (siehe Teil I) und gehen nahtlos ineinander über. **Doch handelt es sich hier nicht um eine vollständige Pubertätsinitiation der Kinder, da deren Eingliederung in die Erwachsenenwelt nicht mitgeteilt wird. Trotz der großen Selbständigkeit der beiden Königskinder ist ihre Welt noch eng verbunden mit der ihrer Eltern.**

Der Erzähltyp AaTh 707 ist weit verbreitet und kommt auch in den „Erzählungen aus den 1001 Nächten" vor: (nach Galland eingeschobene) *Siebenhundertundsechsundfünfzigste Nacht,* Kalkuttaer Ausgabe (Burton).

Einleitende Worte und Vorlesen des Märchens siehe zweite Phase
des Modells
Zeiteinheit: Zwei Unterrichtsstunden

Vor dem Lesen erklären: „Schildwache"; „Verschlag"; „Pokal" („aufwallen"); „Dose" (= Schmuckdose); „die Augen niederschlagen".
Wandtafel muß frei bleiben für die Nennungen der Schüler

✿ Es war einmal eine Frau, die hatte drei Töchter, die waren alle drei schön. Gegenüber ihrem Haus lag das Schloß des Königs, und wenn der König die Treppe hinauf oder hinunterging, kam er jedesmal am Haus der Mädchen vorbei. Da sprach einmal die Älteste: „Wenn ich den Sohn des Königs zum Mann bekäme, so wollte ich mit vier Broten ein ganzes Regiment Soldaten sättigen, und es sollte noch übrig bleiben." Da sprach die Zweite: „Wenn ich den Königssohn zum Mann bekäme, so wollte ich mit einem Glas Wein einem ganzen Regiment Soldaten zu trinken geben, und es sollte noch übrig bleiben." Da sprach die Jüngste: „Und wenn ich den Königssohn zum Mann bekäme, so wollte ich ihm zwei Kinder gebären, einen Knaben mit einem goldenen Apfel in der Hand und ein Mädchen mit einem goldenen Stern auf der Stirn." Das sagten sie jedesmal, wenn der König vorbeikam. Einmal hörte es der König und er ließ die drei Schwestern auf sein Schloß kommen. Er fragte sie, was sie denn gestern gesagt hätten, als er vorbeiging. Da wiederholten sie es noch einmal. Als aber der Sohn des Königs von den goldenen Kindern hörte, sprach er: „Die Jüngste soll meine Gemahlin sein." Er ließ ihr schöne Kleider machen, und sie wurde seine Frau. Die beiden Schwestern aber zogen mit auf das Schloß, und sie lebten dort herrlich und in Freuden.

Nun geschah es nach einigen Monaten, daß ein Krieg ausbrach, und der Königssohn mußte auch in den Krieg ziehen. Da rief er die beiden Schwestern herbei und sprach: „Ich befehle meine liebe Frau eurer Fürsorge." Die beiden Schwestern aber waren sehr neidisch auf das Glück ihrer jüngsten Schwester. Als nun für die junge Königin die Stunde der Geburt näherkam, taten sie, als wollten sie sie pflegen. Als wirklich zwei Kinder zur Welt kamen, ein Knabe mit einem goldenen Apfel in der Hand und ein Mädchen mit einem goldenen Stern auf der Stirn, da nahmen sie die Kindlein weg, legten sie in eine Kiste und warfen sie ins Wasser. Der jungen Königin aber legten sie zwei Hündlein ins Bett.

Als nun der junge König heimkehrte und seine Kinder sehen wollte, sagten ihm die Schwestern: „Die junge Königin hat zwei Hündlein zur Welt gebracht." Da wurde er traurig und sehr zornig und er befahl, man solle am Fuß der Treppe einen Verschlag bauen, darin sollte die arme Königin Tag und Nacht bleiben und nichts bekommen als Wasser und Brot. Daneben aber stand eine Schildwache und zwang jeden, der die Treppe hinauf- oder hinunterging, die Königin anzuspucken.

Inzwischen war die Kiste mit den armen Kindlein von einem alten Fischer aufgefangen worden. Als er sie öffnete und die beiden schönen Kinder sah, brachte er sie nach Hause zu seiner Frau. Da blieben denn die Kinder und wurden von Jahr zu Jahr schöner und größer. Als sie älter wurden, erfuhren sie, daß sie nicht die Kinder der beiden Fischersleute waren. Da sprachen sie: „Gebt uns euren Segen, wir wollen gehen und unsere Eltern suchen." Dann wanderten sie fort.

Nach einer Weile trafen sie einen freundlichen alten Mann, der fragte sie: „Wohin wandert ihr so allein?" Sie erzählten ihm, daß sie ausgezogen wären, um ihre Eltern zu suchen. Da schenkte ihnen der Alte einen Zauberstab und sprach: „Was ihr euch an Schätzen wünschen werdet, könnt ihr durch diesen Stab bekommen." Da wanderten sie weiter, bis sie in die Stadt kamen, wo ihr Vater König war. Dort wünschten sie sich ein wunderschönes Haus, gerade dem königlichen Schloß gegenüber, – und sogleich stand da ein prächtiger Palast.

Am nächsten Morgen traten die beiden neidischen Schwestern an das Fenster und konnten sich nicht genug wundern über den schönen Palast, der über Nacht entstanden war, und während sie noch darüber sprachen, sahen die beiden Königskinder drüben zum Fenster heraus. Da erkannten die Tanten sie an dem goldenen Stern und an dem goldenen Apfel und erschraken sehr. Sie riefen eine Bettlerin herbei und sprachen: „Geht einmal hinüber in jenes Haus und sagt zu dem jungen Fräulein: „Edles Fräulein, Ihr seid schön und euer Bruder ist noch viel schöner. Verschafft euch aber das tanzende Wasser." Denn, so dachten die schlimmen Tanten, nun wird der Bruder ausziehen, ihr das tanzende Wasser zu holen, und ist er erst einmal tot, so wollen wir sie auch schon los werden. Die Bettlerin ging also in den Palast und sagte dem Mädchen, was die Tanten ihr aufgetragen hatten. Als das Mädchen das hörte, bekam es solche Sehnsucht nach dem tanzenden Wasser, daß es ganz traurig wurde, und als der Bruder nach Hause kam, erzählte es ihm alles und bat ihn, das tanzende Wasser zu holen. „Aber liebe Schwester," antwortete der Bruder, „du weißt nicht, welche Gefahren damit verbunden sind. Ich will gern ausziehen, es dir zu holen, du wirst aber sehen, ich komme nicht wieder zurück." – „O du wirst schon wiederkommen," sagte die Schwester, und weil er sie so lieb hatte, konnte er ihren Bitten nicht widerstehen und bereitete sich vor auf die Reise. Nun gab er ihr einen Ring und sprach: „Solange der Ring weiß und klar bleibt, werde ich zurückkommen. Wird er aber einmal trüb, so ist das ein Zeichen, daß ich nicht wiederkehren kann." Darauf umarmte er seine Schwester, bestieg sein schönstes Pferd und machte sich auf den Weg.

Er mußte viele Tage reiten, endlich kam er in einen tiefen Wald. Da irrte er umher, bis er in der Ferne ein Licht sah, und als er näher hinzukam, sah er ein kleines Haus. Er klopfte an, und ein alter Einsiedler öffnete ihm. „O mein Sohn", sprach der Alte, „was tust du hier an diesem wilden Ort so alleine?" – „Ehrwürdiger Vater", antwortete der Jüngling, „ich bin ausgezogen, das tanzende Wasser zu suchen." Da sprach der Einsiedler: „So viele Prinzen, Königssöhne und Fürsten sind hier vorbeigezogen, um das tanzende Wasser zu suchen, und keiner ist noch jemals zurückgekehrt." Der Jüngling aber ließ sich nicht abschrecken, denn er hatte seine Schwester sehr lieb. „Wenn du denn durchaus willst", sagte der Einsiedler, „so geh mit Gott. Ich kann dir zwar nicht helfen, aber eine Tagesreise tiefer im Wald wohnt mein älterer Bruder, zu dem gehe hin, vielleicht kann der dir raten." Am nächsten Morgen wanderte der Jüngling weiter, bis tief in die Nacht hinein. Endlich kam er an das Haus, wo der zweite Ensiedler wohnte. Aber auch der konnte ihm nicht helfen und schickte ihn weiter zu seinem Bruder, der noch eine Tagesreise tiefer im Wald wohnte. Da ritt der Jüngling wieder weiter, und am Abend kam er zu dem dritten Einsiedler, der war steinalt. Er erschrak sehr, als er hörte, warum der Jüngling ausgezogen war, und sprach: „Mein Sohn, laß dich warnen und tu es nicht. So viele sind dabei zugrunde gegangen, wie soll es dir nun gelingen?" Aber der Jüngling wollte nichts hören, also sprach der Einsiedler: „Wenn du durchaus gehen willst, so gehe mit Gott. Sieh, dort jenen Berg mußt du ersteigen. Weil er aber von wilden Tieren bewohnt ist, mußt du deinen Reisesack mit Fleisch füllen und es ihnen hinwerfen, so werden sie dich durchlassen. Auf dem Gipfel des Berges steht ein wunderschönes Schloß. Tritt hinein und gehe durch alle Zimmer durch. Hüte dich aber wohl, dich umzublicken und irgendetwas anzurühren von den herrlichen Schätzen, die du sehen wirst. In dem letzten Zimmer ist eine große Anzahl von Pokalen, die sind mit Wasser gefüllt. Rühre sie aber nicht eher an, bis du das Wasser sich bewegen siehst. Dann ergreife einen Pokal, und fliehe, so schnell du kannst." Nun gab er ihm noch seinen Segen und ließ ihn ziehen.

Der Jüngling ging und kaufte mehrere Ochsen, die er schlachten und in Stücke hauen ließ. Damit füllte er seinen Reisesack und zog nun dem Berg zu. Als er anfing, den Berg zu ersteigen, sprangen von allen Seiten die wilden Tiere herbei. Er aber warf ihnen große Stücke Fleisch hin, da ließen sie ihn durch. Glücklich kam er auf dem Gipfel des Berges an, stieg vom Pferd und trat in das Schloß. Da sah er nun so viele Schätze und Reichtümer, daß er wie geblendet davon war. Aber er dachte an die Warnung des Einsiedlers und rührte nichts an, sah sich auch nicht einmal um, sondern ging durch alle Zimmer, bis er in den Saal kam, wo die Pokale mit dem tanzenden Wasser standen. Er wartete, bis er das Wasser aufwallen sah, dann ergriff er einen Pokal und entfloh, so schnell er konnte. Nun kam er zu den drei Einsiedlern, die sehr froh waren, ihn gesund wiederzusehen. Und endlich kehrte er auch wieder zu seiner Schwester zurück, die sich sehr freute, als er wiederkam. Den Pokal stellte sie in das Fenster und freute sich an dem Aufwallen des Wassers.

Als nun die beiden Tanten sahen, daß ihr Neffe gesund heimgekommen war, erschraken sie sehr, riefen die Bettlerin und schickten sie wieder in das Haus gegenüber, sie solle dort dem jungen Fräulein sagen: „Euer Bruder ist schön, aber Ihr seid noch viel schöner. Verschafft Euch aber den sprechenden Vogel." Die Bettlerin ging hin und tat, was die beiden Frauen sie geheißen. Als nun der Jüngling nach Hause kam, fand er seine Schwester wieder so traurig und fragte sie, ob sie gerne etwas hätte. „Ach lieber Bruder", antwortete sie, „du hast mir das tanzende Wasser geholt, jetzt mußt du mir auch noch den sprechenden Vogel bringen." Liebe Schwester", sprach er, „ich will dir zuliebe gehen, aber diesmal siehst du mich nicht wieder, das ist gewiß." Die Schwester aber meinte, er würde schon wiederkommen.

Da bestieg der Jüngling wieder sein Pferd und ritt in den Wald der drei Einsiedler. Wieder warnten sie ihn, aber er wollte sich nicht zurückhalten lassen. Zuletzt sprach der dritte Einsiedler: „Mein Sohn, wenn du durchaus dein Glück versuchen willst, so gehe mit Gott.

Wenn du im Schloß bist, so gehe durch alle Zimmer, hüte dich aber wohl, irgendetwas anzurühren und dich umzusehen. Wenn du nun in einen Saal kommst, wo eine große Anzahl Vögel ist, so warte, bis die Vögel anfangen zu sprechen, dann ergreife einen und entfliehe, so schnell du kannst. Hüte dich aber wohl, ihn anzurühren, so lange er nicht spricht." Der Jüngling tat alles wie beim ersten Mal. Als er aber durch die Zimmer ging, so waren da noch schönere Sachen aufgespeichert. Er aber ging vorbei, ohne etwas anzurühren. Doch als er in den Saal mit den Vögeln kam, ergriff er einen Vogel, der nicht sprach. Sogleich erstarrte er zu Stein, und sein Pferd, das drunten vor dem Schloß stand, wurde auch zu Stein.

Indessen beschaute die Schwester zu Hause täglich den Ring und freute sich, daß er so hell und klar war. Eines Morgens aber war der Ring ganz trübe. Da fing sie an zu weinen und sprach: „Ich will fortziehen und meinen Bruder suchen und erlösen." Also wanderte sie fort, viele Tage lang. Endlich kam sie in den Wald zu den drei Einsiedlern. Sie hielten ihr die Gefahren vor, die sie erwarteten, aber sie ließ sich nicht von ihren Gedanken abbringen. Da sagte ihr der dritte Einsiedler, wie sie sich der wilden Tiere erwehren solle. Und er sprach: „Meine Tochter, wenn du in das Schloß kommst, so gehe durch die Zimmer, hüte dich aber wohl, irgendetwas anzurühren oder dich umzusehen. Im innersten Zimmer ist ein wunderschönes Bett, darauf liegt die Zauberin und schläft. Unter dem Bett liegen ihre diamantenen Pantoffeln. Rühre sie nicht an, sondern nähere dich leise dem Bett, ohne dich umzusehen, strecke die Hand unter das Kopfkissen, ohne die Zauberin zu wecken, und ziehe die goldene Dose hervor, die dort versteckt ist. Wenn du dann mit der Salbe, die in der Dose ist, deinen Bruder bestreichst, so wird er wieder lebendig werden."

Da ging sie hin, kam mutig durch die wilden Tiere, denen sie auch Fleisch hinwarf. Dann schritt sie durch die Säle des Schlosses, ohne irgendetwas anzurühren und ohne sich umzusehen. Als sie in das Zimmer kam, wo die Zauberin schlief, näherte sie sich leise dem Bett, streckte vorsichtig die Hand unter das Kopfkissen und zog das goldene Döschen hervor. Leise eilte sie dann durch alle Zimmer, bestrich ihren Bruder mit der Salbe und dann auch alle anderen Prinzen und Helden, die versteinert waren, daß sie alle lebendig wurden. Dann lief sie hinunter, bestrich die Pferde, und nun setzten sich alle zu Pferd und entflohen, so schnell sie konnten. Den sprechenden Vogel aber nahm der Bruder mit. Als sie nun den Berg hinunterritten, erwachte die Zauberin und schrie: „Verrat!" Aber ihre Macht war am Ende, und sie konnte den Fliehenden nicht mehr schaden. Da ritten die Geschwister zu den drei Einsiedlern und dankten ihnen für ihre Hilfe. Dann kehrten sie wieder in ihr schönes Haus zurück und stellten den Vogel zu dem Pokal ins Fenster.

Da bemerkte der König eines Tages die wunderbaren Dinge und lud die Geschwister zum Essen zu sich ein in sein Schloß. Als sie nun die Treppe heraufstiegen, kamen sie auch an ihrer Mutter vorbei. Da schlugen sie die Augen nieder, und obgleich die Schildwache ihnen befahl, sie müßten die arme Frau anspucken, taten sie es nicht. Nach dem Essen sprach der König: „Ihr habt in euerem Fenster einen Pokal mit tanzendem Wasser und einen sprechenden Vogel, dürfte ich sie wohl einmal sehen?" Da schickten sie hin und ließen die beiden Dinge holen und stellten sie auf den Tisch. Auf einmal fing der Vogel an zu sprechen: „Liebes Wasser, ich kenne eine schöne Geschichte, soll ich sie dir erzählen?" „Tue das", antwortete das Wasser. Da erzählte der Vogel die ganze Lebensgeschichte der Geschwister, wie sie ins Wasser geworfen worden waren und all ihre Abenteuer. Als das die beiden Tanten hörten, wurden sie ganz blaß. Da erkannte der König seine Kinder, und es war große Freude im Schloß. Die arme Königin wurde gebadet und mit schönen Kleidern angezogen. Die beiden bösen Schwestern aber wurden aus dem Lande fortgejagt.

Grundmotive von AaTh 707 „Drei goldene Söhne (goldene Königskinder)"
Sizilianische Variante „Die verstoßenen Königin und ihre beiden ausgesetzten Kinder"

Die formelhaften Abläufe dieses Märchens werden bildlich rezipiert, dabei sollen die folgenden Grundmotive (s. Motivkatalog Stiht Thompson) von den Schülern gefunden werden. Fehlt ein wichtiges Grundmotiv bis zuletzt, wird es vom Lehrer noch genannt und angefügt.

Die von den Schülern genannten Bilder werden in der Reihenfolge ihrer spontanen Nennung und in ihrer eigenen bildhaften Formulierung vom Lehrer an die Tafel geschrieben und dabei unauffällig in die drei Sequenzen von Ablösung, Umwandlung und Angliederung gebracht. Erst am Ende der ersten Stunde wird gemeinsam die Reihenfolge des äußeren Erzählablaufs wieder hergestellt, wobei dann die dreifache Gliederung des rituellen Übergangs erkennbar wird.

Im folgenden Modell sind die Grundmotive *nur* in der Reihenfolge des Erzählablauts angegeben.

Linke Tafelfläche (erste Sequenz: Ablösung von zu Hause)

Der Wunsch nach einem außergewöhnlichen Ehemann (Motiv N201)

Königskinder mit goldenen Abzeichen (Mot. H71.1)

Verräterische Familienmitglieder (Mot. K22.12)

Verleumdete Mutter (Mot. K2110.1)

Vertauschte ausgesetzte Kinder (Mot. S301)

Fischer nimmt die verlassenen Kinder auf (Mot. R131.4)

Mittlere Tafelfläche (zweite Sequenz: Abenteuer)

Suche nach den unbekannten Eltern (Mot. H1381.2.2.1)

Suchwanderung nach wunderbaren Dingen (Mot. H1320)

Einsiedlerhütten am Rand der Jenseitswelt (Wald) (Mot. F147.2)

Suche nach dem tanzenden Wasser (Mot. H1321.4)

Suche nach dem Wahrheit sprechenden Vogel (Mot. H1331.1.1)

Verwandlung zu Stein (Mot. D231.2)

Suche nach der Salbe des Lebens (Mot. H1324)

Schwester befreit Bruder (Mot. R158)

Rechte Tafelfläche (dritte Sequenz: Anerkennung, Eingliederung in eine neue Lebensphase)

Aufmerksamkeit des Vaters durch die wunderbaren Dinge (Mot. H151.1)

Vogel und Wasser sprechen die Wahrheit (Mot. B131.2)

Wiederherstellung der Mutter, Wiedervereinigung der Familie (Mot. S451)

Anregung zu den Bildern von Entwicklung und Verwandlung in dem Zaubermärchen „Die verstoßene Königin und ihre beiden ausgesetzten Kinder" (Aufgabenstellungen s. vierte Phase des Modells)

Entwicklungspsychologische Hinweise

Die Handlung dieses Märchens stellt eine **vorpubertäre Situation** dar: den Aufbruch der jungen Märchenhelden aus der Kindheit, ihren **Zuwachs an Kraft und Findigkeit,** die Anerkennung dieses neuen Zustandes durch den Vater (Eltern) und zuletzt die Wiedereingliederung Zuhause. Dies entspricht den Wünschen der reifen Kinder, die am **Abschluß der ‚Latenzperiode'** stehen. Die ‚Latenz' geht **der Pubertät voran** und stellt ein sexuelles und soziales Moratorium dar (E. Erikson, 1988,151). Das heranwachsende Kind findet durch freies Experimentieren allmählich einen passenden Platz in einem Ausschnitt der Gesellschaft, der fest umrissen ist und doch ausschließlich für es gemacht scheint. Da es noch nicht reif genug ist zur Unabhängigkeit und Selbständigkeit, erstrebt es die Geborgenheit und den notwendigen Rückhalt in der Familie. Untersuchungen haben gezeigt, daß jüngere Kinder solche Märchen bevorzugen, bzw. selber erfinden, die mit einer gesicherten Rückkehr in die Familie enden (Wardetzky 1992). Das entspricht dem Schutzbedürfnis im jüngeren Alter. Doch enthält die **Auseinandersetzung der Kinder mit dem Elternhaus** auch Konfliktkonstellationen, die den Themenkreis der pubertären Entwicklung bereits stark berühren und in der folgenden Pubertätsphase noch immer deutlicher in Erscheinung treten.

In diesem vorpubertären Alter bemerken die Kinder schon genauer die Konflikte der Elterngeneration, die sie selber auch mit verarbeiten müssen. Das Märchen stellt die Kinder als „unantastbar" dar: auserwählt für den eigenen Weg in die Zukunft; fähig, die Welt zu verschönen, und die Eltern liebevoll zu versöhnen; stark genug, entwicklungshemmende Faktoren auszumerzen.

„Die sieben Raben", KHM 25, AaTh 451 „Schwester sucht ihre Brüder"

Deutsches Zaubermärchen aus: Brüder Grimm, Kinder- und Hausmärchen, Ausgabe letzter Hand mit den Originalanmerkungen der Brüder Grimm, hsg. mit Anhang und Herkunftsnachweisen v. Heinz Rölleke, Philipp Reclam Jun. Stuttgart 1989,Bd2,17,Nr. 88.

Herkunft und Verbreitung: Das Märchen war Jacob Grimm vor 1810 durch die Familie Hassenpflug zugekommen. Die Erzählung ist in Europa in vielen Varianten verbreitet.

Symbolik: Der Rabe hat sehr unterschiedliche Bedeutungen in den Überlieferungen der Kulturen. Den nord- und südamerikanischen Indianern gilt er als heiliger Zaubervogel und als Lichtbringer; in Europa dagegen als schwarzer Fluchvogel und Unglücksbringer. Doch werden ihm überall große magische Kräfte zugeschrieben.

Sonne und Mond treten im Zaubermärchen meist als jenseitige Schenker von Zaubergaben auf, doch wie alle Naturgewalten sind sie doppelwertig und haben auch verschlingende Züge (s. im Märchen „Prinz Schwan"). Dies hat auch mit Kulturumbrüchen zu tun (Umkehrung einer früheren Bedeutung); *psychologisch* können Sonne und Mond Projektionen von Vater und Mutter darstellen. **Der Glasberg** ist ein typisches Bild der Zaubermärchen, er stellt einen jenseitigen Ort der Verwandlungen dar. Die entrückten und verlorenen Seelen der Zaubermärchen halten sich dort auf und müssen von ihren Geschwistern oder von Braut/ Bräutigam wieder in die Welt der Menschen zurückgeholt werden.

Der Erzähltyp AaTh 451 gehört zum großen Erzählbereich „**Bruder/ Schwester**" AaTh 450–459.

Einleitende Worte und Vorlesen des Märchens:
s. zweite Phase des Modells
Zeiteinheit: eine Unterrichtsstunde

Erklären: Sonne und Mond erscheinen in diesem Märchen so grausam, weil sie den Weg bewachen zum verwunschenen Glasberg, wo die Brüder verzaubert leben. Die **Sterne** sind milder.
Wandtafel muß freibleiben für die Nennungen der Schüler

❀ Ein Mann hatte sieben Söhne und immer noch kein Töchterchen, sosehr er sich's auch wünschte; endlich gab ihm seine Frau wieder gute Hoffnung zu einem Kinde, und wie's zur Welt kam, war's auch ein Mädchen. Die Freude war groß, aber das Kind war schmächtig und klein und sollte wegen seiner Schwachheit die Nottaufe haben. Der Vater schickte einen der Knaben eilends zur Quelle, Taufwasser zu holen: die andern sechs liefen mit, und weil jeder der erste beim Schöpfen sein wollte, so fiel ihnen der Krug in den Brunnen. Da standen sie und wußten nicht, was sie tun sollten, und keiner getraute sich heim. Als sie immer nicht zurückkamen, ward der Vater ungeduldig und sprach: „Gewiß haben sie's wieder über ein Spiel vergessen, die gottlosen Jungen." Es ward ihm angst, das Mädchen müßte ungetauft verscheiden, und im Ärger rief er: „ich wollte, daß die Jungen alle zu Raben würden." Kaum war das Wort ausgeredet, so hörte er ein Geschwirr über seinem Haupt in der Luft, blickte in die Höhe und sah sieben kohlschwarze Raben auf und davonfliegen.

Die Eltern konnten die Verwünschung nicht mehr zurücknehmen, und so traurig sie über den Verlust ihrer sieben Söhne waren, trösteten sie sich doch einigermaßen durch ihr liebes Töchterchen, das bald zu Kräften kam und mit jedem Tage schöner ward. Es wußte lange Zeit nicht einmal, daß es Geschwister gehabt hatte; denn die Eltern hüteten sich, ihrer zu erwähnen, bis es eines Tags von ungefähr die Leute von sich sprechen hörte, das Mädchen wäre wohl schön, aber doch eigentlich schuld an dem Unglück seiner sieben Brüder. Da ward es ganz betrübt, ging zu Vater und Mutter und fragte, ob es denn Brüder gehabt hätte, und wo sie hingeraten wären. Nun durften die Eltern das Geheimnis nicht länger verschweigen, sagten jedoch, es sei so des Himmels Verhängnis und seine Geburt nur der unschuldige Anlaß gewesen. Allein das Mädchen machte sich täglich ein Gewissen daraus und glaubte, es müßte seine Geschwister wieder erlösen. Es hatte nicht Ruhe und Rast, bis es sich heimlich aufmachte und in die weite Welt ging, seine Brüder irgendwo aufzuspüren und zu befreien, es möchte kosten, was es wollte. Es nahm nichts mit sich als ein Ringlein von seinen Eltern zum Andenken, einen Laib Brot für den Hunger, ein Krüglein Wasser für den Durst und ein Stühlchen für die Müdigkeit.

Nun ging es immer zu, weit weit, bis an der Welt Ende. Da kam es zur Sonne, aber die war zu heiß und fürchterlich und fraß die kleinen Kinder. Eilig lief es weg und lief hin zu dem Mond, aber der war gar zu kalt und auch grausig und bös, und als er das Kind merkte, sprach er: „Ich rieche, rieche Menschenfleisch." Da machte es sich geschwind fort und kam zu den Sternen, die waren ihm freundlich und gut, und jeder saß auf seinem besonderen Stühlchen. Der Morgenstern aber stand auf, gab ihm ein Hinkelbeinchen und sprach: „Wenn du das Beinchen nicht hast, kannst du den Glasberg nicht aufschließen, und in dem Glasberg, da sind deine Brüder." Das Mädchen nahm das Beinchen, wickelte es wohl in ein Tüchlein und ging wieder fort, so lange, bis es an den Glasberg kam. Das Tor war verschlossen, und es wollte das Beinchen hervorholen, aber wie es das Tüchlein aufmachte, so war es leer, und es hatte das Geschenk der guten Sterne verloren. Was sollte es nun anfangen? Seine Brüder wollte es erretten und hatte keinen Schlüssel zum Glasberg. Das gute Schwesterchen nahm ein Messer, schnitt sich ein kleines Fingerchen ab, steckte es in das Tor und schloß glücklich auf. Als es eingegangen war, kam ihm ein Zwerglein entgegen, das sprach: „Mein Kind, was suchst du?" – „Ich suche meine Brüder, die sieben Raben", antwortete es. Der Zwerg sprach: „Die Herren Raben sind nicht zu Haus, aber willst du hier so lang warten, bis sie kommen, so tritt ein." Darauf trug das Zwerglein die Speise der Raben herein auf sieben Tellerchen und in sieben Becherchen, und von jedem Tellerchen aß das Schwesterchen ein Bröckchen, und aus jedem Becherchen trank es ein Schlückchen; in das letzte Becherchen aber ließ es das Ringlein fallen, das es mitgenommen hatte.

Auf einmal hörte es in der Luft ein Geschwirr und ein Geweh; da sprach das Zwerglein: „Jetzt kommen die Herren Raben heimgeflogen." Da kamen sie, wollten essen und trinken und suchten ihre Tellerchen und Becherchen. Da sprach einer nach dem andern: „Wer hat von meinem Tellerchen gegessen? Wer hat aus meinem Becherchen getrunken? Das ist eines Menschen Mund gewesen." Und wie der siebente auf den Grund des Bechers kam, rollte ihm das Ringlein entgegen. Da sah er es an und erkannte, daß es ein Ring von Vater und Mutter war, und sprach: „Gott gebe, unser Schwesterlein wäre da, so wären wir erlöst." Wie das Mädchen, das hinter der Türe stand und lauschte, den Wunsch hörte, so trat es hervor, und da bekamen alle die Raben ihre menschliche Gestalt wieder. Und sie herzten und küßten einander und zogen fröhlich heim.

Grundmotive von AaTh 451 „Mädchen sucht seine Brüder"
Deutsche Variante: „Die sieben Raben" (KHM 25)

Die formelhaften Abläufe dieses Märchens werden bildlich rezipiert, s. dritte Phase des Modells. Dabei sollen die typischen Grundmotive (s. Motivkatalog Stiht Thompson) von den Schülern gefunden werden. Fehlt ein wichtiges Grundmotiv bis zuletzt, wird es vom Lehrer noch genannt und angefügt.

Die von den Schülern genannten Bilder werden in der Reihenfolge ihrer spontanen Nennung und in ihrer eigenen bildhaften Formulierung vom Lehrer an die Tafel geschrieben und dabei unauffällig in die drei Sequenzen von Ablösung, Umwandlung und Angliederung gebracht. Erst zuletzt wird gemeinsam die Reihenfolge des äußeren Erzählablaufs wieder hergestellt, wobei dann die dreifache Gliederung des rituellen Übergangs erkennbar wird.

Im folgenden Modell sind die Grundmotive *nur* in der Reihenfolge des Erzählablaufs angegeben.

Linke Tafelfläche (erste Sequenz: Ablösung von zu Hause)	Mittlere Tafelfläche (zweite Sequenz: Suchwanderung)	Rechte Tafelfläche (dritte Sequenz: Erlösung, Angliederung an eine neue Entwicklungsstufe)
Ein Mädchen und sieben Brüder (Motiv Z71.5.1) Verwandlung in Raben (Mot. D151.5)	Suche nach den verlorenen Brüdern (Mot. H1385.8) Sonne, Mond und Sterne geben die Richtung bei der Suchwanderung an (Mot. H1232) Der Glasberg (Mot. H1114)	Öffnen des Glasbergs mit einem (Finger-) Knochenschlüssel (Mot. F150), Wiederherstellung durch Blut (Mot. E113) Erkennen durch Ring (von Vater und Mutter) im Becher (Mot. H94.4) Erlösung durch Wiederfinden (Mot. D783)

KOMBINATION
(1)

„Aschenbrödler"

griechisch

„Das Mädchen im Apfel"

italienisch

„Aschenbrödler", AaTh 560 „Zauberring"

Griechisches Zaubermärchen, Kretschmer, Lesb. D.524 Nr. 21, dt. Übersetzung von Inez Diller, aus: Griechische Volksmärchen, Hsg. G. A. Megas, Eugen Diederichs Verlag Düsseldorf Köln 1965,74,Nr. 26. Der Text wurde leicht geglättet für den Gebrauch im Unterricht, die negative Gestalt des „Mohren" als Wächter wird hier nur als „Wächter" bezeichnet.

Herkunft und Verbreitung: Der Name „**Aschenbrödler**" hat hier nicht direkt zu tun mit dem in der ganzen Welt verbreiteten Erzähltyp AaTh 510A Cinderella/Aschenputtel: In der Bildersprache der Volkserzählungen bezeichnet er ganz allgemein einen Menschen, der **in der Asche sitzt** zum Zeichen von größter Zurückgezogenheit, von Mit-Sterben und von der Erniedrigung durch andere oder auch durch sich selbst. Dieser Zustand wird im Zaubermärchen jedoch immer als Vorstufe empfunden zu strahlendem Aufstieg, zu Hochzeit und Königtum. Feuer und Asche gehören zu den ältesten Zivilisationsgütern der Menschheit und spielen dementsprechend eine große Rolle in der Überlieferung.. Die **Aschen-Menschen** der Volksüberlieferungen tragen Züge von rituell Isolierten und Vermummten im Zusammenhang mit einem Übergangsritus, im Zaubermärchen vor allem mit dem des pubertären Übergangs (s. Kapitel 2). Neben der Gestalt des weiblichen *Aschenputtel* (Cinderella) ist auch die Gestalt des männlichen Aschenhockers in Europa weit verbreitet.

Der Erzähltyp AaTh 560, dem dieses Zaubermärchen zugehört, ist Teil des Bereichs **Zauberdinge** (AaTh 560–568): In anderen Varianten dieses Typs (z. B. in Polen, Finnland, Norwegen) verhält sich zuletzt die Königstochter weniger freundlich, und das Märchen nimmt dann grausame Züge an. In der vorliegenden griechischen Variante gelingt das gute Ende vor allem deswegen, weil die Königstochter so treu geblieben ist.

Die Erzählung weist scherzhafte Züge auf, die gut zum Inhalt passen.

Einleitende Worte und Vorlesen des Märchens:
siehe zweite Phase des Modells
Zeiteinheit: Zwei Unterrichtsstunden

Vor dem Lesen erklären: Name „**Aschenbrödler**" (s. o.)
Wandtafel muß frei bleiben für die Nennungen der Schüler

❀ Es war einmal eine Frau, die hatte ein einziges Kind. Dieses Kind ging niemals aus dem Haus. Es saß immer am Herdfeuer bei der Asche, und die Mutter nannte es „Aschenbrödler". Eines Tages sagte die Mutter zu ihm: „Geh doch ein wenig nach draußen." Da sagte Aschenbrödler: „Gib mir ein paar Pfennige, dann gehe ich hinaus." Die Mutter gab ihm ein wenig Geld, er nahm es und ging. Kaum war er auf der Straße, da traf er Kinder, die einen jungen Hund töten wollten. Er sagte zu ihnen: „Gebt mir den Hund, ich gebe euch etwas Geld dafür." Er gab ihnen die Pfennige, nahm den kleinen Hund und brachte ihn nach Hause.

Ein andermal sagte die Mutter wieder: „Geh doch ein wenig nach draußen." Als er auf die Straße kam, traf er wieder Kinder, und die wollten eine kleine Katze töten. Er tauschte die Katze gegen etwas Geld, nahm sie mit nach Hause und setzte sich wieder an den Herd. An einem der folgenden Tage, als die Mutter ihn hinausschickte, traf er Kinder, die wollten eine kleine Schlange töten. Er gab ihnen seine Pfennige, nahm die Schlange und brachte sie auch nach Hause. Nun sorgte er für die kleinen Tiere.

Als er die drei Tiere aufgezogen hatte und sie groß geworden waren, sagte eines Tages die Schlange: „Ich möchte, daß du mich jetzt in meine Heimat bringst." Aschenbrödler machte sich auf, setzte die Schlange vor sich nieder und folgte ihr nach. Auf ihrem Weg wendete die Schlange sich um und sagte zu ihm: „Mein Vater ist der König der Schlangen. Wenn wir jetzt hinkommen, werden sich alle Schlangen auf dich stürzen, aber du sollst nicht erschrecken, denn ich werde zu ihnen sprechen, und dann werden sie von dir ablassen. Und wenn wir zu meinem Vater kommen, wird er dir viele Geschenke geben wollen, weil du mich gerettet hast. Aber nimm nichts an, sondern verlange den Ring, den er unter seiner Zunge trägt."

Als sie angekommen waren, pfiff die Schlange. Da kamen alle anderen Schlangen, und die Welt war voller Schlangen. Unter ihnen war auch eine gewaltig große Schlange, das war ihr König. Sobald sie Aschenbrödler sahen, stürzten sie sich auf ihn, um ihn zu verschlingen. Da rief die junge Schlange sie an, und sie ließen von ihm ab. Danach kam sie zu ihrem Vater und sprach zu ihm: „Vater, dieser Junge hat mich vom Tod errettet. Ohne ihn wäre ich jetzt wohl schon vergessen. Deshalb habe ich ihn heute hierher gebracht, damit du ihm gibst, was er sich von dir wünscht."

Daraufhin nahm der gewaltige Schlangenkönig ihn mit in sein Haus und sprach zu ihm: „Was für ein Geschenk wünschst du dir von mir, dafür, daß du mein Kind gerettet hast?" Da sagte Aschenbrödler: „Ich will nichts anderes als den Ring, den du unter deiner

Zunge hast." Darauf sagte der Schlangenkönig: „Etwas Großes verlangst du von mir, aber um meines Kindes willen gebe ich es dir." Aschenbrödler nahm den Ring und ging fort. Unterwegs bekam er großen Hunger und dachte: „Die Schlange wollte mir so vieles geben, und ich nahm nichts, sondern nahm nur diesen Ring. Und jetzt komme ich um vor Hunger." Und voller Zorn warf er den Ring zu Boden. Da sprang aus dem Ring ein Mohr hervor und sprach: „Was befiehlst du?" – „Was soll ich wohl befehlen", antwortete er, „essen will ich!" Da deckte der Mohr schnell einen Tisch, brachte Speisen und Wein und was das Herz begehrt herbei. Als Aschenbrödler mit dem Essen fertig war, sammelte der Mohr alles zusammen und ging wieder in den Ring.

Der Junge nahm den Ring, ging nach Hause und ließ sich's wohl sein. Eines Tages sagte er zu seiner Mutter: „Geh zum König und sag ihm, daß er mir seine Tochter zur Frau geben soll." Da erschrak die Mutter und sagte: „Wie kommst du darauf, daß der König dir seine Tochter zur Frau geben sollte?" Doch er erwiderte: „Geh nur gleich hin." Da machte sie sich auf den Weg, ging zum König und sagte zu ihm: „Mein Sohn will deine Tochter zur Frau nehmen." Der König sagte: „Wenn dein Sohn imstande ist, mein ganzes Heer hier auf dem Platz satt zu machen, dann will ich ihn als Bräutigam für meine Tochter annehmen. Wenn er es aber in vierzig Tagen nicht fertig bringt, kostet es ihm den Kopf." Die Mutter ging und sagte es dem Sohn. Die Tage vergingen, Aschenbrödler war ganz sorglos. Als neununddreißig Tage herum waren, schickte ihm der König Bescheid, daß nun die Frist zu Ende gehe und er solle nicht so tun, als ob er es vergessen habe. Der Junge sandte dem König Botschaft, daß er daran denke, der König brauche sich nicht zu beunruhigen.

Als die vierzig Tage herum waren, nahm er das Ringlein und ging auf den Platz, wo er das Heer speisen sollte. Er warf den Ring nieder, der Mohr kam hervor und sagte zu ihm: „Was befiehlst du?" Er sprach: „Ich will, daß du diesen Platz hier mit Speisen anfüllst." Der Mohr ging daran und füllte den ganzen Platz mit Speisen. Die Soldaten kamen, aßen, und es blieb noch viel übrig. Da sagte der König: „Wenn du nun auch noch einen Weg ganz aus Golddukaten von eurer Tür bis zu meiner machst, wieder in vierzig Tagen, dann nehme ich dich als meinen Schwiegersohn an."

Wie die vierzig Tage um waren, warf der Junge den Ring zu Boden und befahl dem Mohr, ganz schnell einen Weg von seiner Tür bis hin zum Schloß ganz aus Golddukaten zu machen, noch bevor der König am Morgen aufstehe. Da machte sich der Mohr daran, und bis du drei gezählt hast, war es schon fertig. Der König stand am Morgen auf, öffnete das Fenster, schaute hinaus, – was sah er? Seine Augen staunten über den Weg.

Nun rief er die Mutter des Jungen und sagte zu ihr: „Noch eine Sache muß dein Sohn fertig bringen, dann nehme ich ihn als meinen Schwiegersohn an. Ich will, daß er eine Burg baut, die schöner ist als mein eigenes Schloß. Ich gebe ihm wieder eine Frist von vierzig Tagen. Wenn er es nicht kann, kostet es ihm den Kopf."

Als die vierzig Tage zu Ende gingen, warf der Junge wieder den Ring zu Boden, der Mohr kam hervor und baute eine Burg, die viel schöner war als die des Königs. Am Morgen öffnete der König das Fenster und sah sie. Sie war ganz aus Gold. Da befahl der König, alles für die Hochzeit bereit zu machen. Die Königstochter freute sich, und sie hielten Hochzeit in dem neuen Schloß. Der König stellte einen Wächter an, der sollte sie beschützen.

Um den Ring nicht zu verlieren, hatte Aschenbrödler ihn immer im Mund. Aber der Mann, der sie beschützen sollte, sagte eines Tages zur Königstochter, sie solle ihren Gemahl doch einmal fragen, woher er denn seine Macht habe. Aschenbrödler erzählte ihr von dem Ring und sie erzählte es dem Wächter. „Kannst du ihn einnmal nehmen, so daß ich ihn auch sehen kann?" sagte er zu ihr. Und als ihr Mann schlief ging sie und holte vorsichtig den Ring aus seinem Mund und zeigte ihn dem Wächter. Der nahm ihn, und sobald er ihn in Händen hatte warf er ihn zu Boden, der Mohr kam heraus und fragte: „Was befiehlst du?" – „Du sollst, „sagte der Wächter, „diesen, der hier schläft, ohne daß er es merkt, mit seinem ganzen Bett aufnehmen und auf der Straße niedersetzen. Danach sollst du diese Burg hier abreißen und sie mitten im Meer wieder aufbauen, und nur ich und die Königstochter sollen drin sein."

Der Mohr aus dem Ring zerstörte die Burg, warf den unglücklichen Aschenbrödler auf die Straße, baute sodann die Burg mitten im Meer wieder auf und brachte den Wächter und Aschenbrödlers Frau hinein.

Als Aschenbrödler merkte, daß er draußen lag und weder Frau noch Ring hatte, erhob er sich weinend, ging zum König und brachte seine Klage vor. Danach ging er betrübt nach Hause. Die Katze kam und sagte: „Was fehlt dir?" – „Liebe Katze", sagte er, das und das ist mir zugestoßen. Als ich nachts schlief, hat der Wächter den Ring und meine Frau genommen und ist damit verschwunden." – „Sei nur ruhig", sprach die Katze," „ich werde sie dir wiederbringen. Überlaß mir den Hund, ich will auf ihm reiten und den Ring holen." Dann setzte sich Katze auf den Hund und sie gelangten durchs Wasser. Sie fanden die Burg und die Katze kletterte auf den Dachboden. An diesem Abend feierten die Mäuse Hochzeit. Die Katze sprang dazwischen und raubte die Mausebraut. Die Mäuse schrieen: „Laß uns die Braut!" – „Bringt mir den Ring, den der Wächter in dieser Burg im Mund hat." Da ging der Mäuserich hin, tauchte seinen Schwanz in Honig, dann wälzte er ihn in Pfeffer und steckte ihn schließlich in die Nase des schlafenden Wächters. Der Wächter nieste, der Ring sprang heraus, der Mäuserich nahm ihn und brachte ihn der Katze. Da gab die Katze die Braut frei und die Mäuse feierten die Hochzeit.

Die Katze kletterte nun mit dem Ring vom Dachboden hinab und stieg auf den Hund, der stürzte sich ins Meer und sie schwammen zurück. Als sie schon im Begriff waren, an Land zu gehen, sagte der Hund: „Laß mich den Ring auch einmal ansehen." Die Katze gab den Ring nicht her, aber sie zeigte ihn dem Hund – wer weiß, wie sie das angestellt hat –, er entglitt ihnen und fiel ins Wasser, wo sogleich ein Fisch ihn schnappte. Als sie nach Hause kamen, fragte Aschenbrödler, wie es ihnen ergangen sei. Da erzählte die Katze: „Wir haben den Ring gefunden, aber wir haben ihn wieder verloren." Aschenbrödler seufzte tief, und sie saßen miteinander traurig da.

Da sah die Katze in der Nähe Fischer mit dem Schleppnetz arbeiten. Sie ging an die Fischer heran und schrie ganz laut. Da warfen sie ihr einige Fische hin. Sie suchte so lange, bis sie im Bauch eines Fisches den Ring fand. Voller Freude brachte sie ihn Aschenbrödler. Er warf ihn zu Boden, der Mohr trat hervor und sprach: „Was befiehlst du?" – „Du sollst", rief Aschenbrödler, „die Burg, die im Meer steht, nehmen und so, wie sie ist, herschaffen und sie dorthin stellen, wo sie früher stand!" Der Mohr aus dem Ring ging, nahm die Burg und stellte sie vor dem Schloß des Königs auf, wo sie auch früher gewesen war.

Da stieg Aschenbrödler mit seinem Schwert hinauf und vertrieb den bösen Wächter! Seine Frau war sehr froh, als sie ihren Mann wieder hatte. Sie behielten die beiden Tiere bei sich in der Burg und lebten von nun an voller Freude.

Grundmotive von AaTh 560 „Zauberring"
Griechische Variante: „Aschenbrödler"

Die formelhaften Abläufe dieses Märchens werden bildlich rezipiert s. dritte Phase des Modells. Dabei sollen die folgenden Grundmotive (s. Motivkatalog Stiht Thompson) von den Schülern gefunden werden. Fehlt ein wichtiges Grundmotiv bis zuletzt, wird es vom Lehrer noch genannt und angefügt.

Die von den Schülern genannten Bilder werden in der Reihenfolge ihrer spontanen Nennung und in ihrer eigenen bildhaften Formulierung vom Lehrer an die Tafel geschrieben und dabei unauffällig in die drei Sequenzen von Ablösung, Umwandlung und Angliederung gebracht. Erst am Ende der ersten Stunde wird gemeinsam die Reihenfolge des äußeren Erzählablaufs wiederhergestellt, wobei dann die dreifache Gliederung des rituellen Übergangs erkennbar wird. Im folgenden Modell sind die Grundmotive *nur* in der Reihenfolge des Erzählablaufs angegeben.

Linke Tafelfläche
(erste Sequenz: Ablösung von zu Hause)
Magischer Wunsch-Ring (Motiv D1470.1.15)
Der Ring ist das Geschenk von einem Zauberwesen: Schlangenkönig (Mot. D812)
Der Ring wird geschenkt zum Dank für die Errettung von dessen Kind (Mot. B360)
Der magische Ring verleiht große Kräfte (Mot. D1662.1)
Mit dem Zauberring kann der Märchenheld schwierige Aufgaben bestehen und ein Schloß bauen (Mot. D1131.1)
Hochzeit mit der Königstochter (Mot. L161)

Mittlere Tafelfläche
(zweite Sequenz: Wandlung)
Verlust des Wunschrings (Mot. D860)
Der Wunschring wird von einem Gegenspieler gestohlen (Mot. D861.4)
Das Schloß (mitsamt der Frau) verschwindet (Mot. D2136.2)
Die dankbaren Tiere (Katze und Hund) machen sich auf die Reise, den Ring zu holen (Mot. B584.1)
Mäuse helfen und holen den Ring aus dem Mund des Diebs (Mot. K431)

Rechte Tafelfläche
(dritte Sequenz:
Bewährung und
Selbständigkeit)
Schloß und Prinzessin kommen zurück, der Dieb wird bestraft (Mot. D882; Mot. Q262)

215

Anregung zu den Bildern von Entwicklung und Verwandlung in dem Zaubermärchen „Aschenbrödler"
(Aufgabenstellungen s. vierte Phase des Modells)

1. Der Junge sitzt in der Asche (Erklärung s. weiter vorne). Er ist der einzige, der auf der Straße Mitleid empfinden kann mit den bedrohten Tieren und seinen kleinen Besitz für sie hergibt. Dafür wird er reichlich belohnt. Die Reise ins Schlangenreich ist nicht ungefährlich, aber er hat seine Schlange als Wegbereiterin. Sie vermittelt ihm den magischen Ring ihres Vaters. *Der Junge hat anscheinend keinen Vater.* Der Ring enthält ungeahnte Kräfte, auf die der Junge vertrauen kann. Er erreicht dadurch alles, was er sich wünscht. *Eigentlich könnte das Märchen hier zu Ende sein, aber es geht noch weiter, denn der Junge ist bis jetzt erst beschenkt, aber noch nicht gewandelt. Er muß wirklich erwachsen werden.*

2. Er verliert alles wieder und ist jetzt schlimmer dran als je zuvor. Er ist übertölpelt worden, weil er den Zauberring nicht für sich bewahren konnte. Der Ring macht automatisch alles, was man wünscht, und jetzt richten sich die Wünsche *gegen* den Jungen. *Der muß nun lernen, ohne den Ring mit dem Leben fertig zu werden.* Dabei helfen ihm seine Tiere zum Dank, sie geben ihm die Kräfte, die er braucht. Auf die Kraft der geretteten Tiere kann er sich verlassen, sie halten zu ihm, so kommt alles wieder zu ihm zurück.
Das Wichtigste aber ist, daß die Königstochter ihren Mann nicht vergißt: nur dadurch kommt alles schließlich zu einem guten Ende.

3. Zur Bestrafung des falschen Wächters braucht der Junge nicht den Wunschring. *Jetzt ist er auf den Ring nicht mehr allein angewiesen. Nun gehört ihm alles erst wirklich, und seine Frau ist mit ihm zufrieden.* Wiedervereinigung miteinander, sie leben glücklich.

„Das Mädchen im Apfel", AaTh 652A „Myrthe"

Italienisches Zaubermärchen, Quelle: Pitrè,'Novelle popolari toscane' Nr. 6, ‚La mela' (Florenz), dt. Übersetzung aus: Felix Karlinger, Italienische Volksmärchen, Deutscher Taschenbuch Verlag München 1964,65.

Herkunft und Verbreitung: Das Märchen ist vor allem im Mittelmeerraum verbreitet, wo das Mädchen bald aus einem *Heidelbeerzweig* (Italien, bei Basile: Pentamerone I,Nr. 2), bald als *Lorbeerkind* (Griechenland, bei Hahn Nr. 21) oder aus einem *Basilikum* erscheint (Diederichs, Griechische Volksmärchen Nr. 45). Dabei wird das Pflanzenkind häufig von einer neidischen Nebenbuhlerin getötet und ersteht dann neu als menschliche Braut. Doch ist die damit verbundene Eifersucht zwischen den Frauen oft sehr grausam, weswegen ich diese toskanische Variante gewählt habe, in der die **Entwicklung des Mädchens** weniger mit dem Blick auf Defloration geschildert wird, sondern in Verbindung mit der **Menarche** (Erstmenstruation). Die Konfrontation mit der Stiefmutter gewinnt aus dieser Sicht auch einen etwas anderen Charakter als bloß den der primitiven Eifersucht. Bei so subtilen Erzählungen kann eine Bearbeitung durch Männer sich negativ auswirken, wenn die Begebenheit als eine schwankhafte Episode dargestellt wird, bei der es bei den weiblichen Figuren vor allem darum gehen soll, einem Mann zu gefallen, der das Ganze von sich aus zu inszenieren scheint, z. B. in dem griechischen Märchen „Der Basilikumtopf" (LA Ms.186209 Manassides aus Änos 1883). In der vorliegenden insgesamt sehr eindrucksvollen Fassung von F. Karlinger wurden einige schwankhafte Züge leicht zurückgenommen, die Wendung von den Zauberpulvern für „verhexte Mädchen" wurde weggelassen. Inhaltliche Veränderungen sind dadurch nicht entstanden.

Der Erzähltyp: AaTh 652A gehört zum Bereich der Verwandlung in Blumen (AaTh 652) und ist in dieser Form weit verbreitet; bei Grimm: KHM 76 „Die Nelke".

Einleitende Worte und Vorlesen des Märchens:
siehe zweite Phase des Modells.
Zeiteinheit: Eine Unterrichtstunde

Vor dem Lesen erklären: Symbolik des Apfels: eine der ältesten Sammelfrüchte (bereits in der Steinzeit) und schon in alten Kulturen gebräuchlich als **Symbol der Liebe, der Fruchtbarkeit und der ewigen Jugend; im Märchen sind manchmal Kinder in Äpfel verzaubert oder entstehen aus Äpfeln** (Motiv T511.1.). „Stilett" = feiner Dolch; *Wandtafel muß freibleiben für die Nennungen der Schüler.*

❀ In alten Zeiten lebten einmal ein König und eine Königin, die waren ganz verzweifelt, weil sie keine Kinder hatten. Die Königin sagte eines Tages: „Warum kann ich denn keine Kinder haben, so wie der Apfelbaum Äpfel trägt?" Da ereignete es sich, daß die Königin schwanger wurde und nach ihrer Zeit gebar sie statt eines Kindes einen Apfel. Es war ein schöner, kleiner Apfel, rot und golden, wie man kaum je einen gesehen hatte. Und der König nahm den Apfel und legte ihn auf einen goldenen Teller, den stellte er auf seine Terrasse.

Gegenüber dem königlichen Palast aber wohnte ein Prinz. Und der blickte eines Tages aus dem Fenster und sah, wie drüben auf der Terrasse ein wunderhübsches kleines Mädchen war, weiß und rot wie ein Äpfelchen. Das saß da und wusch und kämmte sich. Der Prinz brachte vor Staunen den Mund nicht mehr zu, denn so ein schönes Mädchen hatte er noch nie gesehen. Aber kaum hatte das Mädchen bemerkt, daß es beobachtet wurde, da lief es zu dem goldenen Teller, schlüpfte in den Apfel und verschwand. Doch so kurz der Augenblick auch gewesen war, er hatte genügt, daß sich jener Prinz sterblich in das Mädchen verliebte.

Er überlegte hin und überlegte her, schließlich klopfte er an die Türe des gegenüberliegenden Palastes, ließ sich zur Königin führen und bat sie um eine Gunst. „Gerne", antwortete sie, denn unter Nachbarn muß man sich gefällig zeigen, wenn man kann. Der Prinz sagte: „Ich möchte den schönen Apfel, den Ihr da auf der Terrasse habt." – „Aber was sagt Ihr", rief die Königin, „wißt Ihr denn nicht, daß ich diesen Apfel geboren habe?" Doch der Prinz bedrängte sie so lange, daß sie endlich nicht mehr nein sagen konnte, wenn sie nicht die bestehende Freundschaft zerstören wollte. So trug der Prinz den Apfel in seine Gemächer. Er ließ alles herbeibringen, was man zum Waschen und Kämmen braucht, und das schöne Mädchen verließ jeden Morgen den Apfel, wusch sich und kämmte sich, während der Prinz sie betrachtete. Sonst tat das Mädchen gar nichts: es aß nicht, und es trank nicht, und man hörte es auch kein einziges Wort sprechen. Sie wusch und kämmte sich nur, und dann kehrte sie regelmäßig in den Apfel zurück.

Bei dem Prinzen aber wohnte seine Stiefmutter, die nun jeden Morgen bemerkte, daß der Prinz sich in seinem Zimmer einsperrte, und die sich den Kopf darüber zerbrach. „Ich möchte doch wissen", sagte sie eines Tages, „warum sich mein Sohn immer verborgen hält."

Nun kam es, daß ein Krieg ausbrach, und der Prinz mußte auch in den Krieg ziehen. Er war sehr betrübt bei dem Gedanken, daß er seinen Apfel mit dem schönen Mädchen zurücklassen sollte. Er rief seinen treuesten Diener und sagte: „Ich lasse dir hier den Schlüssel zu meinem Zimmer. Paß auf, daß ja niemand hineingeht! Richte jeden Morgen das Wasser und den Kamm für das Apfelmädchen und sieh zu, daß es ihm an nichts fehlt. Denk daran, daß sie mir alles einmal erzählen wird." Das war zwar nicht wahr, denn das Mädchen sprach nie, aber er sagte es so. „Gib acht", sprach er, „daß ihr auch nicht ein Haar fehlt, denn wenn ihr in meiner Abwesenheit etwas zustößt, kostet es dich deinen Kopf." Der Diener versprach, sein Bestes zu tun.

Kaum war der Prinz abgereist, da machte sich die Stiefmutter daran, sich zu dem Zimmer Eintritt zu verschaffen. Sie mischte dem Diener ein Schlafmittel in den Wein, und als er in tiefen Schlummer gesunken war, nahm sie ihm den Schlüssel ab. Sie lief schnell zu dem Zimmer, öffnete die Türe und durchstöberte den ganzen Raum, aber je mehr sie suchte, um so weniger fand sie etwas. Es gab da nur einen schönen Apfel auf einem goldenen Teller. „Dann kann nur dieser Apfel die geheimnisvolle Sache sein", dachte sie.

Sie nahm ihr Stilett und begann, den Apfel zu durchschneiden. Und mit jedem Schnitt drang eine Welle Blut aus dem Apfel. Da ergriff die Stiefmutter ein großer Schrecken, sie ging hinaus und steckte den Schlüssel wieder in die Tasche des Dieners, der immer noch schlief.

Als der Diener endlich erwachte, wußte er nicht, was geschehen war. Er ging in das Zimmer des Prinzen und fand dort alles voll Blut. „O weh", rief er aus, „was soll ich nun machen?" Und er entfloh, so schnell er konnte. Er lief und lief, bis er endlich zu seiner Tante kam, die war eine Zauberin. Sie gab ihm ein Pulver, damit kehrte er in den Palast zurück und lief in das Zimmer seines Herrn. Dort angekommen schüttete er ein wenig davon auf jeden Schnitt. Da *öffnete* sich der Apfel, und das Mädchen kam heraus; es war überall verbunden.

Nach einiger Zeit kehrte der Prinz wieder heim. Mit Ungeduld lief er in sein Zimmer. Da fand er zu seinem Staunen das Mädchen, dessen Wunden inzwischen geheilt waren. Sie war jetzt so groß geworden wie andere Mädchen auch und noch viel schöner als zuvor. Sie begann zu sprechen und sagte: „Nun bin ich von dem Zauber befreit, und wenn du willst, werde ich deine Braut sein." Der Prinz rief: „Verflixt! Und ob ich will!"

Da wurde die Hochzeit in den zwei benachbarten Palästen mit aller Pracht gefeiert. Nur die Stiefmutter war nicht dabei, sie war fortgegangen, und niemand hat je wieder von ihr gehört.

Die beiden wurden König und Königin, und sie lebten froh und glücklich miteinander.

Grundmotive von AaTh 652A „Myrthe"
Italienische Variante: „Das Mädchen im Apfel",

Die formelhaften Abläufe dieses Märchens werden bildlich rezipiert, s. dritte Phase des Modells. Dabei sollen die folgenden Grundmotive (s. Motivkatalog Stiht Thompson) von den Schülern gefunden werden. Fehlt ein wichtiges Grundmotiv bis zuletzt, wird es vom Lehrer noch genannt und angefügt.
Die von den Schülern genannten Bilder werden in der Reihenfolge ihrer spontanen Nennung und in ihrer eigenen bildhaften Formulierung vom Lehrer an die Tafel geschrieben und dabei unauffällig in die drei Sequenzen von Ablösung, Umwandlung und Angliederung gebracht. Zuletzt wird gemeinsam die Reihenfolge des äußeren Erzählablaufs wieder hergestellt, wobei dann die dreifache Gliederung des rituellen Übergangs erkennbar wird.
Im folgenden Modell sind die Grundmotive *nur* in der Reihenfolge des Erzählablauts angegeben.

Linke Tafelfläche (erste Sequenz: Ablösung von zu Hause)	**Mittlere Tafelfläche (zweite Sequenz: Verwandlung)**	**Rechte Tafelfläche (dritte Sequenz: Angliederung an die Welt der Erwachsenen)**
Kinderwunsch der Königin (Mot. S240)	Verschlossenes Zimmer (Mot. C611)	Hochzeit, das Mädchen wird Königin (Mot. L162)
Königin gebiert einen Apfel (Mot. T511.1)	Grausame Frau (Stiefmutter des Prinzen) ergreift den Apfel (Mot. S31)	
Aus dem Apfel kommt ein wunderschönes kleines Mädchen (kämmt sich, wäscht sich) (Mot. D630)	Zerschneiden des Apfels, Blut (Mot. K950)	
Prinz verliebt sich in das Mädchen im Apfel; er nimmt den Apfel in sein Schloß (Mot. T52.1)	Mädchen erscheint wieder und ist verändert (Mot. H151.7)	
Ausstattung des Zimmers (Mot. D2105)		

Anregungen zu den Bildern von Entwicklung und Verwandlung in dem Zaubermärchen „Das Mädchen im Apfel" (Aufgabenstellung s. Phase 4)

1. Die Königin wünscht sich so sehr ein Kind; keine Kinder zu haben ist ein Unglück.

In der Zeit der Kindheit ist die Persönlichkeit des Kindes noch *wie in der Hülle einer Frucht verborgen.* Auch die Eltern können es noch nicht erkennen.

Am Ende der Kindheit taucht *eine neue Welt* auf: das Mädchen verläßt das elterliche Haus. Es wird fortgetragen, *es hat noch keinen eigenen Willen.* Es erscheint aus dem Apfel, aber es geht immer wieder hinein. Es spricht nicht, ißt und trinkt nicht, weil es noch in einem unfertigen Zustand ist (wie in einer „Verpuppung").

2. Eine Frau gewinnt Macht über das Mädchen und *setzt es dem Tod aus.* Dabei kommt geheimnisvolles Blut aus dem Apfel.

Das Mädchen im Apfel hat eine unsichtbare *Wunde.*

Es verliert einen Schwall von **Blut.**

Die Bedeutung von Blut im Leben eines jungen Mädchens (Menstruation).

Die Bedeutung von Blut im Leben einer Frau (Menstruation, Geburt).

Blut bedeutet **Tod.** *Aber bei einer Frau bedeutet Blut auch* **Leben:** *Eisprung und Geburt führen zum Leben.*

Die Wunde verheilt wieder, nun ist das Mädchen aber auf einmal größer geworden.

Sie ist jetzt kein Kind mehr, sie geht nun nicht mehr in den Apfel zurück.

3. *Kinder können noch nicht heiraten:* Die Hochzeit ist ein Bild dafür, daß das Mädchen jetzt erwachsen geworden ist.

Der Prinz hat das Mädchen schon geliebt, als es noch im Apfel war, er allein hat es gesehen, als es aus dem Apfel kam.

Die beiden gehören zusammen: **Sie sind nun König und Königin im eigenen Königreich.**

KOMBINATION
(1)

„Vom Prinzen,
der dem Drakos gelobt wurde"

griechisch

„Die Königstochter
in der Flammenburg"

siebenbürgisch

Junge, 12 Jahre, „Vom Prinzen, der dem Drakos gelobt wurde"

„Vom Prinzen, der dem Drakos gelobt wurde" AaTh 316 „Dämon im Teich".

Griechisches Zaubermärchen aus: Griechische Märchen, gesammelt und übersetzt von Johann Georg von Hahn, Hsg. Hans Magnus Enzensberger, Greno Verlagsgesellschaft Nördlingen 1989,34. Der Text wurde für den Gebrauch im Unterricht leicht geglättet.

Herkunft und Verbreitung: Drachenmärchen sind in Griechenland sehr weit verbreitet. Der Drache heißt dort *Drakos* und ist auch als ein Mischwesen, halb Mensch, halb Drache, vorzustellen (ebenso in manchen Zaubermärchen Bulgariens und Ungarns).

Der Erzähltyp AaTh 316, dem das vorliegende Zaubermärchen zugehört, berichtet von einer Dämonenweihe: ein noch ungeborenes Kind wird von den Eltern, meist vom Vater, in unbedachter Weise einem Wasserdämon versprochen, der, sobald es ins Jugendalter kommt, zur Abholung erscheint. Eine bekannte Variante bei den Brüdern Grimm ist „Die Nixe im Teich" KHM 181.

Die Märchen dieses Erzählyps enthalten Reste von Riten, besonders von Übergangsriten im Jugendalter. Es geht dabei um die Gewinnung eines neuen Lebens mit der Eigenbestimmung des Erwachsenen, unabhängig von einer dämonischen Macht, die auch mit den Eltern zu tun hat. Nur durch treue Liebe gelingt der Sieg über das Wasserwesen, das seinen Besitz nur ganz allmählich losläßt, bis zuletzt dann doch die engültige Unabhängigkeit von Braut und Bräutigam (Mann und Frau) erreicht werden kann.

Einleitende Worte und Vorlesen: siehe zweite Phase des Modells
Zeiteinheit: Zwei Unterrichtstunden

Vor dem Lesen erklären: „Drakos" = griechisches Wort für Drache (s.o.); **„gesegneten Leibes"** = schwanger; **„geloben"** = versprechen; **frisch gemolkene Milch ist warm;** evtl: **„Aas";** **„Gefolge";** **„Hürden"** = tragbare Einzäunungen für Schafe.

Symbolik des Apfels: eine der ältesten Sammelfrüchte (Steinzeit) und schon in alten Kulturen gebräuchlich als **Symbol der Liebe, der Fruchtbarkeit und der ewigen Jugend.**

Wandtafel muß frei bleiben für die Nennungen der Schüler

✿ Es war einmal ein König, der bekam keine Kinder und war darüber so betrübt, daß er einmal ausrief: „Ich wollte, ich hätte ein Kind, und sollte es auch der Drakos fressen!" Und siehe da, auf diese Rede hin wurde der Leib der Königin gesegnet und sie gebar einen Knaben. Als aber der Knabe herangewachsen war, da trat der Drakos vor den König und sprach: „Gib mir nun den Knaben, den du mir gelobt hast." Und der König antwortete: „Du sollst ihn haben." Darauf ließ er seinen Sohn kommen und erzählte ihm die Sache, indem er sprach: „Liebes Kind, so und so steht es mit dir, ich habe dich dem Drakos gelobt, und nun ist er gekommen, um dich zu holen." – „Wenn das so ist," antwortete der Sohn, „so will ich nicht warten, bis er wiederkommt, sondern hingehen und ihn aufsuchen und sehen, wer von beiden den anderen totschlägt."

Daraufhin nahm der Prinz ein Messer und zog fort, um den Drakos aufzusuchen. Als er eine Weile gewandert war, kam er an ein Gebirge, und als er es erstiegen hatte und auf die Ebene herabblickte, die auf der anderen Seite lag, sah er dort einen schwarzen Punkt, der sich bewegte. Da sagte er bei sich: „Das wird der Drakos sein, ich will hin und ihn entweder totschlagen oder von ihm gefressen werden." Er ging also mutig auf den schwarzen Punkt los. Statt des Drachen aber fand er einen Löwen, einen Adler und eine Ameise, welche alle drei miteinander ein Aas gefunden hatten und sich nun über die Aufteilung nicht einig werden konnten. Als der Prinz sah, daß das nicht der Drakos war, wollte er umkehren. Sie aber riefen ihn herbei und sagten: „Sei so gut und teile dieses Fleisch unter uns." Da teilte er es in drei Teile, – einen großen, einen kleineren und einen ganz kleinen, für jeden nach seiner Größe. Diese Teilung gefiel den drei Tieren, und sie dankten dem Prinzen dafür. Als er aber schon wieder weitergegangen war, fiel es der Ameise ein, daß sie ihm für seine gerechte Teilung doch ein Geschenk machen sollten. „Du hast recht," sagten dazu die beiden anderen. Sie riefen ihn also zurück, und der Löwe sprach zu ihm: „Du hast uns einen Gefallen erwiesen und unter uns aufgeteilt. Wir wollen dir nun auch etwas Gutes dafür erweisen. Ich von mir aus gewähre dir, daß, wenn du zweimal ,Löwe Löwe' rufst, du so stark werden sollst wie ich selber bin." Der Adler sprach: „Und ich gewähre dir, daß, wenn du zweimal ,Adler Adler' rufst, du zum Adler werden und, wohin du willst, fliegen kannst; und wenn du sagst ,Mensch Mensch' wieder zum Menschen wirst." Zuletzt sagte die Ameise: „Ich gewähre dir, daß, wenn du zweimal ,Ameise Ameise' rufst, du zur Ameise wirst und, wohin du willst, kriechen kannst; und wenn du wieder ‚Mensch Mensch' rufst, du wieder zum Menschen wirst."

Da bedankte sich der Prinz bei den Tieren und wollte wieder nach Hause zurückkehren. Unterwegs kam der durch einen Wald, in dem die Schäferei eines Königs war, und von hier bis zum Schloß dieses Königs war es eine Stunde Wegs. In der Schäferei melkte man die Schafe, aber man konnte die Milch dem König nicht warm genug ins Schloß bringen, um daraus Käse zu machen. Daher hatte der König in seinem Reich ausrufen lassen, wer imstande sei, die Milch aus der Schäferei noch warm ins Schloß zu bringen, den wollte er zu seinem Schwiegersohn machen. Als der Prinz in die Nähe der Schafhürden kam, stürzten sich alle Hunde auf ihn und wollten ihn zerreißen, er aber sagte: „Adler Adler" und flog mitten in die Schäferei. Als ihn die Hirten sahen, wunderten sie sich und fragten ihn: „He, wie bist du hereingekommen, ohne daß dich die Hunde zerrissen haben?" Er aber antwortete: „Ich bin auf meinem Weg keinen Hunden begegnet." Als sie die Milch gemolken hatten und darüber sprachen, wie schade es sei, daß sie keiner von ihnen dem König warm bringen könnte, sagte der Prinz: „Gebt sie mir, ich will sie schon warm hinbringen." Da spotteten die Hirten über ihn: „Was! Wir sind hier so viele gute Springer und können das nicht zuwege bringen, und du willst es fertigbringen?" Er aber sprach: „Wenn ihr mir die Milch nicht gebt, so werde ich es dem König sagen, und der wird euch dafür strafen." Als sie das hörten, fürchteten sie sich und gaben ihm die Milch. Er ging also mit der Milch aus der Schäferei und sie schützten ihn vor den Hunden. Als er so weit weg war, daß sie ihn nicht mehr sehen konnten, rief er: „Adler Adler!", verwandelte sich in einen Adler, nahm die Milcheimer in seine Krallen und flog geraden Weges zum Schloß des Königs. Dort klopfte er an das Tor, aber da man ihm nicht schnell genug aufmachte, so rief er: „Ameise Ameise!", verwandelte sich in eine Ameise, schlüpfte durch das Schlüsselloch und erschien vor dem König. Dieser wunderte sich, wie er hereingekommen sei. Als er aber dann die Milch untersuchte und fand, daß sie noch warm war, da sagte er bei sich: „Den werde ich zu meinem Schwiegersohn machen". Und als er ihn näher kennen lernte, gefiel er ihm so, daß er ihn wirklich mit seiner Tochter verlobte. Und noch mehr gefiel der Prinz der Königstochter.

Gerade um diese Zeit geschah es, daß der König in einen Krieg verwickelt wurde, und er sprach zum Prinzen: „Willst du statt meiner ins Feld ziehen?" Der Prinz sagte zu, und der König versammelte nun ein großes Heer. Aber der Prinz sprach zu ihm: „Ich brauche nur ein kleines, auserlesenes Gefolge." Und nachdem er sich dieses ausgesucht hatte, zog er damit gegen den Feind. Als er mit dem feindlichen Heer zusammenstieß, da rief er: „Löwe Löwe", ward so stark wie ein Löwe und schlug die Feinde.

Nun wurde die Hochzeit des Prinzen mit der Königstochter mit größter Pracht gefeiert. Bald darauf ging jedoch der Prinz eines Tages an die Quelle, um Wasser zu trinken, und wie er sich darüber bückte, da kam der Drakos hervor und verschluckte ihn.

Als das der König erfuhr, tat es ihm sehr leid, weil er einen so wackeren Schwiegersohn verloren hatte, aber auch besonders seiner Tochter wegen, weil sie ihren Mann so sehr liebte, daß sie schwerlich einen anderen Mann heiraten wollte. Daher beschloß er, sie zu täuschen. Er verbot, ihr den Tod ihres Mannes zu melden und schickte in aller Eile durch die ganze Welt, um einen zu finden, der ihm ganz ähnlich wäre. Als man einen solchen gefunden hatte, brachte ihn der König selber zu seiner Tochter und sprach: „Sieh, da ist dein Mann unverhofft wiedergekommen." Seine Tochter aber merkte sogleich, daß das nicht ihr rechter Mann sei, und sagte: „Nein, der ist es nicht." – „Ei was," rief der König, „ich werde doch meinen Schwiegersohn wohl kennen, der ist es und kein anderer." Seine Tochter aber sprach: „Nun, wenn er es wirklich ist, so soll er mit mir in die Nebenkammer kommen, damit ich ihn etwas frage." Darauf ging sie dorthin voraus; jener wollte ihr folgen, bevor er aber in die Kammer konnte, machte sie ihm die Türe vor der Nase zu und rief von innen: „Wenn du wirklich mein Mann bist, so komme herein!" Denn ihr Mann hatte ihr all seine Gaben anvertraut. Als nun der Fremde erklärte, daß er nicht könne, da kam sie wieder heraus und sprach zu ihrem Vater: „Siehst du, daß das mein Mann nicht ist, aber nun mußt du mir auch sagen, was aus ihm geworden ist." Als der König sah, daß er sie nicht täuschen konnte, sagte er zu ihr: „Liebe Tochter, mit deinem Mann ist es so und so ergangen." Sie sprach: „Ich will ihn wieder aus dem Brunnen holen. Aber du mußt mir über der Quelle ein Schloß bauen und mit lauter Äpfeln füllen lassen." Um seine Tochter zu trösten, tat ihr der König den Willen und ließ über der

Quelle ein Schloß bauen und es mit Äpfeln füllen. Und als es fertig war, zog die Prinzessin hinein.

Am ersten Tag hing sie zehn Äpfel über die Quelle, in der der Drakos war, und als er sie roch, da schnupperte er und sprach: „Was für Äpfel sind das?" Und die Prinzessin antwortete: „Was für ein Mann ist das, den du da unten bei dir hast? Wenn du ihn ein wenig herausstrecken willst, so daß ich seinen Kopf sehen kann, so gebe ich dir die Äpfel zu essen."

Da hob der Drakos den Mann in die Höhe, daß er mit dem Kopf zum Brunnen heraussah, und sie gab ihm darauf die Äpfel. Am anderen Tag hing sie noch mehr Äpfel auf, und als der Drakos wieder nach ihnen schnupperte, sprach die Prinzessin: „Wenn du ihn bis zu den Hüften zum Brunnen heraussteckst, so bekommst du alle diese Äpfel." Da hob der Drakos den Mann in die Höhe, daß er bis zu den Hüften aus dem Brunnen sah, und bekam dafür die Äpfel. Am dritten Tag hing sie noch viel mehr Äpfel über den Brunnen, und als die der Drakos erblickte, schnupperte er noch viel stärker. Darauf sprach die Prinzessin: „Wenn du ihn so hoch hebst, daß ich ihn ganz sehen kann, so gebe ich dir die Äpfel." Da nahm der Drakos den Prinzen auf seinen Arm und hob ihn ganz aus dem Brunnen heraus. Der aber rief: „Ameise Ameise!" und fiel als Ameise von den Armen des Drakos auf den Boden. Dann sprach er: „Adler Adler!" und flog mit der Prinzessin in sein Reich, und von nun an hatte er Ruhe vor dem Drakos.

228

Grundmotive von AaTh 316 „Dämon im Teich"
Griechische Variante: „Vom Prinzen, der dem Drakos gelobt wurde"

Die formelhaften Abläufe dieses Märchens werden bildlich rezipiert, s. dritte Phase des Modells. Dabei sollen die folgenden Grundmotive (s. Motivkatalog Stith Thompson) von den Schülern gefunden werden. Fehlt ein wichtiges Grundmotiv bis zuletzt, wird es vom Lehrer noch genannt und angefügt.
Die von den Schülern genannten Bilder werden in der Reihenfolge ihrer spontanen Nennung und in ihrer eigenen bildhaften Formulierung vom Lehrer an die Tafel geschrieben und dabei unauffällig in die drei Sequenzen von Ablösung, Umwandlung und Angliederung gebracht. Erst am Ende der ersten Stunde wird gemeinsam die dreifache Gliederung des rituellen Übergangs erkennbar wird.
Im folgenden Modell sind die Grundmotive *nur* in der Reihenfolge des Erzählablaufs angegeben.

Linke Tafelfläche (erste Sequenz: Ablösung von zu Hause)	**Mittlere Tafelfläche (zweite Sequenz: Wandlung)**	**Rechte Tafelfläche (dritte Sequenz: Erlösung, Selbstbestimmung)**
Kind wird unbedacht einem Wasserdämon (hier Drakos, der im Wasser haust) versprochen (Motiv S240)	Drakos raubt den Prinzen und hält ihn unter Wasser fest (Mot. F420.5.2.2)	Er verwandelt sich in eines der Tiere und kommt aus dem Jenseitsbereich heraus (Mot. D659.2)
Der herangewachsene Prinz erhält von dankbaren Tieren magische Kräfte zur Selbstverwandlung (Mot. B500)	Frau sucht die Identität ihres Mannes (Mot. H0)	
Hochzeit mit der Königstochter (Mot. L161)	Frau eilt ihrem Mann in wunderbarer Weise zu Hilfe (Mot. R152)	
	Sie ersinnt eine List, um ihn aus dem übernatürlichen Machtbereich zu befreien (Mot. H923.1)	

Anregungen zu den Bildern
von Entwicklung und Verwandlung in dem Zaubermärchen
„Vom Prinzen, der dem Drakos gelobt wurde"
(Aufgabenstell. s. vierte Phase des Modells)

1. Der König hat keine Kinder und will unbedingt ein Kind haben. In seinem Ärger liefert er das Kind, das er haben möchte, dem Drakos aus. *Überzogene Elternwünsche können das Leben eines Kindes von Anfang an belasten und gefährden.* Als der Junge herangewachsen ist, will ihn der Drakos holen. *Im Lebensabschnitt zwischen Kindheit und Erwachsensein sind die Jugendlichen besonders gefährdet, weil sie Problemen ausgeliefert sind, die sie nicht eigenständig lösen können.* Doch der Junge fürchtet sich nicht und blickt seinem Schicksal mutig entgegen. Er sucht die Bewährung und macht sich auf von zu Hause. Unterwegs erhält er durch sein hilfsbereites Handeln Hilfe von außen durch dankbare Tiere: *Aus dem Lebensbereich der Tiere kommt ein Zuwachs großer Kräfte, die wir auch in uns selber aufspüren können. Der Prinz kann die von den Tieren geschenkten Kräfte für sich selbst lebendig machen.* Mit seinen neu erworbenen Kräften gelingt es ihm, eine Heiratsprüfung zu bestehen und die Königstochter zu gewinnen.

2. Aber der Drakos lauert und muß noch überwunden werden. Er holt sich seine Beute, als der Prinz sich seinem Machtbereich im Wasser nähert. Der Prinz wird von ihm in die unterirdische Wasserwelt geschleppt und verschwindet aus dem Bereich der Menschen. *Er erleidet einen symbolischen Tod.* Nur die Liebe seiner Frau kann ihn retten. Sie läßt sich durch nichts täuschen und besteht die schwierige Aufgabe, ihren verlorenen Mann wiederzugewinnen, der im Bereich des Drakos verzaubert ist. Der Drakos tauscht das Leben des Prinzen gegen Äpfel ein – im Zaubermärchen haben nicht nur Tiere ungewöhnliche Kräfte sondern auch Pflanzen und Früchte –, aber nur langsam kann der Schattenbereich überwunden werden. In einer dreimaligen Prüfung erhält der Prinz jedesmal mehr von seinem menschlichen Leben zurück. *Ähnlich wie beim Durchgang durch eine schwere Krankheit oder durch eine andere schwierige Situation kehrt das Leben nur allmählich wieder zurück. Eine Läuterung findet statt.*

3. Im letzten, entscheidenden Augenblick setzt der Prinz seine eigenen Kräfte gegen den Drakos ein. Das Geschenk des kleinsten Tieres rettet ihn (im Vergleich zu ihrer Größe sind die Kräfte der Ameise ungeheuer stark). *Jetzt ist der Prinz einer, der über sich selbst bestimmen kann. Seine Frau hat ihn dem Leben wiedergewonnen und nun können sie nicht mehr getrennt werden.*

„Die Königstochter in der Flammenburg", AaTh 300 „Drachenkämpfer"

Siebenbürgisches Zaubermärchen aus: Josef Haltrich: Sächsische Volksmärchen aus Siebenbürgen, Kriterion Verlag Bukarest 1974,105, Nr. 22.

Herkunft und Verbreitung: Die Märchensammlung von Josef Haltrich (1822–1866, Lehrer und Pfarrer in Siebenbürgen) ist eine der frühesten und vielseitigsten. Jacob Grimm vermittelte die Herausgabe 1856 bei Julius Springer in Berlin. Josef Haltrichs einfache, klare und bilderreiche Texte eignen sich vorzüglich für den Einsatz im Schulunterricht.

Das Drachenthema ist für siebenbürgische Märchen bezeichnend und findet sich dort sehr häufig. Das Motiv des **Drachenkampfes** gehört zu den ältesten schriftlich belegten Motiven: frühestes Zeugnis im babylonischakadischen Schöpfungsmythos „Enuma Elis", um 1800 v. Chr., s. dazu im Märchen **„Der Recke ohne Beine".**

Der Erzähltyp AaTh 300 „Drachenkämpfer", dem dieses Märchen zugehört, ist sehr weit verbreitet; im Zaubermärchen findet er sich mehr im osteuropäischen Raum als in Westeuropa.

Einleitende Worte und Vorlesen des Märchens:
siehe zweite Phase des Modells
Zeiteinheit: Eine Unterrichtsstunde

Wandtafel muß freibleiben für die Nennungen der Schüler

❀ Es war einmal ein armer Mann, der hatte sehr viele Kinder. Alle Leute in seinem Dorf hatte er schon zu Taufpaten gehabt. Als ihm nun wieder ein Söhnlein geboren wurde, setzte er sich an die Landstraße, um den ersten besten zum Taufpaten zu bitten. Da kam ein alter Mann in einem grauen Mantel die Straße entlang. Den bat er, und dieser nahm seine Bitte willig an, ging mit und half den Knaben taufen. Der alte Mann aber schenkte dem Armen eine Kuh mit einem Kalb. Das war an demselben Tag, an dem der Knabe geboren war, zur Welt gekommen und hatte vorn an der Stirn einen goldenen Stern und sollte dem Kleinen gehören.

Als der Knabe größer war, ging er mit seinem Rind, das nun ein großer Stier geworden war, jeden Tag auf die Weide. Der Stier aber konnte sprechen, und wenn sie auf dem Berg angekommen waren, sagte er zu dem Knaben: „Bleibe du hier und schlafe, inzwischen will ich mir schon meine Weide suchen." Sowie der Knabe schlief, rannte der Stier wie der Blitz fort und kam auf die große Himmelswiese und fraß hier goldene Sternblumen. Als die Sonne unterging, eilte er zurück und weckte den Knaben, und dann gingen sie nach Hause. So geschah es jeden Tag, bis der Knabe zwanzig Jahre alt war. Da sprach der Stier eines Tages zu ihm: „Jetzt setze dich zwischen meine Hörner, und ich trage dich zum König. Dann verlange von ihm ein sieben Ellen langes eisernes Schwert und sage, daß du seine Tochter erlösen willst. Bald waren sie an der Königsburg. Der Junge stieg ab und ging vor den König und sagte, warum er gekommen sei. Der König gab ihm gerne das verlangte Schwert. Aber er hatte keine große Hoffnung, seine Tochter wiederzusehen, denn schon viele kühne Jünglinge hatten es vergeblich gewagt, sie zu befreien. Es hatte sie nämlich ein zwölfköpfiger Drache entführt, und dieser wohnte weit weg, wohin niemand gelangen konnte. Denn auf dem Weg dahin war zuerst ein hohes, unübersteigbares Gebirge; dann ein weites und stürmisches Meer, und drittens wohnte der Drache in einer Flammenburg. Wenn es nun auch jemand gelungen wäre, über das Gebirge und das Meer zu kommen, so hätte er doch durch die mächtigen Flammen nicht hindurchdringen können, und wäre er glücklich durchgedrungen, so hätte ihn der Drache umgebracht.

Als der Junge das Schwert hatte, setzte er sich dem Stier zwischen die Hörner, und im Nu waren sie vor dem großen Gebirgswall. „Da können wir wieder umkehren", sagte er zum Stier, denn er hielt es für unmöglich, hinüberzukommen. Der Stier aber sprach: „Warte nur einen Augenblick!", und setzte den Jungen zu Boden. Kaum war das geschehen, so nahm er einen Anlauf und schob mit seinen gewaltigen Hörnern das ganze Gebirge auf die Seite, so daß sie weiterziehen konnten.

Nun setzte der Stier den Jungen sich wieder zwischen die Hörner, und bald waren sie am Meer angelangt. „Jetzt können wir umkehren", sprach der Junge, „denn da kann niemand hinüber!" „Warte nur einen Augenblick!" sprach der Stier, „und halte dich an meinen Hörnern." Da neigte er den Kopf zum Wasser und soff und soff das ganze Meer auf, so daß sie trockenen Fußes wie auf einer Wiese weiterzogen.

Nun waren sie bald an der *Flammenburg*. Aber da kam ihnen schon von weitem solche Glut entgegen, daß der Junge es nicht mehr aushalten konnte. „Halte ein!" rief er dem Stier zu, „nicht weiter, sonst müssen wir verbrennen." Der Stier aber lief ganz nahe und goß auf einmal das Meer, das er getrunken hatte, in die Flammen, so daß sie gleich verlöschten und einen mächtigen Qualm erregten, von dem der ganze Himmel mit Wolken bedeckt wurde. Aber nun stürzte aus dem fürchterlichen Dampfe der zwölfhäuptige Drache voll Wut hervor. „Nun ist es an dir!" sprach der Stier zum Jungen, „sieh zu, daß du auf einmal dem Ungeheuer alle Häupter abschlägst!" Der nahm alle seine Kraft zusammen, faßte mit beiden Händen das gewaltige Schwert und versetzte dem Ungeheuer einen so geschwinden Schlag, daß alle Häupter herunterflogen. Aber nun schlug und ringelte sich das Tier auf der Erde, daß sie erzitterte. Der Stier aber nahm den Drachenrumpf auf seine Hörner und schleuderte ihn nach den Wolken, so daß keine Spur mehr von ihm zu sehen war. Dann sprach er zu dem Jungen: „Mein Dienst ist nun zu Ende. Gehe jetzt ins Schloß, da findest du die Königstochter und führe sie heim zu ihrem Vater." Damit rannte er fort auf die Himmelswiese, und der Junge sah ihn nicht wieder.

Der Junge aber fand die Königstochter drinnen, und sie freute sich sehr, daß sie von dem garstigen Drachen erlöst war. Sie fuhren nun zu ihrem Vater, hielten Hochzeit, und es war große Freude im ganzen Königreich.

Grundmotive von AaTh 300 „Drachenkämpfer"
Siebenbürgische Variante: „Die Königstochter in der Flammenburg"

Die formelhaften Abläufe dieses Märchens werden bildlich rezipiert s. dritte Phase des Modells. Dabei sollen die folgenden Grundmotive (s. Motivkatalog Stiht Thompson) von den Schülern gefunden werden. Fehlt ein wichtiges Grundmotiv bis zuletzt, wird es vom Lehrer noch genannt und angefügt.
Die von den Schülern genannten Bilder werden in der Reihenfolge ihrer spontanen Nennung und in ihrer eigenen bildhaften Formulierung vom Lehrer an die Tafel geschrieben und dabei unauffällig in die drei Sequenzen von Ablösung, Umwandlung und Angliederung gebracht. Zuletzt wird gemeinsam die Reihenfolge des äußeren Erzählablaufs wieder hergestellt, wobei dann die dreifache Gliederung des rituellen Übergangs erkennbar wird.
Im folgenden Modell sind die Grundmotive *nur* in der Reihenfolge des Erzählablaufs angegeben.

Linke Tafelfläche (erste Sequenz: Ablösung von zu Hause)

Unscheinbare Herkunft des Helden (Motiv. L100)

Hilfreiches Tier (hier: zauberisches Stierkalb) von Geburt an zum Helden gehörend (Mot. B311)

Das Tier ist dankbar für die liebevolle Versorgung (Mot. B391)

Das Tier versorgt den Helden mit einem zauberischen Schwert (hier: schickt ihn dazu zum König) (Mot. B312.1)

Mittlere Tafelfläche (zweite Sequenz: Wandlung)

Königstochter vom Drachen entführt (Mot. R11.1)
Reise zur entführten Prinzessin (Mot. H1385.1)
Berge und Meer als scheinbar unüberwindliches Hindernis auf dem Weg zur Drachenburg (Mot. F140)

Hilfreiches Tier (Stier) (Mot. B580)
Feuerspeiender Drache (Mot. B11.2.11)
Vielhäuptiger Drache (Mot. B11.2.3.1)
Kampf mit dem Drachen (Mot. B11.11)
Alle Häupter müssen gleichzeitig abgeschlagen werden, da sie nachwachsen (Mot. B11.5.5)
Befreiung der Königstochter (Mot. R111.1.3)

Rechte Tafelfläche (dritte Sequenz: Angliederung an die Ewachsenenwelt)

Hochzeit mit der Königstochter (Mot. K1816.0.3.1)

**Anregungen zu den Bildern von Entwicklung und Verwandlung
in dem Zaubermärchen
„Die Königstochter in der Flammenburg"
(Aufgabenstellungen s. vierte Phase des Modells)**

1. Die Familie ist so kinderreich und so arm, daß die Wahl des Taufpaten für das zuletzt Neugeborene dem Zufall überlassen bleiben muß. Aber der Pate ist hilfreich und macht dem Jungen ein Zaubertier zum Geschenk (siehe bei den Grundmotiven). Beide wachsen heran und werden gemeinsam groß. Der Junge schläft auf der Weide, während der Stier sich von zauberischen Himmelsblumen ernährt. *Der Stier besitzt gewaltige Kräfte: die „Stierkraft" des Jungen. Im Schlaf (aus dem Unbewußten) schöpft der Junge seine Kräfte, um zu wachsen.* Der Stier schickt ihn zum König, der ihn mit einem großen, eisernen Zauberschwert ausrüstet, um die Königstochter zu befreien, die in die Burg des Drachen entrückt ist. Der Stier trägt den Jungen dorthin und ebnet ihm die Wege.

2. Drachenkampf: siehe Grundmotive. Der Junge muß *selber* den entscheidenden Schlag tun. Er braucht seine ganze Kraft dazu. Aber jetzt benötigt er keine Hilfe mehr: Er befreit die Königstochter und bringt sie nach Hause. Der Stier geht zurück in den Jenseitsbereich, aus dem er gekommen war, um dem Jungen zu helfen und ihn beim Ewachsenwerden zu unterstützen.

3. Der Junge ist nun kein Kind mehr. Beide, er und die Königstochter, haben im jenseitigen Bereich des Drachen gelernt, Schwierigkeiten zu bestehen. Die Hochzeit ist ein Zeichen, daß sie nun *erwachsen geworden* sind; Kinder können noch nicht heiraten.

Ihre Hochzeit ist ein Freudenfest, das im ganzen Königreich gefeiert wird.

KOMBINATION
(2)

„Der Recke ohne Beine"

belorussisch

„Von Johannes-Wassersprung und Caspar-Wassersprung"

Grimm

Mädchen, 14 Jahre, „Prinz Weißbär"

„Der Recke ohne Beine", AaTh 300 „Drachenkämpfer"

Belorussisches Zaubermärchen (Weißrußland) aus: Volksmärchen, eine internationale Reihe, Red. G. Burde-Schneidewind, Belorussische Volksmärchen, Akademie-Verlag Berlin 1980,62, Nr. 4. Der Text wurde für den Gebrauch im Unterricht leicht gekürzt, inhaltliche Veränderungen sind dadurch nicht entstanden.

Herkunft und Verbreitung: Im slawischen Sprachraum in vielen Varianten verbreitet. Das vorliegende Märchen wurde erzählt von einem Bauern aus dem Dorf Tschudin/Minsk und zu Anfang dieses Jh. in der Sammlung Serzputovskij veröffentlicht. Es enthält Nachklänge von Erzählungen über Riesen und ist in dem für ostslawische Reckenmärchen charakteristischen Stil gehalten. Der Ablauf des Drachenkampfes folgt genau dem europäischen Muster, doch ist der Beginn abweichend durch das Motiv der Behinderung des Helden. Gerade dieser Anfang verleiht der Erzählung einen besonderen Reiz. Er findet sich ähnlich in „Ilja Muromez" (s. o. im gleichen Band, Nr. 8).

Die belorussische Sprache (Weißruthenisch) war bis ins vorige Jahrhundert eine nur gesprochene Sprache; erst im 19. Jh. wurde sie zur Schriftsprache.

Der Erzähltyp AaTh 300 „Drachenkämpfer" ist besonders in Osteuropa außerordentlich beliebt und stellt im slawischen Raum einen der wichtigsten Märchentypen dar, auf den nach W. Propp alle Zaubermärchen zurückgehen sollen. Er erinnert an die Auseinandersetzung der Menschen mit wirklichen Untieren. Die frühesten Vorstellungen von Drachen finden sich seit dem 3. vorchr. Jahrtausend im Alten Orient, die älteste schriftliche Überlieferung von einem Drachenkampf (Meerdrache) im babylonischen „Enuma Elis", um 1800 v. Chr., das zum Vorbild wurde für fast alle Schöpfungsmythen des Vorderen Orients. In Westeuropa ist der Drachenkampf mehr in der Sage als im Märchen zu finden. Bei Grimm kommt er vor in KHM 60 *„Die zwei Brüder"* und „Von Johannes-Wassersprung und Caspar-Wassersprung" im Erstdruck der Kinder- und Hausmärchen von 1812.

Einleitende Worte und Vorlesen des Märchens:
siehe zweite Phase des Modells
Zeiteinheit: Zwei Unterrichtsstunden

Vor dem Lesen erklären: „Zar", „Recke", evt. „Keule"
Wandtafel muß frei bleiben für die Nennungen der Schüler.

❀ In irgendeinem Zarenreich lebte einmal ein Schmied mit seiner Frau. Sie hatten einen Sohn, der aber hatte keine Beine. Während seine Mutter auf dem Feld arbeitete, wälzte er sich daheim an der Erde, kaute Kartoffeln und lutschte die Kartoffelschalen aus. Er wuchs und wuchs und wurde immer dicker, aber er konnte nicht laufen, nur kriechen. Da wurden es die Eltern schließlich leid, ihn zu füttern, und der Vater schirrte seine Stute an den Wagen und fuhr mit ihm in den Wald. Dort wollte er den Sohn seinem Schicksal überlassen. Im tiefen Wald sah der Vater auf einmal eine kleine Hütte. Es war aber niemand dort. Er kletterte hinein und schaute hierhin und dorthin, in der Hütte gab es alles. Da trug er seinen Sohn in die Hütte und ließ ihn dort. Er selber setzte sich auf den Wagen und fuhr fort.

So saß der Junge allein in der Hütte und schaute sich um. Da kam ein altes Männlein und bat um etwas zu trinken. „Ich würde dir gerne etwas Wasser geben", sagte der Junge, „aber ich kann nicht gehen." – „Das macht nichts", sagte das Männlein, „schöpfe nur und versuche selbst einmal, ob das Wasser gut ist." Der Junge wollte schon lange trinken. Er trank zuerst einen Schluck und dann fast den vollen Krug aus. Als er getrunken hatte, fühlte er sogleich eine solche Kraft in sich, daß es ihm schien, er könnte die ganze Erde umdrehen. Das alte Männlein trank auch und sagte: „Trink noch mehr, denn du brauchst viel Kraft." Der Junge sah, daß er gesunde Füße hatte, er konnte gehen und fühlte nicht mehr unter seinem ganzen Körper den Boden. Er trank nochmals von dem Wasser und glaubte, daß es nichts Besseres auf der Welt gäbe. Er wollte noch mehr Wasser und wollte zur Quelle laufen. Er suchte und suchte, aber er fand keine. Da machte er sich auf und ging geradeaus los.

Er ging und sah plötzlich eine dicke Fichte vor sich, so dick wie ein Ofen. Er packte den Baum mit einer Hand, und der knickte um wie ein Strohhalm. Er ging weiter und drehte gewaltige Bäume um; es sah aus, als wäre der Wirbelwind darüber hingefegt. Er knickte den ganzen Wald um als Wegzeichen, wo er gegangen war. Lange ging er so, bis er auf einen Weg hinaustrat. Dort lagen große Steine wie Felsmauern. Er begann diese Steine wie Kartoffeln auf den Weg zu rollen.

Da kamen elf Recken angeritten. Sie hielten an, denn sie konnten nicht weiterreiten, weil die Steine dort lagen. „Sei gegrüßt, Bursche!" sagten die Recken, „was machst du da?" – „Ich spiele ein bißchen", sagte der Junge. Da stiegen die Recken von ihren Pferden und griffen nach einem Stein, konnten ihn aber nicht von der Stelle bewegen. Da trat der Junge heran und stieß den Stein weg. „Komm mit uns", sagten die Recken. Der Junge antwortete: „Wie kann ich mitkommen, wenn ich kein Pferd habe?" „Wähl dir ein Pferd von den unsrigen aus", sagten die Recken. Da wollte sich der Junge ein Pferd auswählen, aber sowie er ihm nur die Hand auf den Rücken legte, knickten dem Pferd die Vorderbeine ein. So probierte er alle Pferde, konnte aber kein geeignetes finden. Er zog nun mit den Recken, sie ritten auf den Pferden, und er ging zu Fuß. Da sah er einen Mann am Weg pflügen. Seine Stute war klein, aber kräftig. Der Junge legte die Hand auf den Rücken des Pferdes, aber es rührte sich nicht. „Tausch deine Stute gegen eines unserer Pferde ein", sagten die Recken, „nimm, welches du willst." Doch der Mann wollte sie um keinen Preis hergeben. Schließlich brachten sie den Bauern mit Gewalt dazu, die Stute für ein paar ihrer besten Pferde einzutauschen. Der Junge setzte sich auf die Stute, und sie ritten weiter.

Da kamen sie zu dem Dorf, wo der Vater des Jungen wohnte, und sie ließen sich dort in der Schmiede ihre Pferde beschlagen. Der Schmied erkannte seinen Sohn nicht, und er beschlug auch dessen Stute. Da bat ihn sein Sohn, eine Keule für ihn zu schmieden. Der Schmied nahm alles Eisen zusammen und schmiedete eine solche Keule, daß drei Mann Mühe hatten, sie umzudrehen. Der Sohn des Schmiedes nahm die Keule, drehte sie mit einer Hand um, und als er sie in die Höhe warf, wußte man nicht, wo sie geblieben war. Die Recken standen da und wunderten sich. Aber nach kurzer Zeit hörte man es donnern, und die Keule kam heruntergeflogen. Der Sohn des Schmiedes hielt das Knie darunter, die Keule schlug dagegen und verbog sich. Da gab der Schmied nochmals Eisen dazu und schmiedete eine noch größere Keule. Sein Sohn dankte ihm, nahm die Keule und ritt mit den Recken in die weite Welt hinaus.

Sie kamen zu einem Zaren und traten in seine Dienste. Nach einiger Zeit erschien dort ein großer Drache und begann, Menschen zu verschleppen. Er verschleppte sehr viele und fraß sie auf. Schließlich ergriff er die Tochter des Zaren und schloß sie in seiner Höhle ein. Der Zar ließ im ganzen Reich bekanntmachen, daß er demjenigen, der sie aus der Gewalt des Drachen befreite und den Drachen tötete, das halbe Zarenreich und seine Tochter zur Frau geben wolle. Viele Recken kamen und versuchten es, aber sie alle hat der Drache verschlungen. Schließlich wurden auch die Recken geholt, die mit dem Sohn des Schmieds gekommen waren. „Komm mit", sagten sie zu ihm", du bist noch jung und es wird Zeit, daß du auch Ruhm gewinnst. Komm, wir lehren dich kämpfen." Sie ritten gemeinsam los und kamen zu einer Kreuzung. Dort stand ein Wegweiser, darauf war etwas geschrieben. Einer von ihnen konnte lesen. Er las vor, daß der, der nach rechts reitet, Ruhm erwerben würde, wer nach links reitet, reich werden sollte, und wer geradeaus weiterreitet, auf den Tod treffen würde. Da überlegten die Recken, wohin sie reiten wollten. Sie wählten alle den Weg nach rechts und ritten los, um den Ruhm zu suchen. Nur der Sohn des Schmieds sagte, daß man dem Tode doch nicht entgehen könne und ritt als einziger geradeaus weiter. Als er ein Stück geritten war, stieß er auf dieselbe Hütte, in die ihn sein Vater gebracht hatte, als er noch nicht gehen konnte. Er band die Stute an und kletterte in die Hütte. In der Ecke, am Ofen, sah er eine sehr alte Frau sitzen.

„Sei gegrüßt, Großmütterchen!" – „Dank dir, Bursche. wohin führt dich Gott?" fragte sie. „Ich reite geradeaus, Großmütterchen." – „Reite nicht weiter, Kindchen, denn sonst wirst du umkommen. Dort wird dich der Drache auffressen." – „Doch, Großmütterchen, ich reite weiter, und wenn ich auch umkommen sollte." – „Du tust mir leid", sagte sie, „du warst in meiner Hütte, und da ist mir jetzt, als wärst du mein Enkelkind. Hör mich an: was immer du unterwegs treffen solltest, töte es nicht, denn es wird dir in der Not dienen." Der Junge dankte ihr und ritt weiter.

Er war gerade von der Hütte fortgeritten, als ein Hase hervorsprang. Schon wollte er die Keule schleudern, da sagte der Hase: „Töte mich nicht, ich will dir auch helfen, wenn du in Not bist." Er ritt weiter, und der Hase lief hinter ihm her. Da kam ein Wolf hervorgesprungen. Der Recke griff zur Keule, aber der Wolf sagte: „Töte mich nicht, du wirst mich, wenn du in Not bist, noch brauchen." Er steckte die Keule wieder ein und ritt weiter. Der Wolf lief hinter ihm her. Da kam er an einen steilen Berg. Er konnte nicht weiter, ließ die Stute ins freie Feld laufen und wollte einen Weg suchen.

Inzwischen kam der Drache aus seiner Höhle, um zu fressen. Der Wolf schreckte die Stute, daß sie aus Leibeskräften davonrannte und so dem Drachen entkam. Der Drache fraß etwas und kehrte in seine Höhle zurück. Da kam der Hase zu dem Burschen gelaufen und zeigte ihm die Felsspalte, in der der Drache die Zarentochter versteckt hielt. Der Bursche klopfte mit der Keule an die Felswand. Da erschien die Zarentochter auch schon und rief: „Lauf fort, sonst wird dich der Drache fressen!" Da griff der Bursche zur Keule und zerbrach ein Stück Felswand. Als die Zarentochter das sah, bat sie ihn, sie zu Vater und Mutter zu bringen. Inzwischen hatte der Drache einen Kopf in den Spalt gesteckt und wollte den Burschen fressen. Da griff der Bursche zur Keule und zerschlug den Kopf des Drachen. Er schnitt ihm die Zunge heraus und steckte sie in die Tasche. Unterdessen hatte der Drache seinen zweiten Kopf hereingesteckt. Der Bursche zerschmetterte auch den und schnitt die Zunge ab. So zerschlug er dem Drachen alle zwölf Köpfe. Die Zarentochter war froh, daß ein solcher Recke gekommen war und den furchtbaren Drachen umgebracht hatte. Der Bursche gefiel ihr und sie versprach, ihn zu heiraten, wenn er sie nach Hause bringen würde. Sie zerriß ein Tuch und gab dem Burschen die eine Hälfte davon. Er steckte es in die Tasche und legte sich nieder, denn er war von dem Kampf mit dem Drachen sehr müde geworden.

Während der Bursche schlief, kamen die anderen Recken. Sie hörten von der Königstochter, was geschehen war. Da wurden sie auf den Burschen neidisch und töteten ihn im Schlaf. Danach gerieten sie in Streit, wer die Zarentochter bekommen sollte, und stritten so lange, bis einer den anderen erschlagen hatte. Nur einer von ihnen blieb am Leben. Der zwang die Zarentochter, ihrem Vater und ihrer Mutter zu sagen, daß er es war, der den Drachen getötet hatte. Dann setzte er sie auf sein Pferd und brachte sie zum Zaren.

Inzwischen lief der Hase, holte Lebenswasser und spritzte es dem Burschen in die Augen. Da wurde dieser wieder lebendig und wachte auf. Er sah, daß die Zarentochter nicht mehr da war und erriet, daß hier eine böse Sache geschehen war. Unterdessen war der Wolf durch den Wald gelaufen und hatte die Stute gefunden. Er schreckte sie auf und sie sprang zurück. Der Bursche setzte sich auf die Stute und ritt zum Zaren. Als er dorthin kam, wurde schon alles zur Hochzeit vorbereitet. Er ging zum Zaren und erzählte ihm die ganze Wahrheit. Der Zar glaubte ihm nicht und fragte die Tochter. Aber diese sagte, was ihr der andere befohlen hatte. Da befahl der Zar, den Burschen wegen Verleumdung zu töten und fragte ihn, wer er sei. „Ich bin der ‚Recke ohne Beine‘, mehr sage ich euch nicht," antwortete der Bursche. Da sah er den Hasen am Zaun sitzen, zog das Stück Tuch aus der Tasche und warf es dem Hasen hin. Der Hase brachte das Tuch zur Zarentochter. Da weinte sie und erzählte dem Vater, wie es gewesen war, und bat ihn, den Burschen nicht zu töten. Da wurde der Bur-

sche in den Palast gebracht, und wie er mit seiner Tasche kam und
dort stand, fragte ihn der Zar, wie denn nun alles gewesen sei. Da zog
der „Recke ohne Beine" die Drachenzungen aus der Tasche und fragte: „Und was ist das?" Da wurde der andere Recke ganz verwirrt, und
die Zarentochter zeigte die beiden Hälften des Tuches, die genau zu-
sammenpaßten. Da glaubten es alle, und der unehrliche Recke wurde
bestraft. Der „Recke ohne Beine" aber heiratete die Zarentochter und
wurde Herrscher des halben Zarenreiches. Sie feierten eine fröhliche
Hochzeit. Ich war auch dort und habe Met getrunken, der ist mir den
Bart entlanggelaufen, aber nicht in den Mund hinein.

Grundmotive von AaTh 300 „Drachentöter"
Belorussische Variante: „Der Recke ohne Beine"

Die formelhaften Abläufe dieses Märchens werden bildlich rezipiert, dabei sollen die folgenden Grundmotive (s. Motivkatalog Stith Thompson) von den Schülern gefunden werden. Fehlt ein wichtiges Grundmotiv bis zuletzt, wird es vom Lehrer noch genannt und angefügt. **Die von den Schülern genannten Bilder werden in der Reihenfolge ihrer spontanen Nennung und in ihrer eigenen bildhaften Formulierung vom Lehrer an die Tafel geschrieben und dabei unauffällig in die drei Sequenzen von Ablösung, Umwandlung und Angliederung gebracht. Erst am Ende der ersten Stunde wird gemeinsam die Reihenfolge des äußeren Erzählablaufs wiederhergestellt,** wobei dann die dreifache Gliederung des rituellen Übergangs erkennbar wird. Im folgenden Modell sind die Grundmotive *nur* in der Reihenfolge des Erzählablaufs angegeben.

Linke Tafelfläche (erste Sequenz: Ablösung von zu Hause)

Unscheinbarer Held [hier: körperlich behindert] (Motiv L100)

Aussetzung im Wald (Mot. S143)

Haus im Wald (Mot. D1890)

Heilender Zwerg (Zaubertrank) (Mot. F451.5.1.10)

Unbändige Kraft des Helden (Mot. L114.3)

Recken als Kameraden auf der Reise (Mot. F601)

Ausrüstung mit zauberischer Waffe (Keule des Vaters) (Mot. D1081)

Unscheinbares Pferd mit großen Kräften (Mot. B316)

Mittlere Tafelfläche (zweite Sequenz: Begegnung mit dem Tod)

Königstochter vom Drachen verschleppt (Mot. R111.1)

König verspricht dem Retter seine Tochter und das halbe Reich (Mot. T68.1; Mot. Q112)

Kreuzweg, Fahrt ins Abenteuer (Mot. N772)

Hilfreiche alte Frau (Mot. H1233.1.1)

Der Held gewinnt dankbare Tiere, die mit ihm gehen (Mot. B350)

Vielhäuptiger Drache (Mot. B11.2.3.1)

Kampf mit dem Drachen (Mot. B11.11)

Abschneiden der Zungen des Drachen als Wahrzeichen (Mot. H105.1)

Magischer Schlaf des Drachentöters (Mot. D1975)

Die falschen Kameraden töten den Drachenkämpfer (Mot. K1931.3)

Betrüger nimmt die Königstochter mit (Mot. K1932)

Dankbares Tier (Hase) erweckt den Drachenkämpfer wieder zum Leben (Mot. B515)

Rechte Tafelfläche (dritte Sequenz: Anerkennung, Angliederung an die Erwachsenenwelt)

Verleumdung des Drachentöters ([Mot. H83)

Erkennung durch das geteilte Tuch (Mot. H113)

Erkennung durch die Drachenzungen (Mot. H105.1)

Drachentöter heiratet die Königstochter (Mot. L161)

Anregung zu den Bildern von Entwicklung und Verwandlung in dem Zaubermärchen „Der Recke ohne Beine" (Aufgabenstellungen s. vierte Phase des Modells)

In diesem Märchen treten viele Aspekte des Pubertätsalters deutlich in Erscheinung, deshalb wird es hier besonders ausführlich besprochen. Dabei werden auch Verbindungen hergestellt zwischen den Inhalten der Erzählung und Erkenntnissen aus der Entwicklungspsychologie.

Die märchentypische Konstellation vom anfänglichen Mangel und seiner Aufhebung am Ende kommt in dieser Erzählung anschaulich zum Ausdruck. *Behinderung* galt in der Volkstradition seit der Antike als göttliche Strafe und Belastung der Familie. Im Zaubermärchen jedoch stellen Behinderung und die daraus folgende Bedürftigkeit in erster Linie eine Voraussetzung dar für Hilfe und Rettung von außen. Die anfängliche Unzulänglichkeit und Unscheinbarkeit des Märchenhelden steht im anschaulichen Kontrast zu seinem späteren Aufstieg und strahlenden Königtum. **Märchenhelden können auf diese Weise zu Leitbildern werden in allen Situationen von physischen oder psychischen Störungen und Belastungen** (H. J. Uther, 1979, Sp. 450–462).

Erster Schritt: Ablösung von zu Hause.

Zu Beginn der Erzählung wird der *unzulängliche und bedürftige Märchenheld* von seinem Vater im Wald *ausgesetzt* und der Fürsorge eines Fremden überlassen. Dahinter steht auch eine soziale Realität. Die Verhaltensweise des Jungen ohne Beine ähnelt dem Verhalten eines Kleinkindes oder eines verwahrlosten oder zurückgebliebenen Kindes. Nach Bruno Bettelheim genügt Elternliebe allein nicht, es braucht vor allem die Fähigkeit, auf die Bedürfnisse des Kindes einzugehen (B. Bettelheim, 1950/1971,13). In der Schwarzweißmalerei der Märchensprache muß der bedürftige Sohn ausgesetzt werden, damit sein *unfreiwilliger Aufbruch von Zuhause* die Ablösung vom Elternhaus ermöglicht. Die Fahrt in den Wald ist eine *Reise in die jenseitige Welt*, psychologisch: ins eigene Unbewußte (H. v. Beit, 1967,46). Die Ersatzeltern, die der Junge dort findet, sind *jenseitige Helfer*, die seinen bedürftigen Zustand mit *zauberischen Gaben und Ratschlägen* heilen. Dadurch wird er plötzlich zu einem, der aufrecht stehen kann:. Er gewinnt **die Gestalt eines, der selbständig gehen kann.** Das weitere Wachstum des „Recken ohne Beine" besteht in einer Reihe von Herausforderungen.

Zweiter Schritt: Übergang von einem Lebensalter in das nächste.
Er gliedert sich in eine Gruppe ein. Die Gruppe der Gleichaltrigen und Gleichgesinnten nimmt im Jugendalter eine wichtige Funktion ein, sie gewährleistet in den Beziehungen den Übergang zum Erwachsenenalter besser als die Erwachsenen selber (Oerter/Dreher, 1995,369). Psychologisch stellt nach Erik Erikson in der Adoleszenz die **wechselseitige Ergänzung von Gruppen-Identität und Ich-Identität** ein wichtiges Lebenspotential dar (E. Erikson,1968/1988). Viele moderne Autoren definieren das Selbst: „**wie ich bin", „was ich sein möchte", „wie die anderen mich sehen"** G. H. Cooley spricht vom „**looking-glass-self",** weil sich das Individuum durch die Brille der anderen sieht (Cooley,1922). Durch die Herausforderung am *Kreuzweg* wählt der Bursche freiwillig die *Isolation* und die Begegnung mit dem *Tod* – Voraussetzungen zur rituellen Lebenseinweihung. Er ist gut gerüstet mit den Waffen seines Vaters.

Der *Kampf mit einem Drachen ist eines der ältesten überlieferten Rituale,* dessen Einzelheiten in den Zaubermärchen Europas sich in erstaunlicher Weise ähneln und konstant bleiben. Seine Tradition, die auf altjägerische Jagdrituale, auf Schöpfungsmythen und auf Landnahmerituale mit Menschenopfer zurückgeht, hat zweifellos einen initiatorischen Charakter. Sie ist in der dem Märchen eigenen Weise sublimiert: Das Märchen ermöglicht auf der symbolischen Ebene eine spielerische Fortsetzung des Umgangs mit ursprünglich gefährlichen, magischen Inhalten. Die mit dem Drachenkampf verbundene Initiation stellt eine **Bewährungsprobe und Neuordnung des Lebens** dar, sowohl für den Einzelnen wie auch für die ganze Gemeinschaft. Bei einer Neuordnung im Lebenszyklus muß nach Erik Erikson die **Identität** aus **Urvertrauen, Autonomie und Initiative** aufgebaut werden (E. Erikson, 1959/1977). Auf einen Drachenkämpfer trifft das in besonderem Maß zu. Besonders für Jungen *fühlt sich Gewalt ganz real an:* Der Kampf mit dem Drachen ist die symbolische Darstellung eines „**begrenzten Krieges",** wie er sich nach D. W. Winnicot für die Erleichterung der Spannungen des Einzelnen positiv auswirkt, während ein leichtes Leben die Drohung einer Depersonalisation mit sich bringt (Winnicott 1993,320–323). **Der Kampf mit**

dem Drachen ist schon vielfach gedeutet worden. Seine magisch legendäre Figur stellt den Wandlungscharaker von Symbolen anschaulich dar. Seine Mehrdeutigkeit reicht vom **Glückssymbol** bis zum **Vernichtungssymbol.** Psychologisch stellt er eine feindliche Kraft dar, die sich vor die Entdeckung des eigenen Ichs stellt; er kann auch eine Imago des übermächtigen Vaters symbolisieren als Ausdruck einer männlich dominierten Welt; er kann männliche Ängste kompensieren, wenn er für Vater oder Nebenbuhler steht und getötet wird; wie die Schlange ist er ein Symbol der sexuellen Begierde, versperrt den Zugang zum Wunschpartner, kann Angst vor Sexualität bedeuten; als repressive Figur stellt er eine Sanktionsfigur von Tabus dar u. a. m. Im Zaubermärchen ist der Drache das **uralte Mächtige;** zwar nicht mehr in der ursprünglich religiösen Bedeutung, aber als ein vielschichtiges, ambivalentes Symbol, das die Begegnung und Auseinandersetzung ermöglicht mit dem Gut/Bösen in der Natur und im Menschen selbst. Im magischen Denken kann die übernatürliche Kraft im Bild des Drachen gebannt und zugleich aus ihm gewonnen werden (L. Röhrich, 1981, Sp787–820).

Zu den Formeln der **Initiation durch einen Drachen** gehören im Zaubermärchen auch die **dankbaren Tiere,** die dem Drachentöter zur Seite stehen, weil er sie verschont hat, – sie tragen Züge von *totemistischen Helfern (das Totemtier wird nicht gejagt und beschützt seine Clan-Angehörigen),* – sowie das **magische Jagdritual des Abschneidens der Zunge** (oder auch die Berührung mit dem *Drachenblut),* der **magische Schlaf des Helden, sein symbolischer Tod und seine Wiedererweckung durch die dankbaren Tiere** *(die totemistischen Tier-Ahnen des Jägers).* Im Zaubermärchen stellt der Drachenkampf in erster Linie eine **Tüchtigkeitsprobe** dar, verbunden mit einer **Heiratsprüfung.**

Dritter Schritt: Die Angliederung an die Erwachsenenwelt.
In Drachentötermärchen spielt die **Braut** meist eine passive oder auch eine doppeldeutige Rolle. Obwohl sie den Drachentöter als ihren Retter erkennt, trägt sie zu seiner Identifizierung nach dem Kampf häufig nicht bei. Diese Haltung spiegelt alte, sehr weit verbreitete Hodchzeitsbräuche: Das *rituelle Sträuben* der Braut und ihrer Familie vor der Eingliederung des Schwiegersohns soll einen zu raschen Übergang verhindern und die dämonischen Mächte ablenken, von denen jeder Übergang umlauert wird (Röhrich, 1974,111).

Psychologisch ist die Indifferenz der Braut auch bedingt durch die noch nicht abgeschlossene Identitätsfindung des Helden. In unserem Märchen ist die **Identifizierung des Helden** mit der Nennung seines geheimnisvollen Namens verbunden. Das Kennzeichen der Braut hat er bei sich, ebenso die Drachenzungen als Beweis. Die Anerkennung durch den Brautvater und die Beseitigung des Gegenspielers ist eine weitere schwere Aufgabe (zur Sozialisierung), die erst noch bestanden werden muß, bevor er endgültig seine **Eigenständigkeit** bewiesen hat und in die Erwachsenengemeinschaft aufgenommen ist. Dies ist der letzte Teil der Heiratsprüfung, und die Braut hat dabei meist keine aktive Rolle. Ihre Zugehörigkeit zum Helden ist dadurch nicht geschmälert: Beide haben eine **gemeinsame Identität** gewonnen, nach der Typenlehre von C. G. Jung eine **archaische Identität,** die nicht aufgehoben wird (Jung, G. W. 6, 21 f).

Mit diesem Reifungs-Märchen können sich Jungen gut identifizieren, und Mädchen nehmen es ebenso interessiert auf. Durch die **bildliche Rezeption** können die vielschichtigen Inhalte gut aufgenommen werden.

„Von Johannes-Wassersprung und Caspar-Wassersprung", AaTh 303 „Die zwei Blutsbrüder"

Deutsches Zaubermärchen aus: Heinz Rölleke Hsg.: Die älteste Märchensammlung der Brüder Grimm, Synopse der handschriftl. Urfassung von 1810 und der Erstdrucke von 1812, Fondation Martin Bodmer, Cologny-Genève 1975,291,Nr. 74. Text behutsam geglättet für den Gebrauch im Unterricht, damit er auch als **Erzähltext** für die Schülerinnen und Schüler geeignet ist.

Herkunft und Verbreitung: Das Märchen wurde von Friederike Mannel aus Allensdorf in der Schwalmgegend den Brüdern Grimm 1808 erzählt und zugetragen und aus der Handschrift (dort Nr. 48) leicht überarbeitet in den ersten Band des Erstdrucks von 1812 als Nr. 74 aufgenommen; danach nur noch in den Anmerkungen (zu KHM 60) als „hessische Erzählung". Es ist eine Variante zum Grimmschen Märchen „Die zwei Brüder" KHM 60.

Der Erzähltyp AaTh 303 gehört zu den interessantesten, da er sich außerordentlich weit zurückverfolgen läßt und **als ältester schriftlich überlieferter Märchentyp gilt**, der in Ägypten bis ins 2. vorchristliche Jahrtausend zurückreicht: Der Papyrus über „Anup und Bata" wurde unter der 19. Dynastie 1250 v.Chr. aufgezeichnet; der Schlußsatz lautet: „Wer von dieser Erzählung spricht, dem wird Toth (= Gott der Weisheit) ein Kampfgenosse sein."

Einleitende Worte und Vorlesen:
s. zweite Phase des Modells
Zeiteinheit: eine Unterrichtsstunde

Wandtafel muß frei bleiben für die Nennungen der Schüler

❂ Es war einmal ein König, der wollte nicht, daß seine Tochter heirate. Er ließ ihr im Wald in der größten Einsamkeit ein Haus bauen, darin mußte sie mit ihren Jungfrauen wohnen und bekam gar keinen anderen Menschen zu sehen. Nah an dem Waldhaus aber war eine Quelle mit wunderbaren Eigenschaften. Davon trank die Prinzessin. Die Folge war, daß sie zwei Prinzen gebar. Die wurden Johannes-Wassersprung und Kaspar-Wassersprung genannt.

Sie waren einander vollkommen ähnlich. Ihr Großvater, der alte König, ließ sie die Jägerei lernen, und sie wuchsen heran und wurden groß und schön. Da kam die Zeit, wo sie in die Welt ziehen sollten.

Jeder von ihnen erhielt einen silbernen Stern, ein Pferd und einen Hund mit auf die Fahrt.

Sie kamen in einen Wald und sahen zugleich zwei Hasen und wollten danach schießen. Die Hasen aber baten um Gnade und sagten, sie möchten sie doch in ihre Dienste aufnehmen. Sie könnten ihnen nützlich sein und in jeder Gefahr Hilfe leisten. Die zwei Brüder ließen sich bewegen und nahmen sie als Diener mit. Nicht lange, so kamen zwei Bären. Wie sie auf die zielten, riefen die gleichfalls um Gnade und versprachen treu zu dienen. Die Brüder nahmen sie auch mit, und so war das Gefolge noch vermehrt.

Nun kamen sie auf einen Scheideweg. Da sprachen sie: „Wir müssen uns trennen, und der eine soll rechts, der andere links weiter ziehen!" Aber jeder steckte ein Messer in einen Baum am Scheideweg. Am Rost der Messer wollten sie erkennen, wie es dem andern gehe, und ob er noch lebe. Dann nahmen sie Abschied, küßten einander und ritten fort.

Johannes-Wassersprung kam in eine Stadt. Da war alles still und traurig, weil die Prinzessin einem Drachen geopfert werden sollte. Der Drache verwüstete das ganze Land, und er konnte nicht anders besänftigt werden. Es war bekanntgemacht: Wer sein Leben daran wagen wolle und den Drachen töte, der solle die Prinzessin zur Gemahlin haben. Niemand aber hatte sich gefunden. Man hatte auch schon versucht, den Drachen zu überlisten, und hatte ihm eine Kammerjungfer geschickt. Aber die hatte er gleich erkannt und nicht gewollt.

Johannes-Wassersprung dachte: Du mußt dein Glück auf die Probe stellen, vielleicht gelingt's dir. Und er machte sich mit seinen Tieren auf gegen das Drachennest. Der Kampf war gewaltig. Der Drache spuckte Feuer und Flammen und zündete das Gras ringsum an, so daß Johannes-Wassersprung gewiß erstickt wäre, wenn nicht Hase, Hund und Bär das Feuer ausgetreten und gedämpft hätten. Endlich mußte der Drache aber unterliegen, und Johannes-Wassersprung hieb ihm seine sieben Köpfe herunter. Dann schnitt er die Zungen heraus und steckte sie zu sich. Nun aber war er so müde, daß er sich auf der Stelle niederlegte und einschlief.

Während er schlief, kam der Kutscher der Prinzessin. Und als er den Mann da liegen sah und die sieben Drachenköpfe daneben, dachte er, das mußt du dir zunutze machen. Er stach den Johannes-Wassersprung tot und nahm die sieben Drachenköpfe mit. Damit ging er zum König, sagte, er habe das Ungeheuer getötet, und die sieben Köpfe bringe er zum Wahrzeichen. Da wurde die Prinzessin seine Braut.

Inzwischen kamen die Tiere des Johannes-Wassersprung, die sich nach dem Kampf in der Nähe hingelegt und auch geschlafen hatten, zurück. Sie fanden ihren Herrn tot. Da sahen sie, wie die Ameisen, denen bei dem Kampf ihr Hügel zertreten war, ihre Toten mit dem Saft einer Eiche bestrichen. Davon wurden die toten Ameisen sogleich lebendig. Der Bär ging hin und holte den Saft und bestrich den Johannes-Wassersprung. Davon erholte er sich wieder, und kurz darauf war er ganz frisch und wieder gesund.

Er dachte nun an die Prinzessin, die er sich erkämpft hatte, und eilte in die Stadt. Da wurde eben die Hochzeit mit dem Kutscher gefeiert, und die Leute sagten, der habe den siebenköpfigen Drachen getötet. Hund und Bär liefen nun ins Schloß. Als die Prinzessin sie sah, band sie ihnen Braten und Wein um den Hals und sagte zu ihren Dienern, sie sollten den Tieren nachgehen und den Mann, dem sie gehörten, zur Hochzeit einladen. So kam Johannes- Wassersprung auf die Hochzeit. Und gerade wurde die Schüssel mit den sieben Drachenköpfen aufgetragen, die der Kutscher mitgebracht hatte. Johannes-Wassersprung zog die sieben Zungen des Drachen hervor und legte sie dazu. Da war er als der rechte Drachentöter erkannt. Der Kutscher wurde fortgejagt, und er wurde der Gemahl der Prinzessin.

Nicht lange danach ging er einmal auf die Jagd. Er verfolgte einen Hirsch mit silbernem Geweih und jagte ihm lange nach, konnte ihn aber nicht erreichen. Endlich kam er zu einer alten Frau. Und die verwandelte ihn mitsamt seinem Hund, Pferd und Bären in Stein. Inzwischen kam Caspar-Wassersprung zu dem Baum, in dem die beiden Messer standen, und sah, daß das Messer seines Bruders verrostet war. Sogleich beschloß er, ihn zu suchen. Er ritt fort und kam in die Stadt, wo die Gemahlin seines Bruders lebte. Weil er aber seinem Bruder so ähnlich sah, hielt sie ihn für ihren rechten Mann, freute sich, daß er wieder da war und wollte, daß er bei ihr bleiben sollte. Aber Caspar-Wassersprung zog weiter. Schließlich fand er seinen Bruder und die Tiere, die alle versteinert waren. Er zwang die Frau, sie wieder zu entzaubern. Dann ritten die beiden Brüder heim. Unterwegs machten sie aus, derjenige solle der Gemahl der Prinzessin sein, dem sie zuerst um den Hals fallen werde.

Und das geschah dem Johannes-Wassersprung.

Grundmotive von AaTh 303 „Die zwei Blutsbrüder"
Deutsche Variante: „Von Johannes-Wassersprung und Caspar-Wassersprung"

Die formelhaften Abläufe dieses Märchens werden bildlich rezipiert, s. dritte Phase des Modells. Dabei sollen die folgenden Grundmotive (Motivkatalog Stith Thompson) von den Schülern gefunden werden. Fehlt ein wichtiges Grundmotiv bis zuletzt, wird es vom Lehrer noch genannt und angefügt.

Die von den Schülern genannten Bilder werden in der Reihenfolge ihrer spontanen Nennung und in ihrer eigenen bildhaften Formulierung vom Lehrer an die Tafel geschrieben und dabei unauffällig in die drei Sequenzen von Ablösung, Umwandlung und Angliederung gebracht. Erst zuletzt wird gemeinsam die Reihenfolge des äußeren Erzählablaufs wieder hergestellt, wobei dann die dreifache Gliederung des rituellen Übergangs erkennbar wird.

Im folgenden Modell sind die Grundmotive *nur* in der Reihenfolge des Erzählablaufs angegeben.

Damit zum Malen noch genügend Zeit bleibt (15 bis höchstens 20 Minuten), brauchen hier nicht *alle* Grundmotive entdeckt und bildlich ausgedrückt zu werden. Die Aufmerksamkeit der Schüler sollte aber auf den Anfang und den Schluß der Erzählung gelenkt werden, da besonders dort die Elemente des Zweibrüdermärchens zu finden sind.

Der *Drachenkampf* folgt hier der europäischen Tradition sehr genau und verläuft daher ganz ähnlich wie im vorangegangenen Reckenmärchen (beide Erzählungen stammen jedoch aus ganz verschiedenen Erzähllandschaften).

Durch bildliche Rezeption können die Urbilder dieses Märchens gut aufgenommen werden.

Linke Tafelfläche
(erste Sequenz:
Ablösung von zu Hause)

Jungfrau im Turm (Motiv R41.2)

Empfängnis aus einer magischen Quelle (*Jungfrauengeburt*) (Mot. T512)

Brüder gleichen sich vollständig (Mot. F577.2)

Stern als Königszeichen (Mot. H71.1)

Sie gewinnen dankbare Tiere, die sie begleiten (Mot. B350)

Kreuzweg, Fahrt ins Abenteuer (Mot. N777.2)

Messer im Baum als Lebenszeichen (Mot. E761)

Mittlere Tafelfläche
(zweite Sequenz: Begegnung mit dem Tod)

Drache verwüstet das Land (Mot. G346)

Prinzessin soll dem Drachen geopfert werden (Mot. B11.10)

Prinzessin dem Drachentöter versprochen (Mot. T68.1)

Feuerspeiender Drache (Mot B11.2.11)

Siebenköpfiger Drache (Mot B11.2.3.1)

Kampf mit dem Drachen (Mot. B11.11)

Die dankbaren Tiere helfen dem Drachenkämpfer (Mot. B524.1.1)

Drachentöter schneidet die Zungen heraus als Wahrzeichen (Mot H105.1)

Magischer Schlaf des Drachentöters (Mot D1975)

Betrüger tötet den Drachenkämpfer (Mot. K1931.3)

Betrüger schlägt die Drachenhäupter ab als Wahrzeichen (Mot. H105.1.1)

Betrüger nimmt die Königstochter mit (Mot K1932)

Dankbares Tier erweckt den Drachenkämpfer wieder zum Leben (Mot. B515)

Drachentöter kommt zur Hochzeit der Königstochter (Mot K1816.0.3.1)

Betrüger wird entlarvt durch Vorzeigen der Drachenzungen (Mot. H105.19)

Hochzeit des Drachentöters mit der Königstochter (Mot. L161)

Rechte Tafelfläche
(dritte Sequenz:

Drachentöter und seine Tiere werden im Wald von einer Hexe zu Stein verzaubert (Mot D 231)

Messer im Baum rostet (Mot. E761.4.1)

Ein Bruder errettet den anderen aus der Verzauberung durch die Hexe (Mot. D700)

Prinzessin erkennt ihren Mann trotz der Ähnlichkeit der Brüder (Mot. H80)

KOMBINATION
(2)

„Das Borstenkind"
siebenbürgisch

„Prinzessin Mäusehaut"
Grimm

Mädchen, 14 Jahre, „Das Borstenkind"
Kind wird von seiner Mutter unbedacht in ein Schwein verwünscht

„Das Borstenkind", AaTh 425 „Suchwanderung"

Siebenbürgisches Märchen aus: Josef Haltrich, Sächsische Volksmärchen aus Siebenbürgen, Hsg. Hanni Markel, Kriterion Verlag Bukarest 1974, 216, Nr. 44. Der Text mußte seines Umfangs wegen leicht gekürzt werden. Inhaltliche Veränderungen sind dadurch nicht entstanden.

Herkunft und Verbreitung: Die Märchensammlung von Josef Haltrich (1822–1866, Lehrer und Pfarrer in Siebenbürgen) ist eine der frühesten und vielseitigsten. Jacob Grimm vermittelte die Herausgabe 1856 in Berlin bei Julius Springer. Josef Haltrichs einfache, klare und bilderreiche Texte eignen sich vorzüglich für den Einsatz im Schulunterricht.

Das **Motiv des Ebers** spielt in der Überlieferung eine bedeutende Rolle: Seit der Jungsteinzeit war das Schwein ein heiliges Tier. Die germanische Göttin Freya ritt auf einem goldenen Eber; Blitz und Sturm galten als von einem mythischen Eber hervorgerufen.

Der Erzähltyp AaTh 425, dem die Märchen vom Tierbräutigam zugehören, ist außerordentlich weit verbreitet. Allein im großgriechischen Raum (Pontus bis Kalabrien) sind 500 Varianten davon belegt (Megas, Athen 1971). Hinzu kommen in anderen Ländern weitere Hunderte von Varianten. Ähnlich wie Drachenkampf (AaTh 300) und Zweibrüdermärchen (AaTh 303) gehören die Tierbräutigammärchen zu den Erzählungen, deren Motive sich in der Menschheitsgeschichte am weitesten zurückverfolgen lassen: **Die Vorstellung vom An- und Ablegen einer zauberischen Tierhaut weist auf frühmagische Weltbilder.** Die Suchwanderung nach dem in die jenseitige Welt entrückten Gefährten gehört zum Kern schamanistischer Einweihungs- und Heilungsriten. Der früheste *literarische* Beleg des Märchenstoffes stammt aus der Antike: Er taucht auf im Märchen von „Amor und Psyche" im „Goldenen Esel" des Apuleius (Metamorphosen), das auf altgriechischen Erzählstoffen beruht.

Einleitende Worte und Vorlesen des Märchens:
siehe zweite Phase des Modells
Zeiteinheit: Zwei Unterrichtsstunden

Vor dem Lesen erklären: „Eber" = männliches Wildschwein (s. o.); „**Morgen- und Abendstern**" = der hell leuchtende Planet Venus überstrahlt am Morgen und am Abend die Sonne; evt.: „**Palast**".
Wandtafel muß frei bleiben für die Nennungen der Schüler

❖ Es war einmal eine Königin, die saß vor ihrem Palast unter einer großen Linde und schälte sich Äpfel. Ihr dreijähriger Sohn spielte um sie herum und hätte auch gern ein Stückchen gehabt. Weil ihm aber seine Mutter nichts geben wollte, hob er die Schalen auf und aß sie. Als die Königin das sah, wurde sie ärgerlich und rief: „Ei, daß du ein Schweinchen wärst!" Siehe, da war der Königsknabe plötzlich ein Schweinchen und quiekte und lief hinaus zur Herde.

An dem Saum des Waldes aber lebten zwei arme Leutchen, die hatten keine Kinder, und das betrübte sie sehr. Sie saßen gerade vor dem Haus, als am Abend die Schweine heimkehrten. Da sprach die Frau zu ihrem Mann: „Wenn uns Gott doch ein Kind bescherte, und wäre es auch so rauh und borstig wie ein Schwein!" Und kaum hatte sie das gesagt, da kam gleich aus der Herde ein junges Schweinchen herangelaufen und schmeichelte und streichelte sich an den Alten und wollte nicht von ihnen weg. Da sahen sie, daß ihr Wunsch erfüllt war. Nun nahmen sie es zu sich in die Stube wie ihr Kind, pflegten es fein und gaben ihm Milch und Wecken und machten ihm auch ein weiches Bett. Frühmorgens, wenn man die Herde trieb und das Horn der Hirten ertönte, konnte es daheim es nicht mehr aushalten, und es lief mit. Abends kehrte es immer wieder heim, und dann streichelten es der Mann und die Frau, und es freute sich sehr. Es konnte auch sprechen wie ein Mensch. Es wuchs sehr langsam, und erst nach 17 Jahren war es ein großer Eber geworden.

Da geschah es, daß eines Abends die beiden Eheleute untereinander sprachen, der König habe ausrufen lassen, er wolle seine einzige Tochter nur dem zur Frau geben, der drei Aufgaben löse. Aber noch habe kein Königssohn die Aufgaben lösen können. Sieh, da richtete sich auf einmal ihr Borstenkind pfeilgerade empor und sprach: „Vater, führe mich zum König und verlange für mich seine Tochter zur Frau." Der Mann erschrak sehr über diese Kühnheit: „Wo denkst du hin, mein Sohn, was würde mir der König tun, wenn ich es wagte, so einen Wunsch an ihn zu richten?" Aber das Borstenkind ließ nicht ab und schrie jeden Tag: „Vater, komm zum König, ich kann das nicht länger aushalten!" Endlich gab der Mann nach. Er nahm Abschied von seiner Frau und wanderte mit dem Borstenkind der Königsstadt zu.

Sie kamen ans Schloß. Es wurde das Tor geöffnet, das Borstenkind aber wollte man nicht hereinlassen. Doch es drängte sich durch alle Wachen hindurch bis zum König. „Was ist das?" schrie der König wütend, „ist das dein Sohn?" – „Ja", stammelte der Mann. Da ließ der König den Mann samt dem Schwein in den tiefsten Kerker werfen. Aber der Borstensohn sprach: „Laß es nur gut sein, es wird schon anders werden." Am anderen Morgen sollten beide getötet werden. Aber der König bedachte sich und sprach: „Wenn dein Sohn auch ein garstiges Tier ist – kann er die drei Aufgaben lösen, so soll er meine Tochter zur Frau haben, und dir will ich reiche Geschenke geben. Löst er die Aufgaben aber nicht, so hat dein und sein Leben ein Ende."

Am Abend ließ der König sagen: Bis zum andern Morgen solle das Schloß, in dem er wohnte, von purem Silber sein und sonst nichts. Da hörte man es in der Nacht nur einige Male knarren und krachen, dann war es still. Als am Morgen der König erwachte und die Sonne durchs Fenster schien, blendete ihn das Licht so sehr, daß er die Augen schließen mußte. Er stand auf und sah, daß alles von Silber war. „Das ist gelungen", sagte er, „aber die zweite Aufgabe wird er nicht lösen."

Abends ließ der König sagen: Bis zum anderen Morgen solle seinem Schloß gegenüber sieben Meilen weit weg ein ebenso großes Schloß aus purem Gold gebaut sein. Man hörte es in der Nacht wieder nur einige Male krachen und brausen, und es ward still. Als am Morgen der König erwachte, strahlte ein so reicher Glanz auf ihn durch die Fenster, daß er fast erblindete. Er sprang aus dem Bett, und sowie sich seine Augen ein wenig gewöhnt hatten, sah er nur einmal in der Ferne das goldene Schloß. „Ha, auch das ist gelungen!" rief der König und erstaunte nicht wenig. „Die dritte Aufgabe aber kann er mir dennoch unmöglich lösen!"

An diesem Abend ließ der König sagen: Bis zum andern Morgen solle von dem einen Schloß bis zum andern eine Brücke gebaut sein aus lauter Diamantkristallen, so daß der König gleich darauf spazieren könne. Man hörte wieder in der Nacht einigemale klirren und klappern, dann war es wieder still. Es war aber noch lange nicht Tag, als der König erwachte, – da schien es so hell durch die Fenster, als stehe die Sonne schon lange am Himmel. Er sprang aus dem Bett und sah neugierig hinaus. Da konnte er sich vor Erstaunen nicht fassen, als er sah, daß aller Glanz von der wundervollen Brücke kam.

Er ließ nun seine Tochter rufen und sprach: „Du siehst, die drei Aufgaben sind gelöst; du mußt nun die Frau von dem werden, der sie gelöst hat!" „Ja", sprach die Königstochter, „das will ich tun." Aber die Königin wollte nicht und sprach: „Was soll meine Tochter einen wilden Eber zum Mann haben und von seinen Borsten zerstochen werden?" Aber der König ließ den Mann aus dem Gefängnis holen mit seinem Sohn, und die Hochzeit wurde gefeiert. Als aber am Abend die Königstochter in das Schlafzimmer ging, war sie sehr verzagt. Doch als nun alles still war, warf das Eberschwein plötzlich sein rauhes Kleid ab, und da lag neben der Königstochter ein Jüngling von wunderschöner Gestalt und mit goldenen Locken. Da verlor die Königstochter alle Furcht aus ihrem Herzen. Der Jüngling erzählte ihr, er sei ein verwünschter Königssohn. Er werde aber bald ganz erlöst sein, doch sie müsse Geduld haben und schweigen.

Am frühen Morgen, als es kaum dämmerte, ertönte das Horn des Hirten; der Jüngling sprang auf, warf sein Borstenkleid um und lief hinaus zur Herde.

Die Mutter hätte nun gerne gewußt, wie es der Tochter mit dem Borstenmann ergangen sei, aber sie konnte ihr lange kein Wort darüber entlocken. Zuletzt aber erzählte die Tochter ihr doch, daß ihr Gemahl ein wunderschöner Königssohn sei mit godenen Locken. Das Borstenkleid aber lege er ab, wenn er in ihr Bett gehe. Die Mutter war sehr neugierig, und in der kommenden Nacht paßte sie auf und sah durch eine Mauerritze in das Schlafgemach. Da konnte sie sich überzeugen, daß die Tochter die Wahrheit gesprochen hatte. Am Morgen sprach sie zu ihrer Tochter: „Bald sollst du immer, auch am Tage, deinen Mann in seiner Schönheit sehen. Wenn er heute abend heimkehrt und im Bett schläft, lasse ich den Ofen heizen und das Borstenkleid hineinwerfen. Dann muß er so bleiben, wie er ist." Nun geschah es, daß in der Nacht, als der Gemahl der Königstochter schlief, das Borstenkleid ihm heimlich fortgenommen und in dem Ofen verbrannt wurde. Als am andern Morgen das Horn des Hirten wieder ertönte, sprang er auf, suchte sein Kleid, aber vergebens. Endlich merkte er, was geschehen war. Da war er ganz traurig und klagte: „O weh, du hast nicht geschwiegen, meine Erlösung hast du verhindert. Jetzt bin ich weit weg verwünscht ans Ende der Welt, und keine sterbliche Seele kann dahin gelangen, um mich zu retten!" Er ging hinaus und war verschwunden.

Die Königstochter weinte und klagte und war auf keine Weise zu trösten. Sie rief: „Vater, ich muß hin ans Ende der Welt, ich kann das hier nicht mehr aushalten!" Da gab man ihr sieben Kleider und sieben Paar Schuhe und einen Sack mit Brot auf die Reise. Und als sie

Abschied genommen hatte, ging sie fort ohne zu ruhen und zu ra-
sten. Endlich sah sie keine Menschenwohnungen mehr. Da ging sie
noch schneller, denn sie dachte, das Ende der Welt müßte nun nahe
sein. Endlich erblickte sie in weiter Ferne ein kleines einsames Haus
und als sie es errreicht hatte, kehrte sie ein. Es wohnte aber da der
Wind. Sie fragte ihn, ob es noch weit sei zum Ende der Welt. Der
Wind sprach: „Das kann ich dir nicht sagen. Aber schwing dich hier
auf mein Flügelroß und reite zum Mond. Vielleicht kann der dir Auskunft geben. Wenn du da bist, so springe nur ab, dann kommt mein
Roß schon alleine zurück. Aber sieh, ich schenke dir ein Mäuschen,
vielleicht kannst du es einmal brauchen." Die Königstochter dankte
ihm. Sie setzte sich auf das Roß des Windes und flog fort zum Mond.
Er sah sie von weitem kommen und ging ihr freundlich entgegen. Sie
sprang ab, und sogleich lief das Roß des Windes wieder zurück. Aber
der Mond wußte leider auch keine rechte Antwort auf ihre Frage. Er
sagte: „Besteige mein Roß und reite zur Sonne, die wird gewiß das
Ende der Welt kennen. Ich schenke dir hier eine silberne Nuß, ver-
wahr sie wohl, sie wird dir einmal gute Dienste tun." Sie dankte,
setzte sich auf das Roß des Mondes und flog zur Sonne. Es war schon
Abend, als sie hinkam, und die Sonne war eben nach Hause gekommen. Die Königstochter grüßte sie wie eine Unglückliche und fragte
sie nach dem Ende der Welt. „O mein armes Kind", sprach die Sonne,
„das weiß ich wohl, aber es ist sehr weit. Wenn du bis morgen warten
kannst, so will ich dich hinführen." Aber die Königstochter bat so
flehentlich und sprach, sie dürfe keinen Augenblick ruhen, bis sie
hinkomme. Da sprach die Sonne: „Ich will dir meinen Wagen und
meine Rosse geben. Fahr nur hier auf der Nachtbahn fort. Meine Kinder, die Sterne, werden dir den rechten Weg zeigen! Wenn du beim
Abendstern bist, so hast du nicht mehr weit zum Ziel. Dann spring
ab, und meine Rosse kommen mit dem Wagen schon zurück. Sieh,
ich schenke dir eine goldene Nuß, vielleicht kannst du sie einmal
brauchen." Die Königstochter dankte freundlich, setzte sich auf den
Sonnenwagen und fuhr den Himmel entlang. Sie kam zuerst zum
Morgenstern. Der zeigte ihr den rechten Weg. Und nun kam sie zu allen Sternen, die wir am Himmel sehen, und jeder war ihr behilflich.
Endlich gelangte sie zum Abendstern, der wohnte in einem einsa-
men Haus am Meer. Er wunderte sich nicht wenig, als er den glän-
zenden Sonnenwagen sah, der doch am Tag erst vor kurzem
dagewesen. Da stieg schon die Königstochter aus, und alsbald flogen

die Sonnenrosse auf dem Nachtweg zurück. Nun erzählte sie dem Abendstern ihre ganze Geschichte. Er sagte: „Harre nur aus, du bist bald am Ziel. Siehst du dort in der Ferne die Insel? Dort ist dein Gemahl. Und gerade morgen soll er mit der Tochter des Königs vom Weltende Hochzeit halten. Ich führe dich jetzt gleich hinüber. Deine Kleider sind von der langen Reise ganz zerrissen, stell dich als Bettlerin vor den Königspalast. Wenn am Morgen der Hochzeitszug zur Kirche geht, dann öffne nur die Nuß, die dir der Mond gegeben hat, da findest du ein silbernes Kleid. Lege es an und geh mit zur Kirche." Nun schenkte der Abendstern der Königstochter auch eine sternengefleckte Nuß und führte sie auf seinem goldenen Kahn hinüber und stellte sie in der zerrissenen Kleidung wie eine Bettlerin an die Pforte der Königsburg.

Als nun am Morgen die Königsbraut vom Weltende im vollen Schmuck zur Hochzeit ging, wollte sie zornig die zerlumpte Bettlerin fortjagen. Diese aber lief auf die Seite, nahm ihre silberne Nuß hervor und öffnete sie. Alsbald erhob sich daraus ein wunderschönes silbernes Kleid. Sie zog es eilig an und ging zur Kirche. Als die Leute den wunderbaren Glanz sahen, so erstaunten sie und alle blickten auf die Fremde im Silberkleid. Die Braut sah es auch. Da rief sie ihrem Bräutigam zu: „Nein, bis ich nicht ein solches Kleid habe, will ich nicht deine Frau werden." Sie ging vom Altar weg und nach Hause. Die Fremde im Silberkleid aber war schon verschwunden.

Nun fragte man sogleich im ganzen Königreich nach solch einem Kleid, aber es war nirgendwo zu finden. Da ließ die Bettlerin der Braut sagen, wenn sie ihr erlaube, eine Nacht in dem Schlafgemach des Bräutigams zu wachen, so wolle sie ihr das Kleid verschaffen. Die Braut bewilligte das gern, sie ließ aber ihrem Bräutigam die Ohren verstopfen und einen Schlaftrunk geben. In der Nacht nun kniete die Bettlerin am Lager ihres Gemahls und klagte ihm ihr Mühen und Leiden: „Ich bin dir gefolgt bis ans Ende der Welt, sieben Kleider und sieben Paar Schuhe habe ich zerrissen, so höre doch und erbarme dich meiner Not um des Kindes willen, das ich unter dem Herzen trage." Aber der Königssohn schlief einen eisernen Schlaf und hörte nichts.

Am folgenden Tag, als die Königsbraut vom Weltende das silberne Kleid angetan hatte, war sie fröhlich, und nun ging sie, um sich trauen zu lassen. Da nahm die Bettlerin ihre goldene Nuß hervor und darin lag ein Kleid aus lauter Gold. Sie zog es an, als aber die Braut sie so sah, wollte sie unbedingt ein solches Kleid haben. Wieder erlaubte sie der Bettlerin dafür, in der Nacht am Lager des Bräutigams zu wachen. Doch wieder hörte er nichts, es war alles umsonst, und er schlief fest.

Am dritten Tag nahm die Bettlerin ihre sternengefleckte Nuß vom Abendstern hervor, und daraus zog sie ein Kleid, darauf war der ganze Sternenhimmel zu sehen. Als das die Braut sah, wollte sie so ein Kleid unbedingt haben, aber das war im ganzen Reich noch weniger zu finden als das goldene und silberne. Noch einmal erlaubte sie der Bettlerin, eine Nacht im Schlafgemach des Bräutigams zu verbringen. Aber diesmal nahm diese das Mäuschen hervor und sprach: „Liebes Mäuschen, kannst *du* mir nicht helfen?" Das Mäuschen sprang sogleich und biß den Bräutigam in die Ohren, so daß er endlich die Augen aufschlug und seine Frau erkannte. Er rief: „So lange habe ich dich vermißt, nun aber bin ich durch deine Treue erlöst!"

Darauf machten sie sich auf der Stelle fort und flohen aus der Königsburg ans Meer. Da war eben der Abendstern mit seinem Kahn und führte sie hinüber. Über das Meer hinaus aber hatte die Königstochter vom Weltende keine Macht mehr. Es wurde gerade Tag, da sprach der Abendstern: „Bleibt in meiner Hütte, bis die Sonne am Abend mit ihrem Wagen kommt und euch mitnimmt."

An diesem Tag aber ging gerade das Jahr zu Ende seit ihrer Hochzeit, und die junge Frau gebar einen schönen Knaben, der hatte ein Gesicht silberweiß wie der Mond und Locken von Gold wie die Sonne und Augen wie der Morgen- und Abendstern. Als die Sonne abends anlangte, so hatte sie große Freude und nahm sie alle drei gerne in ihrem Wagen mit. Danach nahm sie der Mond auf sein Roß und dann der Wind, der führte sie bis in die Nähe der Menschenwohnungen. Da setzte er sie nieder. Sie aber wanderten weiter und trugen abwechselnd ihr Kind. Endlich gelangten sie in das Königreich, wo der Vater der Königstochter herrschte. Da war großer Jubel im ganzen Land, alle Wege wurden mit Blumen bestreut und alle Tore festlich geschmückt, als sie einzogen. Der alte König gab die Krone seinem Schwiegersohn, und der lebte mit seiner Frau und seinem Kind noch lange glücklich und zufrieden.

Grundmotive von AaTh 425 „Suchwanderung"
Siebenbürgische Variante „Das Borstenkind"

Die formelhaften Abläufe dieses Märchens werden bildlich rezipiert, dabei sollen die folgenden Grundmotive (s. Motivkatalog Stith Thompson) von den Schülerm gefunden werden. Fehlt ein wichtiges Grundmotiv bis zuletzt, wird es vom Lehrer noch genannt und angefügt.

Die von den Schülern genannten Bilder werden in der Reihenfolge ihrer spontanen Nennung und in ihrer eigenen bildhaften Formulierung vom Lehrer an die Tafel geschrieben und dabei unauffällig in die drei Sequenzen von Ablösung, Umwandlung und Angliederung gebracht. Erst am Ende der ersten Stunde wird gemeinsam die Reihenfolge des äußeren Erzählablaufs wieder hergestellt, wobei dann die dreifache Gliederung des rituellen Übergangs erkennbar wird.

Im folgenden Modell sind die Grundmotive nur in der Reihenfolge des Erzählablaufs angegeben.

Linke Tafelfläche (erste Sequenz: Ablösung von zu Hause)	Mittlere Tafelfläche (zweite Sequenz: Jenseitswanderung)	Rechte Tafelfläche (dritte Sequenz: Erlösung, Angliederung an ein neues Leben)
Kind wird von seiner Mutter unbedacht in ein Schwein verwünscht (Motiv C758.1)	Verlust des Gefährten durch Brechen des Tabus (Mot. C932)	Verwandlung des Tieres und Entzauberung (Mot. D7351)
Helfende alte Frau (Mot. N825.3)	Suchwanderung nach dem verlorenen Gefährten (Mot. H1385.4)	Kind mit den Abzeichen von Sonne, Mond und Sternen (Mot. H71.1)
König stellt schwere („unlösbare") Aufgaben als Heiratsprüfung (Mot. H301)	Wind, Mond, Sonne, Sterne geben die Richtung, helfen bei der Suchwanderung (Mot. H1232)	Sie werden König und Königin (Mot. Q112)
Aufgabe: Schloß (Brücke) in einer Nacht bauen (Mot. H1104)	Kleider und Schuhe bei der Suchwanderung zerrissen (Mot. H1125)	
Königstochter heiratet Tierbräutigam (Mot. B640.1)	Königstochter als Bettlerin (Mot. Q482.1)	
Er ist in der Nacht ein Mensch, am Tag ein Tier (Mot. D621.1)	Kleider von Silber, Gold und Sternenglanz (Mot. F821.1.5) Verlassene Frau findet ihren Mann im Begriff, eine andere zu heiraten (Mot. N681.1)	
Tabu: Nicht über das Geheimnis des Tierbräutigams sprechen. (Mot. C421)	Sie erkauft sich den Platz vor des Bräutigams Bett, weckt sein Gedächtnis und gewinnt ihn zurück (Mot. D2006.1.4)	
Brechen des Tabus: Verbrennen der Tierhaut (Mot. C757.1)		

Anregung zu den Bildern von Entwicklung und Verwandlung in dem Zaubermärchen „Das Borstenkind" (Aufgabenstellungen s. vierte Phase des Modells)

1. **Der Junge wendet sich von seiner Mutter ab.** Sie „verzaubert" ihn in eine andere Gestalt: Sie will nicht, daß er *eigene Wünsche* hat. Er fühlt sich abgelehnt, fühlt sich *gedrückt*, abgewertet, fühlt sich als „Borstenkind". Er wendet sich *woanders hin zum Erwachsenwerden*, sucht seinen eigenen Weg bei der **„Herde"**. Aber er ist vertrauensvoll: er hat doch etwas mitbekommen von daheim: *Urvertrauen*, – das Allerwichtigste.

Die Adoptiveltern, Großeltern kommen besser zurecht mit ihm und er mit ihnen: sie haben Geduld und Lebenserfahrung. Er selber hat ein *festes Ziel:* **König werden**: – Selbstbestimmung, innere Sicherheit.

2. **Der König des Landes** gibt die Königskrone weiter. Er kontrolliert den, der sein Nachfolger werden will, durch besondere Aufgaben. Er macht Druck! Fähigkeiten prüfen! Der *Beste* soll kommen! Die **Königstochter** findet das auch. **Borstenjunge ist der Würdigste**. Er löst die schweren Aufgaben. Aber er ist noch nicht fertig in seiner Entwicklung; die Königstochter auch nicht. Aber jeder von den beiden weiß, was er/sie will. Sie haben beide Selbstvertrauen. Aber sie brauchen noch Zeit, müssen beide noch eine **Verwandlung** durchmachen.

Das **Borstenkleid** ist auch ein Schutz. Er hat sich daran *gewöhnt* (für eine Zeitlang). Sein Borstenkleid wird ihm einfach weggenommen; es war aber noch zu früh dazu.

Die Jenseitswanderung ist ein Entwicklungs- und Erfahrungsweg. Die Königstochter hat in ihren Zauberkleidern den gleichen Glanz geschenkt bekommen, den auch er bewiesen hat beim Lösen der schweren Aufgaben. Sie legt diese Kleider wieder ab wie er das Borstenkleid. **Die andere Braut** gehört in den Jenseitsbereich. Sie hat keine menschlichen Gefühle; sie liebt ihn gar nicht.

3. Das Kind trägt die Zeichen der Jenseitsreise seiner jungen Eltern: den Glanz von Sonne, Mond und Sternen. Bei ihrer Rückkehr herrscht große Freude im ganzen Königreich. Sie werden König und Königin.

Prinzessin Mäusehaut, AaTh 510B „Zauberkleid"

Deutsches Zaubermärchen, aus: Heinz Rölleke Hsg.: Die älteste Märchensammlung der Brüder Grimm, Synopse der handschriftl. Urfassung von 1810 und der Erstdrucke von 1812, Fondation Martin Bodmer, Cologny-Genève 1975,203,Nr. 71.

Herkunft und Verbreitung: Das Märchen ist von Wilhelm Grimm der Jeannette Hassenpflug, Kassel, als Erzählerin zugeschrieben; es erschien 1812 in der Erstauflage der Kinder- und Hausmärchen als Nr. 71 und wurde später von den Brüdern Grimm eliminiert; motivlich ist es verwandt dem Grimmschen Märchen *„Allerleirauh"* KHM 65, AaTh 510B. Sehr verbreitet ist das Anfangsmotiv: „Lieb wie Salz" (daneben gibt es in der Volksüberlieferung auch manchmal die Metapher: „So lieb wie der Wind auf dem Gesicht an heißen Tagen").

Die Symbolik des Salzes spielt im religösen Kult auf der ganzen Erde eine Rolle (auch als Meerwasser); seine reinigende und erhaltende Substanz gilt (im übertragenen Sinn) als läuternde und abwehrende Kraft.

Der Erzähltyp gehört zum Bereich der Märchen von den „Zauberkleidern" AaTh 510, hier: Mausehaut zum Einwickeln und Sich-Verbergen (s. Kap 2 „rituelle Kleidung"). Das Märchen folgt in verkürzter Form AaTh 510B.

Einleitende Worte und Vorlesen des Märchens:
siehe zweite Phase des Modells
Zeiteinheit: eine Unterrichtsstunde

Vor dem Lesen erklären: „Salz", seine reinigende, erhaltende und „abwehrende" Kraft (zur Symbolik des Salzes s.o.)
(Veränderung des Äußeren (sich verbergen) im Zustand des pubertären Übergangs: s. Kap. 2/3)
Wandtafel muß frei bleiben für die Nennungen der Schüler

✿ Es war einmal ein König, der hatte drei Töchter. Er wollte wissen, welche ihn am liebsten hätte. Da ließ er sie zu sich kommen und fragte sie. Die älteste sprach, sie habe ihn lieber als das ganze Königreich. Die zweite sagte, sie habe ihn lieber als alle Edelsteine und Perlen auf der Welt. Die dritte aber sagte, sie habe ihn lieber als das Salz. Da wurde der König sehr zornig, daß sie ihre Liebe zu ihm mit einer so geringen Sache wie das Salz vergleiche. Er übergab sie einem Diener und befahl ihm, er solle sie in den Wald führen und töten.

Als sie in den Wald gekommen waren, bat die Prinzessin den Diener um ihr Leben. Der Diener war treu und sagte, er wolle ganz nach ihren Befehlen tun. Die Prinzessin verlangte nichts als ein Kleid von Mausehaut. Als er ihr das geholt hatte, wickelte sie sich hinein und ging fort. Sie ging geradezu, bis zum Hof eines benachbarten Königs. Dort gab sie sich für einen Mann aus und bat den König, daß er sie in seinen Dienst nehme. Der König sagte zu, und sie sollte bei ihm die Aufwartung machen: Abends mußte sie ihm die Stiefel ausziehen. Die warf er ihr allemal an den Kopf.

Einmal fragte er sie, woher sie sei. Sie sagte: „Aus dem Land, wo man den Leuten die Stiefel nicht an den Kopf wirft." Als das der König hörte, wurde er aufmerksam. Eines Tages brachten ihm die andern Diener einen Ring, den hatte Mausehaut verloren. Der Ring war aber sehr kostbar, und die Diener meinten, Mausehaut habe ihn gestohlen. Der König ließ Mausehaut kommen und fragte sie, woher der Ring sei. Da konnte sich Mausehaut nicht länger verbergen. Sie wickelte sich von der Mausehaut los, ihre goldgelben Haare kamen hervor und sie trat heraus, so schön, aber auch so schön, daß der König ihr die Krone aufsetzte und sie zu seiner Gemahlin erklärte. Da feierten sie Hochzeit.

Zur Hochzeit wurde auch der Vater von Mausehaut eingeladen. Er glaubte aber, seine Tochter sei schon lange tot und erkannte sie nicht wieder. Auf der Hochzeitstafel waren aber alle Speisen, die ihm vorgesetzt wurden, ungesalzen. Da wurde er ärgerlich und sagte: „Ich will lieber nicht leben, als solche Speise essen." Wie er das gesagt hatte, sprach die junge Königin zu ihm: „Jetzt wollt ihr nicht leben ohne Salz, und doch habt ihr mich einmal töten wollen, weil ich sagte, ich hätte euch lieber als Salz." Da erkannte er seine Tochter. Er küßte sie und bat sie um Verzeihung. Und es war ihm lieber als sein Königreich und alle Edelsteine der Welt, daß er sie wiedergefunden hatte.

Grundmotive von Aath 510B „Magische Kleidung"
Deutsche Variante: „Prinzessin Mäusehaut"

Die formelhaften Abläufe dieses Märchens werden bildlich rezipiert, dabei sollen die folgenden Grundmotive (s. Motiv-katalog Stiht Thompson) von den Schülern gefunden werden. Fehlt ein wichtiges Grundmotiv bis zuletzt, wird es vom Lehrer noch genannt und angefügt.

Die von den Schülern genannten Bilder werden in der Reihenfolge ihrer spontanen Nennung und in ihrer eigenen bildhaf-ten Formulierung vom Lehrer an die Tafel geschrieben und dabei unauffällig in die drei Sequenzen von Ablösung, Um-wandlung und Angliederung gebracht. Erst zuletzt wird gemeinsam die Reihenfolge des äußeren Erzählablaufs wieder hergestellt, wobei dann die dreifache Gliederung des rituellen Übergangs erkennbar wird.

Im folgenden Modell sind die Grundmotive *nur* in der Reihenfolge des Erzählablaufs angegeben.

Linke Tafelfläche (erste Sequenz: Ablösung von zu Hause)	Mittlere Tafelfläche (zweite Sequenz: Prüfung und Wand-lung)	Rechte Tafelfläche (dritte Sequenz: Rechtfertigung und Angliederung an die Erwachsenenwelt)
„Lieb wie Salz"; die Tochter ver-gleicht die Liebe zu ihrem Vater mit „Salz", aber erst die Erfahrung lehrt den Vater, daß sie recht hat (Motiv H592.1)	Die Königstochter ist in ih-rer Verkleidung unkenntlich (Mot. K1821).	Erkennung durch den Ring (Mot. H94.7) Erkennung durch Auflösung der Ver-kleidung (Mot. H151.6.2)
Diener soll die Königstochter töten, verschont sie aber und besorgt ihr ein Kleid aus Tierhaut (Mot. K512)	Sie dient als armer Junge; verliert kostbaren Ring als Hinweis auf ihre wahre Exi-stenz (Mot. H151.5).	Hochzeit mit dem König, sie wird Köni-gin (Mot. L162) „So lieb wie Salz": Vater muß den Wert des Salzes anerkennen (Mot. H5921)

Bei der Behandlung dieses Zaubermärchens ist darauf zu achten, daß das „Statuieren eines Exempels" (For-mel „lieb wie Salz") nicht zu sehr in den Mittelpunkt rückt: Der Kern der Erzählung liegt im Entwicklungs-und Reifungsweg der Königstochter. Sie verändert damit auch ihre Umwelt (Bräutigam, Vater).

266

KOMBINATION
(2)

„Prinz Weißbär"

dänisch

„Das singende springende Löweneckerchen"

Grimm

Junge, 14 Jahre, „Prinz Weißbär"
Die Suche nach dem verlorenen Gefährten

„Prinz Weißbär", AaTh 425 „Suchwanderung nach dem entrückten Gefährten"

Dänisches Zaubermärchen („Prinds Hvidbjorn") aus: Dänische Märchen, hsg. u. übers. von Heinz Barüske, Insel Verlag Frankfurt 1993,250, Nr. 31. In der Sammlung von Niels Levinsen aus Nordjütland wurde das Märchen von Gjertrud Ane Jorgensen in Furreby erzählt.

Herkunft und Verbreitung: Der Bär nimmt in der Vorstellungswelt der Mythen, Riten und Märchen eine Sonderstellung ein: Er besitzt nicht nur ungeheure Körperkräfte, sondern auch große zauberische Fähigkeiten. Im gesamten nördlichen Teil der Erde berichten zahlreiche Zaubermärchen von der Heirat zwischen einem Bären und einer Menschenfrau (ihr Kind, der „Bärensohn", gehört zu den Märchengestalten mit sehr starken magischen Kräften).

Der Erzähltyp AaTh 425, dem die **Märchen vom Tierbräutigam** zugehören, ist außerordentlich weit verbreitet. Allein im großgriechischen Raum (Pontus bis Kalabrien) sind 500 Varianten davon belegt (Megas, Athen 1971). Hinzu kommen in anderen Ländern weitere Hunderte von Varianten. Ähnlich wie Drachenkampf AaTh 300 und Zweibrüdermärchen AaTh 303 gehören die Tierbräutigammärchen zu den Erzählungen, deren Motive sich in der Menschheitsgeschichte am weitesten zurückverfolgen lassen: **Die Vorstellung vom An- und Ablegen einer zauberischen Tierhaut weist auf frühmagische Weltbilder.** Die **Suchwanderung nach dem in die jenseitige Welt entrückten Gefährten** gehört zum Kern schamanistischer Einweihungs- und Heilungsriten. Der früheste *literarische* Beleg des Märchenstoffes stammt aus der Antike: Er taucht auf im Märchen von „Amor und Psyche" im „Goldenen Esel" des Apuleius (Metamorphosen), das auf altgriechische Erzählstoffe zurückgeht.

Einleitende Worte und Vorlesen: s. zweite Phase des Modells
Zeiteinheit: zwei Unterrichtsstunden

Vor dem Lesen erklären: Spinnwirtel, Spinnrocken = Geräte zum Spinnen; **Haspel** = zum Aufwickeln des gesponnen Garns; **Glasberg** = im Zaubermärchen weit verbreitete Vorstellung von einer **jenseitigen Welt** (kommt fast nur im Zaubermärchen vor): **ein Ort der Verwandlungen**, die verlorenen und entrückten Seelen sind im Glasberg festgehalten und müssen von dort in die Menschenwelt zurückgeholt werden; dies kann nur unter Aufbietung alle Kräfte geschehen: nur durch Mut, Findigkeit, Opferbereitschaft, Geduld und Liebe. *Wandtafel muß frei bleiben für die Nennungen der Schüler*

❀ Es war einmal ein König, der hatte drei Töchter. Einmal stand er mit der ältesten am Fenster und sah hinaus auf den Hof. Da kam ein großer Bär in den Schloßhof gelaufen und brummte und machte Lärm. „Geh hinaus und jag ihn fort," sagte der König. Und da ging sie rasch nach draußen und nahm einen großen Stock und versuchte, den Bären zu verjagen. Der aber sagte: „Komm, setzt dich auf meinen Rücken." – „Nein, ich will nicht", erwiderte die Königstochter. „Ja, ja!" brummte der Bär und lief seiner Wege.

Ein anderes Mal stand der König wieder am Fenster, aber mit seiner zweitältesten Tochter, und sah dort hinaus. Da kam der Bär wieder, brummte und machte viel Lärm. Und der König sagte: „Geh und jag ihn fort." Als sie hinauslief und versuchte, ihn wegzujagen, sprach der Bär: „Komm, setz dich auf meinen Rücken." Aber sie wollte nicht, und der Bär lief fort und brummte: „Ja, ja".

Als aber der König mit seiner jüngsten Tochter dort stand und aus dem Fenster schaute, kam der Bär zum dritten Mal. Der König schickte sie wieder hinaus, ihn mit dem Stock wegzujagen. „Komm, setz dich auf meinen Rücken", sprach der Bär. Und sie setzte sich auf seinen Rücken; und er lief mit ihr fort, hinein in den Wald.

Nachdem sie tief im Wald angekommen waren, hielt der Bär vor einer großen Höhle an und sagte: „Hier werden wir sieben Jahre wohnen. Tagsüber bin ich ein Bär, aber nachts ein Prinz. Wenn du in diesen sieben Jahren niemals ein Licht ansteckst, um mich zu sehen, dann bin ich erlöst, und dann sollst du meine Königin werden!" Das versprach sie ihm. Und nun wohnten sie dort zusammen.

Als zwei Jahre vergangen waren, kam der Bär einmal heim und sagte: „Jetzt will ich dir etwas erzählen! Morgen wird deine Schwester Hochzeit haben!" – „Ach, da möchte ich gerne dabeisein," sagte die Prinzessin. „Ja, du sollst auch dorthin gehen. Aber du mußt mir versprechen, daß du dich nie dazu verleiten läßt, ein Licht anzustecken, um mich zu sehen." Das versprach sie und ging zur Hochzeit. Da wollte ihre Schwester sie wirklich zur Neugier verleiten. Aber sie blieb Prinz Weißbär treu und kehrte mit ihm zurück, als er sie abholte.

Nun vergingen wieder zwei Jahre, da kam die Nachricht von der Hochzeit ihrer zweitältesten Schwester. Die Prinzessin mußte dem Bären wie beim ersten Mal versprechen, sich zu nichts verleiten zu lassen. Da nahm er sie auf seinen Rücken und lief mit ihr zum Könighof. Dort wollte die Schwester sie wieder verleiten. Aber sie blieb Prinz Weißbär treu und kehrte mit ihm am nächsten Tag zurück.

Nach zwei Jahren war im Schloß wieder ein großes Fest, es war der Geburtstag ihres Vaters. Als Prinz Weißbär sie auf seinem Rücken dorthin brachte, nahm er ihr wieder das Versprechen ab. Aber diesmal überredete sie die Schwester; sie gab ihr einen kleinen Silberleuchter und ein Feuerzeug mit.

Da stand sie eines Nachts auf, steckte das Licht an und wollte den Bären anschauen. Sie sah, daß er ein wunderschöner Prinz war. Sie konnte ihn nicht genug ansehen, so schön war er! Aber wie sie nun so dort stand und den Blick nicht von ihm lassen konnte, tropfte von dem Licht Wachs auf ihn, so daß er erwachte. Er sprang auf und sagte, daß sie sich jetzt trennen müßten. Daraufhin weinte sie sehr und wollte nicht von ihm lassen. Er aber sprach: „Geh zu meinen drei Schwestern und grüße sie von mir." Dann verschwand er.

Da ging sie durch den Wald und über viele Berge, und schließlich kam sie zu seinen drei Schwestern. Die eine gab ihr eine goldene Spinnwirtel, die andere eine Goldhaspel und die dritte einen goldenen Spinnrocken. Von dort ging sie zum Schmied und sagte, daß er ihr Eisenschuhe für Hände und Füße schmieden solle. Da tat ihm die Prinzessin sehr leid, aber was sollte er machen. Von dort lief sie über die hohen Glasberge, bis sie zu einem großen Schloß kam. Da waren die eisernen Schuhe an ihren Händen und Füßen abgewetzt.

Nun setzte sie sich vor dem Schloß auf einen hohen Felsen und spann mit ihrer goldenen Spinnwirtel. Als sie dort eine Zeitlang gesessen hatte, kam eine Hexe aus dem Schloß und fragte: „Was willst du für die Spinnwirtel haben?" – „Ich will," sagte sie, „heute nacht auf der Treppe sitzen, dort wo Prinz Weißbär schläft." Das versprach ihr die Hexe, aber sie gab Prinz Weißbär einen Schlaftrunk, damit er nichts hören sollte. Da sang die Prinzessin:

„Wach auf, Prinz Weißbär! Die ich auf deinem Rücken ritt, sechs Jahre mit dir im Walde wohnte, eiserne Schuhe für Hände und Füße bekam und über klare Glasberge kletterte, ich sitze hier draußen!" Aber er hörte sie nicht, denn er schlief. Da weinte sie und ging am nächsten Morgen wieder aus dem Schloß hinaus.

Sie setzte sich nun wieder auf den Felsen hinauf und haspelte mit ihrer Goldhaspel. Da kam dieselbe Hexe heraus und fragte sie, was sie dafür haben wollte. Sie sagte, sie würde sie hergeben, wenn sie auch in dieser Nacht auf der Treppe vor der Kammer von Prinz Weißbär sitzen dürfte. Das versprach ihr die Hexe, und sie gab ihr die goldene Haspel. Als es nun Abend wurde, setzte sich die Prinzessin auf die Treppe und sang: „Wach auf, Prinz Weißbär! Die ich auf deinem Rücken ritt, sechs Jahre mit dir im Walde wohnte, eiserne Schuhe für Hände und Füße bekam und über klare Glasberge kletterte, ich sitze hier draußen!" Aber er hörte sie nicht, denn er schlief einen festen Schlaf. Da ging sie wieder fort und weinte lange. Aber als es Tag geworden war, erzählte der Diener dem Prinzen, was das Mädchen gesungen hatte. Da mußte er an die Königstochter denken und wußte, daß sie es war.

Während er so an sie dachte, saß sie wieder auf dem Berg und spann mit ihrem goldenen Spinnrocken. Und da kam die Hexe, und sie durfte für den Spinnrocken wieder auf die Türschwelle zu Prinz Weißbärs Kammer sitzen. Aber als die Nacht gekommen war, da sprachen sie miteinander, denn diesmal hatte er den Schlaftrunk über die Schulter gegossen.

Als es Morgen geworden war und die Hexe, die die Sonne nicht vertragen konnte, zu ihr hereinkam, um sie hinauszulassen, rief die Prinzessin ihr zu: „Sieh doch, wie herrlich die Sonne dort drüben aufgeht!" Da sah die Hexe dorthin und fiel auf der Stelle tot um. Im selben Augenblick wurde Weißbär wieder ein wunderschöner Prinz. Er heiratete die Prinzessin, und sie nahmen das Schloß der Hexe in ihren Besitz. Dort sollen sie bis auf den heutigen Tag wohnen.

Grundmotive von AaTh 425 „Suchwanderung"
Dänische Variante: „Prinz Weißbär"

Die formelhaften Abläufe dieses Märchens werden bildlich rezipiert, dabei sollen die folgenden Grundmotive (s. Motivkatalog Stith Thompson) von den Schülern gefunden werden. Fehlt ein wichtiges Grundmotiv bis zuletzt, wird es vom Lehrer noch genannt und angefügt.

Die von den Schülern genannten Bilder werden in der Reihenfolge ihrer spontanen Nennung und in ihrer eigenen bildhaften Formulierung vom Lehrer an die Tafel geschrieben und dabei unauffällig in die drei Sequenzen von Ablösung, Umwandlung und Angliederung gebracht. Erst am Ende der ersten Stunde wird gemeinsam die Reihenfolge des äußeren Erzählablaufs wieder hergestellt, wobei dann die dreifache Gliederung des rituellen Übergangs erkennbar wird. Im folgenden Modell sind die Grundmotive *nur* in der Reihenfolge des Erzählablaufs angegeben.

Linke Tafelfläche
(erste Sequenz: Ablösung von zu Hause)

Mädchen folgt der Werbung eines Tierbräutigams (Motiv S215.1)

Er ist am Tag ein Tier, in der Nacht ein Mensch (Mot. D621.1)

Tabu: Den übernatürlichen Bräutigam nicht sehen (Mot. Tabu: C32.1)

Ihre Schwestern sind neidisch (Mot. L54.1)

Verrat durch die tropfende Lampe (Berühren des schlafenden Tierbräutigams)|Mot. C916)

Verlust des Gefährten durch Brechen des Tabus (Mot. C932)

Mittlere Tafelfläche
(zweite Sequenz: Jenseitswanderung)

Suchwanderung nach dem verlorenen Gefährten (Mot. H1385.4)

Drei Helfer auf der Suchwanderung (Mot. H1235)

Ausrüstung durch eiserne Schuhe (Mot. F823)

Schwere Aufgabe: den Glasberg ersteigen (Mot. H1114)

Wandern, bis die eisernen Schuhe abgewetzt sind (Mot. Q502.2)

Die Königstochter als unscheinbare Fremde (Mot. Q482.1)

Sie erkauft Platz vor des Bräutigams Bett, weckt sein Gedächtnis und gewinnt ihn zurück (Mot. D2006.1.4)

Rechte Tafelfläche
(dritte Sequenz: Erlösung, Angliederung an eine neues Leben)

Entzauberung und Erlösung durch Vernichtung der zauberischen Hexe (Mot. D763).

272

Anregungen zu den Bildern von Entwicklugn und Verwandlung in dem Zaubermärchen „König Weißbär" (Aufgabenstellungen s. vierte Phase des Modells)

1. Die drei Töchter sind am Ende der Kindheit zu Hause noch mit der Welt des Vaters verbunden (sie schauen gemeinsam mit ihm aus dem Fenster heraus). Der Vater läßt den Bären von den Mädchen fortjagen. Er hält ihn für nicht stark genug, um sich durchzusetzen. Für den Bären geht es aber vor allem darum, die richtige Braut zu finden: erst die Jüngste ist die rechte. Sie hat keine Angst, ihm zu folgen. In seinem Bereich leben sie glücklich, denn sie achtet das Geheimnis seiner verborgenen Gestalt. Durch die Berührung mit zu Hause und den neugierigen Ratschlägen ihrer Schwesten gerät sie jedoch wieder in Abhängigkeit von daheim und möchte jetzt Macht über das Geheimnis ihres Mannes gewinnen. Damit ist sie aber auch der Realität auf der Spur: Ihr Mann muß noch eine Entwicklung durchmachen. Als sie seine wahre Identität erblickt hat, entschwindet er. Nur durch Liebe kann er jetzt noch erlöst werden.

2. Die Jenseitsreise beginnt mit dem Aufsuchen der drei Schwestern des Verzauberten: Sie kennen sich aus; sie geben Ratschlag und Zaubergaben und helfen weiter. Die Königstochter muß sich nun für die Reise ins Jenseits mit eisernen Schuhen rüsten, um über die Glasberge zu kommen (das Beschlagenwerden an Händen und Füßen mit Hufeisen weist auch auf einen Identitätswechsel: Im Zaubermärchen wird manchmal von Selbstverwandlung berichtet, um auf einen Glasberg zu kommen). Mit den Gaben der drei Schwestern kann sie nun die Macht, die ihren Mann gefangenhält, herausfordern und mit List allmählich den Zugang zu ihm erreichen. Er kennt sie nicht, er schläft einen sehr tiefen Schlaf (symbolischer Tod). Durch die Vorstellung von ihrer Gegenwart weckt sie ganz langsam sein Bewußtsein, aber es ist eine schwere und anstrengende Nachtwache. Dreimal muß sie die Konfrontation mit der Hexe aufnehmen.

3. Zuletzt hat sie ihren Mann erreicht: er erkennt sie. Die Hexe wird durch das Licht, das jetzt wirklich alles Dunkel erhellt, zerstört. Nun hat er seine wahre Gestalt für immer.

Die beiden haben eine wichtige Entwicklung durchgemacht. Jetzt gehören sie wirklich zusammen.

„Das singende, springende Löweneckerchen" KHM 88 AaTh 425C

Deutsches Zaubermärchen aus: Brüder Grimm, Kinder- und Hausmärchen, Ausgabe letzter Hand mit den Originalanmerkungen der Brüder Grimm, hsg. mit Anhang und Herkunftsnachweisen v. Heinz Rölleke, Philipp Reclam Jun. Stuttgart 1989,Bd.2,17,Nr. 88.

Herkunft und Verbreitung: Das Märchen wurde Wilhelm Grimm 1813 von Dortchen Wild in Kassel erzählt und steht seit 1815 in der Grimmschen Sammlung; Einzelzüge entstammen einer von Ferdinand Siebert,Treysa, mitgeteilten und in der Erstauflage der KHM von 1812 unter dem Titel „Von dem Sommer- und dem Wintergarten" abgedruckten Version.

Der Löwe hat in der Überlieferung eine hervorragende Bedeutung, seine Symbolik hat ihren Ursprung im orientalischen Bereich, doch besteht z.B. die Vorstellung vom Löwen als dem König der Tiere schon seit früher Zeit auch in Gebieten, in denen er lebend nicht anzutreffen ist. Im Märchen hat er häufig die Eigenschaft eines Wächters am Jenseitstor (Grablöwe). Im vorliegenden Märchen ist er ein verzauberter Tierbräutigam. **Das Anlegen und Ablegen einer Tierhaut weist auf frühmagische Weltbilder, s. auch: „König Weißbär".**

Der Erzähltyp AaTh 425C, dem dieses Zaubermächen zugehört, ist Teil des großen Bereiches „Suchwanderung nach dem verlorenen Gefährten" AaTh 425–449. Die Unterteilung C umfaßt den Themenkreis „Die Schöne und das Tier". Die vorliegende Kombination mit dem dänischen Märchen „König Weißbär" hat für die Schüler den Vorteil, *mit dem Erzähltyp durch die vorangegangene, leichter faßliche Variante bereits vertraut zu sein (s. dort Anmerk.).*

Einleitende Worte und Vorlesen des Märchens:
s. zweite Phase des Modells
Zeiteinheit: eine Unterrichtsstunde

Vor dem Lesen erklären: „Löweneckerchen" = Lerche (hängt mit dem westf. „Lauberken", niedersächs. „Leverken" zusammen)
Wandtafel muß frei bleiben für die Nennungen der Schüler

❀ Es war einmal ein Mann, der hatte eine große Reise vor, und beim Abschied fragte er seine drei Töchter, was er ihnen mitbringen sollte. Da wollte die älteste Perlen, die zweite wollte Diamanten, die dritte aber sprach: „Lieber Vater, ich wünsche mir ein singendes springendes Löweneckerchen." Der Vater sagte: „Ja, wenn ich es kriegen kann, sollst du es haben", küßte alle drei und zog fort. Als nun die Zeit kam, daß er wieder auf dem Heimweg war, so hatte er Perlen und Diamanten für die zwei ältesten gekauft, aber das singende springende Löweneckerchen für die jüngste hatte er umsonst allerorten gesucht, und das tat ihm leid, denn sie war sein liebstes Kind. Da führte ihn der Weg durch einen Wald, und mitten darin war ein prächtiges Schloß, und nah am Schloß stand ein Baum, ganz oben auf der Spitze des Baums aber sah er ein Löweneckerchen singen und springen. „Ei, du kommst mir gerade recht", sagte er ganz vergnügt und rief seinem Diener, er sollte hinaufsteigen und das Tierchen fangen. Wie er aber zu dem Baum trat, sprang ein Löwe darunter auf, schüttelte sich und brüllte, daß das Laub an den Bäumen zitterte. „Wer mir mein singendes springendes Löweneckerchen stehlen will", rief er, „den fresse ich auf." Da sagte der Mann: „Ich habe nicht gewußt, daß der Vogel dir gehört; ich will mein Unrecht wiedergutmachen und mich mit schwerem Golde loskaufen, laß mir nur das Leben." Der Löwe sprach: „Dich kann nichts retten, als wenn du mir zu eigen versprichst, was dir daheim zuerst begegnet; willst du das aber tun, so schenke ich dir das Leben und den Vogel für deine Tochter obendrein." Der Mann aber weigerte sich und sprach: „Das könnte meine jüngste Tochter sein, die hat mich am liebsten und läuft mir immer entgegen, wenn ich nach Hause komme." Dem Diener aber war angst, und er sagte: „Muß Euch denn gerade Eure Tochter begegnen, es könnte ja auch eine Katze oder ein Hund sein." Da ließ sich der Mann überreden, nahm das singende springende Löweneckerchen und versprach dem Löwen zu eigen, was ihm daheim zuerst begegnen würde.

Wie er daheim anlangte und in sein Haus eintrat, war das erste, was ihm begegnete, niemand anders als seine jüngste, liebste Tochter: die kam gelaufen, küßte und herzte ihn, und als sie sah, daß er ein singendes springende Löweneckerchen mitgebracht hatte, war sie außer sich vor Freude. Der Vater aber konnte sich nicht freuen, sondern fing an zu weinen und sagte: „Mein liebstes Kind, den kleinen Vogel habe ich teuer gekauft, ich habe dich dafür einem wilden Löwen versprechen müssen, und wenn er dich hat, wird er dich zerreißen und fressen", und erzählte ihr da alles, wie es zugegangen war, und bat sie, nicht hinzugehen, es möchte auch kommen, was da wollte. Sie tröstete ihn aber und sprach: „Liebster Vater, was Ihr versprochen habt, muß auch gehalten werden: ich will hingehen und will den Löwen schon besänftigen, daß ich wieder gesund zu Euch komme." Am andern Morgen ließ sie sich den Weg zeigen, nahm Abschied und ging getrost in den Wald hinein. Der Löwe aber war ein verzauberter Königssohn und war bei Tag ein Löwe, und mit ihm wurden alle seine Leute Löwen, in der Nacht aber hatten sie ihre natürliche, menschliche Gestalt. Bei ihrer Ankunft ward sie freundlich empfangen und in das Schloß geführt. Als die Nacht kam, war er ein schöner Mann, und die Hochzeit ward mit Pracht gefeiert. Sie lebten vergnügt miteinander, wachten in der Nacht und schliefen am Tag. Zu einer Zeit kam er und sagte: „Morgen ist ein Fest in deines Vaters Haus, weil deine älteste Schwester sich verheiratet, und wenn du Lust hast hinzugehen, so sollen dich meine Löwen hinführen." Da sagte sie, ja, sie möchte gern ihren Vater wiedersehen, fuhr hin und ward von den Löwen begleitet. Da war große Freude, als sie ankam, denn sie hatten alle geglaubt, sie wäre von dem Löwen zerrissen worden und schon lange nicht mehr am Leben. Sie erzählte aber, was sie für einen schönen Mann hätte und wie gut es ihr ginge, und blieb bei ihnen, solange die Hochzeit dauerte, dann fuhr sie wieder zurück in den Wald. Wie die zweite Tochter heiratete und sie wieder zur Hochzeit eingeladen war, sprach sie zum Löwen: „Diesmal will ich nicht allein sein, du mußt mitgehen." Der Löwe aber sagte, das wäre zu gefährlich für ihn, denn wenn dort der Strahl eines brennenden Lichts ihn berührte, so würde er in eine Taube verwandelt und müßte sieben Jahre lang mit den Tauben fliegen. „Ach", sagte sie, „geh nur mit mir: ich will dich schon hüten und vor allem Licht bewahren." Also zogen sie zusammen und nahmen auch ihr kleines Kind mit. Sie ließ dort einen Saal mauern, so stark und dick, daß kein Strahl durchdringen konnte, darin sollt er sitzen, wann die Hochzeitslichter angesteckt würden. Die Tür aber war von frischem Holz gemacht, das sprang und bekam einen kleinen Ritz, den kein Mensch bemerkte. Nun ward die Hochzeit mit Pracht gefeiert, wie aber der Zug aus der Kirche zurückkam mit den vielen Fackeln und Lichtern an dem Saal vorbei, da fiel ein haarbreiter Strahl auf den Königssohn, und wie dieser Strahl ihn berührt hatte, in dem Augenblick war er auch verwandelt, und als sie hineinkam und ihn suchte, sah sie ihn nicht, aber es saß da eine weiße Taube. Die Taube sprach zu ihr: „Sieben Jahre muß ich in die Welt fortfliegen; alle sieben Schritte aber will ich einen roten Blutstropfen und eine weiße Feder fallen lassen, die sollen dir den Weg zeigen, und wenn du der Spur folgst, kannst du mich erlösen."

Da flog die Taube zur Tür hinaus, und sie folgte ihr nach, und alle sieben Schritte fiel ein rotes Blutströpfchen und ein weißes Federchen herab und zeigte ihr den Weg. So ging sie immerzu in die weite Welt hinein und schaute nicht um sich und ruhte sich nicht, und waren fast die sieben Jahre herum; da freute sie sich und meinte, sie wären bald erlöst, und war noch so weit davon. Einmal, als sie so fortging, fiel kein Federchen mehr und auch kein rotes Blutströpfchen, und als sie die Augen aufschlug, so war die Taube verschwunden. Und weil sie dachte: „Menschen können dir da nicht helfen", so stieg sie zur Sonne hinauf und sagte zu ihr: „Du scheinst in alle Ritzen und über alle Spitzen, hast du keine weiße Taube fliegen sehen?

„Nein", sagte die Sonne, „ich habe keine gesehen, aber da schenk ich dir ein Kästchen, das mach auf, wenn du in großer Not bist." Da dankte sie der Sonne und ging weiter, bis es Abend war und der Mond schien, da fragte sie ihn: „Du scheinst ja die ganze Nacht und durch alle Felder und Wälder, hast du keine weiße Taube fliegen sehen?"

„Nein", sagte der Mond, „ich habe keine gesehen, aber da schenk ich dir ein Ei, das zerbrich, wenn du in großer Not bist." Da dankte sie dem Mond und ging weiter, bis der Nachtwind herankam und sie anblies; da sprach sie zu ihm: „Du wehst ja über alle Bäume und unter allen Blättern weg, hast du keine weiße Taube fliegen sehen?"

„Nein", sagte der Nachtwind, „ich habe keine gesehen, aber ich will die drei andern Winde fragen, die haben sie vielleicht gesehen." Der Ostwind und der Westwind kamen und hatten nichts gesehen, der Südwind aber sprach: „Die weiße Taube habe ich gesehen, sie ist zum Roten Meer geflogen, da ist sie wieder ein Löwe geworden, denn die sieben Jahre sind herum, und der Löwe steht dort im Kampf mit einem Lindwurm, der Lindwurm ist aber eine verzauberte Königstochter." Da sagte der Nachtwind zu ihr: „Ich will dir Rat geben, geh zum Roten Meer, am rechten Ufer, da stehen große Ruten, die zähle, und die elfte schneid dir ab und schlag den Lindwurm damit, dann kann ihn der Löwe bezwingen, und beide bekommen auch ihren menschlichen Leib wieder. Hernach schau dich um, und du wirst den Vogel Greif sehen, der am Roten Meer sitzt, schwing dich mit deinem Liebsten auf seinen Rücken: der Vogel wird euch übers Meer nach Haus tragen. Da hast du auch eine Nuß, wenn du mitten über dem Meer bist, laß sie herabfallen, alsbald wird sie aufgehen, und ein großer Nußbaum wird aus dem Wasser hervorwachsen, auf dem sich der Greif ausruht; und könnte er nicht ruhen, so wäre er nicht stark

genug, euch hinüberzutragen; und wenn du vergißt, die Nuß herab-
zuwerfen, so läßt er euch ins Meer fallen."

Da ging sie hin und fand alles, wie der Nachtwind gesagt hatte. Sie
zählte die Ruten am Meer und schnitt die elfte ab, damit schlug sie
den Lindwurm, und der Löwe bezwang ihn; alsbald hatten beide ihren menschlichen Leib wieder. Aber wie die Königstochter, die vorher ein Lindwurm gewesen war, vom Zauber frei war, nahm sie den
Jüngling in den Arm, setzte sich auf den Vogel Greif und führte ihn
mit sich fort. Da stand die arme Weitgewanderte und war wieder verlassen und setzte sich nieder und weinte. Endlich aber ermutigte sie
sich und sprach: „Ich will noch so weit gehen, als der Wind weht,
und so lange, als der Hahn kräht, bis ich ihn finde." Und ging fort,
lange, lange Wege, bis sie endlich zu dem Schloß kam, wo beide zu-
sammenlebten; da hörte sie, daß bald ein Fest wäre, wo sie Hochzeit
miteinander machen wollten. Sie sprach aber: „Gott hilft mir noch",
und öffnete das Kästchen, das ihr die Sonne gegeben hatte, da lag ein
Kleid darin, so glänzend wie die Sonne selber. Da nahm sie es heraus
und zog es an und ging hinauf in das Schloß, und alle Leute und die
Braut selber sahen sie mit Verwunderung an; und das Kleid gefiel der
Braut so gut, daß sie dachte, es könnte ihr Hochzeitskleid geben, und
fragte, ob es nicht feil wäre. „Nicht für Geld und Gut", antwortete
sie, „aber für Fleisch und Blut." Die Braut fragte, was sie damit meinte. Da sagte sie: „Laßt mich eine Nacht in der Kammer schlafen, wo
der Bräutigam schläft." Die Braut wollte nicht, und wollte doch
gerne das Kleid haben, endlich willigte sie ein, aber der Kammerdiener mußte dem Königssohn einen Schlaftrunk geben. Als es nun
Nacht war und der Jüngling schon schlief, ward sie in die Kammer
geführt. Da setzte sie sich ans Bett und sagte: „Ich bin dir nachgefolgt
sieben Jahre, bin bei Sonne und Mond und bei den vier Winden gewesen und habe nach dir gefragt, und habe dir geholfen gegen den Lindwurm, willst du mich denn ganz vergessen?" Der Königssohn aber
schlief so hart, daß es ihm nur vorkam, als rauschte der Wind draußen in den Tannenbäumen. Wie nun der Morgen anbrach, da ward sie
wieder hinausgeführt und mußte das goldene Kleid hingeben. Und
als auch das nichts geholfen hatte, ward sie traurig, ging hinaus auf
eine Wiese, setzte sich da hin und weinte. Und wie sie so saß, da fiel
ihr das Ei noch ein, das ihr der Mond gegeben hatte; sie schlug es auf,
da kam eine Glucke heraus mit zwölf Küchlein ganz von Gold, die
liefen herum und piepten und krochen der Alten wieder unter die

Flügel, so daß nichts Schöneres auf der Welt zu sehen war. Da stand sie auf, trieb sie auf der Wiese vor sich her, so lange, bis die Braut aus dem Fenster sah, und da gefielen ihr die kleinen Küchlein so gut, daß sie gleich herabkam und fragte, ob sie nicht feil wären. „Nicht für Geld und Gut, aber für Fleisch und Blut; laßt mich noch eine Nacht in der Kammer schlafen, wo der Bräutigam schläft." Die Braut sagte ja und wollte sie betrügen wie am vorigen Abend. Als aber der Königssohn zu Bett ging, fragte er seinen Kammerdiener, was das Murmeln und Rauschen in der Nacht gewesen sei. Da erzählte der Kammerdiener alles, daß er ihm einen Schlaftrunk hätte geben müssen, weil ein armes Mädchen heimlich in der Kammer geschlafen hätte, und heute nacht sollte er ihm wieder einen geben. Sagte der Königssohn: „Gieß den Trank neben das Bett aus." Zur Nacht wurde sie wieder hereingeführt, und als sie anfing zu erzählen, wie es ihr traurig ergangen wäre, da erkannte er gleich an der Stimme seine liebe Gemahlin, sprang auf und rief: „Jetzt bin ich erst recht erlöst, mir ist gewesen wie in einem Traum, denn die fremde Königstochter hatte mich bezaubert, daß ich dich vergessen mußte, aber Gott hat noch zu rechter Stunde die Betörung von mir genommen." Da gingen sie beide in der Nacht heimlich aus dem Schloß, denn sie fürchteten sich vor dem Vater der Königstochter, der ein Zauberer war, und setzten sich auf den Vogel Greif, der trug sie über das Rote Meer, und als sie in der Mitte waren, ließ sie die Nuß fallen. Alsbald wuchs ein großer Nußbaum, darauf ruhte sich der Vogel, und dann führte er sie nach Haus, wo sie ihr Kind fanden, das war groß und schön geworden, und sie lebten von nun an vergnügt bis an ihr Ende.

Grundmotive von AaTh 425C „Die Schöne und das Tier"
Deutsche Variante: „Das singende, springende Löweneckerchen" (KHM88)

Die formelhaften Abläufe dieses Märchens werden bildlich rezipiert, s. dritte Phase des Modells. Dabei sollen die typischen Grundmotive (s. Motivkatalog Stith Thompson) von den Schülern gefunden werden. Fehlt ein wichtiges Grundmotiv bis zuletzt, wird es vom Lehrer noch genannt und angefügt.

Die von den Schülern genannten Bilder weden in der Reihenfolge ihrer spontanen Nennung und in ihrer eigenen bildhaften Formulierung vom Lehrer an die Tafel geschrieben und dabei unauffällig in die drei Sequenzen von Ablösung, Umwandlung und Angliederung gebracht. Erst zuletzt wird gemeinsam die Reihenfolge des äußeren Erzählablaufs wieder hergestellt, wobei dann die dreifache Gliederung des rituellen Übergangs erkennbar wird.

Im folgenden Modell sind die Grundmotive *nur* in der Reihenfolge des Erzählablaufs angegeben.

Linke Tafelfläche (erste Sequenz: Ablösung von zu Hause)	Mittlere Tafelfläche (zweite Sequenz: Jenseitswanderung)	Rechte Tafelfläche (dritte Sequenz: Erlösung, Angliederung an ein neues Leben)
Tochter muß dem Tierbräutigam versprochen werden für einen Vogel (Löweneckerchen), den sie sich vom Vater gewünscht hat. (Motiv S228)	Suchwanderung nach dem entrückten Gefährten (Mot. H1385.4)	Verwandlung des Tieres und Entzauberung (Mot. D7351)
Der Tierbräutigam ist am Tag ein Löwe, in der Nacht ein Mensch. (Mot. D621.1)	Sonne, Mond und Wind geben die Richtung bei der Suchwanderung (Mot. H1232)	
Tabu: den übernatürlichen Bräutigam nicht sehen (Mot. Tabu C32.1)	Verlassene Frau findet ihren Mann im Begriff, eine andere zu heiraten. (Mot. N681.1)	
Verlust des Gefährten durch Brechen des Tabus (Mot. C932)	Sie erkauft sich den Platz vor des Bräutigams Bett, weckt sein Gedächtnis und gewinnt ihn zurück (Mot. D2006.1.4)	

KOMBINATION
(2)

„Die Schwanenfrau"
siebenbürgisch

„Die weiße Taube"
Grimm

„Die Schwanenfrau"; AaTh 400* „Schwanenjungfrau"

Siebenbürgisches Märchen aus: Josef Haltrich, Sächsische Volksmärchen aus Siebenbürgen, Hsg. Hanni Markel, Kriterion Verlag Bukarest 1974,21,Nr. 5.

Herkunft und Verbreitung: Die Märchensammlung von Josef Haltrich (1822–1866, Lehrer und Pfarrer in Siebenbürgen) ist eine der frühesten und vielseitigsten. Jacob Grimm vermittelte die Herausgabe 1856 bei Julius Springer in Berlin. Josef Haltrichs einfache, klare und bilderreiche Texte eignen sich vorzüglich für den Einsatz im Schulunterricht.

Märchen von **Schwanenjungfrauen** sind in ganz Europa weit verbreitet. In dem vorliegenden siebenbürgischen Märchen ist ihre Entzauberung verbunden mit einem Drachenkampf. **Der Schwan** gilt in der Volksüberlieferung als glückbringender Vogel; bis ins Altertum zurück reichen Berichte, daß der Schwan singe. Die Vorstellung vom **Anlegen und Ablegen einer Tierhaut weist auf frühmagische Weltbilder.**

Der Erzähltyp AaTh 400, „Suchwanderung nach der verlorenen Frau", dem AaTh 400* zugeordnet ist, gehört zum Bereich der **Tierbraut-Märchen,** die überall in der Welt verbreitet sind. Im europäischen Zaubermärchen geht es vor allem um die *Entzauberung* der Tierbraut. Der *rituelle Hintergrund* dieses Märchens weist auch best. Ähnlichkeiten auf mit dem des Märchens *„Die Zederzitrone"* (s. dort; Stichwort: Ende der Initiationsphase).

Einleitende Worte und Vorlesen des Märchens:
siehe zweite Phase des Modells
Zeiteinheit: Zwei Unterrichtsstunden

Vor dem Lesen erklären: „Sich verdingen" = in Dienste treten; **„Hüne"** = Riese; **„auf dem Fuß folgen"** = direkt hinter jemandem nachfolgen.
Wandtafel muß frei bleiben für die Nennungen der Schüler

❂   Es war einmal eine arme Frau, die hatte einen Sohn. Als er groß und stark geworden war, wollte er in die Fremde, um sich etwas zu verdienen. Er verdingte sich bei einem Herrn auf ein Jahr und sollte dessen Schafe hüten.

Als er einmal zur Zeit der Ernte auf dem Feld war, sah er einen schönen, weißen Vogel im Kornfeld. Er lief hin, um ihn zu fangen. Der Vogel aber erhob sich langsam und flog in einen Wald. Der Junge lief ihm immer nach, doch es war umsonst, er konnte ihn nicht erreichen. Er wollte umkehren, aber er wußte sich aus dem Wald nicht mehr herauszufinden. Schon fing es an dunkel zu werden, da sah er in der Ferne ein Licht. Er ging darauf los und kam zu einem Schloß. Dort saß ein alter Mann am Feuer und kochte sich eine Suppe. Der Junge bat um Herberge und erzählte dem Alten, wie er in den Wald gekommen sei. „Wenn du mir ein Jahr treu dienst", sprach der alte Mann, „so will ich dir zu dem Vogel verhelfen!" Der Junge willigte gern ein, um den Vogel zu bekommen.

Am folgenden Morgen sprach der Alte: „Jetzt gehe ich aus und kehre erst spät abends heim. Sorge du hier. Da hast du alle Schlüssel, in jedes Zimmer darfst du gehen, nur in das letzte nicht!" Der Junge folgte genau dem Gebot, und als der alte Mann abends heimkehrte, war er mit ihm zufrieden. So geschah es auch am anden Tag und an allen folgenden Tagen, daß der Alte ausging und dem Jungen den gleichen Auftrag gab. Lange Zeit dachte der Junge nicht einmal an das verbotene Zimmer. Aber in der letzten Woche des Jahres kam ihn doch die Neugierde an. „Nun bist du ein ganzes Jahr hier gewesen und ziehst bald von dannen und sollst nicht wissen, was für Schätze dort sind", sprach er bei sich, und es ließ ihm keine Ruhe. Am letzten Tag ging er bis zur Türe und wollte auch wieder nicht. Endlich steckte er den Schlüssel ein und öffnete. Da war ein großer Saal und in der Mitte ein blauer Teich und darüber der freie Himmel. Im Teich aber waren drei wunderschöne Schwanenmädchen, die badeten. Kaum hatten sie den Jungen erblickt, husch, flogen sie alle drei als weiße Schwäne auf und fort.

Voll Angst kehrte der Junge zurück und hatte keine Ruhe. Als der alte Mann heimkam, fiel er gleich vor ihm nieder und sagte: „Strafe mich, ich habe dein Gebot übertreten." Der Alte aber sagte freundlich: „Weil du deinen Fehler eingestanden hast und bereust, will ich dir verzeihen. Aber jetzt mußt du noch ein Jahr treu dienen, wenn du den Vogel haben willst." Da fiel es dem Jungen wie ein Stein vom Herzen. Gern willigte er ein, und von nun an hatte die Neugierde keine Gewalt mehr über ihn. Als das Jahr vergangen war, trat der Alte zu ihm und sprach: „Jetzt folge mir!" Er führte ihn in das verbotene Zimmer, da waren die drei wunderschönen Jungfrauen und badeten. Alsbald aber verwandelten sie sich in weiße Schwäne, hoben sich aufwärts und flogen fort. Der alte Mann fragte den Jungen, welche ihm am besten gefallen habe. „Die Jüngste", sprach er. „Wohlan", sagte der Alte, „so gehe heute abend in jenes Zimmer; da findest du unter dem Bett drei Schachteln. Bringe die, welche in der Ecke liegt, zu mir." Der Junge konnte den Abend kaum erwarten, eilte dann hin und brachte sie. „So nimm jetzt diese Schachtel und gehe damit nach Hause. Die ausgewählte Jungfrau wird dir auf dem Fuße folgen. Aber sieh ja nicht hinter dich, bis du zu Hause angelangt bist. Dann aber magst du mit der Jungfrau bei deiner Mutter Hochzeit halten. Aber hüte die Schachtel wie deinen Augapfel und unterstehe dich ja nicht, sie deiner Braut in die Hand zu geben, wie sehr sie dich auch bittet. Sonst verlierst du sie auf immer!" Der Junge versprach alles so zu machen. Das erste wurde ihm leicht. Unterwegs sah er nicht zurück, obgleich er es gerne gewollt hätte. Aber er hatte ja für die Neugierde hart gebüßt, und daran dachte er jetzt.

Als er endlich daheim bei seiner Mutter angekommen war, wandte er sich rasch um und sah die Jungfrau, fiel ihr voll Freude um den Hals und küßte sie. Sie hatte ein schneeweißes Kleid an und war schön wie der heitere Tag, und der Junge konnte sich nicht sattsehen an ihr. Da wurde die Verlobung gehalten, und der Junge war ganz selig. Aber die Jungfrau war traurig und niedergeschlagen. Der Junge gab sich alle erdenkliche Mühe, sie zu erheitern, doch umsonst. „O was gäbe ich nicht dafür, dich jetzt fröhlich zu sehen", sprach er zuletzt. „So gib mir meine schönen Kleider, die in der Schachtel sind!" sagte sie. Da wurde der Junge bleich vor Schrecken. Wie hatte er so unbesonnen und töricht versprechen können, was zu seinem Unglück führen sollte. Er zögerte lange, lange. Endlich siegte die Treue und übergroße Liebe zu seiner Braut. Er überredete und tröstete sich auch selber. „Das wird doch nicht gleich ihr Tod sein, und fort soll sie mir auch nicht können", sprach er bei sich und verschloß sorgfältig alle Türen und Fenster. Kaum aber hatte er die Schachtel geöffnet, so hatte sie schon das Kleid hastig ergriffen und umgeworfen. Sogleich war sie ein Schwan und flog durch den Ofen zum Schornstein hinaus.

Da ergriff den Jungen ein unendlicher Schmerz. Er lief hinaus, sah dem Vogel nach und eilte immerfort bis in den Wald zu dem alten Mann und klagte ihm seinen Jammer. „Ist sie nicht hier", sprach er zuletzt, „so sage mir, wo ich sie finden kann. Ich will sie suchen bis ans Weltende, denn ich habe sie sehr lieb!" Da sagte der Alte: „Sie ist weit weg auf einer Insel über dem Meer und wird in einer Burg von einem siebenhäuptigen Drachen bewacht, und es ist schwer, dorthin zu kommen. Wenn du aber auch hingelangen solltest, wird dich der Drache umbringen." Aber der Junge ließ sich nicht abschrecken. Er nahm alle seine Kleider und Schuhe mit und wanderte sieben Jahre lang immerfort und hatte schon alle Kleider und Schuhe zerrissen und konnte vor Müdigkeit nicht weiter. Aber noch war weit und breit kein Meer zu sehen. Er fiel an einem Hügel nieder und dachte schon zu sterben. Da hörte er auf einmal in der Ferne einen Lärm, der kam immer näher und näher. Endlich sah er drei mächtige Hünen, welche einander hin und her zerrten. Er fragte sie nach der Ursache ihre Streites. „Oh", sagten sie, „es handelt sich um das Kostbarste in der Welt, um einen Mantel, der unsichtbar macht den, der ihn trägt; um einen Hut, der überall hinführt den, der ihn aufsetzt; und um ein Schwert, womit der alles besiegen kann, der es schwingt. Wer diese drei Stücke besitzt, kann die schönste Jungfrau, die auf der Insel über dem Meer gefangen ist, retten und mit ihr das größte Königreich erwerben." Der Junge freute sich über diese Nachricht in seinem Herzen und hegte neue Hoffnung. „Wennn es euch recht ist, so will ich den Streit entscheiden", sprach er, „bringt her jene Stücke und dann kämpft miteinander". Die einfältigen Hünen brachten sogleich Mantel, Hut und Schwert zu ihm und fielen nun einander in die Haare. Der Junge aber ergriff schnell das Schwert, warf den Mantel um und setzte den Hut auf und sprach: „Wäre ich doch nur gleich auf der Insel!" Husch! war er fort und die dummen Hünen hatten das Nachsehen.

Als der Junge auf der Insel ankam, legte er Hut und Mantel ab, nahm das Schwert und ging auf die Burg los. Der Drache sonnte sich eben vor der Burg, und die schöne Jungfrau mußte ihn lausen. Auf einmal roch der Drache Menschenfleisch, da brauste er auf und ringelte sich vor Wut. Aber der Junge kam unerschrocken heran und hieb ihm alle Häupter auf einmal ab. Er hüllte sich darauf schnell wieder in seinen Mantel, eilte ins Schloß, nahm die Schachtel mit dem Schwanenkleid und warf sie ins Meer. Dann legte er den Mantel ab und zeigte sich seiner Braut. Sie erkannte ihn gleich und war über alle Maßen froh. Der Junge aber zog mit seinem Wunschhut schnell zu seiner Mutter und brachte sie auch nach der fernen Insel in die Drachenburg. Dann feierte er mit seiner Braut in Lust die Hochzeit und war König und Herr über alles Land und alle Schätze, die der Drache besessen hatte.

Grundmotive von AaTh 400* „Schwanenjungfrau"
Siebenbürgische Variante „Die Schwanenfrau"

Die formelhaften Abläufe dieses Märchens werden bildlich rezipiert, dabei sollen die typischen Grundmotive (s. Motivkatalog Stiht Thompson) von den Schülern gefunden werden. Fehlt ein wichtiges Grundmotiv bis zuletzt, wird es vom Lehrer noch genannt und angefügt.

Die von den Schülern genannten Bilder werden in der Reihenfolge ihrer spontanen Nennung und in ihrer eigenen bildhaften Formulierung vom Lehrer an die Tafel geschrieben und dabei unauffällig in die drei Sequenzen von Ablösung, Umwandlung und Angliederung gebracht. Erst am Ende der ersten Stunde wird gemeinsam die Reihenfolge des äußeren Erzählablaufs wieder hergestellt, wobei dann die dreifache Gliederung des rituellen Übergangs erkennbar wird. Im folgenden Modell sind die Grundmotive *nur* in der Reihenfolge des Erzählablaufs angegeben.

Linke Tafelfläche
(erste Sequenz: Ablösung von zu Hause)

Vogel im Kornfeld (Motiv H1471)

Haus im Wald (Mot. D1890)

Alter Mann als Helfer (Mot. N825.3)

Verbotenes Zimmer (Mot. C611)

Entdecken der Mädchen im Zauberschloß (Mot. N711.2)

Mädchen in Schwanengestalt, Schwanengefieder als Zauberkleid (Mot. D361.1)

Rauben des Schwanenkleides (Mot. K1335)

Heirat mit dem Schwanenmädchen (Mot. B652.1)

Mittlere Tafelfläche (zweite Sequenz: Wandlung)

Schwanenmädchen findet ihr Federkleid und fliegt fort (Mot. D361.1.1)

Suchwanderung nach der entschwundenen Gefährtin (Mot. H1385.3)

Alter Mann als Helfer (Mot. N825.3)

Kleider und Schuhe bei der Suchwanderung zerrissen (Mot. H1125)

Meer als scheinbar unüberwindliches Hindernis auf dem Weg ins Jenseits (Mot. F141)

Gewinnung magischer Gegenstände (Mot. D832)

Tarnmantel (Mot. D1362.14)

Hut führt überall hin (Mot. D1520)

Siebenköpfiger Drache (Mot. B11.2.3.1)

Jungfrau laust den Drachen (Mot. D1962.2)

Kampf mit dem Drachen (Mot. B11.11)

Rechte Tafelfläche (dritte Sequenz: Eingliederung in die Menschenwelt)

Vernichten des Federkleides (Mot. D721.3)

Hochzeit, sie werden König und Königin (Mot. L161)

Anregungen zu den Bildern von Entwicklung und Verwandlung in dem Zaubermärchen „Die Schwanenfrau" (Aufgabenstellungen s. vierte Phase des Modells)

1. Der Junge steht **am Ende der Kindheit, an der Schwelle zum Erwachsenwerden**. Er sieht den geheimnisvollen Vogel im Kornfeld und läßt sich von ihm wegführen in eine fremde Welt, aus der er nicht mehr weg möchte. Hier findet er einen neuen Aufgabenbereich und ist fleißig. Seine Neugier führt ihn in das verbotene Zimmer, – zu früh. Neugier alleine reicht nicht aus, um erwachsen zu werden. Er muß nun nochmal ein Jahr bleiben und dienen. Danach ist er reif geworden für die Begegnung mit den Schwanenmädchen. Sie lassen sich nicht ohne weiteres einfangen, er muß genauen Weisungen folgen und darf nicht neugierig sein. Das Tabu „nicht umschauen": Wer die Verzauberten aus dem Jenseits holen will, darf sie nicht anschauen. Erst als er die Schwanenjungfrau heimgebracht hat zu seiner Mutter, bleibt sie als seine Braut bei ihm. Aber sie gehört noch nicht ganz zur Menschenwelt: **Sie sehnt sich zurück nach der Freiheit ihres ursprünglichen Schwanenlebens.** Sie läßt sich nicht halten, findet ihr Federkleid und fliegt fort.

2. Der Junge sucht die entrückte Gefährtin sieben Jahre lang, alle seine Kleider hat er unterwegs verschlissen. An einem Hügel glaubt er sich **dem Tode nahe**, er ist bis an die Grenze seiner körperlichen und seelischen Belastbarkeit gekommen. Da erscheint Rettung: Die Riesen, die vorüberziehen, sind zu tölpelhaft für den Besitz der herrlichen Wunschdinge, die sie haben. Es gelingt ihm, sie zu bekommen: Damit überwindet er die Grenze zur jenseitigen Welt, in der der Drache haust. Die Jungfrau sitzt auf der Insel als Gefangene des Drachen, den sie lausen muß. Er will von ihr verwöhnt werden. Statt der Freiheit, die sie gewollt hat, ist sie in eine sehr schlimme Gefangenschaft geraten. Der Junge kommt als **ihr Retter**, er ist jetzt erwachsen geworden. Dem Drachen muß er alle Häupter auf einmal abschlagen, da sie sonst wieder nachwachsen.

3. Der Junge wirft das Federkleid ins Meer: Nun gehört das Schwanenmädchen für immer zu den Menschen. **Beide sind sie erwachsen geworden**, und nun brauchen sie sich nicht mehr zu trennen. Sie holen die Mutter ins eroberte Schloß (er geht nicht zurück, er hat sich inzwischen von zu Hause losgelöst), sie heiraten und werden König und Königin.

„Die weiße Taube", AaTh 550 „Suche nach dem goldenen Vogel"

Deutsches Zaubermärchen, aus: Heinz Rölleke Hsg.: Die älteste Märchensammlung der Brüder Grimm, Synopse der handschriftl. Urfassung von 1810 und der Erstdrucke von 1812, Fondation Martin Bodmer, Cologny-Genève 1975,93,64.

Herkunft und Verbreitung: Das Märchen wurde Wilhelm Grimm 1808 von Gretchen Wild erzählt und in den ersten Band des Erstdrucks von 1812 als Nr. 64 aufgenommen; danach in die Anmerkungen (zu KHM 57) gerückt. Es ist eine sehr kurze Variante zum Grimmschen Märchen „Der goldene Vogel" KHM 57, mit dem es in erster Linie im Anfangsmotiv übereinstimmt. **Die Symbolik des Vogels** ist sehr vielschichtig; in der Antike weissagte man aus dem Flug der Vögel; sie gelten als Überbringer von Botschaften und als Wegweiser, was auch reale Hintergründe hat; sehr weit verbreitet ist der Vergleich des Vogels mit der menschlichen Seele. Die Symbolik der „Friedenstaube" ist neuen Ursprungs.

Der Erzähltyp AaTh 550 „Suche nach dem goldnen Vogel" gehört zum Bereich der Märchen, die von einem Helfer in Tiergestalt berichten (AaTh 500–559). In dieser Variante verwandelt sich die Tiergestalt in ein Mädchen.

Einleitende Worte und Vorlesen:
s. zweite Phase des Modells
Zeiteinheit: eine Unterrichtsstunde

❀ Vor eines Königs Palast stand ein prächtiger Birnbaum, der trug jedes Jahr die schönsten Früchte. Aber wenn sie reif waren, wurden sie in einer Nacht alle geholt, und kein Mensch wußte, wer es getan hatte. Der König aber hatte drei Söhne, davon wurde der jüngste für einfältig gehalten und hieß der Dummling. Der König befahl nun dem ältesten, er solle ein Jahr lang jede Nacht unter dem Birnbaum wachen, damit der Dieb entdeckt werde. Der tat das auch und wachte jede Nacht; der Baum blühte, und dann war er ganz voll von Früchten, und wie sie anfingen, reif zu werden, wachte er noch fleißiger. Endlich waren sie ganz reif und sollten am anderen Tag abgebrochen werden. In der letzten Nacht aber überfiel ihn ein Schlaf, und er schlief ein. Wie er aufwachte, waren alle Früchte fort und nur die Blätter noch übrig. Da befahl der König dem zweiten Sohn, ein Jahr zu wachen. Dem ging es nicht besser, als dem ersten. In der letzten Nacht konnte er sich des Schlafes gar nicht erwehren, und am

Morgen waren alle Birnen abgebrochen. Endlich befahl der König dem Dummling, ein Jahr zu wachen. Darüber lachten alle, die an des Königs Hof waren. Der Dummling aber wachte, und in der letzten Nacht wehrte er sich den Schlaf ab. Da sah er, wie eine weiße Taube geflogen kam, eine Birne nach der anderen abpickte und forttrug. Und als sie mit der letzten fortflog, stand der Dummling auf und ging ihr nach. Die Taube flog aber auf einen hohen Berg und verschwand auf einmal in einer Felsritze. Der Dummling sah sich um, da stand ein kleines, graues Männchen neben ihm, zu dem sprach er: „Gott segne dich!" Das Männchen antwortete: „Gott hat mich gesegnet in diesem Augenblick durch diese deine Worte, denn sie haben mich erlöst. Steig du in den Felsen hinab, da wirst du dein Glück finden." Der Dummling trat in den Felsen, viele Stufen führten ihn hinunter, und wie er unten hinkam, sah er die weiße Taube ganz von Spinnweben umstrickt und zugewebt. Wie sie ihn aber erblickte, brach sie hindurch. Und als sie den letzten Faden zerrissen hatte, stand eine schöne Prinzessin vor ihm, die hatte er erlöst. Sie wurde seine Gemahlin und er ein reicher König, und er regierte sein Land mit Weisheit.

Einige Grundmotive von AaTh 550 „Suche nach dem goldenen Vogel" in der kurzen deutschen Variante: „Die weiße Taube".

Die formelhaften Abläufe dieses Märchens werden bildlich rezipiert, dabei sollen die folgenden Grundmotive (s. Motivkatalog Stiht Thompson) von den Schülern gefunden werden. Fehlt ein wichtiges Grundmotiv bis zuletzt, wird es vom Lehrer noch genannt und angefügt.

Die von den Schülern genannten Bilder werden in der Reihenfolge ihrer spontanen Nennung und in ihrer eigenen bildhaften Formulierung vom Lehrer an die Tafel geschrieben und dabei unauffällig in die drei Sequenzen von Ablösung, Umwandlung und Angliederung gebracht. Zuletzt wird gemeinsam die Reihenfolge des äußeren Erzählablaufs wieder hergestellt, wobei dann die dreifache Gliederung des rituellen Übergangs erkennbar wird.

Im folgenden Modell sind die Grundmotive *nur* in der Reihenfolge des Erzählablaufs angegeben.

Linke Tafelfläche (erste Sequenz: Ablösung von zu Hause)	Mittlere Tafelfläche (zweite Sequenz: Suchwanderung)	Rechte Tafelfläche (dritte Sequenz: Erlösung, Angliederung an die Erwachsenenwelt)
Wachen für einen Dieb, nur der jüngste Bruder ist erfolgreich (Motiv H1471)	Unterirdischer Wächter (Mot. F450)	Entzauberung (Mot. D700)
Suchwanderung nach einem wunderbaren Vogel (Mot. H1331.1)	Freundlichkeit hilft weiter und wird belohnt (Mot. Q41)	Heirat, sie werden König und Königin (Mot. L161)
	Der Vogel ist eine verzauberte Gestalt (Mot. B313)	

Anregung zum Entwicklungs- und Verwandlungsweg in diesem Märchen

Die Erzählung enthält zwei besonders eindrückliche Bilder:

– Das Motiv vom „Wachen des ,*Dummlings*' unter dem Birnbaum ein ganzes Jahr hindurch" kann auch als Symbol verstanden werden für das Leben (Reifwerden) gemeinsam mit dem Baum während einer ganzen Entwicklungsperiode (Erntejahr/Lebensabschnitt).

– Das Zerreißen der Fäden durch die hervorbrechende Taube; diese Vorstellung (Ablösung durch Zerreißen von Bindungen) ist sehr vielschichtig.

KOMBINATION
(3)

„Die Zedernzitrone"

griechisch

„Die goldene Ente"

Grimm

Mädchen, 15 Jahre, „Die weiße Taube"

„Die Zedernzitrone" AaTh 408 „Drei Orangen, falsche Braut"

Griechisches Zaubermärchen aus: J. G. v. Hahn, Griechische Märchen, Hsg. Hans Magnus Enzensberger, Franz Greno Verlag Nördlingen 1989,241, Nr. 49. Zum Text: In den meisten Erzählungen von AaTh 408 ist die Gegenspielerin eine **Mohrin oder schwarze Sklavin**, so auch in der vorliegenden griechischen Variante. Zu der Zeit, als diese Märchen aufgezeichnet wurden, waren farbige Sklaven nichts Ungewöhnliches. In unser heutiges Weltbild paßt diese Vorstellung nicht mehr hinein. Ich habe die Stelle deshalb abgeändert und durch eine ähnliche Stelle in der **deutschen Variante** „Das **Pomeranzenfräulein**" aus der Sammlung Paul Zaunert ergänzt (Diederichs Jena 1923,II, 78). Der ursprüngliche Text bei Johann Georg v. Hahn *(„Die Cederncitrone")* lautet: *„Nach einer Weile kam eine Mohrin zur Quelle"*. Variante bei Paul Zaunert *(„Das Pomeranzenfräulein")*:*..dort „wohnte eine Hexe mit ihren zwei Töchtern. Die sahen das Mädchen öfters zum Brunnen gehen.." usw.* Die Vorstellung von einer **Hexentochter** ist in diesem Zusammenhang hilfreich (in dieser deutschen Variante wird die Braut durch Stechen mit einer Nadel in den Kopf getötet und verwandelt sich anschließend in eine Taube).

Herkunft und Verbreitung: Das vorliegende Märchen stammt aus Griechenland aus der Sammlung von Johann Georg von Hahn (1811–1869), der als preußischer und österreichischer Konsul viele Jahre in Griechenland lebte und durch seine Erschließung der albanischen und neugriechischen Märchenwelt die Kenntnis europäischer Volksmärchen bedeutend erweiterte. Er begann im Jahre 1848 die Schüler eines Gymnasiums nach Märchen zu fragen und sie zu bitten, während der Ferien alle Märchen ihrer Mütter und Großmütter aufzuschreiben. Der größte Teil aus dieser Märchensammlung wurde von Frauen erzählt.

Das Märchen eignet sich gut für das Alter der frühen Adoleszenz (etwa 15–18 Jahre), da es **Reste von Pubertätsriten enthält, die mit der Eingliederung in die Erwachsenenwelt zu tun haben.** Es schildert **die Begegnung der Geschlechter am Ende ihrer rituellen Isolationsphase,** den „Raub" des jungen Mädchens aus dem „verzauberten Garten" und seine Einführung im Bereich des Bräutigams. Das Aufschieben dieser Einführung bis zum Einverständnis der Eltern und der Verbleib der Braut in einem noch vorläufigen und unheimlichen Bereich sind typische Züge im Zaubermärchen und weisen auf den **tabuierten und gefährdeten Zustand der Initiierten** bis zu ihrer endgültigen Eingliederung in die Alltagswelt der Erwachsenen. In unserer heutigen Zeit wird der Tabu-Zustand des Übergangs noch sichtbar im **Brauch der Verschleierung einer Braut** (Sichttabu) und manchen anderen Hochzeitsbräuchen (Wahl des Hochzeitsdatums, Geheimhalten des Brautkleides, Verstecken der Braut, usw.). Auf der ganzen Welt verbreitet ist der Brauch der **„vorgeschobenen Braut":** Eine „Scheinbraut" soll als Stellvertreterin alles Unheil auf sich nehmen, das der richtigen Braut droht, und so die Gefährdung von dieser ablenken. Das Motiv der „vorgeschobenen Braut" ist im Zaubermärchen so weit verbreitet, daß ein Zusammenhang mit **archaischem Abwehrzauber** sicher anzunehmen ist (L. Röhrich 1974, 112). Der Märchentyp AaTh 403 „Die weiße und die schwarze Braut" und alle Märchentypen, die die „falsche Braut" zum Inhalt haben, weisen Spuren ritueller Hochzeitsbräuche auf. Die „schwarze Braut" verkörpert das Unheil der Dämonenwelt, das der „weißen Braut" droht. Daß diese Motive im Zaubermärchen noch einen weiteren Charakter annehmen können (Rivalität zwischen Frauen), hängt mit dem *Wertungswandel* von Riten zusammen (s. hierzu auch das Märchen „Die verstoßene Königin und ihre beiden ausgesetzten Kinder"). **Nach der Jungschen Psychologie** können die magischen Vorstellungen von der „schwarzen Braut" als Aspekte des „Schattens" gedeutet weden, der im Ritus integriert werden soll.

Die **Auseinandersetzung mit einer Rivalin/einem Rivalen** gehört zu den wichtigsten Themen der Zaubermärchen, da sie urmenschliche Konfllikte darstellen, deren Lösungen im Zaubermärchen stets gesucht wird.

Erzähltyp AaTh 408 ist in vielen Varianten im südeuropäischen und angrenzenden Raum verbreitet (Türkei bis Portugal).

Einleitende Worte und Vorlesen des Märchens:
s. zweite Phase des Modells
Zeiteinheit: zwei Unterrichtsstunden

Erklären: Drakäna = griechische Drachenfrau; **Traglast** als Mengenmaß (hier Harz); **Brotschieber; Backofen reinigen; Span**
Wandtafel muß freibleiben für die Nennungen der Schüler

❀ Es war einmal eine alte Frau, die ging vor das Königsschloß und setzte sich dort hin, machte Feuer und kochte Erbsen in einem Topf. Als der Prinz, der in dem Schloß wohnte, den Rauch bemerkte, trat er an das Fenster und sah die Alte mit ihrem Topf beim Feuer. Da griff er nach einer großen Zitrone und warf damit den Topf in Stücke, so daß die Erbsen in das Feuer fielen und das Wasser das Feuer auslöschte. Die Alte sah auf, und als sie den Königssohn erblickte, rief sie: „Höre, mein Sohn, ich wollte, daß du diese Zitrone zur Frau hättest!"

Als der Königssohn das hörte, fing er an zu seufzen. Er fragte die Alte: „Wie kann ich denn die Zitrone zur Frau bekommen?" Die Alte antwortete: „Das weiß ich selber nicht, denn sie wird von 40 Drachen bewacht." Als aber der Prinz mit Bitten nicht nachließ, sprach die Alte endlich: „Du mußt eine Traglast Harz mitnehmen, eine Schere, ein Tuch und einen Brotschieber und den und den Weg einschlagen. Da wirst du zuerst einen Drachen finden mit aufgesperrtem Rachen, dem mußt du das Harz in den Rachen werfen, und er wird dir dann weiter sagen, was du zu tun hast.‟ Der Prinz schaffte alles an, was ihm die alte Frau gesagt hatte, und zog damit so lange umher, bis er den Drachen fand mit dem offenen Rachen. Da warf er ihm das Harz zu, und als der Drache es verschluckt hatte, rief er: „Ach, wer hat mir diese Wohltat erwiesen?‟ Der Prinz erwiderte: „Ich bin es gewesen.‟ – „Und was verlangst du dafür?‟ sprach der Drache. „Du sollst mir sagen, wie ich es anfangen muß, um die Zitrone zur Frau zu bekommen.‟ Da sagte der Drache: „Geh eine Strecke weiter, dort ist mein Bruder, dem sind die Augenwimpern, die Augenbrauen und der Bart in die Erde gewachsen, die mußt du mit einer Schere abschneiden, und er wird dir dann weitersagen, was du zu tun hast.‟ Der Prinz fand den Drachen mit den angewachsenen Augenbrauen und Barthaaren und schnitt sie ihm ab. Als nun der Drache merkte, daß er wieder sehen konnte, rief er: „Ach, wer hat mir Ärmstem diese Wohltat erwiesen, der ich vierzig Jahre lang nicht sehen konnte!‟ Und zum Dank wies er dem Prinzen den Weg ein Stück weiter bis zu einer Drakäna, die mit ihren Armen das Brot in den Backofen schieben und mit ihren Brüsten den Ofen reinigen mußte. Da ging der Prinz weiter, bis er zu der Drachenfrau kam. Er sprach zu ihr: „Laß mich einmal an den Ofen.‟ Und er fegte mit dem Tuch den Ofen rein und schob mit dem Schieber das Brot aus und ein, so daß sie ausruhen konnte. Da rief die Drachin: „Ach mein Sohn, was willst du dafür, daß du mir ein wenig Ruhe verschafft hast, nachdem ich so viele Jahre hindurch verbrennen mußte!‟ Da bat er sie, ihm zu zeigen, wie er die Zitrone zur Frau bekommen könne. Sie sprach: „Geh ein Stück weiter, da wirst du Hunde und Wölfe treffen, die untereinander Stroh und Knochen zu teilen haben und nicht wissen, wie sie damit zurecht kommen sollen. Die werden dir sagen, was du weiter zu tun hast.‟ Als er nun die streitenden Tiere gefunden und alles für sie aufgeteilt hatte, sprachen sie zu ihm: „Geh in jenen Garten, dort wirst du vierzig Drachen finden, und wenn sie die Augen offen haben, so geh getrost hin, denn sie schlafen mit geöffneten Augen. Brich drei Zedernzitronen vom Baum und laufe weg, so schnell du kannst. Wenn sie aber die Augen zu haben, dann wage dich nicht heran.‟

Da ging der Prinz hin, und als er sah, daß alle vierzig Drachen die Augen weit geöffnet hatten, brach er drei Zitronen ab. Aber die schrieen sogleich: „Wir werden geraubt!" Davon erwachten die Drachen und riefen: „Packt ihn, Hunde!" Aber die Hunde antworteten: „Wie sollten wir den packen, der uns geholfen hat?" Darauf riefen die Drachen die Drakäna und die andern Drachen an, sie sollten den Prinzen packen. Aber die antworteten: „Was sollen wir den packen, der uns Gutes getan hat?" Und so kam er glücklich aus dem Bereich der Drachen heraus.

Als er sich vollkommen sicher fühlte, zog er sein Messer heraus und schnitt eine Zitrone an, um zu sehen, was darin sei. Da stieg eine schöne Jungfrau heraus und rief sogleich: „Wasser, Wasser!" Aber er hatte keines, und das Mädchen schwand vor seinen Augen dahin. Darauf ging er ein Stück weiter und sprach dann zu sich: „Ich will es noch einmal versuchen, vielleicht geht es mir diesmal besser." Aber es ging ihm nicht anders als das erste Mal. Das schöne Mädchen, das aus der Zitrone hervorkam, klagte und jammerte und verging wieder, weil er ihr kein Wasser geben konnte. Nun wartete er, bis er zu einer Quelle kam. Und als er dort die dritte Zitrone aufschnitt, warf er sie ins Wasser, und daraus stieg eine wunderschöne Jungfrau. Sie sprach: „Also du bist es?" Und er antwortete: „Ja, ich bin es", und hatte große Freude bei ihrem Anblick. Er sagte zu ihr: „Warte hier bei dem Brunnen auf mich, bis ich das Einverständnis meiner Eltern geholt habe, und dann komme ich und hole dich ab."

Als nun der Prinz fortgegangen war, begann sich die Jungfrau zu fürchten und stieg auf den Baum, der neben dem Brunnen stand. In der Nähe der Quelle aber stand ein kleines Haus, darin wohnte eine Hexe. Nach einer Weile kam die Tochter der Hexe zur Quelle, um Wasser zu holen. Wie sie das Bild der Jungfrau im Wasserspiegel erblickte, so glaubte sie, daß sie es selber sei und rief: „Ach wie schön bin ich, und doch schickt mich meine Mutter zum Wasserholen." Als das das Mädchen im Baum hörte, lachte sie. Da sah die andere auf, erblickte sie und rief: „Also *du* bist es, ich dachte, *ich* wäre es. Komm doch herunter, damit ich dich besser betrachten kann." Da stieg das Mädchen vom Baum herunter. Die Hexentochter aber packte sie und warf sie in den Brunnen hinein. Und sogleich kam ein goldenes Fischlein hervor.

Bald darauf kehrte der Königssohn mit großem Gefolge zurück, um seine Braut abzuholen. Die häßliche Tochter der Hexe ging ihm entgegen und sprach: „Sage, mein Lieber, warum bist du so lange ausgeblieben, daß ich von der Sonne ganz schwarz und runzlig geworden bin?" Als der Prinz die Hexentochter sah, verwunderte er sich sehr. Da erblickte er das goldene Fischlein, das ihm im Brunnen entgegenschwamm. Es ließ sich von ihm willig greifen. Er nahm es und steckte es in seine Brusttasche. Darauf ließ er auch die Hexentochter auf sein Pferd sitzen und ritt mit ihr heim.

Kaum waren sie zu Hause angekommen, so stellte sich die falsche Braut krank, und von allen Ärzten, die man herbeirief, konnte keiner ihr helfen. Da sprach endlich der Bräutigam zu ihr: „Du mußt uns selbst sagen, was dir fehlt, denn von unseren Ärzten weiß keiner Rat für dich." Da sagte sie: „Wenn ich gesund werden soll, so mußt du das Goldfischchen schlachten und mir die Fischbrühe zu trinken geben." Als er nun mit schwerem Herzen das schöne Fischlein schlachtete, fielen von ihm drei Blutstropfen zu Boden. Daraus wuchs sogleich ein Zypressenbaum hervor, der bis zum halben Himmel reichte.

Die falsche Braut tat, als sei sie von der Fischbrühe gesund geworden, doch es dauerte nicht lange, so stellte sie sich wieder krank. Und als sie der Prinz fragte, was ihr fehle, wollte sie, daß er den Zypressenbaum umhauen und verbrennen ließe und ihr von der Asche zu trinken geben. Als nun die Zypresse umgehauen und Feuer an sie gelegt war, kam eben eine alte Frau vorbei. Da sprang ein Span von der Zypresse an den Saum ihres Rockes und blieb daran hängen. Als die Frau nach Hause kam, sprang der Span hinter ihre Kiste. Am anderen Morgen ging die Alte aus, und als sie nach einer Stunde zurückkam, fand sie alles blank geputzt und das Essen gerichtet. Da wunderte sie sich, wer das für sie getan habe. So geschah es noch ein paar Mal. Da versteckte sie sich und überraschte die Jungfrau bei der Arbeit. Diese wollte schnell in das Holz schlüpfen, aber die Frau hielt sie fest und sprach: „Verstecke dich nicht, du sollst bei mir bleiben und wie meine Tochter sein." Da beruhigte sich das Mädchen und sie lebten gut miteinander wie Mutter und Tochter.

Eines Tages nun kam der Königssohn am Haus vorbei und sah die Jungfrau an der Haustüre. Und so schnell sie auch die Türe schloß, so glaubte er doch, daß dies seine verlorene Frau wäre. Sogleich ließ er in der ganzen Stadt bekanntmachen, daß alle Mütter und Töchter zu ihm kommen sollten und jede ihm eine Geschichte erzählen müsse. Da nun alle hingingen, so durfte auch die Alte mit ihrer Tochter nicht wegbleiben. Als nun die Reihe an diese kam, erzählte sie ihr ganzes Schicksal und wie die Falsche sie betrogen habe und nur auf ihren Untergang bedacht sei. Da erkannte der König sie.

Er ließ die falsche Braut aus dem Lande treiben, nahm die Jungfrau zur Gemahlin, und sie feierten Hochzeit.

Und ich wünschte, daß auch die eurige bald käme und ich dabei wäre!

Grundmotive von AaTh 408 „Drei Orangen, falsche Braut"
Griechische Variante: „Die Zedernzitrone"

Die formelhaften Abläufe dieses Märchens werden bildlich rezipiert, s. dritte Phase des Modells. Dabei sollen die typischen Grundmotive (s. Motivkatalog Stiht Thompson) von den Schülern gefunden werden. Fehlt ein wichtiges Grundmotiv bis zuletzt, wird es vom Lehrer noch genannt und angefügt.

Die von den Schülern genannten Bilder werden in der Reihenfolge ihrer spontanen Nennung und in ihrer eigenen bildhaften Formulierung vom Lehrer an die Tafel geschrieben und dabei unauffällig in die drei Sequenzen von Ablösung, Umwandlung und Angliederung gebracht. Erst zuletzt wird gemeinsam die Reihenfolge des äußeren Erzählablaufs wieder hergestellt, wobei dann die dreifache Gliederung des rituellen Übergangs erkennbar wird. Im folgenden Modell sind die Grundmotive *nur* in der Reihenfolge des Erzählablaufs angegeben.

Linke Tafelfläche (erste Sequenz: Ablösung von zu Hause)

Alte Frau macht einem Jungen, der sie erzürnt, eine Prophezeiung (Motiv M301.2.1)

Mittlere Tafelfläche (zweite Sequenz: Prüfung und Verwandlung)

Merkwürdige Wesen und Begebenheiten bei der Jenseitswanderung (Mot. F540; Mot. F171)

Versorgen (Reinigen) von häßlichen (abstoßenden) Wesen wird belohnt (Mot. Q41.2)

Helfer auf der Suchwanderung, Wegweisungen (Mot. H1235)

Verwunschener Garten (Mot. F162.1)

Jungfrauen als Früchte (Zitronen) (Mot. D211.1)

Entzauberung aus der Frucht beim Öffnen (Mot. D721.5)

Dritte Jungfrau gewinnt Leben (Mot. L50)

Spiegelbild der Schönen als Spiegelbild der Häßlichen (Mot. J1791.6.1)

Verräterische Rivalin (Mot. K2220)

Hinabwerfen ins Wasser durch die Rivalin (Mot. K191.2.2)

Verwandlung in einen Fisch (Mot. D170)

Falsche Braut (ersetzte Braut) (Mot K1911)

Verwandlung in einen Baum/in einen Span (Mot. D610)

Rechte Tafelfläche (dritte Sequenz: Angliederung an eine neue Lebensform)

Niedriger Dienst der wahren Braut (Mot. Q482.1)

Lebensgeschichte erzählen (Wahrheitsprobe) (Mot. H11.1)

Wiedererkennung der wahren Braut (Mot. K1911.3)

Hochzeit und Königtum (Mot. L161)

Anregungen zu den Bildern von Entwicklung und Verwandlung in dem Zaubermärchen „Die Zedernzitrone" (Aufgabenstellungen s. vierte Phase des Modells)

Das Märchen enthält viele entwicklungspsychologische Aspekte, die hier nur stichwortartig aufgezeigt werden können.

1. Die Prophezeiung der alten Frau: der Prinz benimmt sich noch unreif und soll durch die Liebe lernen, **erwachsen** zu werden.

2. Die **Jenseitsreise** des Prinzen: Wanderung durch eine „unbewußte" Welt; er lernt, mit seinen Gefühlen umzugehen. Der verschlossene Garten: Eine verzauberte (Kindheits-)Welt; ein unbewußtes Leben. Die **Mädchen in der Frucht**: Sie sind noch ungeboren, müssen erst menschliche Gestalt annehmen. Entführung aus dem Jenseitsbereich: Hereinholen in die „wirkliche" Welt.

Zwischenstation am Brunnen: gefährlicher Bereich, ein „Niemandsland" zwischen zwei Welten. (Hier wohnt auch eine Hexe). **Begegnung der beiden Mädchen am Brunnen:** Wie alt sind diese beiden Mädchen? (im Pubertätsalter wird die *Familiensituation* abgelöst von der *Situation mit Gleichaltrigen*). **Unterschiedliches Erproben von Beziehungen:** Es geht um das, was man ist, und das, was man selber werden möchte. Das Spiegelbild im Wasser zeigt *zwei verschiedene* Bilder: ***„Wie bin ich?" „Wie werde ich von den anderen gesehen?" „Wie möchte ich selber sein?"***
(Reales Bild / zukünftiges Bild von sich selber). **Das eine Mädchen, die falsche Braut:** Durch **Vergleichen** im Spiegelbild mit der anderen entsteht eine *Idealvorstellung* von sich selber. Erst durch das Vergleichen im Spiegelbild entsteht die *Enttäuschung über das eigene Aussehen*. Reaktion: In-den-Brunnen-Werfen, Töten. Es fehlt jede soziale Kontrolle. Die falsche Braut übernimmt die Stelle einer *anderen Gestalt: Sie will alles von der anderen übernehmen.* Aber es gelingt ihr nicht, das ganze Leben der rechten Braut so **aufzuzehren,** wie sie es möchte, weil niemand sich mit einem anderen ganz vertauschen kann. Sie selber kann gar keine Beziehungen zu dem Prinzen aufbauen. **Das andere Mädchen, die rechte Braut:** Sie ist wehrlos. Sie wird durch die Brille der anderen gesehen und kann sich nicht wehren, weil sie noch keine rechte Vorstellung von sich selber hat. Sie erlebt

viele Verwandlungen, aber die wahre Gestalt ist noch nicht zu sehen. Magisches Weiterleben (Fisch, Baum, Holzspan). So bleibt sie vor den Augen aller **verborgen** *("verschleierte" Braut)*, geschützt, bis sie **fertig entwickelt** ist. Nach dieser Übergangszeit ("soziale" Dienste, Prüfungen) tritt sie um so strahlender in Erscheinung. Nach der Jungschen Theorie besitzt jeder Mensch das **Urbild von einem "Schatten"** (dunkle Persönlichkeitsanteile), der nicht verdrängt und autonom werden darf, sondern integriert werden muß.

3. Jetzt erst kann der Prinz seine Braut wirklich **erkennen.** Wiederherstellung der Ordnung (der *Weltordnung*). **Das Jugendalter ist die sensible Phase für die Entwicklung einer eigenen Persönlichkeit.**

„Die goldene Ente" AaTh 403A „Wünsche, falsche Braut"
Deutsches Zaubermärchen, neu überarbeitet von Gabriele Keller.

Herkunft und Verbreitung: Der zugrundeliegende Text ist nur ein Exzerpt von Jacob Grimm (Handschrift von 1810) sowie in den Anmerkungen zu KHM 135); Bemerkung von Jacob Grimm dazu: *„den alten Grund so gut möglich ausgezogen aus einer schändlich verdorbenen modernisierten Erzählung in den Sagen der böhmischen Vorzeit, Prag 1808 p. 141–185";* zu finden in: Heinz Rölleke: Die älteste Märchensammlung der Brüder Grimm, Synopse der handschriftlichen Urfassung von 1810 und der Erstdrucke von 1812, Fondation Martin Bodmer Cologny Genève 1975, 122–126. Das Thema kommt bei Grimm weiter vor in „Die weiße und die schwarze Braut" KHM 135 und in „Die Gänsemagd" KHM 89.

Erzähltyp AaTh 403A gehört zum weitverbreiteten Bereich AaTh 403 „Die schwarze und die weiße Braut".

Einleitende Worte und Vorlesen des Märchens:
s. zweite Phase des Modells
Zeiteinheit: eine Unterrichtsstunde

Erklären: „Muhme" = Tante
Wandtafel muß freibleiben für die Nennungen der Schüler

✿ Es waren einmal Bruder und Schwester, denen waren Vater und Mutter gestorben. Seither mußten sie bei ihrer Tante leben. Die Tante hatte selber auch eine Tochter.

Eines Abends kam eine alte Frau, klopfte an die Türe und bat um Nachtherberge. Das Schwesterchen bereitete ihr ein Abendbrot und ein Schlafbett, so gut sie konnte. Am anderen Morgen, bevor die alte Frau fortging, schenkte sie ihr die Gabe, daß wenn sie weinte oder lachte, statt Tränen Perlen aus ihren Augen fallen, ihre ausgekämmten Haare Goldfäden und ihr Speichel reines Silber sein sollten. Doch müßte ihr Gesicht vor der Luft bewahrt bleiben und verschleiert sein. Das Mädchen wurde nun verschleiert und die Stube sorgfältig verwahrt, daß von draußen nirgends Luft eindringen konnte. Als sie sich kämmte, fielen lauter Goldfäden herunter. Als sie in Leid und Freud weinte, rollten Perlen aus ihren Augen, und ihr Speichel war reines Silber.

Nun waren sie reich geworden. Der Bruder zog an den Hof des Königs. Dort erzählte er eines Tages dem Königssohn, daß er daheim eine schöne Schwester gelassen habe, die wunderbare Gaben besitze. Der Königssohn wurde sogleich von Liebe zu ihr ergriffen und bat ihn, seine Schwester zu holen. Er gab ihm eine schöne Reisekutsche mit, die besonders gegen allen Luftzug verwahrt war. Da machten sich die Schwester, ihre Muhme und deren Tochter auf den Weg. Wie sie aber die Hälfte zurückgelegt hatten, zerbrach das Fenster der Kutsche, und Sonnenstrahlen fielen auf die unverschleierte Jungfrau. Da verwandelte sie sich in eine goldene Ente und flog fort. Die Muhme erschrak, besann sich aber bald, daß sie ihre eigene Tochter als Braut ausgeben wollte. Auch hatte sie eine Menge Perlen, Goldfäden und Silber als Vorrat mitgenommen. Sie klagte laut, daß Räuber ihre Tochter entführt hätten. Die Diener des Königs zogen nach allen Seiten aus, um den Räubern nachzusetzen, sie fanden aber niemand.

Im Schloß richtete nun die Muhme ein dunkles Zimmer ein und gab vor, daß sich die Jungfrau von der Reise erholen müßte. Sie brachte dem Prinzen Freuden- und Leidenstränen und ausgekämmtes Goldhaar zum Zeichen und hielt ihn lange damit auf. Zuletzt aber wurde er ungeduldig und kam unversehens in das Zimmer gegangen. Wie er die falsche Schwester sah, fand er sie weder schön noch anmutig, und aus Zorn ließ er den Bruder gefangennehmen. Nach und nach ging auch der Vorrat an Perlen, Fäden und Silber zu Ende, und der Königssohn merkte, daß er betrogen war. Da verjagte er die Muhme und ihre falsche Tochter vom Königshof.

Wie nun der Bruder lange gefangen saß, hörte er es einmal am Kerkerfenster rauschen, als ob ein Vogel käme. Da flog eine goldene Ente herein und sprach, daß sie seine Schwester sei. Sie klagte, daß sie in dieser Vogelgestalt nimmer dem Königssohn angehören könnte und flog wieder fort. Alle Nächte besuchte die Ente ihren Bruder.

Der Königssohn hatte inzwischen durch die Wächter von der schönen Ente gehört, die nachts zu dem Gefangenen kam. Er belauschte sie durch das Gitter und ließ Fallen stellen, um sie zu fangen. Aber die Ente entfloh aus den Schlingen, und von da an kam sie nicht mehr wieder. Da vergaß der Königssohn allmählich seine Braut.

Inzwischen war der Bruder wieder aus dem Kerker gekommen. Er machte sich auf, um seine Schwester zu suchen. Endlich kam er in einen tiefen Wald. Dort begegnete ihm eine alte Frau, die wußte seinen Kummer schon und sagte ihm, wo er seine Schwester wiederfinden könnte. Er fand sie und brachte sie als goldene Ente zurück.

Kaum aber waren sie ins Schloß gekommen, fing die Ente alsbald an, sich in die allerschönste Jungfrau zu verwandeln. Als der Königssohn sie erblickte, erwachte seine Liebe zu ihr mit ganzer Macht und vergrößerte sich noch viel mehr. Da wurde die Hochzeit mit aller Freude gehalten, und sie wurde Königin.

Grundmotive von AaTh 403A „Wünsche, falsche Braut"
Deutsche Variante: „Die goldene Ente"

Die formelhaften Abläufe dieses Märchens werden bildlich rezipiert, s. dritte Phase des Modells. Dabei sollen die typischen Grundmotive (s. Motivkatalog Stith Thompson) von den Schülern gefunden werden. Fehlt ein wichtiges Grundmotiv bis zuletzt, wird es vom Lehrer noch genannt und angefügt.

Die von den Schülern genannten Bilder werden in der Reihenfolge ihrer spontanen Nennung und in ihrer eigenen bildhaften Formulierung vom Lehrer an die Tafel geschrieben und dabei unauffällig in die drei Sequenzen von Ablösung, Umwandlung und Angliederung gebracht. Erst zuletzt wird gemeinsam die Reihenfolge des äußeren Erzählablaufs wieder hergestellt, wobei dann die dreifache Gliederung des rituellen Übergangs erkennbar wird.

Im folgenden Modell sind die Grundmotive *nur* in der Reihenfolge des Erzählablaufs angegeben.

Linke Tafelfläche (erste Sequenz: Ablösung von zu Hause)	Mittlere Tafelfläche (zweite Sequenz: Prüfung und Verwandlung)	Rechte Tafelfläche (dritte Sequenz: Angliederung an eine neue Lebensstufe)
Magische Gaben (Motiv D1723)	Verwandlung in eine Ente (Mot. D150)	Entzauberung durch Festhalten und Zurückbringen (Mot. D712.4)
Silber im Mund (Perlen aus den Augen) (Mot. D1454.2)	Falsche Braut (Mot. K1911)	Hochzeit mit dem König, sie wird Königin (Mot. L161)
Gold im Haar (Mot. D1454.1.2)	Einkerkerung des Bruders (Mot. Q465.1)	
König verliebt sich durch die Beschreibung des Bruders in die Schwester und will sie heiraten (Mot. T11.2)	Suche nach der verlorenen Schwester (Mot. H1385.6)	

In dieser Variante des Märchentyps von der „schwarzen und der weißen Braut" kommt die Konstellation wahre/falsche Braut sehr deutlich zum Ausdruck. Der Bruder der Braut spielt hier eine wichtige Rolle, deswegen wird das Märchen von Jungen geschätzt: sie können sich gut damit identifizieren.

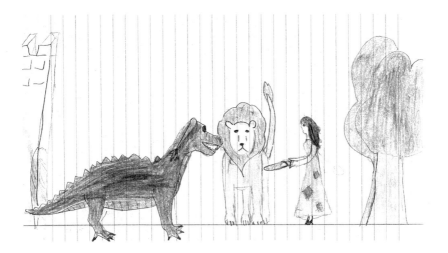

Mädchen, 13 Jahre, „Prinz Schwan"

Junge, 15 Jahre, „Der Recke ohne Beine"

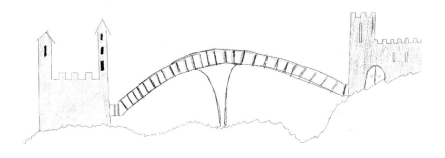

Junge, 13 Jahre, „Das Borstenkind"

Junge, 13 Jahre, „Die Königstochter in der Flammenburg"

Mädchen, 17 Jahre, „Prinz Weißbär"

Junge, 14 Jahre, „Die Schwanenfrau"

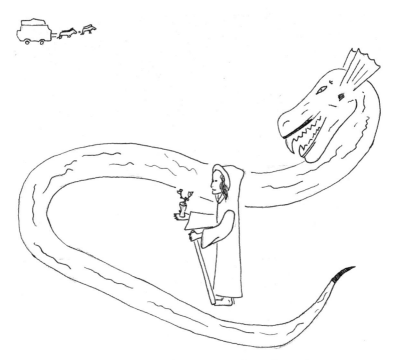

Junge, 17 Jahre, „König Lindwurm"

Mädchen, 12 Jahre, „Von Johannes-Wassersprung und Caspar-Wassersprung"

KOMBINATION
(3)

„*König Lindwurm*"
dänisch

„*Hans Dumm*"
Grimm

„König Lindwurm", AaTh 433B „König Lindwurm"

Dänisches Zaubermärchen aus: Heinz Barüske: Dänische Märchen, Insel Verlag Frankfurt Leipzig 1993,191,25.

Herkunft und Verbreitung: „Kong Lindorm" (AO,2,63–70) ist das wohl berühmteste dänische Volksmärchen. Die vorliegende Version wurde 1854 von der 67jährigen Maren Mathisdatter in Furreby bei Lokken erzählt, aufgezeichnet von Niels Levinsen und in der Sammlung „Lidt om Aeventyrene" von Axel Olrik (1864–1917) veröffentlicht. Das Märchen ist orientalischen Ursprungs und in der ganzen Welt verbreitet. Es enthält archaische Vorstellungen von Verwandlung und Verwandlungszauber.

Lindwurm ist eine Bezeichnung für Drache, doch ist dabei immer ein einköpfiger Drache gemeint.

Symbolik: Der **Kreuzweg** gilt seit dem frühen Altertum als Schicksalsscheide; **Milch** enthält starke mütterliche Kräfte, ist erstes Nahrungsmittel, wirkt *aufbauend und keimtötend*. **Salz** spielt im religösen Kult auf der ganzen Welt eine Rolle (auch als Meerwasser); seine *reinigende und erhaltende Substanz* gilt (im übertragenen Sinn) als läuternde und abwehrende Kraft und wird im Zaubermärchen dem Vater zugeordnet (Motiv „lieb wie Salz" s. das Märchen „Prinzessin Mäusehaut"). **Mit Ruten schlagen** ist nicht nur eine Strafe, es wirkt auch *belebend auf die Haut* (Sauna in Skandinavien). Das **rituelle Bad in der Hochzeitsnacht** soll von allen dämonischen Kräften **reinigen**, mit denen Bräutigam und Braut in Berührung gekommen sind.

Der Erzähltyp AaTh 433B gehört zu AaTh 433 „**Prinz als Schlange**" im großen Bereich der Tierbräutigam-Märchen (AaTh 425–449).

Einleitende Worte und Vorlesen des Märchens:
siehe zweite Phase des Modells
Zeiteinheit: zwei Unterrichtsstunden

Vor dem Lesen erklären: „**Lindwurm**"; „**Kreuzweg**"; „**in Milch baden**", „**mit Salzlauge waschen**", „**mit Ruten schlagen**" (Hinweise s. o.)
Wandtafel muß frei bleiben für die Nennungen der Schüler

❀ Es war einmal ein König, der hatte eine wunderschöne Königin. Als sie Hochzeit gehalten hatten und die erste Nacht zu Bett gegangen waren, war nichts auf ihrem Bett geschrieben, als sie aber aufstanden, war darauf geschrieben, daß sie keine Kinder haben würden.

Darüber war der König sehr betrübt, aber die Königin noch mehr. Sie dachten beide, daß es sehr schwer zu ertragen sein würde, keine Kinder zu bekommen. Eines Tages ging die Königin in Gedanken versunken spazieren. Da traf sie eine alte Frau, die fragte sie, warum sie traurig sei. Sie erzählte, daß auf ihrem Bett geschrieben stand, sie würde keine Kinder haben. Da sprach die Alte, sie wüßte ihr schon einen Rat. Sie solle am Abend, wenn die Sonne untergeht, ein Trinkgefäß umgedreht in den Garten stellen und am Morgen, wenn die Sonne aufgeht, würden zwei Rosen darunter stehen, eine rote und eine weiße. Wenn sie die rote esse, bekomme sie einen Sohn, wenn sie die weiße esse, eine Tochter. Aber sie dürfe nicht beide zugleich nehmen.

Die Königin ging nach Hause und tat, wie ihr die Alte gesagt hatte. Am andern Morgen, als sich die Sonne erhob, war sie im Garten und hob das Trinkgefäß hoch. Da standen zwei Rosen, eine rote und eine weiße. Nun wußte sie nicht, welche sie nehmen und essen sollte. Sie nahm die weiße und aß sie. Und die schmeckte ihr so süß, daß sie auch noch die rote nahm.

Die Zeit verging und die Geburt kam heran. Aber was die Königin gebar, war ein Lindwurm! Sobald er geboren war, vergrub er sich unterm Bett, und niemand sah, wo er geblieben war. Danach gebar sie noch am selben Tag einen Jungen. Und nun wurde über den Lindwurm nicht mehr geredet. Der König freute sich sehr über den Prinzen, der ihm geboren war und der zur Freude seiner Eltern heranwuchs.

Als der Prinz groß geworden war, sollte er heiraten. Da wurden sechs Pferde vor die königliche Kutsche gespannt, und dann fuhren sie hinaus, um eine Prinzessin zu suchen, die vornehm genug für ihn war. Als sie aber am ersten Kreuzweg ankamen, konnten sie nicht weiterfahren. Dort lag ein ungeheurer Lindwurm mitten auf dem Weg, sperrte seinen Rachen auf und rief: „Gib mir eine Braut, bevor du eine bekommst!" Da gab es keinen anderen Ausweg, als den Wagen zu wenden und einen anderen Weg zu versuchen. Aber was half das? Auf dem nächsten Kreuzweg lag der Lindwurm wieder und rief: „Gib mir eine Braut, bevor du eine bekommst!" Da mußte der Prinz zurück ins Schloß, ohne zu fremden Königen gekommen zu sein. Seine Mutter aber erzählte nun, daß sie sowohl die weiße wie die rote Blume gegessen und daraufhin einen Lindwurm zur Welt gebracht habe.

Nun gab es nichts anderes, als dem Lindwurm eine Braut zu verschaffen, bevor sein jüngerer Bruder heiratete. Der König schickte in ein fremdes Land und ließ fragen, ob dort eine Braut für seinen Sohn zu haben sei. Das war auch so, und die Braut kam angereist, aber sie sah ihren künftigen Mann erst, als sie getraut wurden, und am Abend wurden sie in die Hochzeitskammer geführt. Als man aber am nächsten Morgen in die Kammer sah, war es dort blutig, und der Lindwurm lag alleine.

Nachdem nun einige Zeit vergangen war, wollte der Prinz wieder hinausfahren, um sich eine Prinzessin zu suchen. Er fuhr in einer Kutsche mit sechs Pferden los. Aber wieder lag da der Lindwurm mit aufgesperrtem Rachen auf dem Kreuzweg und sagte: „Gib mir eine Braut, bevor du eine bekommst." Da mußte der Wagen umdrehen, und sie waren genau so weit wie zuvor. Nun schrieb der König an viele Königreiche, ob dort jemand sei, der des Königs Sohn haben wollte. Und da kam wieder eine Prinzessin von noch weiter her. Wieder wurden sie getraut, und der Lindwurm stand an ihrer Seite. Am Abend wurden beide in die Hochzeitskammer geführt, aber am Morgen war nur der Lindwurm da.

Als der Prinz das nächste Mal ausreiste, kam er nicht weiter als bis zum Kreuzweg, dort lag der Lindwurm und verlangte die Braut. Da kehrte der Prinz zu seinem Vater zurück, und der König wußte keinen Rat mehr. Schließlich ging er zu dem Schäfer, der seine Schafe hütete, und den bat er um die Tochter als Braut für seinen Sohn. Da ging der Schäfer ins Haus und erzählte es seiner Tochter. Sie wurde traurig, weil sie an einen Wurm fortgegeben werden sollte, und lief in den Wald und klagte und weinte. Da kam aus einer großen Eiche eine alte Frau heraus und fragte sie, warum sie so traurig sei. Das Mädchen sprach: „Ich soll des Königs Sohn haben, und das ist ein Lindwurm. Er hat schon zwei Prinzessinnen zerrissen, und nun weiß ich, daß er auch mich zerreißt." Die Alte sprach: „Ich will dir schon helfen, aber du mußt tun, was ich dir sage. Wenn du in die Hochzeitskammer eingehst, dann sollst du zehn Hemden anhaben. Und du mußt einen Kübel voll Lauge und einen Kübel voll Milch verlangen, dazu so viele Ruten, als ein Mann in seinem Arm tragen kann. Und dann muß alles in die Kammer gebracht werden. Sobald er befiehlt, daß du dein Hemd ausziehen sollst, mußt du ihn mit den Ruten schlagen, die du vorher in die Lauge getaucht hast. Dann badest du ihn in der Milch, und schließlich mußt du ihn in deine Arme nehmen."

Der Hochzeitstag kam, und man holte die Braut in einem königlichen Wagen ab. Sie bat, man solle ihr zehn weiße Hemden geben, die noch niemals vorher getragen waren, dazu einen Kübel mit Lauge und einen mit Milch und so viele Ruten, wie sie ein Mann in seinem Arm tragen kann. Die Leute im Schloß wollten nicht, aber der König sagte, daß sie alles, was sie verlange, bekommen müsse. Nun wurde sie wie die herrlichste Braut gekleidet und in den Saal geführt. Der Lindwurm kam und blieb an ihrer Seite. Und die Hochzeit wurde so gefeiert, wie es für einen Königssohn ziemt. Am Abend, als sie in der Brautkammer waren, sprach der Lindwurm: „Schöne Jungfrau, nimm dein Hemd ab." – „König Lindwurm, leg deine Haut ab", erwiderte sie. „Das hat mir noch niemand befohlen", sagte er. Aber sie sprach: „Das befehle ich dir jetzt."

Und nun begann der Lindwurm zu jammern und sich zu beklagen. Und er drehte und wendete sich, bis eine lange Lindwurmhaut auf dem Fußboden lag. Da zog sie ihr oberstes Hemd aus und warf es über die Wurmhaut. Und wieder wollte er, daß sie ein Hemd ausziehe, und wieder sagte sie: „König Lindwurm, leg eine Haut ab." Und mit Jammern und Klagen zog er seine zweite Drachenhaut ab, und sie legte ihr zweites Hemd darüber. Und das tat sie immer wieder, bis neun garstige Drachenhäute in der Kammer lagen und ein schneeweißes Hemd auf jeder Haut. Da war der Lindwurm nichts anderes als ein großer Klumpen. Sie schlug ihn mit den Birkenruten, die sie in die Lauge gelegt hatte, und tauchte ihn in die Milch. Zuletzt nahm sie ihn in ihre Arme.

Am anderen Morgen wagte niemand, in die Kammer zu gehen. Aber als sie endlich durch einen Spalt hineinschauten, konnten sie keine Blutspur entdecken. Da sahen sie das Mädchen, frisch und gesund, und neben ihr den schönsten Königssohn.

Da wurden so viele Glückwünsche gesprochen wie noch niemals über einem Brautbett. Es wurde noch einmal Hochzeit gehalten, und der König und die Königin hatten ihre Schwiegertochter sehr lieb und wußten nicht, was sie ihr alles Gutes tun sollten, weil sie ja ihren Sohn erlöst hatte.

Grundmotive von AaTh 433B „König Lindwurm"
Dänische Variante: „König Lindwurm"

Die formelhaften Abläufe dieses Märchens werden bildlich rezipiert, s. dritte Phase des Modells. Dabei sollen die folgenden Grundmotive (Motivkatalog Stith Thompson) von den Schülern gefunden werden. Fehlt ein wichtiges Grundmotiv bis zuletzt, wird es vom Lehrer noch genannt und angefügt.

Die von den Schülern genannten Bilder werden in der Reihenfolge ihrer spontanen Nennung und in ihrer eigenen bildhaften Formulierung vom Lehrer an die Tafel geschrieben und dabei unauffällig in die drei Sequenzen von Ablösung, Umwandlung und Angliederung gebracht. Erst am Ende der ersten Unterrichtsstunde wird gemeinsam die Reihenfolge des äußeren Erzählablaufs wieder hergestellt, wobei dann die dreifache Gliederung des rituellen Übergangs erkennbar wird. Im folgenden Modell sind die Grundmotive *nur* in der Reihenfolge des Erzählablaufs angegeben.

Linke Tafelfläche (erste Sequenz: Ablösung von zu Hause)	Mittlere Tafelfläche (zweite Sequenz: Herausforderung bis zum Tod und Verwandlung)	Rechte Tafelfläche (dritte Sequenz: Erlösung)
Kinderwunsch und Speisetabu: erlaubte und verbotene Speise vor der Schwangerschaft (Motiv C152)	Kreuzweg als Schicksalsscheide (Mot. N772)	Entzauberung (Mot. D7351)
Magische Empfängnis aus Blumen (Motiv T511.1.1)	Drachenmonster (Mot. G300)	Schönheit des entzauberten Prinzen (Mot. D1860)
Geburt eines Drachen wegen des unbedachten Wunsches der Mutter (Mot. C785.1)	König Lindwurm als Verschlinger (Mot. G11.7)	Erneute Hochzeit der Heldin mit dem Königssohn (Mot. L162)
Kind als Doppelwesen (Mot. T551.3)	Ungewollte Hochzeit mit dem Lindwurm (Mot. G81)	
	Kampf mit dem Lindwurm (Mot. B11.11)	
	Zauberische weiße Hemden der Braut (Mot. F821)	
	Salzlauge und Milchbad (Mot. D766.1)	

Anregungen zu den Bildern von Entwicklung und Verwandlung in dem Zaubermärchen „König Lindwurm" (Aufgabenstellungen s. vierte Phase des Modells)

1. Die Königin wünscht sich ein Kind. Keine Kinder zu haben ist ein großes Unglück. Sie will aber wahllos **alles** haben und ißt beide Blumen. Das Kind, das sie bekommt, besteht aus einer Doppelnatur. Zunächst verschwindet die Drachennatur unterm Bett, macht sich unsichtbar, und niemand denkt mehr daran. Der allen sichtbare Königssohn wird von seinen Eltern geliebt. Aber in dem wichtigen und umwälzenden Alter der Pubertät taucht der untere Drache plötzlich auf. Am Schicksalsweg verlangt der Drachenprinz „eine Braut, bevor der andere eine bekommt". Diesem unbändigen Wunsch kann niemand standhalten und er muß schließlich befriedigt werden. Die Hochzeit wird feierlich begangen; aber der Lindwurm **liebt nicht, er tötet.**

2. Die auserwählte Braut hat vor allem innere Werte. Sie sieht den Tod vor Augen, aber sie nimmt die schicksalhafte Herausforderung an: Dem Lindwurm tritt sie entgegen. Durch ihre unbeugsame **Selbstbewahrung und die Energie der Liebe** nimmt sie ein Stück der Drachenhaut nach der anderen ab, **reinigt, läutert und stärkt.** Zu seiner Verwandlung muß der Lindwurm sich selber völlig aufgeben und so hilflos werden, wie er eigentlich das Opfer haben möchte. Erst als aller Makel der Drachenhaut abgeworfen ist, können die beiden zueinanderfinden.

3. Aus dem Ungeheuer (ein Lindwurm ist kein wirkliches Tier) entsteht ein schöner und liebenswerter Mensch, der gelernt hat, zu lieben. Beide haben sich entwickelt zur gegenseitigen Partnerschaft. Nun sind sie wirklich erwachsen geworden.

Entwicklungspsychologisch enthält das Märchen nicht nur die unmißverständliche Aufforderung zur gegenseitigen Partnerschaft in der Liebe, sondern auch die Auseinandersetzung mit der Unterschiedlichkeit der Geschlechter: die beiden Blumen weiß und rot gehören zusammen, aber sie haben unterschiedliche Naturen.

Die Entfaltung der eigenen Geschlechtlichkeit und die Wahrnehmung und Anerkennung der andersgeschlechtlichen Art gehören zu den wichtigsten Aufgaben im Pubertätsalter.

„Hans Dumm", AaTh 675 „Langsamer Junge"

Deutsches Zaubermärchen aus: Brüder Grimm, Kinder- und Hausmärchen, Ausgabe letzter Hand mit den Originalanmerkungen der Brüder Grimm, hsg. mit Anhang und Herkunftsnachweisen v. Heinz Rölleke, Philipp Reclam Jun. Stuttgart 1989,Bd2,463,Anhang Nr. 8.

Herkunft und Verbreitung: Das Märchen wurde den Brüdern Grimm 1812 von den Geschwistern Hassenpflug in Kassel erzählt und erschien nur in der Erstauflage von 1812 (Nr. 54). Ältere Versionen bei Basile Pentamerone I,3 und bei Straparola III,1. Die Gestalt des Dummlings gehört zu den am weitesten verbreiteten Märchenfiguren, Dummlingsmärchen sind auch außerhalb dieses Erzähltyps in großer Zahl zu finden.

Dummheit ist im Zaubermärchen nicht als Schwäche zu verstehen, sondern als innere Stärke, denn der Dummling erweist sich im Verlauf der Handlung immer als der Überlegene und als der Erfolgreichste; er hat als einziger den Zugang zur Zauberwelt. Seine äußere Schwerfälligkeit zeigt aber einen **unfertigen Zustand** an.

Der Ezähltyp AaTh 675 „Langsamer Junge" gehört zum Bereich der Zaubermärchen von **übernatürlicher Macht und übernatürlichem Wissen** (AaTh 650–699). Das vorliegende Märchen weist viele schwankhafte Züge auf und ist eine kurze Variante, es fehlt hier das Eingangsmotiv vom Erwerb der übernatürlichen Kräfte von einem Fisch.

Vorbemerkung: Das vorangegangene Märchen *„König Lindwurm"* nimmt durch das darin enthaltene Verschlingermotiv eine etwas gesonderte Stellung innerhalb der Tierbräutigam-Märchen ein (im allgemeinen ist der Tierbräutigam im Zaubermärchen nicht aggressiv). Deshalb habe ich in der Kombination für die zweite Erzählung einen anderen *Märchentyp* gewählt, der einen „langsamen" Helden schildert.

Einleitende Worte und Vorlesen des Märchens:
siehe zweite Phase des Modells
Zeiteinheit: eine Unterrichtsstunde

Vor dem Lesen erklären: Bedeutung von **„dumm"** im Märchen (s. o.); bedeutet auch: „unfertig"

❁ Es war ein König, der lebte mit seiner Tochter, die sein einziges Kind war, vergnügt. Auf einmal aber brachte die Prinzessin ein Kind zur Welt, und niemand wußte, wer der Vater war; der König wußte lange nicht, was er anfangen sollte, am Ende befahl er, die Prinzessin solle mit dem Kind in die Kirche gehen, da sollte ihm eine Zitrone in die Hand gegeben werden, und wem es die reiche, der solle der Vater des Kindes und Gemahl der Prinzessin sein. Das geschah nun, doch war der Befehl gegeben, daß niemand als schöne Leute in die Kirche sollten eingelassen werden. Es war aber in der Stadt ein kleiner, schiefer und buckliger Bursch, der nicht recht klug war und darum der Hans Dumm hieß; der drängte sich ungesehen zwischen den andern auch in die Kirche, und wie das Kind die Zitrone austeilen sollte, so reichte es sie dem Hans Dumm. Die Prinzessin war erschrocken, der König war so aufgebracht, daß er sie und das Kind mit dem Hans Dumm in eine Tonne stecken und aufs Meer setzen ließ. Die Tonne schwamm bald fort, und wie sie allein auf dem Meer waren, klagte die Prinzessin und sagte: „Du garstiger, buckliger, naseweiser Bub bist an meinem Unglück schuld, was hast du dich in die Kirche gedrängt, das Kind ging dich nichts an." – „O ja ", sagte Hans Dumm, „das ging mich wohl etwas an, denn ich habe es einmal gewünscht, daß du ein Kind bekämst, und was ich wünsche, das trifft ein." – „Wenn das wahr ist, so wünsch uns doch was zu essen hierher." – „Das kann ich auch", sagte Hans Dumm, wünschte sich aber eine Schüssel recht voll Kartoffeln; die Prinzessin hätte gern etwas Besseres gehabt, aber weil sie so hungrig war, half sie ihm die Kartoffeln essen. Nachdem sie satt waren, sagte Hans Dumm: „Nun will ich uns ein schönes Schiff wünschen!" Und kaum hatte er das gesagt, so saßen sie in einem prächtigen Schiff, darin war alles zum Überfluß, was man nur verlangen konnte. Der Steuermann fuhr grad ans Land, und als sie ausstiegen, sagte Hans Dumm: „Nun soll ein Schloß dort stehen!" Da stand ein prächtiges Schloß, und Diener in Goldkleidern kamen und führten die Prinzessin und das Kind hinein, und als sie mitten in dem Saal waren, sagte Hans Dumm: „Nun wünsche ich, daß ich ein junger und kluger Prinz werde!" Da verlor sich sein Buckel, und er war schön und gerad und freundlich, und er gefiel der Prinzessin gut und ward ihr Gemahl.

So lebten sie lange Zeit vergnügt; da ritt einmal der alte König aus, verirrte sich und kam zu dem Schloß. Er verwunderte sich darüber, weil er es noch nie gesehen, und kehrte ein. Die Prinzessin erkannte gleich ihren Vater, er aber erkannte sie nicht, er dachte auch, sie sei schon längst im Meer ertrunken. Sie bewirtete ihn prächtig, und als er wieder nach Hause wollte, steckte sie ihm heimlich einen goldenen Becher in die Tasche. Nachdem er aber fortgeritten war, schickte sie ein paar Reiter nach, die mußten ihn anhalten und untersuchen, ob er den goldenen Becher gestohlen habe, und wie sie ihn in seiner Tasche fanden, brachten sie ihn mit zurück. Er schwor der Prinzessin, er habe ihn nicht gestohlen, und wisse nicht, wie er in seine Tasche gekommen sei. „Darum", sagte sie, „muß man sich hüten, jemand gleich für schuldig zu halten", und gab sich als seine Tochter zu erkennen. Da freute sich der König, und sie lebten vergnügt zusammen, und nach seinem Tod ward Hans Dumm König.

Grundmotive von AaTh 675 „Langsamer Junge"
Deutsche Variante: „Hans Dumm" (KHM 8/ 1812)

Die formelhaften Abläufe dieses Märchens werden bildlich rezipiert, s. dritte Phase des Modells. Dabei sollen die folgenden Grundmotive (Motivkatalog Stiht Thompson) von den Schülern gefunden werden. Fehlt ein wichtiges Grundmotiv bis zuletzt, wird es vom Lehrer noch genannt und angefügt.

Die von den Schülern genannten Bilder werden in der Reihenfolge ihrer spontanen Nennung und in ihrer eigenen bildhaften Formulierung vom Lehrer an die Tafel geschrieben und dabei unauffällig in die drei Sequenzen von Ablösung, Umwandlung und Angliederung gebracht. Erst zuletzt wird gemeinsam die Reihenfolge des äußeren Erzählablaufs wieder hergestellt, wobei dann die dreifache Gliederung des rituellen Übergangs erkennbar wird.

Im folgenden Modell sind die Grundmotive *nur* in der Reihenfolge des Erzählablaufs angegeben.

Linke Tafelfläche (erste Sequenz: Ablösung von zu Hause)	**Mittlere Tafelfläche** (zweite Sequenz: Wandlung)	**Rechte Tafelfläche** (dritte Sequenz: Anerkennung und Königtum)
Übernatürliche Empfängnis durch Wünschen (Motiv T513)	Wünsche gehen alle in Erfüllung (Mot. F1761.0.1)	Hans Dumm verwandelt sich; der König wird gedemütigt (Mot. L175)
Kind erkennt seinen unbekannten Vater (Mot. H481)	Schloß entsteht durch Wünschen (Mot. D1131.1)	
Aussetzung aufs Meer in einer Tonne (Mot. S141)		

Anregung zu den Bildern von Entwicklung und Verwandlung in dem Zaubermärchen „Hans Dumm" (Aufgabenstellungen s. vierte Phase des Modells)

Hans Dumms **eigentliche Gestalt** ist verborgen hinter einer **uneigentlichen Gestalt**, die jedoch von allen andern für die einzig gültige Wirklichkeit angesehen wird. Er weiß genau, was er will, und seine geheime Wünschekraft bringt ihn auch dorthin, doch braucht er **für den Einsatz seiner wirklichen Kräfte die Königstochter**: er setzt sein Wünschen nur dann ein, wenn es für das gemeinsame Leben mit der Königstochter notwendig ist. **Sein Wünschen schafft neues Leben,** und er wird als der Urheber des neuen Lebens auch sogleich erkannt; aber es bedarf noch eines **weiten Entwicklungweges** bis zur Gewinnung von Hans Dumms **wahrer** Königsgestalt.

KOMBINATION
(3)

„Der schwarze Lala"

türkisch

„Prinz Schwan"

Grimm

„Der schwarze Lala" AaTh 425A „Amor und Psyche"

Türkisches Zaubermärchen aus: Pertev Naili Boratav, Türkische Volksmärchen. Eine internationale Reihe, Red. G. Burde-Schneidewind, Akademie-Verlag Berlin 1968,51,Nr. 7. Der Text wurde zum Gebrauch im Schulunterricht leicht gestrafft. Pertev Naili Boratav (geb. 1907) war der erste Professor für Volkskunde in der Türkei. Er sammelte systematisch in allen Teilen der Türkei und war bestrebt, die noch lebendige Erzähltradition mit der literarischen Überlieferung in Zusammenhang zu setzen.

Herkunft und Verbreitung: In der Türkei ist das folgende Märchen in ca. 30 Varianten verbreitet. Die vorliegende Fassung aus der Sammlung Boratav wurde in Ankara von Muazzez Görkey 1943 aufgenommen von der damals 45jährigen Frau Memmune aus Istambul. Der Erzählstoff gehört zu den ältesten: Seit der Antike überliefert, ist das Märchen schriftlich schon belegt als ‚Amor und Psyche' bei Apuleius (Metamorphosen 4,28–6,24), der es aus Griechenland übernommen hatte.

Der Erzähltyp AaTh 425A „Amor und Psyche" gehört zum großen Bereich der Suchwanderungs-Märchen. Die Suche nach dem „unsichtbaren Bräutigam" ist in zahllosen Varianten in ganz Europa verbreitet, am häufigsten in Griechenland mit ca. 500 Varianten. Besonders bekannt ist es u.a. als Beauty and the Beast AaTh 425C; bei Grimm: „Das singende springende Löweneckerchen" KHM 88.

Einleitende Wort und Vorlesen des Märchens:
siehe zweite Phase des Modells
Zeiteinheit: zwei Unterrichtsstunden

Vor dem Lesen erklären: „Padischah" (**Sultan**) = türkischer Fürst; ein **„Lala"** ist ein besonders treuer Diener, der junge Prinzen und Prinzessinnen betreut und erzieht. Das Wort „Lala" erinnert an Kindersprache: Er erzieht die Kinder, bis sie erwachsen werden; die **Kamelkarawane** war früher im Orient das einzige Transportmittel auf weite Strecken, die schönsten und prächtigsten Kamelkarawanen waren die **Brautkarawanen** der türkischen Prinzessinnen. Eine **Fee** ist in der Türkei wie bei uns auch ein Wesen aus der Jenseitswelt.

Wandtafel muß frei bleiben für die Nennungen der Schüler

❦ Es war einmal, und es war auch nicht. In den frühen Zeiten hatte ein Padischah drei Töchter. Sie waren schon erwachsen, aber bis jetzt hatte noch keine von ihnen einen Mann gefunden. Der Padischah hatte einen treuen Diener, das war der Schwarze Lala. Dieser sagte eines Tages zu der ältesten Tochter: „Komm, ich will dich an einen Ort bringen, den siehst du dir an, und wenn es dir dort gefällt, bleibst du da. Wenn es dir aber nicht gefällt, komme ich und hole dich zurück." Das Mädchen sagte: „Gut."

Sie stiegen in eine Kutsche und machten sich auf den Weg. Sie fuhren und fuhren, sie fuhren durch Täler und über Hügel, und als sie sich umsahen, merkten sie, daß sie erst einen Weg zurückgelegt hatten so lang wie eine Nadel. Schließlich kamen sie an ein vornehmes Haus und stiegen aus der Kutsche aus. Die Tür des Hauses öffnete sich, und sie traten ein. Der Lala sagte zu dem Mädchen: „Stell dich hinter die Tür, dann wirst du sehen, was vor sich geht. Morgen komme ich wieder und schaue nach dir." Dann stieg er in die Kutsche und kehrte in den Palast zurück. Das Mädchen versteckte sich hinter der Tür und wartete. Inzwischen verging die Zeit. Da ertönte ein schepperndes Geräusch, das immer näher kam und schließlich vor dem Haus verstummte. Dann öffneten sich alle Türen – klapp klapp. Was sieht das Mädchen? Eine Kamelkarawane kommt, aber niemand führt sie an. Die Kamele laden ihre Lasten ab, und die Karawane zieht wieder hinaus, wie sie gekommen ist. Das Mädchen zittert hinter der Tür wie Espenlaub. So wartet sie bis zum Abend. Als es dunkelt, öffnet sich die Tür wieder, und herein kommt ein schwarzer Mann mit riesigen Lippen, eine Lippe bis auf die Erde, die andere am Himmel. In der Hand hat er zwei Vögel und ein Gewehr. Das Mädchen fällt vor Schrecken zu Boden und ist wie tot.

Als sie wieder zu sich kam, merkte sie, daß es Morgen geworden war. Kurze Zeit darauf erschien der Lala und sagte: „Hast du vor zu bleiben?" Sie antwortete: „Ach lieber Lala, ich bin vor Schrecken fast vergangen, bring mich weg von hier." Der Lala sagte „Gut", nahm das Mädchen mit und brachte es zum Palast zurück. Am nächsten Tag sagte er zu dem zweiten Mädchen: „Komm, heute will ich dich mitnehmen." Das Mädchen war auch einverstanden. Sie fuhren und fuhren durch Täler und über Hügel. Als sie sich einmal umsahen, merkten sie, daß sie erst einen Weg zurückgelegt hatten so lang wie ein Gerstenhalm. Wieder kamen sie an das Haus. Der Lala ließ das Mädchen hinter der Tür, sagte: „Ich komme morgen früh", und ging.

Das Mädchen wartete dort. Da ertönte das scheppernde Geräusch. Kamele kamen und luden ihre Lasten ab, aber keiner führte sie. Das Mädchen zitterte wie Espenlaub. Da wurde es Abend, und ein schwarzer Mann kam herein, mit der einen Lippe auf der Erde und der anderen am Himmel, in der einen Hand seine Vögel und in der anderen das Gewehr. Das zweite Mädchen fiel auch vor Schrecken zu Boden und als sie wieder zu sich kam, merkte sie, daß es Morgen geworden war. Da kam der Lala und fragte: „Hast du vor zu bleiben?" Das Mädchen rief: „Ach lieber Lala, bring mich von hier weg!" Da brachte sie der Lala in den Palast zurück. Am nächsten Tag sagte die Jüngste: „Lala, was kann schon geschehen, bring mich auch dorthin". Der Lala versuchte sie davon abzubringen: „Deine beiden Schwestern sind gegangen und wieder zurückgekehrt." Aber sie überredete schließlich den Lala, und so stiegen sie in die Kutsche und machten sich auf den Weg.

Und sie fahren und fahren, durch Täler und über Hügel, finden das Haus, steigen aus der Kutsche und gehen hinein. Der Lala läßt das Mädchen hinter der Türe und geht. Danach verstreicht die Zeit und es erhebt sich ein Getöse: eine Kamelkarawane. Die Tür öffnet sich, die Kamele kommen herein, laden ihre Lasten ab und lassen – bim bim – ihre Glöckchen ertönen, und gehen zurück, aber niemand führt sie. Das Mädchen steht eine Zeitlang da und langweilt sich. Schließlich kommt sie hervor und streift durch das ganze Haus. Sie sieht: alles ist voll Staub und Sand. Sie sucht die Ecken und Winkel ab und findet einen Besen. Sie putzt und fegt das ganze Haus, wischt überall Staub und macht alles blitzsauber. Dann geht sie in die Küche, kocht Essen und macht Süßspeisen. Sie deckt auch den Tisch, denn inzwischen ist es Abend geworden. Wieder verbirgt sie sich hinter der Tür. Als es zu dunkeln beginnt, öffnet sich die Tür, der schwarze Mann kommt herein, die eine Lippe auf der Erde und die andere am Himmel, mit zwei erlegten Vögeln und einem Gewehr in der Hand. Was sieht er da? Das ganze Haus ist geputzt, gefegt, das Essen fertig, und die Speisen sind aufgetragen. Da erkennt der schwarze Mann alles. Er geht dahin, wo das Mädchen ist, und sagt: „Gut gemacht, meine Tochter. Vor dir sind deine beiden Schwestern gekommen, und denen war vor Schreck die Galle geplatzt. Du hast alles sauber gemacht und das Essen gekocht, so bist du jetzt hier zu Hause." Dann kocht er einen der Vögel und gibt ihn dem Mädchen zu essen und gibt ihr auch Fruchtsaft zu trinken. Kaum hat sie getrunken und gegessen, da versinkt sie in einen tiefen Schlaf. So vergehen die Tage. Jeden Abend kommt der Hüter dieses Hauses, kocht einen der Vögel für das Mädchen, gibt dem Mädchen zu essen und zu trinken und versetzt es in Schlaf.

Eines Tages hat das Mädchen wieder das Haus geputzt und gefegt und das Essen gemacht und sich hingesetzt. Da klopft es an die Türe. Das Mädchen läuft hin und öffnet. Da sieht sie, daß es ihr Lala ist, der sie in dieses Haus gebracht hatte. „Tritt ein, mein lieber Lala." Der Lala sagt: „Ich werde nicht eintreten, deine älteren Schwestern haben sich Kleider gemacht und auch für dich eines nach demselben Schnitt nähen lassen. Du brauchst nur den Schneider zu bezahlen." Das Mädchen sagt: „Wieviel kostet es?" – „Zehn Lira". Sie sagt: „Komm morgen und hole das Geld."

Der Lala geht. Das Mädchen aber beherrscht jetzt nur noch ein Gedanke: Woher soll sie das Geld nehmen? Sie weint und setzt sich tränenüberströmt hin. Es wird Abend, der schwarze Mann kommt. Was sieht er da? Das Mädchen weint. Er fragt, was ihr zugestoßen sei, sie erzählt alles: Es sei ihr so und so ergangen. Der schwarze Mann sagt: „Sorge dich nicht, wir werden einen Ausweg finden."

Nun war aber jeden Abend, wenn das Mädchen schlief, der Prinz dieses Palastes gekommen. Der schwarze Mann hatte ihm den zweiten Vogel zu essen gegeben und den Prinzen neben das Mädchen gelegt. Das Mädchen aber weiß von nichts.

An diesem Abend nun gibt der Schwarze dem Mädchen wieder satt zu essen und Fruchtsaft zu trinken, und das Mädchen fällt in Schlaf. Der Prinz kommt. Der schwarze Mann gibt ihm den zweiten Vogel zu essen, und als der Prinz sich die Hände wäscht, gießt ihm der Schwarze Wasser auf die Hand. Da fängt der Prinz an zu sprechen. Der schwarze Mann berichtet ihm vom Kummer des Mädchens. Der Prinz sagt: „Nimm diesen Hammer, schlag auf die kleine Schublade und hol das Gold heraus. Bring es meiner Sultanin, damit sie es ihrem Lala geben kann." So geschieht es, und das Mädchen bekommt einen Beutel mit Gold. Als am anderen Tag der Lala kommt, bringt sie den Beutel herbei und sagt: „Nimm, mein lieber Lala." Der Erzieher nimmt den Beutel mit Gold und geht.

Danach verstreicht wieder eine Zeit. Doch eines Tages klopft es wieder an die Türe. Das Mädchen läuft hin und öffnet. Da sieht sie, daß es wieder der Lala ist, er sagt: „Deine Mutter und deine Schwestern wollen dich sehen. Sie wollen kommen und dich und ihren

Schwiegersohn und Schwager sehen." Das Mädchen antwortet: „Ich werde morgen sagen, an welchem Tag sie kommen sollen." Der Lala geht wieder.

Das Mädchen aber beginnt zu weinen. „Was soll ich jetzt tun?" Sie weint ununterbrochen und fällt vor Verzweiflung ohnmächtig hin. Am Abend kommt der schwarze Mann und sieht, daß das Mädchen ohnmächtig ist. Er bespritzt es sogleich mit Wasser und läßt es an Zitronen riechen, da kommt das Mädchen zu sich. Sie erzählt ihm alles, und der schwarze Mann sagt: „Ach meine Tochter, das ist etwas schwierig, aber wir werden sicher einen Ausweg finden." Als das Mädchen schläft, kommt der Prinz. Der schwarze Mann gießt ihm Wasser auf die Hände. Da sagt der Prinz: „Nimm diese Keule und geh und schlage auf das große Schubfach. Zimmerleute sollen kommen und den ganzen Palast in Ordnung bringen. Vierzig weiße und vierzig schwarze Dienerinnen sollen die Speisen auftragen. Meine Sultanin aber soll ein Kleid tragen, das mit keiner Nadel genäht und mit keiner Schere geschnitten ist. Das Kleid, das ihre Schwestern geschickt haben, soll sie der Türhüterin geben. Und sie soll sagen: Mein Prinz ist unterwegs."

Es wird Morgen. Als die junge Sultanin erwacht, da sieht sie, daß das Haus wunderbar ausgestattet und eingerichtet ist; die Tische sind vorbereitet, und vierzig weiße und vierzig schwarze Dienerinnen gehen im Haus umher. Der schwarze Mann bringt ihr das Kleid. Es ist von lauter Perlen und Edelsteinen. Die Dienerinnen umringen sie und sagen: „O Sultanin." Die Türhüterin aber zieht das Kleid an, das ihre Schwestern geschickt haben. Als schließlich ihr früherer Lala kommt, um sich Bescheid zu holen, sagt sie: „Sie sollen morgen kommen."

Sie bereiten alles vor, denn im ganzen Haus wird Besuch sein. Da klappt die Türe, und die Mutter und die beiden Schwestern des Mädchens erscheinen. Die Türen tun sich auf: „Tretet ein, tretet ein!" Die Schwestern halten aber die Frau an der Türe für ihre jüngste Schwester und fallen ihr um den Hals. Doch da erkennen sie, daß es die Türhüterin ist. Da wenden sie ihre Augen nach oben und was erblicken sie? Dort steht ihre Schwester mit einer schwarzen und einer weißen Dienerin am Arm und ist von Diamanten und Juwelen bedeckt. Als die Schwestern sie so sehen, vergehen sie vor Neid. Das Mädchen empfängt sie mit den Worten: „Kommt herein", und führt sie in ein großes Gästezimmer. Sie sagt: „Liebe Mutter, mein Prinz ist unterwegs."

Sie geht nun hinab, um nach den vorbereiteten Speisen zu sehen. Aber was muß sie da erblicken! Von dem Festtagsbraten, den beiden gebratenen Truthähnen, die auf die Tische gestellt waren, ist der eine verschwunden. Der schwarze Mann hat sich in eine große schwarze Katze verwandelt und hat ihn geholt. – Die schwarze Katze läuft, und das Mädchen läuft hinterher in den Garten. Auf einmal sieht sie: da ist ein Teich, daneben steht ein großes Bett, in dem ein schöner Jüngling liegt und schläft, und bei ihm liegt eine Frau, die Tochter des Feenkönigs. Neben ihnen in einem Bettchen ein Kind. Die Sonne hatte darauf geschienen, und das Gesichtchen des Kindes ist schweißbedeckt. Da nimmt das Mädchen das perlenbestickte Tuch von ihrer Brust und legt es dem Kind aufs Gesicht. Sie geht zum Palast zurück. Die Fee erwacht und sieht, daß ihr Kind ein perlenbesticktes Tuch auf dem Gesicht hat. Da versteht sie alles, weckt den Prinzen und sagt: „O mein Prinz, also hast du eine Sultanin in deinem Palast. Bisher warst du mein. Ab heute aber gehörst du ihr." Die Fee nimmt ihr Kind und fliegt mit ihm davon.

Da schickt der Prinz Nachricht in den Palast, daß seine Sultanin sagen möge, der Prinz sei von der Reise zurückgekehrt. Das ganze Haus gerät in Aufregung. Es wird Musik gespielt, und der Prinz fährt in einer Kutsche mit vier Pferden vor. Die junge Sultanin empfängt ihn am Tor und sagt: „Tritt ein, mein Prinz." Sie erkennt, daß es ein Jüngling ist, schön wie der Mond. Als ihre Schwestern sehen, wie schön er ist, kommen sie vor Neid fast um. Aber was nützt es, kann man denn eine verpaßte Gelegenheit wiederbringen? Schließlich essen alle froh und heiter ihre Speisen. Nach dem Essen sagt der Prinz: „Meine liebe Mutter, ich will unserem Vater, dem Padischah, Nachricht schicken, er soll kommen und uns trauen."

Sie schickten ihm Nachricht. Der Padischah kam, und sie machten vierzig Tage und vierzig Nächte Hochzeit. Sie hatten das Ziel ihrer Wünsche erreicht.

Grundmotive von AaTh 425A „Amor und Psyche"
Türkische Variante: „Der schwarze Lala"

Die formelhaften Abläufe dieses Märchens werden bildlich rezipiert, s. dritte Phase des Modells. Dabei sollen die folgenden Grundmotive (Motivkatalog Stiht Thompson) von den Schülern gefunden werden. Fehlt ein wichtiges Grundmotiv bis zuletzt, wird es vom Lehrer noch genannt und angefügt.

Die von den Schülern genannten Bilder werden in der Reihenfolge ihrer spontanen Nennung und in ihrer eigenen bildhaften Formulierung vom Lehrer an die Tafel geschrieben und dabei unauffällig in die drei Sequenzen von Ablösung, Umwandlung und Angliederung gebracht. Erst am Ende der ersten Unterrichtsstunde wird gemeinsam die Reihenfolge des äußeren Erzählablaufs wieder hergestellt, wobei dann die dreifache Gliederung des rituellen Übergangs erkennbar wird.

Im folgenden Modell sind die Grundmotive *nur* in der Reihenfolge des Erzählablaufs angegeben.

Linke Tafelfläche (erste Sequenz: Ablösung von zu Hause)	Mittlere Tafelfläche (zweite Sequenz: Wandlung)	Rechte Tafelfläche (dritte Sequenz: Angliederung an die Erwachsenenwelt)
Aussetzung (Mot. S143)	Jüngste Tochter im Jenseitshaus: die Schwestern sind neidisch (Mot. L54.1)	Verwunschener Garten (Mot. F162.1)
Verlassenes Haus im Jenseits (Mot. F741.4.3)	Die neidischen Schwestern stellen Aufgaben (Mot. H912)	Prinzessin erblickt den unsichtbaren Bräutigam in der Gewalt einer Fee (Mot. N681.1)
Merkwürdige Wesen und Begebenheiten im Bereich des Jenseits (Mot. F540; Mot. F171)	Sich vergleichen und sich ausweisen durch Kleider (Mot. H110)	Erlösen durch Freundlichkeit (Mot. Q41)
Dämonische Lippen „bis zum Himmel und bis zur Erde" (Mot. F544.1.1)	Ausstattung durch den unsichtbaren Bräutigam (Mot. F340)	Hochzeit mit dem Prinzen (Mot. L161)
Probe: Jüngste Tochter übernimmt Aufgabe: Putzen, Fegen des Jenseitshauses (Mot. H382)	Zauberkleid (Mot. F820)	
Zauberspeise; magischer Schlaf (Mot. D1030.1; Mot. D1960)		
Unsichtbarer Bräutigam (Mot. D621.1)		

Anregungen zu den Bildern von Entwicklung und Verwandlung in dem Zaubermärchen „Der schwarze Lala" (Aufgabenstellungen s. vierte Phase des Modells)

Der Aufbau der Erzählung entspricht der märchentypischen Konstellation von *Aufgabenstellung und Lösung* (hier als *„Geheimnis"* und *„Enthüllung des Geheimnisses"*) und vollzieht sich in den drei Schritten des rituellen Übergangs. Der anfänglich herrschende Mangel (Unerfahrenheit und innere Bindungslosigkeit) wird im kompensatorischen Schluß aufgehoben (Reifung durch Anerkennung, Liebe und Heirat). **In diesem Märchen treten viele Aspekte des Pubertätsalters deutlich in Erscheinung, deshalb wird es hier besonders ausführlich besprochen. Dabei werden Verbindungen hergestellt zwischen den Inhalten der Erzählung und Erkenntnissen aus der Entwicklungspsychologie.**

1. Der Zeitpunkt, an dem die Erzählung einsetzt, ist bedeutungsvoll: die **körperliche Reife** der drei Königstöchter. Die unternommene Reise ist erkennbar als *Fahrt ins Jenseits* (psychologisch: Fahrt ins eigene Unbewußte). Der *Initiationshelfer* wirkt vertrauenerweckend: er ist einerseits mit Kindheit und Elternhaus verknüpft (Lala), zum anderen (schwarzer Mann) weist er die Ambivalenz eines dämonischen Helfers auf, ohne aber allzusehr zu erschrecken. Die überdimensionierten Lippen sind im Zaubermärchen ein Merkmal dämonischer Natur (z. B. bei der *Baba Yaga*). Die Ablösung von zu Hause gelingt erst beim dritten Anlauf: alles Vorangegangene ist wie ein Erproben in der magischen *Dreierformel*. Der Zug der seltsamen Kamele im Jenseitsbereich enthält auch eine Assoziation zur Brautkarawane (Mitgift). Die beiden ersten Mädchen erschreckt die Eigendynamik dieses Vorgangs; vor allem erschreckt sie das **Alleinsein in unreifem Zustand**. Nach D. W. Winnicott muß sich die Fähigkeit zum Alleinsein entwickeln und entspricht der emotionalen Reife (Winnicott, 1993,40). Die Mädchen sind hier zum ersten Mal ganz auf sich gestellt in einer fremden Umgebung, isoliert von der Außenwelt. Die beiden älteren fühlen sich dabei sehr unsicher und wollen wieder zurück in die Geborgenheit. „In Ohnmacht fallen" heißt auch die Augen zumachen – nichts mehr sehen wollen. Kinder machen manchmal die Augen zu, damit keiner *sie* sehen soll.

Die Jüngste dagegen wollte *selbst* dorthin, der Lala fragt sie auch nicht, ob er sie wieder abholen soll: sie hat selbst beschlossen zu gehen, sie will es so haben. Sie spürt keine Angst vor dem Auf-sich-gestellt-Sein in fremder Umgebung. Sie empfindet die Isolation als etwas innerlich Vertrautes, ihre Umwelt als beschützend. E. Erikson bezeichnet als grundlegende Voraussetzung der Vitalität das **Ur-Vertrauen**: eine alles durchdringende Haltung **sich selbst und der Welt gegenüber**, die aus frühkindlichen Erfahrungen herstammt, dabei wird Innen und Außen als **ein zusammenhängendes Gutes** erfahren (Erikson, 1988,91). Das dritte Mädchen ist dem andersartigen gegenüber neugierig: Sie untersucht den geheimnisvollen und wunderbaren Ort und macht ihn sich zu eigen. Sie ist unternehmungslustig, hat gute *Ideen*, macht das Haus gemütlicher, kommt dort überall hin. Sie ist *selbständig*, erkennt, was *notwendig* ist, übernimmt von sich aus **eine Aufgabe**. Aber sie versorgt jemanden, der ***unsichtbar*** ist.

2. Der ***Initiationsort*** ist als ambivalenter Ort erkennbar (abgeschieden, scheinbar unbewohnt, vernachlässigt, zugleich ein schönes Haus). Das geheimnisvolle Haus ist ein ***Ort der Bewährung***. Dies ist kein gewöhnliches Haus und kein gewöhnlicher Jäger. Auch das ***Essen und Trinken*** ist hier keine gewöhnliche Speise: es hat eine magische Wirkung. Der eigentliche Bewohner dieses verzauberten Ortes ist ein unsichtbarer Prinz, der hier ähnlich wie in einer „*Glasberg*-Situation" entrückt und verzaubert ist. Die *rituellen Entbehrungen des Übergangs* (Sichttabu, Schweigetabu) sind dem Prinzen auferlegt. Seine Unsichtbarkeit und Sprachlosigkeit sind der Ausdruck eines noch nicht enthüllten Geheimnisses. Die Vorstellung von ‚Geheimnis' ist nach Hedwig v. Beit auch ein **Schutz gegen die Übermacht der unbewußten Bilder** (v. Beit, 1965,532–574). Der Genuß der *Jenseitsspeisen*, die durch den schwarzen Mann gereicht werden, versetzt die Jüngste in den *magischen Schlaf* einer rituellen Initiation. Dabei erscheint *der unsichtbare Bräutigam* (Hauptmotiv der Märchen vom Typ AaTh 425 A) wie ein Traum der ersten Liebe. Die Fürsorge der *beiden schwarzen Lalas* enthält eine lebensnotwendige Hilfe: Nach D. W. Winnicott braucht es zum Entwicklungs- und Reifungsprozeß ein „Halten" durch die Umwelt (Winnicott, 19659). Die Prinzessin ist vorerst noch von dem geheimnisvollen Zustand des Prinzen ausgeschlossen, ***sie sieht den Partner nicht in seiner eigentlichen Gestalt***, sie nimmt ihn nur unbewußt wahr. Nach der Freudschen Theorie wird das erwachende *Ich* von unbewußten *Es*-Beziehungen gestärkt.

Die **Versuchungen** *in der Isolation* bestehen in der Annäherung der zu Hause gebliebenen Schwestern, die das Mädchen wieder in die frühere kindliche Abhängigkeit zu bringen suchen. Die Schwestern schicken den Lala vor, aber er tut es nicht gern und geht sofort wieder. Die Schwestern platzen vor Neid: sie sind habgierig, sie wollen alles haben, was jemand anderer hat, damit sie **alles** für sich haben. Sie sind selber sehr unsicher und wollen durch ihre Schwester Sicherheit gewinnen. Die gleichen Kleider der drei Schwestern sind der Versuch, bei allen dreien einen Vergleich anzustellen. Joan Riviere sieht im „**Vergleichen**" eine Desintegrierung der Persönlichkeit, die sich in der Form von **Neid** und **Habgier** die fehlenden Sicherheiten zu verschaffen sucht und **sich dabei selber zum Opfer macht** (Riviere/ Klein, 1992,38). Die dritte Schwester aber hat inzwischen schon eine Veränderung erlebt: Sie hat sich von zu Hause gelöst und damit einen ersten Schritt zur Selbstständigkeit getan. Die Schwestern wollen das wieder rückgängig machen (zu „Vergleichen" s. auch bei *„Die Zedernzitrone")*.

Die Jüngste besteht diese Versuchungen nur mit der Hilfe des unsichtbaren Geliebten, der sie mit *Zaubergaben* ausstattet, deren Höchstes ein **wunderbares Kleid** ist. Der unsichtbare Freund schenkt ihr ein Zauberkleid, **eine neue Identität.** Damit entzieht er sie dem Einfluß der Schwestern. In dem zauberischen Kleid des unsichtbaren Freundes fühlt sie **ihr eigenes Wesen und ihre eigenen Charaktereigenschaften.**

Durch Vorschieben der Türhüterin (Märchenmotiv der *„vorgeschobenen Braut"* s. im Märchen *„Die Zedernzitrone")* gewinnt sie den nötigen Abstand zu ihren Familienangehörigen, die sie nun als die Sultanin in ihrer emotional herangereiften jungen Weiblichkeit anerkennen müssen. **Die jüngste Tochter tut, was die Außenwelt (Geschwister, Mutter) von ihr möchte, ohne sich selber dabei aufzugeben. Sie wird nicht gedemütigt, im Gegenteil: Sie entdeckt auf einmal, was sie alles kann.** Psychologisch entwickelt ein junger Mensch seine Identität durch Reagieren auf die Haltung anderer, wobei es vor allem darum geht, **die eigenen Wesensmerkmale** zur Entfaltung zu bringen; von Mead definiert als *„individuelle Spiegelung gesellschaftlichen Gruppenverhaltens"* (Mead, 1973,201). Nach Erikson gelingt die Erreichung der persönlichen Identität durch das **richtige Einschätzen der eigenen Person und der eigenen Vergangenheit** sowie der **Erwartungen**, die die Gesellschaft an die eigene Person stellt.

Eine realistische Überprüfung der sozialen und kulturellen Erwartungen an die eigene Person führt zur **persönlichen Verpflichtung** in diesen Bereichen und zu einer produktiven **Integration in die Gesellschaft** (Erikson,1988).

3. Der von der Tafel verschwundene Truthahn enthält das Motiv des *wegweisenden Vogels,* der in der Überlieferung auch als Nahrung erscheint.

Der Höhepunkt der Erzählung ist das **Erblicken des Bräutigams.** Da das Anschauen des magisch entrückten Geliebten **zum rechten Zeitpunkt** geschieht, ist es keine *Tabuverletzung* (der falsche Zeitpunkt hätte im Zaubermärchen eine erneute und dann weit schwierigere Entrückung des Geliebten zur Folge, z. B. in *„Prinz Weißbär").*

Die Szene am See im *verwunschenen Garten* ist psychologisch eine Darstellung der von Sigmund Freud definierten ‚Urszene‘, in der eine erregte Beziehung zwischen den Eltern (Erwachsenen) wahrgenommen oder vorgestellt wird, **auch im Zusammenhang mit der eigenen Zeugung,** und die zur **erotischen Entwicklung** von Kindern und Jugendlichen wesentlich beiträgt. *Das Feenkind* verbleibt im *Bereich des Geheimnisses:* Das Mädchen bedeckt es mit dem *perlenbestickten Brusttuch:* Zaubertücher sind im Märchen wesensgleich mit dem, der sie trägt, und haben auch Erinnerungswert. Sie nimmt dieses Tuch „von ihrer Brust": Sie hat **wirkliche, innere Gefühle,** die sie **an andere weitergeben** kann. Das ist ein Zeichen von Reife. Sie ist nun selbst kein Kind mehr, sie ist inzwischen eine junge Erwachsene geworden. Psychologisch stellt das Brusttuch ein gutes ‚inneres Objekt‘ dar, wie es nach Melanie Klein in der psychischen Realität **zur Lebensbewältigung notwendig** ist (M. Klein; s. Winnicott, 1993,39) und in den Phasen der Entwicklung vorhanden sein muß – hier als die ‚ **gute innere weibliche Brust‘.** Das *Feenkind* bleibt im Jenseits und kommt nicht in die Menschenwelt herein. Es ist auch ein Bild der Erinnerung an die **eigene Kindheit: Wo komme ich her?** Ein Bild von einem **zukünftigen, eigenen Kind: Wo gehe ich hin?** Das Mädchen begegnet hier dem **Geheimnis der Fruchtbarkeit.** Das sind Dinge, die jeden von uns bewegen und die in unserem Leben wichtig sind. Nach der Jungschen Psychologie ist das **Urbild des Kindes** eine der stärksten Ausdrucksmöglichkeiten der inneren Bildwelt für den schöpferischen Augenlick der Selbstverwirklichung (Jung G. W. 9/I, 89).

Durch die Durchbrechung des *Sicht-Tabus* zur rechten Zeit wird im Zaubermärchen der Bräutigam wieder in die diesseitige Welt zurückgeholt, sein magischer Zustand der „Verpuppung" in einem *jenseitigen* Bereich ist überwunden. Er selber hat dazu einen wesentlichen Beitrag geleistet durch seine Zaubergaben an die Braut, mit denen die Spannungen im Bereich der Familie nichtig gemacht sind. Jetzt kommt es darauf an, daß die Braut ihm Glauben schenkt und seine „Rückkehr von der Reise" verkündet. Psychologisch finden nach der **Anima-Theorie** von C. G. Jung der *weibliche* und der *männliche Anteil* in der Psyche des Mannes zusammen, wenn sein Seelenbild des Weiblichen („Anima") integriert ist. Jung nennt diese Aufgabe ein „Feuerordal" und eine „Meisterprüfung" des Lebens. Nach Emma Jung entspricht diesem Vorgang die Integration des „Animus" als dem Logosprinzip im Leben der Frau (E. Jung, 1990,10).

Durch den *Dienst beim Dämon* in der *rituellen Isolation* hat die jüngste Tochter die **Fähigkeit zur Authentizität** erworben, die ihr in den Augen der Erwachsenenwelt nun die innere Selbstständigkeit ermöglicht, die sie für ihre weitere Lebensentwicklung braucht. Durch das Wachsen und Reifen ihrer emotionalen Kräfte haben **beide** ihre körperliche Reifung gefestigt und harmonisiert: Der Prinz ist dadurch erlöst. *Er* hat ihr geholfen, *sie* hat mit ihrer eigenen Entwicklung zugleich seine Persönlichkeit entfaltet. Damit ist er aus dem Zustand der jenseitigen Verzauberung in die Menschenwelt zurückgeholt. Sie hat die ganze Zeit an ihn geglaubt, obwohl sie ihn noch gar nicht erkennen konnte. Aber sie hat fest daran geglaubt, daß er es schaffen wird.

Die Polarisierung der Geschlechter – nach Erik Erikson **eine auf die Pubertät konzentrierte Lebensaufgabe** (Erikson, 1977,50) – muß vor allem in dem von der Natur dafür vorgesehenen Altersabschnitt gelingen. In der Symbolsprache der Zaubermärchen haben Prinz und Prinzessin diese Lebensaufgabe mit der Gewinnung der Braut/des Bräutigams gelöst und so den Beweis ihrer Reife und ihrer Zugehörigkeit zur nächstfolgenden Lebensstufe erbracht. Die beiden sind **erwachsen geworden**, jetzt erst können sie wirklich zueinanderfinden. Der Vater *bestätigt* ihre Hochzeit.

„Prinz Schwan" AaTh 425 „Suchwanderung"

Deutsches Zaubermärchen aus: Die älteste Märchensammlung der Brüder Grimm, Synopse der handschriflichen Urfassung von 1810 und der Erstdrucke von 1812, hsg. u. erläutert v. Heinz Rölleke, Fondation Martin Bodmer, Cologny-Genève 1975,271. Der Text wurde an zwei Stellen leicht verändert: Die Erklärung „Ich bin kein Schwan" wurde weggelassen; die Formulierungen „Ich heiße Sonne (Mond, Stern)" wurde verändert in: „Ich bin die Sonne (der Mond, der Morgenstern)".

Herkunft und Verbreitung: Das Märchen wurde den Brüdern Grimm von Gretchen Wild 1807 in Kassel erzählt; erschienen im Erstdruck der KHM von 1812,I,Nr. 59; danach von den Grimms eliminiert; übernommen in ihre Anmerkungen zu KHM 127 „Der Eisenofen".

Der Erzähltyp AaTh 425 „Suchwanderung" gehört zu den am weitest verbreiteten (s. „Glasberg"); Näheres dazu bei den einleitenden Anmerkungen zum Märchen „Prinz Weißbär" und bei den **Anregungen zum vorangehenden Märchen „Der schwarze Lala".**

Der Schwan gilt in der Volksüberlieferung als glückbringender Vogel, bis ins Altertum reichen Berichte, daß der Schwan singe. Das Motiv vom **Anlegen und Ablegen der Tierhaut weist auf frühmagische Vorstellungen.**

Das Fadenwickeln hat im Zaubermärchen magische Bedeutung: es stellt Verbindungen her, weist Wege (in der griechischen Sage der „Faden der Ariadne") und gehört als Erlösungsmotiv zu den im Märchen gestellten „schweren Aufgaben". Die magisch kultische Bedeutung des Fadens reicht weit zurück in die Menschheitsgeschichte. In der Überlieferung hängt das Leben „an einem Faden", den die Schicksalsfrauen (Moiren) beim Tod abschneiden.

Zur Bedeutung der „Suchwanderung" und des „Tierbräutigams" (der „Tierbraut") s. auch bei den Märchen „Prinz Weißbär", „Das Borstenkind" und „Die Schwanenfrau".

Einleitende Worte und Vorlesen: s. zweite Phase des Modells Zeiteinheit: eine Unterrichtsstunde

Vor dem Lesen erklären „Spindel", „Haspel" = Geräte zum Spinnen; bzw. zum Aufwickeln des gesponnenen Garns; **„Glasberg"** = im Zaubermärchen weit verbreitete Vorstellung von einer **jenseitigen Welt, einem Ort der Verwandlungen.**
Wandtafel muß frei bleiben für die Nennungen der Schüler

❧ Es kam einmal ein Mädchen in einen großen Wald, muttersee-
lenallein. Da kam ein Schwan auf es zugegangen. Der hatte ein
Knäuel Garn und sprach zu ihm: „Ich bin ein verzauberter Prinz, aber
du kannst mich erlösen, wenn du den Knäuel Garn abwickelst, an
dem ich fortfliege. Aber hüte dich, daß du den Faden nicht entzwei-
brichst, sonst komme ich nicht bis in mein Königreich und werde
nicht erlöst. Wickelst du aber den Knäuel ganz ab, dann bist du
meine Braut."

Das Mädchen nahm den Knäuel, und der Schwan stieg in die Luft
auf, und das Garn wickelte sich ganz leicht ab. Das Mädchen wik-
kelte und wickelte den ganzen Tag, und am Abend war schon das
Ende des Fadens zu sehen. Da brach er ab. Das Mädchen war sehr
betrübt und weinte. Es wurde auch Nacht, der Wind ging so laut in
dem Wald, daß es Angst bekam und anfing zu laufen, was es nur
konnte.

Als es lange gelaufen war, sah es ein kleines Licht, darauf eilte es
zu, und als es herankam, fand es ein Haus und klopfte an die Türe.
Ein alte Frau kam heraus und wunderte sich, wie sie sah, daß ein
Mädchen vor der Türe stand. „Ei mein Kind, wo kommst du so spät
her?" – „Laßt mich doch heute nacht bei euch bleiben", sagte das
Mädchen, „ich habe mich im Wald verirrt. Bitte gebt mir auch ein
wenig Brot zu essen." – „Das ist ein schweres Ding", sagte die Alte,
„ich gäb's dir gern. Aber mein Mann ist ein Menschenfresser, wenn
der dich findet, so frißt er dich auf, da ist keine Gnade. Doch wenn du
draußen bleibst, fressen dich die wilden Tiere. Ich will sehen, ob ich
dir durchhelfen kann." Da ließ sie es herein und gab ihm ein wenig
Brot zu essen und versteckte es dann unter dem Bett. Der Menschenfresser kam immer erst vor Mitternacht, wenn die Sonne ganz unter-
gegangen ist, und ging morgens, bevor sie aufgeht, wieder fort. Es
dauerte nicht lange, so kam er herein und sprach:

„Ich wittre, wittre Menschenfleisch."

Er suchte in der Stube, endlich griff er auch unter das Bett und zog
das Mädchen hervor. „Das ist noch ein guter Bissen", sprach er. Die
Frau aber bat und bat, bis er versprach, es die Nacht über noch leben
zu lassen und morgen erst zum Frühstück zu essen. Vor Sonnenaufgang aber weckte die Alte das Mädchen: „Eil dich, daß du fort-
kommst, eh mein Mann aufwacht. Da schenk ich dir ein goldenes
Spinnrädchen, das halt in Ehren. Ich bin die Sonne."

Das Mädchen ging weiter und kam abends wieder an ein Haus, da war alles wie am vorigen Abend. Die zweite Alte gab ihm beim Abschied eine goldene Spindel und sprach: „Ich bin der Mond." Und am dritten Abend kam es an ein drittes Haus, da schenkte im die Alte eine goldene Haspel und sprach: „Ich bin der Stern." Und sie sagte: „Prinz Schwan war schon so weit geflogen, bevor der Faden abgewickelt war, daß er in sein Reich kommen konnte. Dort ist er König und hat sich schon verheiratet und wohnt in großer Herrlichkeit auf dem Glasberg. Du wirst heute abend hinkommen. Aber ein Drache und ein Löwe liegen davor und bewachen ihn. Darum nimm das Brot und den Speck und besänftige sie damit."

So geschah es auch. Das Mädchen warf den Ungeheuern das Brot und den Speck in den Rachen. Da ließen sie es durch. Es kam bis an das Schloßtor, aber in das Schloß ließen es die Wächter nicht hinein. Da setzte es sich vor das Tor und fing an auf seinem goldenen Rädchen zu spinnen. Die Königin sah von oben zu, ihr gefiel das schöne Spinnrädchen, und sie kam herunter und wollte es haben. Das Mädchen sagte, sie solle es haben, wenn sie erlauben wolle, daß es eine Nacht neben dem Zimmer des Königs zubringen dürfte. Die Königin sagte zu, und es wurde heraufgeführt. Als es nun Nacht war und der König zu Bett lag, sang es:

„Denkt der König Schwan
noch an seine versprochene Braut Julian?
Die ist gegangen durch Sonne, Mond und Stern,
durch Löwen und durch Drachen,
will der König Schwan denn gar nicht erwachen?"

Aber der König schlief durch einen Schlaftrunk der Königin so fest, daß er nichts hörte. Am Morgen war alles verloren, und das Mädchen mußte wieder vor das Tor. Da setzte es sich hin und spann mit seiner Spindel. Die gefiel der Königin auch. Das Mädchen gab sie unter der Bedingung weg, daß es wieder eine Nacht neben dem Schlafzimmer des Königs zubringen dürfe. Da sang es wieder:

„Denkt der König Schwan
nicht an seine versprochene Braut Julian?
Die ist gegangen durch Sonne, Mond und Stern,
durch Löwen und durch Drachen:
Will der König Schwan denn gar nicht erwachen?"

Der König aber schlief wieder fest von dem Schlaftrunk, und das Mädchen hatte nun auch seine Spindel verloren. Da setzte es sich am dritten Morgen mit seiner goldenen Haspel vor das Tor und haspelte. Die Königin wollte auch diese Kostbarkeit haben und versprach dem Mädchen, es solle noch eine Nacht neben dem Schlafzimmer des Königs bleiben. Es bat aber den Diener, er möge dem König heute abend etwas anderes zu trinken geben. Da sang es noch einmal:

„Denkt der König Schwan
nicht an seine versprochene Braut Julian?
Die ist gegangen durch Sonne, Mond und Stern,
durch Löwen und durch Drachen:
Will der König Schwan denn gar nicht erwachen?"

Da erwachte der König, wie er ihre Stimme hörte, und erkannte sie wieder.

Er fragte die Königin: „Wenn man einen Schlüssel verloren hat und ihn wieder findet, behält man dann den alten oder den neu gemachten?" Die Königin sagte: „Ganz gewiß den alten." – „Dann kannst du meine Gemahlin nicht länger sein, denn ich habe meine erste Braut wiedergefunden."

Da vermählte sich der König mit seiner rechten Braut, und sie lebten vergnügt, bis sie gestorben sind.

Grundmotive von AaTh 425 „Suchwanderung"
Deutsche Variante: „Prinz Schwan"

Die formelhaften Abläufe dieses Märchens werden bildlich rezipiert, dabei sollen die folgenden Grundmotive (s. Motivkatalog Stiht Thompson) von den Schülern gefunden werden. Fehlt ein wichtiges Grundmotiv bis zuletzt, wird es vom Lehrer noch genannt und angefügt.

Die von den Schülern genannten Bilder werden in der Reihenfolge ihrer spontanen Nennung und in ihrer eigenen bildhaften Formulierung vom Lehrer an die Tafel geschrieben und dabei unauffällig in die drei Sequenzen von Ablösung, Umwandlung und Angliederung gebracht. Erst am Ende der ersten Stunde wird gemeinsam die Reihenfolge des äußeren Erzählablaufs wieder hergestellt, wobei dann die dreifache Gliederung des rituellen Übergangs erkennbar wird. Im folgenden Modell sind die Grundmotive *nur* in der Reihenfolge des Erzählablaufs angegeben.

Linke Tafelfläche (erste Sequenz: Ablösung von zu Hause)	Mittlere Tafelfläche (zweite Sequenz: Jenseitswanderung)	Rechte Tafelfläche (dritte Sequenz: Erlösung, Angliederung an ein neues Leben)
Wald als Grenze zur Jenseitswelt (Motiv F143)	Suchwanderung nach dem verlorenen Gefährten (Mot. H1385.4)	Erlösen durch Freundlichkeit (Mot. Q41)
Mädchen folgt der Werbung eines Tierbräutigams (Mot. S215.1)	Sonne, Mond und Sterne geben die Richtung bei der Suchwanderung (Mot. H1232)	Hochzeit mit dem Prinzen (Mot. L161)
Er ist ein Tier aber auch ein Prinz (Mot. D621.1)	Menschenfresser im Jenseits (Mot. G100)	Gleichnis vom „alten und neuen Schlüssel" (Formula)
Tabu: Den Faden (Lebensfaden) nicht zerreißen (Tabu: vorzeitiges Zerstören der uneigentlichen Existenz (Mot. C757.1)	Geschenke der Jenseitsbewohner (Mot. F340)	
Verlust des Gefährten durch Verletzung des Tabus (Mot. C932)	Schwere Aufgabe: den Glasberg ersteigen (Mot. H1114)	
	Das Jenseitstor ist bewacht (Mot. F140)	
	Die Königstochter als unscheinbare Fremde (Mot. Q482.1)	
	Sie erkauft Platz vor des Bräutigams Bett, weckt sein Gedächtnis und gewinnt ihn zurück (Mot. D2006.1.4)	

„Goldhaar"
siebenbürgisch

„Dummling"
Grimm, Handschrift

„Goldhaar" AaTh 314 „Goldener"

Siebenbürgisches Zaubermärchen aus: Josef Haltrich, Sächsische Volksmärchen aus Siebenbürgen, Hsg. Hanni Markel, Kriterion Verlag Bukarest
1974,53,Nr. 11. *Der Text mußte seines Umfangs wegen leicht gekürzt wer-*
den. Inhaltliche Veränderungen sind dadurch nicht entstanden.

Herkunft und Verbreitung: Die Märchensammlung von Josef Haltrich
(1822–1866, Lehrer und Pfarrer in Siebenbürgen) ist eine der frühesten und
vielseitigsten. Jacob Grimm vermittelte die Herausgabe 1856 bei Julius
Springer in Berlin. Josef Haltrichs einfache, klare und bilderreiche Texte
eignen sich vorzüglich für den Einsatz im Schulunterricht.

Das **Motiv des Goldes** spielt in der Überlieferung eine herausragende Rolle:
Wegen seiner Unzerstörbarkeit und Schönheit wurde es schon in frühen
Zeiten mit magischen und göttlichen Werten in Verbindung gesetzt. Im
Zaubermärchen stellt Gold die „höchste Nennung" dar (M. Lüthi). Goldene
Körperzeichen sind im Märchen ein Zeichen des Auserwähltseins; goldene
Haare stellen dabei die häufigste Form dar.

Das Motiv des **Drachenkämpfers** ist besonders in Osteuropa außerordentlich beliebt und bildet im slawischen Raum einen der wichtigsten Märchentypen, auf den nach W. Propp alle Zaubermärchen zurückgehen
sollen. Der Drachenkampf erinnert an die Auseinandersetzung der Menschen mit wirklichen Untieren. Die frühesten Vorstellungen von Drachen
finden sich seit dem 3. vorchr. Jahrtausend im Alten Orient, die älteste
schriftliche Überlieferung von einem Drachenkampf (Meerdrache) im babylonischen „Enuma Elis", um 1800 v.Chr., das zum Vorbild wurde für
fast alle Schöpfungsmythen des Vorderen Orients. In Westeuropa ist der
Drachenkampf mehr in der Sage als im Märchen zu finden. Bei Grimm
kommt er vor in KHM 60 *„Die zwei Brüder"* und „Von Johannes-Wassersprung und Caspar-Wassersprung" im Erstdruck der Kinder und Hausmärchen von 1812.

Der Erzähltyp AaTh 314 „Goldener" ist im gesamten europäischen Raum
in zahlreichen Varianten weit verbreitet (bei Grimm: KHM 136 „Der Eisenhans"), Märchen dieses Typs werden teilweise auch ,**Grindkopf**' genannt.

Zaubermärchen handeln von menschlichen Entwicklungen und Verwandlungen. Ihre Motive stammen aus einer Zeit weit vor dem Christentum, doch können sie auf christliches Gedankengut vorbereiten.
Die vorliegende Erzählung eignet sich besonders für den Gebrauch
im Religionsunterricht, da es sich dabei um das Betreten eines Tabu-
bereichs handelt („Initiationsmärchen"): einem Bereich der ,kulti-
schen Reinheit', verbunden mit dem Erwerb großer Kräfte. Dabei
ereignet sich eine Vergoldung des Haupthaares durch Wasser, was an

das Überschütten mit Wasser bei der Taufe erinnert (,Taufe' als Initiationsritus ist auch in nichtchristlichen Kulturen bekannt). Siehe hierzu: Kap. 7, Religionsunterricht.

Einleitende Worte und Vorlesen des Märchens:
siehe zweite Phase des Modells
Zeiteinheit: Zwei Unterrichtsstunden

Vor dem Lesen erklären: „Zaum" = Pferdehalfter; **„Grind"** = Ausschlag oder auch Schorfwunde; **„mit geneigtem Blick ansehen"** = Zuneigung zeigen; **„Wildbret"** = Speise
Wandtafel muß frei bleiben für die Nennungen der Schüler

✿ Es war einmal ein sehr armer Mann. Der hatte einen Sohn und wußte nicht, wie er ihn länger ernähren sollte. Er führte ihn eines Tages in einen dichten Wald, und als er mit dem Jungen das letzte Stückchen Brot gegessen hatte, schlief dieser ein. Da stand der Vater auf und ging nach Hause, denn er dachte: Wenn der Junge erwacht, wird er sich verirren und nicht mehr nach Hause finden. Und so geschah es auch. Als der Junge die Augen aufschlug und sah, daß sein Vater fort war, machte er sich auf und wollte nach Hause, aber er geriet immer tiefer in den Wald, und es wurde schon Abend. Er ging und lief voll Angst hin und her. Endlich sah er ein kleines Haus. Hier wollte er sich eine Unterkunft für die Nacht suchen. Als er eintrat, saß da an dem Tisch ein alter, blinder Mann und aß Suppe. Der Junge war so hungrig, daß er zu dem Tisch ging, einen Löffel nahm und mitaß. Der blinde Mann aber merkte es und fragte: „Wer ißt von meiner Hühnersuppe?" – „Ich bin's, lieber Großvater", rief der Junge, „denn ich habe sehr großen Hunger!" Da freute sich der Alte und sprach. „Ich habe lange auf dich gewartet, du sollst es gut haben bei mir." Nach dem Essen machte er ihm ein weiches Bett, und der Junge schlief so gut, als wäre er im Himmel. Am andern Morgen, als er aufgestanden war, sagte der Alte: „Nun sollst du meine Ziegen hüten." Dazu war der Junge willig und bereit, und als er abends nach Hause kam, aß er mit dem blinden Großvater Hühnersuppe, und sie schmeckte sehr gut. Nun hütete er 12 Jahre lang einen Tag wie den andern die Ziegen, und der Alte war mit ihm sehr zufrieden. Da gab er ihm eines Tages ein Schwert und sprach. „Damit kannst du alles gewinnen."

Als der Junge die Ziegen wieder auf die Weide trieb, mußte er sehr weit ziehen, denn sie hatten ringsumher alles abgefressen. Da kam er in einen Wald, in dem er noch nie gewesen war. Alle Bäume und Blätter waren hier von blinkendem Kupfer. Als er noch darüber staunte, fuhr der Kupferdrache herbei und rief: „Heda, du Menschenkind, willst du mit deinen Ziegen meinen Wald verätzen?" und er wollte ihn verschlingen. Aber der Junge nahm sein Schwert und hieb dem Drachen alle Häupter herunter. Darauf ging er in das Schloß des Drachen, und da war alles von Kupfer. Aber nichts Lebendes war zu sehen oder zu hören. An der Wand hing ein kupferner Zaum, den nahm er mit sich. Abends trieb er die Ziegen wieder heim, und an diesem Tag gaben sie viel mehr Milch als zuvor. Er erzählte dem Alten, wie er den Drachen erschlagen und sich einen kupfernen Zaum aus dem Schloß geholt hatte. „Und das ist das Beste aus dem Schloß", sprach der Alte, „denn wenn du den Zaum schüttelst, so erscheint gleich ein Heer Soldaten in kupferner Rüstung, so groß wie du es nur wünschest."

Am andern Tag trieb der Junge die Ziegen noch weiter hinaus. Da kam er in einen Wald, wo die Bäume und Blätter aus blankem Silber waren und das glänzte und glitzerte! Wie er dastand und sich verwunderte, kam der Silberdrache herbei und rief: „Heda, Menschenkind, willst du mit deinen Ziegen meinen Wald verätzen?" und wollte ihn verschlingen. Aber der Junge schwang sein Schwert und hieb ihm alle Häupter ab. Nun ging er in das Drachenschloß, da war alles von blankem Silber. Aber keine lebende Seele war drinnen. Er fand einen silbernen Zaum und den nahm er mit. Abends gaben die Ziegen dreimal so viel Milch als zuvor, und der Alte sprach: „Der Zaum ist das Beste von dem Schloß, damit bekommst du ein Heer von Soldaten in silberner Rüstung, so groß wie du es wünschest."

Am dritten Tag gelangte der Junge mit den Ziegen in einen Goldwald, wo alles von purem Golde war. Das war eine Herrlichkeit. Wie das glitzerte und glänzte! Wie er alles so ansah, kam der Golddrache, dem schlug er auch alle Häupter ab. Im Schloß des Drachen war alles von purem Gold und so schön, so schön! Aber nichts Lebendiges sah und hörte man. Den goldenen Zaum an der Wand nahm der Junge mit, und abends gaben die Ziegen neunmal so viel Milch, und der Alte sagte: „Und das ist das Beste, denn wenn du den Zaum schüttelst, erscheint ein ganzes Heer in goldener Rüstung."

Am folgenden Tag sprach der Alte: „Gib mir zurück das Schwert; es hat jetzt seinen Dienst getan und seine Kraft bewährt. Mit den drei Zäumen kannst du dir die jüngste und schönste von den Königstöchtern erwerben." Das war dem Jungen ganz recht und er rüstete sich zur Reise. Bevor er ging, führte ihn der Alte in einen dunklen Felsen hinein. Darin sprang ein Brunnen hoch auf. „Nun muß ich dein Haupt waschen", sprach der Alte. Und er benetzte die Haare des Jungen mit der springenden Flut. Als der Junge hinaus an die Sonne trat, so waren seine Haare von lauter Gold und glänzten, daß es eine Freude war. „Nun kannst du ziehen", sprach der Alte, „aber halte dein Haupt immer bedeckt, daß niemand deine Haare sieht."

Der Junge wanderte nun fort und kam bald in die Königsstadt. Dort versteckte er seine drei Zäume unter einem Baum. Dann ging er an den Königshof und fragte, ob der König keinen Diener brauche. Nun fehlte gerade ein Küchenjunge, und so wurde er in der Küche in den Dienst genommen. Doch machte er zur Bedingung, daß er seine Mütze nie abzunehmen brauche, denn er habe einen bösen Grind. Er zeigte sich aber so anstellig und geschickt, daß der Koch ihn gern hatte.

Der König hatte drei wunderschöne Töchter; von diesen war aber die jüngste am allerschönsten. Da trug es sich zu, daß sie einmal krank war. Während die anderen in der Kirche waren, schickte der Koch den Jungen hinauf in das Zimmer der kranken Königstochter, um ihr das Essen zu bringen. Da sah sie ihn genau an und sprach mit ihm, und als sie die Suppe gegessen hatte, die er ihr gebracht hatte, wurde ihr auf einmal so wohl, und sie war gesund.

Da kam die Zeit, da die drei Töchter des Königs sich verheiraten sollten. Um die jüngste drehten sich die meisten, sie aber sah keinen mit geneigtem Blick an. Ihre beiden Schwestern verheirateten sich bald, und da drängte und beschwor sie der Vater, sie solle auch heiraten. Als sie nicht mehr ausweichen konnte, sagte sie: „Den Küchenjungen will ich nehmen, aber nie und nimmer einen anderen." Als das der König hörte, erschrak er so sehr, daß ihm eine Zeitlang die Sprache verging. Dann aber fing er in seinem Zorn so heftig an zu wüten, daß er seine Tochter in einen Turm sperren ließ.

Nicht lange darauf war der König in einen Krieg verwickelt. Die beiden Schwiegersöhne mußten ihm auch helfen und mit in den Kampf ziehen. Der Küchenjunge bat den Koch, er möge ihm erlauben, in die Nähe des Kampfes zu gehen, daß er sehe, wie es im Krieg ist. Der Koch erlaubte es ihm, denn er hatte ihn sehr gern. Nun ging der Junge hin zu der Stelle, wo die Zäume waren. Er nahm den kupfernen hervor und schüttelte ihn. Da kam eine Menge Krieger hervor, so viele als Blätter sind im Wald, und alle glänzten in kupferner Rüstung. Und vor dem Jungen stand ein gesatteltes Roß mit der Rüstung für ihn. Die legte er gleich an, und im Hui ging es zum Kampf. Der König und seine Schwiegersöhne waren aber schon geschlagen worden und wandten sich zur Flucht. Da stellte der Junge den Kampf wieder her, und bald war der Feind besiegt. Nun aber eilte er mit seiner Schar davon, noch ehe der König ihm danken konnte. Er kam zu dem Baum geritten, legte den Zaum an seine Stelle, und das ganze Heer war sogleich verschwunden. Als der König und seine Leute heimkehrten, erzählten sie Wunder von dem Heer, das ihnen in der höchsten Not zu Hilfe geeilt, und von dessen Anführer; und es war ihnen nur leid, daß er dann sogleich verschwunden war.

Der König mußte aber bald wieder in den Krieg. Da zog der Küchenjunge abermals hin, nachdem er dem Koch gesagt hatte, er wolle aus der Ferne zusehen. Er ging aber zu der Stelle, wo die Zäume lagen und holte jetzt den silbernen hervor und schüttelte ihn. Da kamen Krieger hervor, unzählige, die Erde war schwer davon, und alle glänzten in silberner Rüstung; und vor dem Jungen stand ein gesatteltes Pferd mit der Rüstung für ihn. Die legte er an, und im Hui ging es zum Kampf. Schon war der König geschlagen worden und sein Heer zersprengt. Da kehrte der Junge die Fliehenden um, fing den Kampf von neuem an, und der Feind wurde niedergeschmettert. Der König wollte zu dem Jungen hinreiten, um ihm zu danken. Aber der war nach vollbrachter Tat mit seinen Scharen schon fort. Er legte den silbernen Zaum zurück, und sogleich war das Heer verschwunden. Als der König und seine Leute heimkehrten, erzählten sie wieder Wunder von den silbernen Scharen, und es war ihnen nur leid, daß sie nicht nachgeeilt waren, um den stattlichen Helden kennenzulernen.

Nach einiger Zeit erhob sich abermals der Feind, und das war der gewaltigste von allen. Der Junge nahm jetzt den goldenen Zaum hervor, schüttelte ihn, und alsbald drängten sich unzählige Krieger hervor und wimmelten wie Scharen von Heuschrecken, wenn sie sich niederlassen, und alle erglänzten in der goldenen Rüstung, und vor dem Jungen stand ein gesatteltes Roß mit der Rüstung für ihn. Die legte er an, und *jetzt ließ er auch sein goldenes Haar herabwallen,* und im Hui ging es zum Kampf. Der Feind wurde geschlagen und in alle Winde zersprengt. Der König wollte seinem Retter danken, aber bis er sich umsah, war der schon wieder mit all seinen Scharen fort. Nun ließ der König ein großes Fest veranstalten, weil jetzt alle seine Feinde besiegt waren. Es waren aber so viel Gäste, daß die Diener nicht ausreichten und auch der Küchenjunge in den Saal kommen und helfen mußte. Eben dachte der König an seine liebste Tochter im Turm, und sein Herz war in der Freude versöhnlich gestimmt. Er ließ ihr sagen, wenn sie sich jetzt entschließe, einen Fürsten zu heiraten, so wolle er sie wieder als sein liebes Kind aufnehmen. Aber wie sehr auch die Arme im Turm Not litt – schon ein Jahr hatte sie einsam gelebt und nur Wasser und Brot genossen –, sie blieb dem treu, den sie liebhatte, und sprach: „Nie und nimmer einen andern als den Küchenjungen." Da fuhr der König in großem Zorn auf, und gerade jetzt trat der Küchenjunge mit einer Schüssel Wildbret zum König und hatte die Mütze auf. „Du Unverschämter wagst es, so vor mir zu erscheinen", damit erhob der König seine Hand und schlug ihm die Mütze vom Haupt, daß sie weithin in eine Ecke flog. Der Junge aber stand auf einmal da in aller Herrlichkeit, und die Goldflocken fielen ihm um das Haupt, und er glänzte wie die Sonne. Da erkannte der König gleich seinen Retter. Er fiel vor ihm nieder und sprach: „Verzeihung!" Der Junge hob ihn auf, und nun wurde die jüngste Königstochter mit Jubel aus dem dunklen Turm in den Festsaal gebracht, das Siegesfest wurde zum Hochzeitsfest, und es war große Freude.

Nach der Hochzeit zog der Junge mit der schönen Königstochter in den goldenen Wald und nahm Besitz vom goldenen Schloß. Den kupfernen und silbernen Wald mit dem kupfernen und silbernen Schloß schenkte er seinen Schwägern. Den alten blinden Mann aber suchte er vergebens, der war samt dem kleinen Haus verschwunden.

Grundmotive von AaTh 314 „Goldener"
Siebenbürgische Variante: „Goldhaar"

Die formelhaften Abläufe dieses Märchens werden bildlich rezipiert s. dritte Phase des Modells. Dabei sollen die folgenden Grundmotive (nach Motivkatalog Stiht Thompson) von den Schülern gefunden werden. Fehlt ein wichtiges Grundmotiv bis zuletzt, wird es vom Lehrer noch genannt und angefügt.

Die von den Schülern genannten Bilder werden in der Reihenfolge ihrer spontanen Nennung und in ihrer eigenen bildhaften Formulierung vom Lehrer an die Tafel geschrieben und dabei unauffällig in die drei Sequenzen von Ablösung, Umwandlung und Angliederung gebracht. Erst am Ende der ersten Stunde wird gemeinsam die Reihenfolge des äußeren Erzählablaufs wieder hergestellt, wobei dann die dreifache Gliederung des rituellen Übergangs erkennbar wird.

Im folgenden Modell sind die Grundmotive nur in der Reihenfolge des Erzählablaufs angegeben.

Linke Tafelfläche (erste Sequenz: Ablösung von zu Hause)	Mittlere Tafelfläche (zweite Sequenz: Wandlung)	Rechte Tafelfläche (dritte Sequenz: Angliederung an die Erwachsenenwelt)
Aussetzung im Wald (Motiv S143)	Metallwälder (Mot. F130)	Verstecken des Haupthaars (Mot. K1818.2)
„Waldlehrer" (Mot. F567; Mot.F441.3)	Mehrköpfiger Drache (Mot. B11.2.3.1)	Niedere Dienste (Mot. K1816.0.3)
Zauberschwert (Mot. D1081)	Drachenkampf (Mot. B11.11.1)	Prinzessin will den niedrigen Diener (Mot. T55.1)
	Zauberischer Gegenstand (Pferdezaum) aus dem	Jungfrau im Turm (Mot. T381)
	Drachenschloß (Mot. F166.4)	Zauberische Reiterscharen (Mot. B184.1)
	Vergoldung des Haupthaars (Mot. C912)	Unbekannter Ritter (Mot. R222)
		Der Held wird an seinem goldenen Haar erkannt (Mot. H75.4)
		Heirat, sie werden König und Königin (Mot. L161)

Anregungen zu den Bildern von Entwicklung und Verwandlung in dem Zaubermärchen „Goldhaar" (Aufgabenstellungen s. vierte Phase des Modells)

1. Der Junge wird vom Vater wegen Nahrungsmangels ausgesetzt: Dieser unfreiwillige Aufbruch von zu Hause stellt bildlich auch eine Loslösung von der Kindheit dar. Durch die Fürsorge eines fremden Helfers (stärkende Speise, Zauberschwert) beginnt der Junge nun ein neues Leben.

2. Durch **Isolation, Dienst** beim jenseitigen Helfer (= Initiationshelfer) und „Lehrjahre" gewinnt der Junge große Kräfte. Er dringt ein in einen **tabuierten Bereich im Jenseits** (Metallwälder): Begegnung mit dem **Tod.** Kampf (Tötung der drei dämonischen Drachen mit dem magischen Schwert; Zuwachsen neuer Kräfte (Pferdezäume). Abschluß der „Lehre" durch **Kennzeichnung des Körpers:** Vergoldung des Haupthaares durch die Berührung mit (Lebens-)Wasser. Rückkehr in die Welt.

3. **Verhüllung** des vergoldeten Haupthaars (Grindkopf) und **niedriger Dienst** beim König. Begegnung mit der Königstochter: **Heimliches Erkennen des goldenen Haares durch die zukünftige Braut. Schwere Aufgaben als soziale Prüfungen:** Dreimaliger Sieg über den Feind mit dreimaligem **Rückzug in die „Niedrigkeit"** (als Küchenjunge). **Erkennung des Helden:** Entdecken seiner strahlenden Identität (Goldhaar) durch den König. Heirat mit der Königstochter. **Inbesitznahme des entzauberten Königreiches** (Schloß im Goldwald).

Entwicklungspsychologische Hinweise

Die ‚Goldener'-Märchen sind typische Pubertätsmärchen. Gezeigt wird die Trennung vom bisherigen Leben in der Kindheit, dann die Begegnung mit dem **Tod** in einem **symbolischen Kampf.** Der dämonische Drache ist ein vielschichtiges Symbol, er kann, psychologisch gesehen, sehr verschiedene Aspekte darstellen: negatives Vaterbild/ Mutterbild, repressive Figur, Bewacher der Wunschpartnerin, Hemmnis der sexuellen Kräfte, aber auch deren Förderung und Entfaltung. Das Kernstück dieses Märchens ist die **Veränderung des Körpers** (Vergoldung) im Sinne einer neuen Identität. Der Begriff der

‚Identität' geht auf den Entwicklungspsychologen Erik Erikson zurück (Erikson, 1959), er definiert sie als Antwort auf die Frage „Wer bin ich?". Die spielerische Selbstfindung im wiederholten Austausch der beiden **Pesönlichkeitsaspekte** ‚Goldener' einerseits und ‚Grindkopf' andererseits entspricht dem Verständnis von sich selbst im jugendlichen Alter: „Wie ich bin", „wie ich sein möchte", „wie die anderen mich sehen". Die Qualität ‚Grindkopf' entspricht der **gegenwärtigen Sicht** von sich selbst, die Qualität ‚Goldener' der **zukünftigen Sicht**, – beides gehört zur jugendlichen Selbstfindung zusammen. Hinter der Demut von ‚Grindkopf' steht die Überlegenheit von ‚Goldener', das Märchen hilft, beide Aspekte zu erkennen und miteinander zu verbinden. Die Märchen können uns um so mehr geben, je mehr wir ihre Bilder zu einem Teil von uns selbst machen.

Religionspädagogische Hinweise

Die **Initiationsriten** der Märchen vom Typ „Goldener" erinnern an die christliche Taufe insoweit, als sie eine Verwandlung durch gesegnetes Wasser (im Märchen Wunder-Wasser) bildlich darstellen. Im Märchen stellt diese Verwandlung den Höhepunkt eines weitgehend intakt überlieferten, archaischen **Pubertätsritus** dar.

Auch im christlichen Sakrament der **Firmung und Konfirmation** geht es um eine **Identitätsfindung** während der **Pubertätszeit** mit den Gaben des Hl. Geistes und, im weiteren Sinne, um die Integration jugendlicher Sexualität im menschlichen Lebenslauf. Aber in der Firmung und Konfirmation soll kein biologischer Übergang mehr bestätigt werden wie im archaischen Pubertätsritus, sondern der Übergang zum ewigen Leben. Doch erscheinen die *äußeren* Abläufe ähnlich wie bei archaischen Initiationsriten, vor allem was den Ablauf der **Taufe** betrifft, auf der auch Firmung und Konfirmation beruhen. **Siehe dazu ausführlich im Kapitel 7: Religionsunterricht im fächerverbindenden Unterricht.**

„Initiationsmärchen" wie z.B. ‚Goldhaar' sind geeignet, initiatorischen Abläufe einzuüben, um sie dann mit den abendländisch christlichen Riten (Taufe, Firmung, Konfirmation) auf einer anderen, religiösen Stufe mit geistlichem Leben zu erfüllen.

In der Kombination mit einem weiteren Märchen folgt als zweites das kleine Zaubermärchen „Dümmling" (Grimm).

„Dümmling", AaTh 402 „Maus, Katze, Kröte als Braut" (in der Zuordnung zu KHM 63)

Deutsches Zaubermärchen aus: Heinz Rölleke Hsg.: Die älteste Märchensammlung der Brüder Grimm, Synopse der handschriftl. Urfassung von 1810 und der Erstdrucke von 1812, Fondation Martin Bodmer, Cologny-Genève 1975,82,Nr. 13.

Herkunft und Verbreitung: Die Herkunft des Märchens ist nicht ganz gewiß, es wurde den Brüdern Grimm wahrscheinlich durch die Familie Wild in Kassel mitgeteilt; aufgezeichnet wurde es mit der Bemerkung „mündlich" von Wilhelm Grimm noch vor 1810, von Jacob Grimm mit einer Überschrift versehen. Das Märchen ist von den Grimms nie bearbeitet worden und nur in den Anmerkungen zur Estausgabe von 1812 veröffentlicht.

Durch die Nachforschungen von Heinz Rölleke kam die Handschrift der Brüder Grimm 1975 wieder ans Licht mit der Veröffentlichung der sog. Ölenberger Handschrift aus dem Nachlaß von Clemens Brentano.

Dummheit ist im Zaubermärchen nicht als Schwäche zu verstehen, sondern als Stärke, denn der Dummling erweist sich im Verlauf der Handlung immer als der Überlegene und als der Erfolgreichste: er hat als einziger den Zugang zur jenseitigen Welt. Die Gestalt des Dummlings gehört zu den am weitest verbreiteten Märchenfiguren.

Der Erzähltyp: Von den Brüdern Grimm wurden die Varianten dieser kleinen Erzählung ihrem Märchen „Die drei Federn" KHM 63 zugeordnet.

Einleitende Worte und Vorlesen:
s. zweite Phase des Modells
Zeiteinheit: mindestens eine Unterrichtsstunde

Zur Behandlung des Märchens im Religionsunterricht siehe ausführlich in Kapitel 1, wo die Struktur der Erzählung mit dem Ablauf eines Übergangsritus (hier: Taufe) in Verbindung gebracht ist; ebenso in Kapitel 7 im Abschnitt: Religionsunterricht.

✿ Es war einmal ein Hans, der war so unerhört dumm, daß ihn sein Vater in die weite Welt jagte. Er rennt vor sich hin, bis er ans Meeresufer kommt, da setzt er sich hin und hungert. Da kommt eine häßliche Kröte auf ihn zu und quakt: Umschling mich und versenk dich! So kommt sie zweimal, er weigert sich. Wie sie aber zum dritten Mal kommt, folgt er ihr. Er sinkt unter und kommt in ein schönes Schloß unter dem Meer. Hier dient er der Kröte. Endlich heißt sie ihn mit ihr zu ringen, und er ringt, und die häßliche Kröte wird zu einem schönen Mädchen, und das Schloß mit all seinen Gärten steht auf der Erde. Hans wird gescheit, geht zu seinem Vater und erbt sein Reich.

KOMBINATION
MIT MUSIKALISCH GEFÜHRTER
BEWEGUNG
(4)

„Die drei Federn"
Grimm KHM 63

„Die drei Federn" KHM 63, AaTh 402 „Maus, Katze oder Kröte als Braut"

Deutsches Zaubermärchen aus: Brüder Grimm, Kinder- und Hausmärchen, Ausgabe letzter Hand mit den Originalanmerkungen der Brüder Grimm, mit Anhang und Herkunftsnachweisen hsg. v. Heinz Rölleke, Philipp Reclam Jun. Stuttgart 1989,Bd1,343,Nr. 63. Für den Gebrauch im Schulunterricht wurden folgende Wendungen ausgelassen: „... *nahmen dem ersten besten Schäfersweib die groben Tücher vom Leib ; ... die ersten besten Bauernweiber mitgenommen; ... die Bauernweiber ... ihre groben Arme und Beine entzweibrachen.* "

Herkunft und Verbreitung: Das Märchen wurde den Brüdern Grimm von Dorothea Viehmann aus Zwehrn erzählt und ab der zweiten Auflage 1819 in die Kinder- und Hausmärchen aufgenommen. Die Vorstellung von kleinen Tieren als verzauberten Menschenbräuten ist im Zaubermärchen weit verbreitet, besonders in Westeuropa.

Zur Symbolik: Federnaufblasen als Richtungsweisung ist ein alter Brauch; **Teppich** (Gewebe) und **Ring** sind Urbilder, die im Zaubermärchen sehr häufig auftauchen, besonders als Fähigkeitsnachweis (Aussteuer) bei einer Heiratsprobe. **Kröte oder Frosch** stehen seit frühesten Zeiten im Zusammenhang mit der Symbolik der Fruchtbarkeit und spielen vor allem in den Märchen von der „verzauberten Gestalt" eine Rolle.

Dummheit ist im Zaubermärchen nicht als Schwäche zu verstehen, sondern als Stärke, denn der Dummling erweist sich im Verlauf der Handlung immer als der Überlegene und als der Erfolgreichste; er hat als einziger den Zugang zur jenseitigen Welt. Die **Gestalt des Dummlings** gehört zu den am weitest verbreiteten Märchenfiguren.

Der Erzähltyp AaTh 402 „Tierbraut", zu dem das vorliegende Märchen gehört, ist Teil des Bereichs „Übernatürliche Braut", (AaTh 400–424); s. hierzu auch das Märchen „Die Schwanenfrau".

Zeiteinheit: Zwei Unterrichtsstunden
davon die zweite Stunde: Musik und Bewegung

In der vorliegenden Kombination für den fächerverbindenden Unterricht wird die Symbolik des Märchens (betr. vor allem den Anfang und das Ende der Erzählung) in der zweiten Unterrichtsstunde im *Musikunterricht* mit musikalisch geführter Bewegung aufgenommen und weitergeführt (s. dazu Kap. „Musikunterricht im fächerverbindenden Unterrricht"). Dabei wird besonders die Symbolik der Dreizahl aufgenommen, ebenso das Ins-Dunkle-Gehen (ins Erdinnere) des Dummlings und die Brautprobe (Geschicklichkeits-/Gleichgewichtsprobe) mit dem freischwebenden Ring.

Einleitende Worte und Vorlesen des Märchens:
siehe zweite Phase des Modells

Vor dem Lesen erklären: Itsche = mundartliche Bezeichnung für Kröte; die Vorstellung von **Dummheit** im Zaubermärchen s. o.
Wandtafel muß frei bleiben für die Nennungen der Schüler

❧ Es war einmal ein König, der hatte **drei** Söhne, davon waren **zwei** klug und gescheit, aber der **dritte,** – der sprach nicht viel, war einfältig und hieß nur der **Dummling.** Als der König alt und schwach ward und an sein Ende dachte, wußte er nicht, welcher von seinen Söhnen nach ihm das Reich erben sollte. Da sprach er zu ihnen: „Zieht aus, und wer mir den feinsten Teppich bringt, der soll nach meinem Tod König sein." Und damit es keinen Streit unter ihnen gab, führte er sie vor sein Schloß, blies drei Federn in die Luft und sprach: „Wie die fliegen, so sollt ihr ziehen." Die eine Feder flog nach Osten, die andere nach Westen, die dritte flog aber geradeaus und flog nicht weit, sondern fiel bald zur Erde. Nun ging der eine Bruder rechts, der andere ging links, und sie lachten den Dummling aus, der bei der dritten Feder da, wo sie niedergefallen war, bleiben mußte.

Der Dummling setzte sich nieder und war traurig. Da bemerkte er auf einmal, daß neben der Feder eine Falltüre lag. Er hob sie in die Höhe, fand eine Treppe und **stieg hinab.** Da kam er vor eine andere Türe, klopfte an und hörte, wie es **inwendig** rief:

„Jungfer grün und klein
Hutzelbein
Hutzelbeins Hündchen
Hutzel hin und her
laß geschwind sehen, wer draußen wär."

Die Türe tat sich auf, und er sah eine große, dicke Itsche sitzen und rings um sie eine Menge kleiner Itschen. Die dicke Itsche fragte, was sein Begehren wäre. Er antwortete: „Ich hätte gerne den schönsten und feinsten Teppich." Da rief sie eine junge und sprach:

„Jungfer grün und klein
Hutzelbein
Hutzelbeins Hündchen
Hutzel hin und her
bring mir die große Schachtel her."

Die junge Itsche holte die Schachtel, und die dicke Itsche machte sie auf und gab dem Dummling einen Teppich daraus, so schön und so fein, wie oben auf der Erde keiner konnte gewebt werden. Da dankte er ihr und stieg wieder hinauf.

Die beiden andern hatten aber ihren jüngeren Bruder für so albern gehalten, daß sie glaubten, er würde gar nichts finden und aufbringen. „Was sollen wir uns mit Suchen groß Mühe geben", sprachen sie, nahmen die ersten besten groben Tücher mit und trugen sie dem König heim. Zu derselben Zeit kam auch der Dummling zurück und brachte seinen schönen Teppich, und als der König den sah, erstaunte er und sprach: „Wenn es dem Recht nach gehen soll, so gehört dem jüngsten das Königreich." Aber die zwei anderen ließen dem Vater keine Ruhe und sprachen, unmöglich könnte der Dummling, dem es in allen Dingen an Verstand fehlte, König werden, und baten ihn, er möchte eine neue Bedingung machen. Da sagte der Vater: „Der soll das Reich erben, der mir den schönsten Ring bringt", führte die drei Brüder hinaus und blies drei Federn in die Luft, denen sie nachgehen sollten. Die zwei ältesten zogen wieder nach Osten und Westen, und für den Dummling flog die Feder geradeaus und fiel neben der Erdtüre nieder. Da stieg er wieder hinab zu der dicken Itsche und sagte ihr, daß er den schönsten Ring brauchte. Sie ließ sich gleich ihre große Schachtel holen und gab ihm daraus einen Ring, der glänzte von Edelsteinen und war so schön, daß ihn kein Goldschmied auf der Erde hätte machen können. Die zwei ältesten lachten über den Dummling, der einen goldenen Ring suchen wollte, gaben sich gar keine Mühe, sondern schlugen einem alten Wagenring die Nägel aus und brachten ihn dem König. Als aber der Dummling seinen goldenen Ring vorzeigte, so sprach der Vater abermals: „Ihm gehört das Reich." Die zwei ältesten ließen nicht ab, den König zu quälen, bis er noch eine dritte Bedingung machte und den Ausspruch tat, der sollte das Reich haben, der die schönste Frau heimbrächte. Die drei Federn blies er nochmals in die Luft, und sie flogen wie die vorigen Male.

Da ging der Dummling ohne weiteres hinab zu der dicken Itsche und sprach: „Ich soll die schönste Frau heimbringen." – „Ei", antwortete die Itsche, „die schönste Frau! Die ist nicht gleich zur Hand, aber du sollst sie doch haben." Sie gab ihm eine ausgehöhlte gelbe Rübe, mit sechs Mäuschen bespannt. Da sprach der Dummling ganz traurig: „Was soll ich damit anfangen?" Die Itsche antwortete: „Setze nur eine von meinen kleinen Itschen hinein." Da griff er auf Geratewohl eine aus dem Kreis und setzte sie in die gelbe Kutsche, aber kaum saß sie darin, so ward sie zu einem wunderschönen Fräulein, die Rübe zur Kutsche und die sechs Mäuschen zu Pferden. Da küßte er sie, jagte mit den Pferden davon und brachte sie zu dem König. Seine Brüder kamen nach, die hatten sich gar keine Mühe gegeben, eine schöne Frau zu suchen, sondern die ersten besten Frauen mitgenommen. Als der König sie erblickte, sprach er: „Dem jüngsten gehört das Reich nach meinem Tod." Aber die zwei ältesten betäubten die Ohren des Königs aufs neue mit ihrem Geschrei: „Wir können's nicht zugeben, daß der Dummling König wird", und verlangten, der sollte den Vorzug haben, dessen Frau durch einen **Ring** springen könnte, der da mitten in dem Saal hing. Sie dachten: „Unsere Frauen können das wohl, die sind stark genug, aber das zarte Fräulein springt sich tot." Der alte König gab auch das noch zu. Da sprangen die zwei Frauen, sprangen auch durch den Ring, waren aber so plump, daß sie fielen. Darauf sprang das schöne Fräulein, das der Dummling mitgebracht hatte, und sprang so leicht hindurch wie ein Reh, und aller Widerspruch mußte aufhören. Also erhielt er die Krone und hat lange in Weisheit geherrscht.

Grundmotive von AaTh 402 „Kröte als Braut"
Deutsche Variante: „Die drei Federn" (KHM 63)

Die formelhaften Abläufe dieses Märchens werden bildlich rezipiert, dabei sollen die typischen Grundmotive (s. Motivkatalog Stith Thompson) von den Schülern gefunden werden. Fehlt ein wichtiges Grundmotiv bis zuletzt, wird es vom Lehrer noch genannt und angefügt.

Die von den Schülern genannten Bilder werden in der Reihenfolge ihrer spontanen Nennung und in ihrer eigenen bildhaften Formulierung vom Lehrer an die Tafel geschrieben und dabei unauffällig in die drei Sequenzen von Ablösung, Umwandlung und Angliederung gebracht. Erst am Ende der ersten Stunde wird gemeinsam die Reihenfolge des äußeren Erzählablaufs wieder hergestellt, wobei dann die dreifache Gliederung des rituellen Übergangs erkennbar wird. Im folgenden Modell sind die Grundmotive *nur* in der Reihenfolge des Erzählablaufs angegeben.

Linke Tafelfläche (erste Sequenz: Ablösung von zu Hause)

Jüngster Bruder als ‚Dummling' (Motiv J1700)

Suche als Prüfung wird vom Vater bestimmt (Mot. H1210.1)

Suche nach dem feinsten Teppich (Mot. 1306))

Mittlere Tafelfläche (zweite Sequenz: Wandlung)

Tür zur unteren Welt (Mot. F91)

Helfende und schenkende Kröten (Mot. B493.2)

Jüngster Bruder ist allein erfolgreich auf der Suche (Mot. H1242)

Neidische Brüder stacheln auf zur weiteren Suche (Mot. H912)

Suche nach dem schönsten Ring (Mot. H1303)

Suche nach der schönsten Braut (Mot. H1301.1)

Helfendes Tier als verzauberte Gestalt (Mot. B313)

Rechte Tafelfläche (dritte Sequenz: Entzauberung, Angliederung an die Ewachsenenwelt)

Entzauberung durch liebevolle Behandlung (Mot. D7351)

Scheinbar unlösbare Aufgabenstellung für die Braut (Mot.H360)

Hochzeit mit der schönsten Braut, sie werden König und Königin (Mot. L161)

Mädchen, 13 Jahre, „Dümmling"

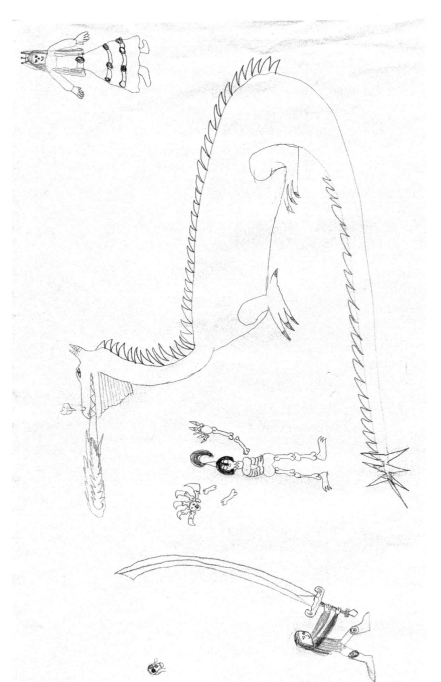

Junge, 12 Jahre, „Die Königstochter in der Flammenburg"

Mädchen, 14 Jahre, „Die Schwanenfrau"

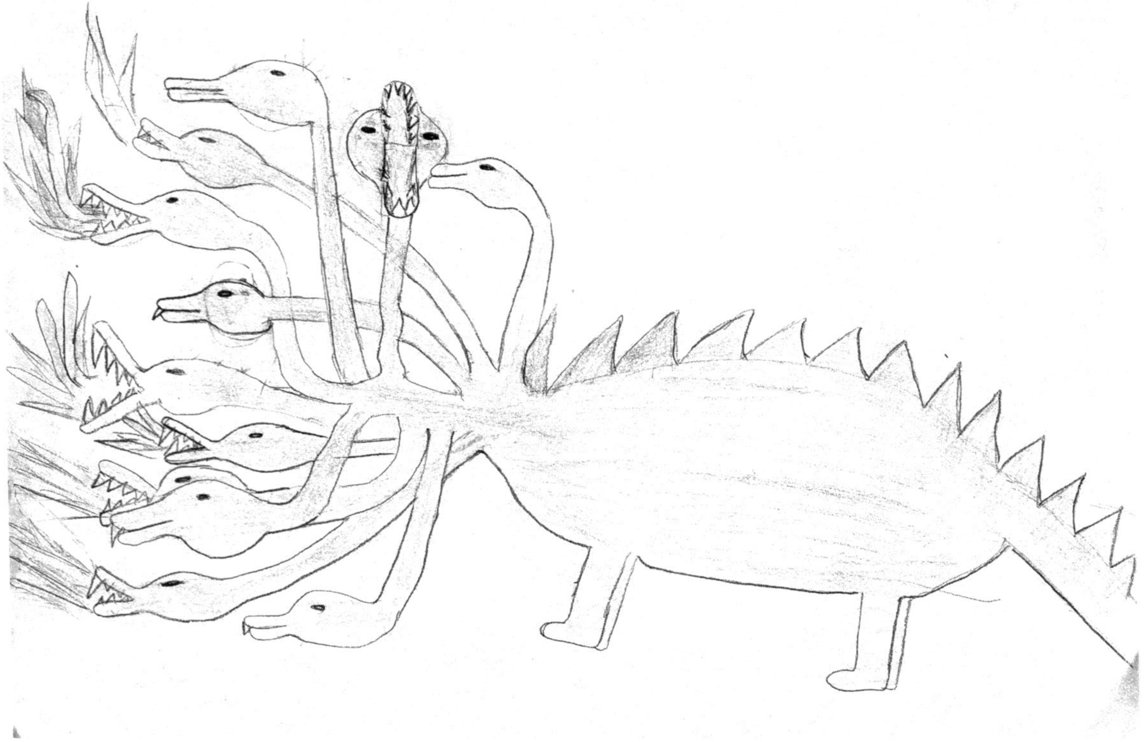

12 Jahre, „Die Königstochter in der Flammenburg“

2. Texte zum Erzählen für die Klasssen 1–10 (auch für die Grundschule)

Die hier vorgeschlagenen Zaubermärchen sind ausgesuchte, erprobte Texte zum möglichst textgetreuen Erzählen von Kindern und Jugendlichen (s. Kap. 8).

Die Auswahl der Märchentexte richtet sich nach den Fähigkeiten der jugendlichen Erzählerinnen und Erzähler, doch sollten jüngere Kinder nicht mit zu langen Texten konfrontiert werden.

Aus dem vorangehenden Textteil sind zum Erzählen gut geeignet:

„Die drei Federn" (Grimm KHM 63)

„Die goldene Ente" (Grimm 1812,I)

„Die Königstochter in der Flammenburg" (siebenbürgisches Märchen)

„Die Puppe im Gras" (norwegisches Märchen)

„Die sieben Raben" (Grimm KHM 25)

„Die Wassernixe" (Grimm KHM 79)

„Die weiße Taube" (Grimm 1812,I)

„Dummling" (Grimm Hs. 1810)

„Hans Dumm" (Grimm 1812,I)

„Prinz Schwan" (Grimm 1812,I)

„Prinzessin Mäusehaut" (Grimm 1812,I)

„Von Johannes-Wassersprung und Caspar-Wassersprung" (Grimm KHM 1812,I)

Die folgenden Märchen sind besonders für jüngere Kinder geeignet.

Ich erzähle euch ein <u>Rätselmärchen</u> der Brüder Grimm.

Drei Frauen waren verwandelt in Blumen, die auf dem Feld standen. Doch eine von ihnen durfte nachts in ihrem Hause sein. Da sprach sie einmal zu ihrem Mann, als der Tag kam und sie wieder zu ihren Gespielen auf das Feld gehen und eine Blume werden mußte: „Wenn du heute vormittag kommst und mich pflückst, so werde ich erlöst und von nun an bei dir bleiben." Und so geschah es auch.

Nun ist die Frage, wie sie ihr Mann erkannt hat, wo doch die Blumen alle ganz gleich waren.

Antwort: Weil sie die Nacht in ihrem Haus und nicht auf dem Feld war, fiel der Tau nicht auf sie wie auf die andern zwei. Daran hat sie der Mann erkannt.

(Anmerkung: Dieses Märchen kann von jüngeren Kindern mit verteilten Rollen gesprochen werden: Frage–Antwort)

Aus: Brüder Grimm, Kinder-und Hausmärchen, Ausgabe letzter Hand mit den Originalanmerkungen der Brüder Grimm, Philipp Reclam Jun. Stuttgart, Jubiläumsausgabe 1982, KHM 160 „Rätselmärchen".

Ich will euch etwas erzählen!

Ich sah zwei gebratene Hühner fliegen, flogen schnell und hatten die Bäuche gen Himmel gekehrt, die Rücken nach der Hölle. Und ein Amboß und ein Mühlstein schwammen über den Rhein, fein langsam und leise. Und ein Frosch saß und fraß eine Pflugschar zu Pfingsten auf dem Eis. Da waren drei Kerle, wollten einen Hasen fangen, gingen auf Krücken und Stelzen. Der eine war taub, der zweite blind, der dritte stumm, und der vierte konnte keinen Fuß rühren. Wollt ihr wissen, wie das geschah? Der Blinde, der sah zuerst den Hasen über Feld traben, der Stumme, der rief dem Lahmen zu, und der Lahme faßte ihn beim Kragen. Etliche, die wollten zu Land segeln und spannten die Segel im Wind und schifften über große Äcker hin; da segelten sie über einen hohen Berg, da mußten sie elendig ersaufen. Ein Krebs jagte einen Hasen in die Flucht, und hoch auf dem Dach lag eine Kuh, die war hinaufgestiegen. In dem Lande sind die Fliegen so groß als hier die Ziegen. Mache das Fenster auf, damit die Lügen hinausfliegen!

Das Lügenmärchen, das ich euch erzählt habe, stammt aus der Märchensammlung der Brüder Grimm. Es heißt: „Das Diethmarsische Lügenmärchen".

Aus: Brüder Grimm, Kinder-und Hausmärchen, Ausgabe letzter Hand mit den Originalanmerkungen der Brüder Grimm, Philipp Reclam Jun. Stuttgart, Jubiläumsausgabe 1982, KHM 159 „Das Diethmarsische Lügenmärchen".

Der Mond sprach einmal zu seiner Mutter, sie möchte ihm doch ein warmes Kleid machen, weil die Nächte so kalt wären. Sie nahm ihm das Maß, und er lief davon. Wie er aber nach einer Weile wiederkam, so war er so groß geworden, daß das Röcklein nirgends passen wollte. Die Mutter fing daher an, die Nähte zu trennen, um es auszulassen, allein da dies dem Mond zu lange dauerte, so ging er wieder fort seines Weges. Die Mutter nähte emsig am Kleid und saß manche Nacht auf beim Sternenschein.

Als nun der Mond zurückkam und viel gelaufen war, so hatte er sehr abgenommen, war dünn und bleich geworden, daher ihm das Kleid viel zu weit war, und die Ärmel schlotterten bis auf die Knie. Da wurde die Mutter gar sehr verdrossen, daß er ihr solche Possen spiele und verbot ihm, je wieder in ihr Haus zu kommen.

Deswegen muß nun der arme Schelm nackt und bloß am Himmel laufen, – bis jemand kommt, der ihm ein Röcklein tut kaufen.

Das Märchen, das ich euch erzählt habe, stammt aus der Märchensammlung der Brüder Grimm, es heißt: „Der Mond und seine Mutter".

Aus: Heinz Rölleke Hsg.: Die älteste Märchensammlung der Brüder Grimm, Synopse der handschriftlichen Urfassung von 1810 und der Erstdrucke von 1812, Fondation Martin Bodmer, Cologny-Genève 1975,206 „Der Mond und seine Mutter".

Ich erzähle euch das kürzeste Märchen der Brüder Grimm.
Es geht so:

Hühnchen findet ein Schlüsselchen im Mist, und Hähnchen findet ein Kästchen. Es wird aufgeschlossen, und es liegt darin ein kleines, kurzes, rotseidenes Pelzchen.

Wäre das Pelzchen länger gewesen, so wäre auch das Märchen länger geworden.

(Anmerkung: Der Text kann auch von zwei oder drei jungen Kindern, die als Hühnchen und Hähnchen verkleidet sind, abwechselnd gesprochen werden.)

Aus: Heinz Rölleke Hsg.: Brüder Grimm, Kinder- und Hausmärchen, Ausgabe letzter Hand mit den Originalanmerkungen der Brüder Grimm, Philipp Reclam Jun. Stuttgart, Jubiläumsausgabe 1982 (Anmerkung zu: „Der goldene Schlüssel" KHM 200)

Ich erzähle euch ein sächsisches Volksmärchen aus Siebenbürgen:

Einmal kam eine große, große Büffelkuh an ein kleines Bächlein, um zu trinken. Sie hatte einen unersättlichen Durst und soff ohne Aufhören.

In dem Bächlein aber wohnte ein kleinwinziges Fischlein, das war immer sehr lustig, hüpfte und sprang umher und spielte mit den glitzerigen Steinchen. Es fürchtete nun, die Büffelkuh werde ihm das Wasser alles aussaufen und rief ihr zu: „Warum säufst du so viel? Soll ich hier auf trockenem Sand bleiben und umkommen? Höre auf! Nicht daß ich über dich komme!"

Aber die Büffelkuh spottete und brummte: „Boaah! Du kleiner Schnips, ich werde mich gleich vor dir fürchten! Sorge, daß ich dich nicht verschlinge!" Und soff fort und fort, bis kein Wasser mehr im Bächlein war.

Da ward das Fischlein sehr, sehr zornig, sprang heraus und verschlang mit einemmal das ganze große Tier!

Nicht wahr, es geschah der Büffelkuh recht? Warum hat sie dem armen Fischlein auch alles Wasser gesoffen und hat es dazu noch verspottet!

Aus: Josef Haltrich, Sächsische Volksmärchen aus Siebenbürgen. Hsg. Hanni Markel, Kriterion Verlag Bukarest 1974, Nr. 76 „Die Büffelkuh und das Fischlein".

Ich erzähle euch ein Schwankmärchen aus Rußland:

Der Großvater säte eine Rübe. Dann ging er die Rübe ernten, packte sie am Kraut, zog und zog, konnte sie aber nicht herausziehen! Der Großvater rief die Großmutter. Die Großmutter zog an dem Großvater, der Großvater an der Rübe, sie zogen und zogen und konnten sie nicht herausziehen!

Da kam die Enkelin. Die Enkelin zog an der Großmutter, die Großmutter an dem Großvater, der Großvater an der Rübe, sie zogen und zogen und konnten sie nicht herausziehen!

Da kam der Hund. Der Hund zog an der Enkelin, die Enkelin an der Großmutter, die Großmutter an dem Großvater, der Großvater an der Rübe, sie zogen und zogen und konnten sie nicht herausziehen!

Schließlich kamen fünf Beine gegangen. Die fünf Beine zogen an dem Hund, der Hund an der Enkelin, die Enkelin an der Großmutter, die Großmutter an dem Großvater, der Großvater an der Rübe, sie zogen und zogen!

Und haben die Rübe herausgezogen!

Aus: Alexander N. Afanasjew: Russische Volksmärchen, Winkler Verlag München 1985, I, 90 „Die Rübe" (Der Text wurde für die jüngeren Kinder am Schluß leicht gekürzt).

Ich erzähle euch ein kleines Märchen aus Rußland.

Ein Zigeuner ging einmal des Wegs und begegnete
der Sonne,
dem Frost
und dem Wind.
Als er an ihnen vorüberging, sagte er: „Gelobet."
„Wen lobt er?" fragten die drei. Die Sonne meinte: „Mich, damit
ich ihn nicht versenge."
„Nein, mich und nicht dich," sagte der Frost, „denn vor dir fürchtet er sich weniger als vor mir."
„Alles nicht wahr," sagte schließlich der Wind, „dieser Mann lobt
nicht euch, sondern mich."
Und sie begannen zu streiten, zu schimpfen und fuhren einander
beinahe in die Haare.
„Dann laßt uns ihn fragen, wen er lobt, mich oder euch!" rief jeder
von ihnen.
Die drei holten den Zigeuner ein und fragten ihn. Da sagte der
Mann: „Den Wind."
„Seht ihr, hab ich es doch gesagt, – mich!" sprach der Wind.
„Warte, Zigeuner! Ich werde dich braten, bis du rot bist wie ein
Krebs", sagte die Sonne, „du sollst noch an mich denken."
Darauf sagte der Wind: „Hab keine Angst, sie wird dich schon
nicht braten. Ich werde wehen und dich kühlen!"
„Und ich werde dich zu einem Eiszapfen machen", sagte der Frost.
„Fürchte dich nicht, Freund, dann werde ich nicht wehen, und er
wird dir nichts anhaben können, denn ohne Wind kann er dich nicht
zu einem Eiszapfen machen."
Der Zigeuner aber ging ruhig seines Weges weiter.

Aus: Alexander N. Afanasjew: Russische Volksmärchen, Winkler Verlag
Mürchen 1985, I, 92 „Der Frost, die Sonne und der Wind". Dieses Märchen wird in anderen Varianten auch als ‚Zigeunermärchen‘ überliefert.

Es war einmal ein Jäger, der ging in den Wald. Er verirrte sich und gelangte an einen mächtigen See. Aus dem See kam ein großer Drache, der sprach zu dem Mann: „Schieß mich nicht!" Da schrie der Mann: „Warum soll ich dich nicht schießen, du frißt mich ja auf!" – „Das tu ich nicht, laß mich zu dir. Sieh, hinter mir her kommt ein anderer Drache, der will mich fressen; den schieß und ziel nach dem weißen Fleck auf seiner Brust!" Da kam der andre Drache mit Gebraus. Der Jäger schoß nach dem weißen Fleck, und der Drache starb. Da ging der erste Drache hin und fraß ihn auf. Dann bat er den Mann, sich auf seinen Rücken zu setzen, aber der getraute sich nicht. „Setz dich, setz dich, ich bring dich fort!" Nun, da tat er es. „Es sind fünf Werst bis zum Dorf", sagte der Drache, „laß mich dir in den Mund blasen." Der Mann erschrak, warf sich auf die Knie und weinte, aber der Drache sprach: „Du brauchst nicht zu weinen, ich will dich sehr klug machen." Da ließ es der Mann geschehen. Und er wurde sehr klug.

Er ging nach Hause und sagte zu seinen Brüdern: „Schirrt die Pferde an, wir wollen eine goldene Schale aus dem Wald holen." Sie gingen in den Wald, gingen einen halben Tag, und die Brüder fragten: „Warum hast du, dummer Kerl, uns hierhergelockt?" Da rauschte ein großer Baum: „Hier unter meinen Wurzeln liegt die goldene Schale." Sie gruben die goldene Schale heraus, zogen nach Hause, und als sie den Deckel öffneten, war sie voll von unzähligen Goldstücken.

Danach gingen die Brüder wieder in den Wald und fällten den Baum. Und der Baum sprach: „Nehmt mich als Türpfosten." Das taten sie auch. Da mehrten sich Pferde und Kühe auf dem Hof, und das Brot im Speicher wurde nicht mehr alle.

Das Märchen, das ich euch erzählt habe, stammt aus Finnland. Es heißt: „Der sprechende Baum".

Aus: Märchen der Weltliteratur, Zaubermärchen aus Finnland, Eugen Diederichs Verlag, Düsseldorf Köln 1962,80,Nr. 23

3. Texte zum Vorlesen für Jugendliche im Pubertätsalter

„Das Wasser des Lebens",
ein Zaubermärchen der Brüder Grimm
KHM 97, AaTh 551 „Suche nach dem wunderbaren Mittel"

Es war einmal ein König, der war krank, und niemand glaubte, daß er mit dem Leben davonkäme. Er hatte aber drei Söhne, die waren darüber betrübt, gingen hinunter in den Schloßgarten und weinten. Da begegnete ihnen ein alter Mann, der fragte sie nach ihrem Kummer. Sie sagten ihm, ihr Vater wäre so krank, daß er wohl sterben würde, denn es wollte ihm nichts helfen. Da sprach der Alte: „Ich weiß noch ein Mittel, das ist das Wasser des Lebens, wenn er davon trinkt, so wird er wieder gesund; es ist aber schwer zu finden." Der älteste sagte: „Ich will es schon finden", ging zum kranken König und bat ihn, er möchte ihm erlauben auszuziehen, um das Wasser des Lebens zu suchen, denn das könnte ihn allein heilen. „Nein", sprach der König, „die Gefahr dabei ist zu groß, lieber will ich sterben." Er bat aber so lange, bis der König einwilligte. Der Prinz dachte in seinem Herzen: „Bringe ich das Wasser, so bin ich meinem Vater der liebste und erbe das Reich."

Also machte er sich auf, und als er eine Zeitlang fortgeritten war, stand da ein Zwerg auf dem Wege, der rief ihn an und sprach: „Wo hinaus so geschwind?" „Dummer Knirps", sagte der Prinz ganz stolz, „das brauchst du nicht zu wissen", und ritt weiter. Das kleine Männchen aber war zornig geworden und hatte einen bösen Wunsch getan. Der Prinz geriet bald hernach in eine Bergschlucht, und je weiter er ritt, je enger taten sich die Berge zusammen, und endlich ward der Weg so eng, daß er keinen Schritt weiter konnte; es war nicht möglich, das Pferd zu wenden oder aus dem Sattel zu steigen, und er saß da wie eingesperrt. Der kranke König wartete lange Zeit auf ihn, aber er kam nicht. Da sagte der zweite Sohn: „Vater, laßt mich ausziehen und das Wasser suchen", und dachte bei sich: „Ist mein Bruder tot, so fällt das Reich mir zu." Der König wollte ihn anfangs auch nicht ziehen lassen, endlich gab er nach. Der Prinz zog also auf demselben Weg fort, den sein Bruder eingeschlagen hatte, und begegnete auch

362

dem Zwerg, der ihn anhielt und fragte, wohin er so eilig wolle. „Kleiner Knirps", sagte der Prinz, „das brauchst du nicht zu wissen", und ritt fort, ohne sich weiter umzusehen. Aber der Zwerg verwünschte ihn, und er geriet wie der andere in eine Bergschlucht und konnte nicht vorwärts und rückwärts. So geht's aber den Hochmütigen.

Als auch der zweite Sohn ausblieb, so erbot sich der jüngste, auszuziehen und das Wasser zu holen, und der König mußte ihn endlich ziehen lassen. Als er dem Zwerg begegnete und dieser fragte, wohin er so eilig wolle, so hielt er an, gab ihm Rede und Antwort und sagte: „Ich suche das Wasser des Lebens, denn mein Vater ist sterbenskrank." „Weißt du auch, wo das zu finden ist?" „Nein", sagte der Prinz. „Weil du dich betragen hast, wie sich's geziemt, nicht übermütig wie deine falschen Brüder, so will ich dir Auskunft geben und dir sagen, wie du zu dem Wasser des Lebens gelangst. Es quillt aus einem Brunnen in dem Hofe eines verwünschten Schlosses, aber du dringst nicht hinein, wenn ich dir nicht eine eiserne Rute gebe und zwei Laiberchen Brot. Mit der Rute schlag dreimal an das eiserne Tor des Schlosses, so wird es aufspringen; inwendig liegen zwei Löwen, die den Rachen aufsperren, wenn du aber jedem ein Brot hineinwirfst, so werden sie still, und dann eile dich und hol von dem Wasser des Lebens, bevor es zwölf schlägt, sonst schlägt das Tor wieder zu, und du bist eingesperrt." Der Prinz dankte ihm, nahm die Rute und das Brot und machte sich auf den Weg. Und als er anlangte, war alles so, wie der Zwerg gesagt hatte. Das Tor sprang beim dritten Rutenschlag auf, und als er die Löwen mit dem Brot gesänftigt hatte, trat er in das Schloß und kam in einen großen schönen Saal; darin saßen verwünschte Prinzen, denen zog er die Ringe vom Finger, dann lag da ein Schwert und ein Brot, das nahm er weg. Und weiter kam er in ein Zimmer, darin stand eine schöne Jungfrau, die freute sich, als sie ihn sah, küßte ihn und sagte, er hätte sie erlöst und sollte ihr ganzes Reich haben, und wenn er in einem Jahr wiederkäme, so sollte ihre Hochzeit gefeiert werden. Dann sagte sie ihm auch, wo der Brunnen wäre mit dem Lebenswasser, er müßte sich aber eilen und daraus schöpfen, eh es zwölf schlüge. Da ging er weiter und kam endlich in ein Zimmer, wo ein schönes frischgedecktes Bett stand, und weil er müde war, wollt er erst ein wenig ausruhen. Also legte er sich und schlief ein; als er erwachte, schlug es dreiviertel auf zwölf. Da sprang er ganz erschrocken auf, lief zu dem Brunnen und schöpfte daraus mit einem Becher, der daneben stand, und eilte, daß er fortkam. Wie er eben zum eisernen Tor hinausging, da schlug's zwölf, und das Tor schlug so heftig zu, daß es ihm noch ein Stück von der Ferse wegnahm.

Er aber war froh, daß er das Wasser des Lebens erlangt hatte, ging heimwärts und kam wieder an dem Zwerg vorbei. Als dieser das Schwert und das Brot sah, sprach er: „Damit hast du großes Gut gewonnen, mit dem Schwert kannst du ganze Heere schlagen, das Brot aber wird niemals all." Der Prinz wollte ohne seine Brüder nicht zu dem Vater nach Hause kommen und sprach: „Lieber Zwerg, kannst du mir nicht sagen, wo meine zwei Brüder sind? Sie sind früher als ich nach dem Wasser des Lebens ausgezogen und sind nicht wiedergekommen." „Zwischen zwei Bergen stecken sie eingeschlossen", sprach der Zwerg, „dahin habe ich sie verwünscht, weil sie so übermütig waren." Da bat der Prinz so lange, bis der Zwerg sie wieder losließ, aber er warnte ihn und sprach: „Hüte dich vor ihnen, sie haben ein böses Herz."

Als seine Brüder kamen, freute er sich und erzählte ihnen, wie es ihm ergangen wäre, daß er das Wasser des Lebens gefunden und einen Becher voll mitgenommen und eine schöne Prinzessin erlöst hätte, die wollte ein Jahr lang auf ihn warten, dann sollte Hochzeit gehalten werden, und er bekäme ein großes Reich. Danach ritten sie zusammen fort und gerieten in ein Land, wo Hunger und Krieg war, und der König glaubte schon, er müßte verderben, so groß war die Not. Da ging der Prinz zu ihm und gab ihm das Brot, womit er sein ganzes Reich speiste und sättigte; und dann gab ihm der Prinz auch das Schwert, damit schlug er die Heere seiner Feinde und konnte nun in Ruhe und Frieden leben. Da nahm der Prinz sein Brot und Schwert wieder zurück, und die drei Brüder ritten weiter. Sie kamen aber noch in zwei Länder, wo Hunger und Krieg herrschten, und da gab der Prinz den Königen jedesmal sein Brot und Schwert und hatte nun drei Reiche gerettet. Und danach setzten sie sich auf ein Schiff und fuhren übers Meer. Während der Fahrt, da sprachen die beiden ältesten unter sich: „Der jüngste hat das Wasser des Lebens gefunden und wir nicht, dafür wird ihm unser Vater das Reich geben, das uns gebührt, und er wird unser Glück wegnehmen." Da wurden sie rachsüchtig und verabredeten miteinander, daß sie ihn verderben wollten. Sie warteten, bis er einmal fest eingeschlafen war, da gossen sie das Wasser des Lebens aus dem Becher und nahmen es für sich, ihm aber gossen sie bitteres Meerwasser hinein.

Als sie nun daheim ankamen, brachte der jüngste dem kranken König seinen Becher, damit er daraus trinken und gesund werden sollte. Kaum aber hatte er ein wenig von dem bitteren Meerwasser getrunken, so ward er noch kränker als zuvor. Und wie er darüber jammerte, kamen die beiden ältesten Söhne und klagten den jüngsten an, er hätte ihn vergiften wollen, sie brächten ihm das rechte Wasser des Lebens, und reichten es ihm. Kaum hatte er davon getrunken, so fühlte er sein Krankheit verschwinden und ward stark und gesund wie in seinen jungen Tagen. Danach gingen die beiden zu dem jüngsten, verspotteten ihn und sagten: „Du hast zwar das Wasser des Lebens gefunden, aber du hast die Mühe gehabt und wir an den Lohn; du hättest klüger sein und die Augen aufbehalten sollen, wir haben dir's genommen, während du auf dem Meere eingeschlafen warst, und übers Jahr, da holt sich einer von uns die schöne Königstochter. Aber hüte dich, daß du nichts davon verrätst, der Vater glaubt dir doch nicht, und wenn du ein einziges Wort sagst, so sollst du noch obendrein dein Leben verlieren, schweigst du aber, so soll dir's geschenkt sein."

Der alte König war zornig über seinen jüngsten Sohn und glaubte, er hätte ihm nach dem Leben getrachtet. Also ließ er den Hof versammeln und das Urteil über ihn sprechen, daß er heimlich sollte erschossen werden. Als der Prinz nun einmal auf die Jagd ritt und nichts Böses vermutete, mußte des Königs Jäger mitgehen. Draußen, als sie ganz allein im Wald waren und der Jäger so traurig aussah, sagte der Prinz zu ihm: „Lieber Jäger, was fehlt dir?" Der Jäger sprach: „Ich kann's nicht sagen und soll es doch." Da sprach der Prinz: „Sage heraus, was es ist, ich will dir's verzeihen." „Ach", sagte der Jäger, „ich soll Euch totschießen, der König hat mir's befohlen." Da erschrak der Prinz und sprach: „Lieber Jäger, laß mich leben, da geb ich dir mein königliches Kleid, gib mir dafür dein schlechtes." Der Jäger sagte: „Das will ich gerne tun, ich hätte doch nicht nach Euch schießen können." Da tauschten sie die Kleider, und der Jäger ging heim, der Prinz aber ging weiter in den Wald hinein.

Über eine Zeit, da kamen zu dem alten König drei Wagen mit Gold und Edelsteinen für seinen jüngsten Sohn; sie waren aber von den drei Königen geschickt, die mit des Prinzen Schwert die Feinde geschlagen und mit seinem Brot ihr Land ernährt hatten und die sich dankbar bezeigen wollten. Da dachte der alte König: „Sollte mein Sohn unschuldig gewesen sein?" Und sprach zu seinen Leuten: „Wäre er noch am Leben, wie tut mir's so leid, daß ich ihn habe töten lassen." „Er lebt noch", sprach der Jäger, „ich konnte es nicht übers Herz bringen, Euern Befehl auszuführen", und sagte dem König, wie es zugegangen war. Da fiel dem König ein Stein von dem Herzen, und er ließ in allen Reichen verkündigen, sein Sohn dürfte wiederkommen und sollte in Gnaden aufgenommen werden.

Die Königstochter aber ließ eine Straße vor ihrem Schloß machen, die war ganz golden und glänzend, und sagte ihren Leuten, wer darauf geradeswegs zu ihr geritten käme, das wäre der rechte, und den sollten sie einlassen, wer aber daneben käme, der wäre der rechte nicht, und den sollten sie auch nicht einlassen. Als nun die Zeit bald herum war, dachte der älteste, er wollte sich eilen, zur Königstochter gehen und sich für ihren Erlöser ausgeben, da bekäme er sie zur Gemahlin und das Reich dazu. Also ritt er fort, und als er vor das Schloß kam und die schöne goldene Straße sah, dachte er: „Das wäre jammerschade, wenn du darauf rittest", lenkte ab und ritt rechts nebenher. Wie er aber vor das Tor kam, sagten die Leute zu ihm, er wäre der rechte nicht, er sollte wieder fortgehen. Bald darauf machte sich der zweite Prinz auf, und wie er zur goldenen Straße kam und das Pferd den einen Fuß daraufgesetzt hatte, dachte er: „Es wäre jammerschade, das könnte etwas abtreten", lenkte ab und ritt links nebenher. Wie er aber vor das Tor kam, sagten die Leute, er wäre der rechte nicht, er sollte wieder fortgehen. Als nun das Jahr ganz herum war, wollte der dritte aus dem Wald fort zu seiner Liebsten reiten und bei ihr sein Leid vergessen. Also machte er sich auf und dachte immer an sie und wäre gerne schon bei ihr gewesen und sah die goldene Straße gar nicht. Da ritt sein Pferd mitten darüber hin, und als er vor das Tor kam, ward es aufgetan, und die Königstochter empfing ihn mit Freuden und sagte, er wäre ihr Erlöser und der Herr des Königreichs, und ward die Hochzeit gehalten mit großer Glückseligkeit. Und als sie vorbei war, erzählte sie ihm, daß sein Vater ihn zu sich entboten und ihm verziehen hätte. Da ritt er hin und sagte ihm alles, wie seine Brüder ihn betrogen und er doch dazu geschwiegen hätte. Der alte König wollte sie strafen, aber sie hatten sich aufs Meer gesetzt und waren fortgeschifft und kamen ihr Lebtag nicht wieder.

„Fenchelchen", ein Zaubermärchen aus Malta

AaTh 310 „Jungfrau im Turm";

deutsche Variante bei Grimm: „Rapunzel" KHM 12

Text aus: Bertha Ilg: Maltesische Märchen und Schwänke,
aus dem Volksmund gesammelt,
Schönfelds Verlagsbuchhandlung Leipzig 1906,I

Es war einmal eine Frau, die für ihr Leben gern Fenchel aß. Da sie
nun keine Fenchelstaude besaß, so stieg sie jeden Tag in den Garten
der Nachbarin hinüber und stahl sich Fenchel. Einmal hörte sie hier-
bei ein Geräusch, und darum wollte sie über die Steinmauer fliehen,
aber sie kollerte über die Einfassung und verletzte sich den Fuß. Die
Nachbarin aber war eine Hexe und erblickte die Diebin; darum rief
sie ihr zu: „Frau, was gibst du mir als Ersatz für den gestohlenen Fenchel?" – „Ich gebe dir, was du verlangst!" – „Gut, dann muß ich das
Kind haben, das du in kurzer Zeit zur Welt bringen wirst! Vergiß ja
nicht, es mir als zehnjähriges Mädchen zu bringen!" – „Nein!"
Die Frau ging hierauf nach Hause, und nach kurzer Zeit gab sie einem schönen Mädchen das Leben. Sie hatte sich schon sehr lange ein
Kind gewünscht, und darum hatte sie jetzt sehr große Freude. Das
Mädchen wuchs heran und ging dann in die Schule. Einst begegnete
ihr die Alte und gab ihr den Auftrag, die Mutter an ein früher gegebe-
nes Versprechen zu erinnern. Fenchelchen vergaß es; aber das nächst
Mal biß ihr die Alte einen Finger und ein Ohrläppchen ab, damit sie
sich des Auftrags erinnere. Das Mädchen weinte und lief zur Mutter;
diese fragte: „Was ist dir geschehen?" Als das Kind alles berichtete,
sprach die Mutter: „Sag der bösen alten Frau, sie möge sich das Versprochene selber nehmen, wenn sie es finde!" Das Mädchen über-
brachte der Alten diese Antwort, und jene faßt sie sogleich bei ihren
schönen Haaren, die so lang waren, daß sie sie auf der Erde schleppte,
und zog sie mit sich fort, wie man ein Lamm führt. Dann kamen sie an
einen großen Turm, zu dessen Spitze keine Stufen emporführten. In jenem Turme nun verbrachte unser Fenchelchen mehrere Jahre, und die
Hexe gewann sie wirklich lieb und lehrte sie viele Zauberstückchen.
Da – wie ich schon gesagt habe – im Turme keine Stufen angebracht waren, so ließ sich die Alte, wenn sie nach Hause kam, über
die Mauer des Turmes immer von Fenchelchen hinüberziehen, und
zwar mittels der schönen langen Haare des Kindes. Sie stellte sich an

die Außenseite des Turmes und rief: „Fenchelchen, Fenchelchen, – löse dein Goldhaar und zieh deine Großmutter hinauf!" Und Fenchelchen zog sie jedesmal hinauf. Einmal aber zog sie einen schönen Jüngling über die Mauer, der sich die Worte der Alten erlauscht und zu eigen gemacht, weil er Fenchelchen liebte. Er blieb oben und sie waren sehr froh. Abends kam die Hexe, und Fenchelchen verwandelte den Jüngling schnell in ein Bänkchen. Die Alte rief späterhin: „Bitte gib mir diesen Schemel zur Stütze meiner müden Füße!" – „Großmutter, es sind so viele Schemel hier, nimm einen anderen!" – „Nein, der muß sehr, sehr bequem sein für mich!" Die Alte setzte nun ihre Füße auf den Schemel und lachte, weil sie wahrscheinlich durch irgendeine Zauberei wußte, wer sich unter der Form des Schemels verborgen halte. Sie blieb jetzt etliche Tage im Turm und hatte keine Lust, einen Spaziergang zu machen. Endlich ging sie aus; und als sie wiederkam und unten am Turme rief, verwandelte Fenchelchen den Jüngling rasch in eine Nähnadel. Die Alte sprach sodann: „Bitte reich mir schnell diese Nadel her, ich möchte mir meine Zähne damit stochern!" – „Großmutter, willst du nicht eine der schönen Nadeln, die ich von dir als Geschenk erhalten habe, als Zahnstocher benützen?" – „Nein, gerade diese Nadel dringt am besten in alle Ritzen ein und reinigt meine alten Zähne am besten!" So stocherte die Hexe nun mit dem armen Jungen in ihren schwarzen Zähnen herum!

Ein andermal mußte das Mädchen den Jüngling in eine Haube verwandeln, und sogleich setzte die Alte diese auf und lief tagelang damit auf ihrem kahlen Scheitel umher! Darum sprach eines Tages der junge Mensch: „Fenchelchen, hier ist kein Platz für dich und mich; wir müssen fliehen! Nimm etliche Sachen mit, damit du uns nötigenfalls durch deren Zauber retten kannst!" Fenchelchen nahm nun drei Knäuel mit, und beide flohen davon. Späterhin kehrte die Zauberin heim, und wie sie bemerkte, daß auf ihr lautes Rufen kein Haupthaar Fenchelchens erschien, fing sie an zu schreien und zu weinen und rief: „Sie haben mich hintergangen und sind geflohen! Doch nur der Allwissende weiß, welche Schätze und Zaubermittel sie mir entwendet haben! Ich will mich aufmachen und sie einholen!"

Das tat sie und lief, so schnell sie laufen konnte. Endlich schaute sie sich um, um mit ihren Augen den schon hinter ihr liegenden Weg zu ermessen; aber in diesem Augenblick hatten sich auch die Fliehenden umgewandt und erblickten die Alte. Fenchelchen ließ nun eines der Knäuel fallen, und sogleich wurde der Jüngling ein Garten und Fenchelchen eine wilde Rose, die sich im Winde hin und her bewegte. Die Alte kam auf den Garten zugestürmt und fragte den Gärtner: „Hast du nicht einen schönen jungen Mann und ein langhaariges Mädchen gesehen?" – „Wir haben herrliche Rosen!" – „Ich will keine Rosen, ich will wissen, ob du nicht ein fliehendes Paar gesehen hast?" – „Auch Kohlrabi und Weißkraut ziehe ich und verkaufe es sehr billig!" Da machte sich die Alte daran, die Rose abzupflücken, die sich im Winde hin und her wiegte. Der Gärtner gab ihr einen Verweis und einen Schlag auf die Hand; sie sah sich um, – und unterdessen waren die beiden Flüchtlinge fortgelaufen und hatten schon eine erhebliche Wegstrecke zurückgelegt.

Die Alte lief ihnen nach und war bald wieder ganz in der Nähe des Paares, da verwandelte sich der Jüngling durch das zweite Knäuel in eine Kirche und Fenchelchen in die Glocke. Die Alte gelangte zu dieser Kirche und fragte den Sakristan, wie sie vorher den Gärtner gefragt hatte; der Sakristan versetzte: „Hörst du nicht, wie die Glocken läuten? Sogleich beginnt die Messe!" Wieder fragte und plagte sie ihn, und zuletzt rief er ungeduldig: „Nun ja, so wisse, daß du ob deiner Gottlosigkeit deine Seele verlierst!" Nun wollte sie die Glocke berühren; aber sogleich verwandelte sich Fenchelchen in ein oben an der Decke schwebendes Lämpchen, das die Alte mit ihren dürren Fingern nicht erreichen konnte. Während sie nun überlegte, auf welche Weise sie zur Hängelampe hinankönnte, verwandelte sich Fenchelchen mittels des dritten Knäuels in eine Lilie und pflanzte den Jüngling als Dornengestrüpp um sich herum. Die Alte bemerkte es und wollte die Lilie ergreifen und knicken; aber die Dornen waren so scharf, daß sie sich entsetzlich stach und immer das Blut ablecken mußte. Während sie das tat, verwandelte sich das Paar in Menschen und lief fort mit so viel Kraft, als es noch übrig hatte.

Zuletzt rief der Jüngling: „Fenchelchen, sieh dort den großen Baum! Er bildet die Grenze des Machtgebietes der Hexe. Sind wir einmal unter seinem Schatten, so kann uns die böse Alte keinen Schaden mehr anhaben, da dort ihr Reich endet und das meines Vaters beginnt!" Die Alte eilte heran und keuchte – keuche und hol' jemanden, der's auch tut! – und schon war sie ziemlich nahe: Da standen die Flüchtlinge im Schatten des Baumes und atmeten frei auf!

Die Alte schrie und verfluchte sie, aber keine ihrer Drohungen hatte Erfolg – jetzt, das sie machtlos war. Zuletzt sprach sie ein Wort in der Zaubersprache, und Fenchelchen verstand es ganz gut. Sie gingen weiter und weiter. Da sagte der Prinz zu Fenchelchen: „Sieh, es paßt nicht, daß Brautleute im selben Haus wohnen! Weil die Zunge der Leute sehr zu fürchten ist, bringe ich dich einstweilen in mein Jagdschloß und lasse dich dort, bis ich Vater und Mutter geneigt gemacht habe, dich als Tochter aufzunehmen."

Fenchelchen ward sehr traurig, und darum versetzte sie: „Da wir scheiden sollen, so ist's besser, ich mache dich auf eine dir drohende Gefahr aufmerksam: du verstandst die Worte der Hexe nicht; aber ich weiß ganz genau, daß es sehr hämische Worte waren! Bitte, laß dich ja nicht von deiner Mutter oder irgend einer anderen Frau küssen, weil du sonst sicher dein armes Fenchelchen vergessen mußt, und dich nie mehr an das arme Ding erinnerst!" Der Prinz versprach ihr, sich von niemandem küssen zu lassen und führte sie in sein Jagdschloß; dann begab er sich nach Hause und wurde von seinen Angehörigen mit großer Freude empfangen. Seine Mutter wollte ihn küssen, aber er wehrte es ab. Da ward sie sehr traurig.

Es vergingen mehrere Tage, und der Prinz mußte immer an das arme Fenchelchen denken, hatte aber nicht den Mut, seinen Eltern etwas von der Braut zu erzählen.

Einst trat, als er schlief, seine Mutte leise an sein Lager und betrachtete ihren schönen Sohn; da erwachte in ihr die starke Mutterliebe und sie mußte ihn küssen, hierauf ging sie ganz leise wieder hinaus. Von nun an konnte sich der Prinz an die Vergangenheit gar nicht mehr erinnern und lebte nur der Zukunft und der Gegenwart. Der König hätte seinen Sohn nun gern verheiratet. Deshalb brachte er ihm eine schöne Braut; der Prinz sagte freudig zu, und es wurde bestimmt, in vierzehn Tagen die Hochzeit zu feiern.

Nun müssen wir wieder etwas über Fenchelchen sagen! Das arme Mädchen hörte und sah lange gar nichts von ihrem Bräutigam, und sie dachte sich dann: Mutterliebe ist ungestüm, und darum wird ihn die Mutter geküßt haben! Ach, ich armes Fenchelchen!" Dann dachte sie nach, ob sie wohl irgend ein Mittel besäße, um den Prinzen an die Vergangenheit zu erinnern. Zuletzt stickte sie eine Taube und eine Rose auf ein seidenes Kissen; dann suchte sie sich eine alte Frau und gab ihr Anweisung, wie sie es anzufangen hätte, dieses Kissen an die Mutter des Prinzen zu verkaufen. Die Frau ging hin an den Palast und fragte nach der Mutter des Prinzen. Man führte sie hinauf, und sie sprach zu der Dame: „Ich habe gehört, daß dein Sohn Bräutigam ist! Hier besitze ich nun ein Kissen, dessen Zauberkräfte darin bestehen, im Herzen der Person, die auf ihm schläft, Liebe zu erregen! Du mußt das Kissen für deinen Sohn kaufen und nicht vergessen, es ihm jede Nacht unter den Kopf zu legen!" – „Sehr schön!" sagte die Mutter des Prinzen, „ich kaufe das Kissen, – umsomehr, als mein Sohn seine Braut schon ein wenig mehr lieben könnte!"

Die Königin bezahlte das Kissen und legte es dem Bräutigam auf sein Bett. Jede Nacht blühte nun die Rose auf und verbreitete einen betäubenden Geruch, die Taube aber wurde lebendig und flüsterte dem Schlafenden Worte ins Ohr. So sagte sie ihm in der ersten Nacht ins Ohr: „Bak bakum, bak bakum, bak bakum! Weißt du noch, wie ich dich bei den Haaren in den Turm zog?" Der Prinz öffnete die Augen, konnte aber nirgends ein menschliches Wesen erblicken und schlief wieder ein.

Die nächste Nacht sprach die Taube wieder: „Bak bakum, bak bakum bak bakum! Weißt du noch, wie lieb ich dich hatte? Wie wir zusammen lachten? Wie ich dich verwandelt? Gurr, gurrr, gurrrr!" Der Prinz richtete sich im Bette in die Höhe und sagte leise: „Wie seltsame Träume ich immer habe, seitdem ich dies Kissen benütze! Diese Träume erinnern mich an etwas Längstvergangenes!" Dann schlief er wieder ein.

In der dritten Nacht kam die Taube wieder, streichelte seinen Kopf und seinen Mund und setzte sich auf seine Brust und sprach: „Weißt du noch, wie wir zusammen flohen? Wie ich zur Rose ward und du die Gestalt eines grünen Gartens annahmst? Bak bakum! Du hast es vergessen! Weißt du noch, wie ich zur schwebenden Lampe, zur Lilie wurde, und du zur Kirche, zum Dornengestrüppp? Bak bakum! Du weißt es, – du mußt es wissen! Gur, gurr, gurrr, gurrrr! Wie wir uns unter den Baum flüchteten und die böse Alte Drohungen über uns ausgoß? Bak bakum! Bräutigam, erinnere dich! Weißt du noch, wie ich dir sagte, du sollest dich nicht küssen lassen, weil du sonst deine Braut vergessen müßtes – bak bakum dein armes Fenchelchen!"

Kaum hörte der Prinz diese Worte und den Namen seiner Geliebten, so wachte er auf, und plötzlich erinnerte er sich ganz deutlich des armen Fenchelchens! Er lachte und weinte, lief zu seinen Eltern und erzählte ihnen sein Erlebnis; dann ritt er hinaus, holte das goldhaarige Fenchelchen, und sie feierten eine Hochzeit, die sieben Tage währte! Der Prinz wurde dann König und regierte, weil sein Vater alt war und ausruhen wollte. – Und die Geschichte ist aus.

„Umtschegin und die Schwanenmädchen",
ein Zaubermärchen aus Sibirien
AaTh 400 „Schwanenjungfrau"

Text aus: Die Märchen der Weltliteratur,
Sibirische Märchen, Tungusen, Jakuten,
Eugen Diederichs Verlag Düsseldorf Köln 1983,5

Es lebten einmal ein Mann und eine Frau, die hatten zwei Kinder:
den älteren Sohn Umtschegin und den jüngeren Klein-Bujun. Wer
weiß, wie lange sie schon gelebt hatten? Gut ließ sich das wilde Rentier jagen: Der Mann fing alles, auch die Frau fing alles. So wurde der
Mann alt. Wie lange haben diese Frau und der Mann gelebt? Die Frau
und der Mann starben nacheinander dahin. Wer weiß, nach wievie-
len Jahren sie starben? Nur das Märchen mag es wissen. Keiner sonst
weiß es.

Und so blieben nach ihrem Tode Umtschegin und Klein-Bujun zurück, Klein-Bujun als Kindlein von ein paar Jahren. Umtschegin trat
an die Stelle des Mannes. Er ging gewöhnlich zur Jagd; dieses und jenes, alles erbeutete er. Hatte er Nahrung erbeutet, so brachte er alles
heim. Umtschegin ging ständig zur Jagd auf wilde Rentiere, und
Klein-Bujun blieb immer daheim. So lebten sie.

Einst vernahm Klein-Bujun ganz nahe Stimmen und Lachen von
Mädchen. (Er ging hin und beobachtete sie.) Um sich daran zu erinnern, verknüpfte Klein-Bujun an seinem Gewand alle Riemenhafteln
miteinander. Nachdem er die verknüpft hatte, kehrte er abends
heim. Als er heimgekehrt war, kam der ältere Bruder. Angekommen,
versuchte der Ältere dem Jüngeren das Obergewand auszuziehen,
doch er konnte es nicht. Umtschegin fragte seinen Bruder: „Wozu
hast du das so verknüpft? Wozu hast du's verknüpft?"

Der jüngere Bruder konnte sich gar nicht erinnern; warum er die
Knoten gebunden hatte, war ihm ganz und gar entfallen. Der Ältere
knüpfte lange und unter viel Mühen die Hafteln auf und brachte seinen Bruder zum Schlafen. Dann wurde es Morgen.

Als der Morgen anbrach, ging der ältere Bruder zur Jagd. Als Umtschegin zur Jagd gegangen war, kamen am Fuße eines Hügels, in einer ausgetrockneten Bucht, jene sieben Schwäne (die Mädchen, die
Bujun betrachtet hatte) zum Spielen. Klein-Bujun war wiederum allein daheim, wiederum ging er hin. Die Schwanenmädchen fingen an

zu sprechen wie Menschen: „Klein-Bujun, bist du wieder gekommen?" – „Ja, ich bin gekommen." – „Hast du deinem Bruder gestern etwas erzählt?" – „Nein, ich hatte es vergessen." – „Dann ist es gut. Nimm für dich (als Geschenk) diesen Schlagball." – „Nein, ich nehme ihn nicht. Was macht ihr hier? Was sucht ihr bei mir? Was seid ihr in meine Heimat suchen gekommen? Meine Heimat ist es! Was macht ihr hier?! Ich werde meinem Bruder alles erzählen!" – „Tu es nicht. Wir spielen ja nur. Und die Bucht ist doch breit, die Trockenstelle ist groß. Schau dich doch nur um! Wollgras ist da, und die Trockenbuch ist weit. Schau doch ringsum! Wir spielen ja nur. Siehst du die großen Hügel? Wir werden nicht auf allen spielen. Erzähle deinem Bruder nichts!"

Der Vormittag ging vorbei. Als dann Mittag vorüber war, flogen die sieben Schwäne zur Tagesmitte, dorthin, wo die Sonne ist. Klein-Bujun dachte bei sich: „Erzähle ich es mal meinem Bruder", und blieb allein. Allein geblieben, kehrte er heim. Daheim angekommen, schlief Klein-Bujun ein. Nicht aß er, nichts tat er. Während er schlief, kam sein älterer Bruder zurück. Was er erbeutet hatte, weiß niemand. Umtschegin machte sich ans Kochen. Als es gar geworden war, wollte er den Bruder wecken. Der jüngere Bruder war tod-, todmüde. Er suchte ihn zu wecken, konnte ihn nicht wecken – der war überaus müde. (Schließlich weckte er ihn doch irgendwie auf.)

Umtschegin fragte: „Du da, Klein-Bujun, wo verweilst du immer? Es geht schon zwei Tage so." Aber Klein-Bujun band nur die Hafteln noch fester zu. Der ältere Bruder gab dem jüngeren zu essen, dann schlief er fest ein. Am dritten Tage, in der Morgenfrühe, fragte Umtschegin wieder Klein-Bujun: „Wer ist dagewesen?" – „Niemand."

Umtschegin ging am dritten Tag von neuem auf die Jagd. Als er jagte, wie weit ist er gegangen? Doch während er dahinging, entschloß er sich, am Ende seines Wanderns zu erfahren, was mit seinem Bruder vor sich gehe. Später kehrte er heimlich zurück, versteckte sich dann. Als er sich außerhalb seines Zeltes versteckt hatte, kamen die sieben Schwäne geflogen. Fliegend sangen sie, über ihm fliegend:

„Bujun, Bujun, Klein-Bujun
wo hast du dein Brüderchen Umtschegin versteckt?
Bujun, Bujun, Klein-Bujun,
das ist er, nicht wahr,
er hat sich versteckt."

Als sie so gesungen hatten, flogen die sieben Schwäne, ohne sich niedergelassen zu haben, zurück.

Da ging Umtschegin zu seinem Bruder, wieder fragte er seinen Bruder: „Sind sie herbeigekommen?" – „Ja, sie sind herbeigekommen, schon seit ein paar Tagen sind sie zusammen gekommen. Darum habe ich jene Hafteln verknüpft, um mich daran zu erinnern." – „Ach, dann ist es gut. Was machen sie denn immer?" – „Sie legen all ihr Gefieder immer wieder ab. Haben sie's abgelegt, verbergen sie sich irgendwo. Sie verwandeln sich, werden kleine Mädchen, laufen herum, spielen, laufen über den ganzen Hügel, laufen über die ganze Bucht." – „Aber wo, wo verstecken sie immer ihr Gefieder?" Das zeigte Klein-Bujun.

Dann brach der vierte Tag an. Umtschegin sagte „Ich gehe" zu seinem Bruder, ging jagen. Die sieben Schwänchen kamen zu Klein-Bujun. Als die sieben Schwäne gekommen waren, stimmten sie ein Lied an:

„Bujun, Bujun, Klein-Bujun,
ist dein älterer Bruder Umtschegin
hier oder nicht?"

Klein-Bujun blickte auf sie und sagte: „Mein Bruder ist nicht da. Er ist weggegangen, wie er schon früher wegzugehen pflegte." Die sieben Schwäne ließen sich herab. Ganz von oben herab stürzten sie sich. Mit ihren Flügeln allein stürzten sie sich herab. Den ganzen Himmel ließen sie laut widerhallen. Sie ließen sich auf einer Stange nieder, dort ließen sie sich nieder, landeten. Dort gelandet, versteckten sie ihre Gefieder, versteckten sie alle hier und dort. Umtschegin hatte sich heimlich in einem Nadelgebüsch verborgen, ohne daß die Mädchen ihn sahen. Dann, während sie spielten, stahl er ein Schwanengefieder. Das Schwanengefieder versteckte er. Dann ging er zu Klein-Bujun. Bei Bujun angelangt sprach er: „Bujun, das Gefieder dieses einen Mädchens habe ich gestohlen, in der Höhlung eines Baumes versteckt. Sprich zu niemandem darüber! Sprich nicht!" – „Ich werde nichts sagen." – „Erzähle unter keinen Umständen, daß es in der Höhlung eines Baumstammes versteckt ist!" – „Eh, warum sollte ich das sagen?"

Umtschegin aber ging hin zu den sieben Schwänen. Als die sieben Schwäne ihn erblickten, schrien sie auf: „Oh, dieser Umtschegin ist ja gekommen!" Dann liefen sie zu ihrem Gefieder. Sechs Schwanenmädchen fanden ihr Gefieder, flogen fort. Das siebte fand sein Gefieder nicht. Sie suchte überall, konnte es aber nicht finden. Sie fand es nicht. Am Gipfel des Hügels lief sie suchend dahin, am Ufer der Bucht entlang, hier entlang, dort entlang lief sie suchend dahin. Als sie erkannt hatte, daß sie nichts finden konnte, bat sie Umtschegin: „Bist du so alt wie ich, so sei mein Ehemann, auch wenn du jünger bist, sei mein Ehemann. Aber mein Gefieder gib her!" – „Ich gebe es nicht her. Komm schon! Willst du meine Frau werden, so wirst du meine Frau. Willst du nicht meine Frau werden, wirst du auch meine Frau. Wohin kannst du schon gehen?"

Dann ging Umtschegin mit ihr zu seinem Zelt. In sein Zelt ließ er sie eintreten (als Gattin). Wieviele Monate, wieviele Jahre sie (so) lebten, weiß niemand. Sie lebten, lebten.

Einmal erinnerte sich diese Frau (ihres früheren Tuns), wollte mit Klein-Bujun spielen. Es war wieder Sommer geworden. Sommer war's geworden, da kamen die Stellen wieder zum Vorschein, wo einst (die Schwäne) gespielt hatten. Die Bucht war ein Spielfeld geworden. Diese Frau führte absichtlich Klein-Bujun zum Fuße des Hügels. Dann sprach sie: „Bujun, Bujun, laß uns hier spielen. Haben wir hier nicht gespielt, als wir früher die sieben Schwäne waren? Nun laß uns als zwei Schwäne spielen!" – „Hallo, spielen wir!" – „Bujun, Bujun, ich möchte dir diesen Schlagball geben, den wollen wir treiben." Sie jagten diesem Ball hinterher. Klein-Bujun lief nach dem Ball. Jene Frau lief dem Ball gar nicht hinterher. (Sie ließ ihn absichtlich gewinnen, um ihn gutgelaunt zu stimmen.) Dem Ball lief immer nur Klein-Bujun hinterher. Ihn zu packen, lief er hierhin, dorthin. Er war sehr tüchtig. Es gelang Klein-Bujun, den Ball zu packen. „Bujun, ist es nicht schön, in der Bucht zu spielen?" – „Oh, das war ein herrliches Spiel." – „Bujun, sag mir, wo hat dein Bruder mein Schwanengefieder versteckt?" – „Ich weiß, ich weiß! Wo es versteckt ist, weiß ich." – „Wo hat er es versteckt?" – „Das geht dich nichts an. Wir wollen heimkehren." – „Nimm auch diesen Ball! Er mag jetzt immer bei dir bleiben. Du magst hier spielen. Dein Bruder Umtschegin wird ein wildes Rentier erlegen und bringen. Ich will mein Schwanengefieder anlegen und es herholen." – „Eh, ich weiß! Dort, dort! Da ist doch wohl die Höhlung eines versteinerten Baumes, da hat es mein Bruder versteckt." – „Wo ist es? Laß uns hingehen!"

Klein-Bujun fand es und gab es ihr. Sie streifte es über. Als sie es übergestreift hatte, machte sie sich davon: „Klein-Bujun, du magst deinem Bruder sagen: Er soll mich nicht suchen. Nur drei Jahre lang werde ich fort sein, das sage ihm, das magst du sagen." Als sie so gesprochen hatte, flog sie fort, auf die Sonne zu, wo sie in der Tagesmitte ist.

Am Abend sank die Sonne tief, sank tief. Als die Sonne tief stand, ging sie endlich ganz unter. Umtschegin kam zurück, niemand war daheim. Da niemand in seinem Zelt war, ging er zum Fuß des Hügels, ans Ufer der Bucht. Als er hinschaute, spielte sein Bruder Klein-Bujun mit einem Schlagball. „Bujun, was ist mit dir los? Wo ist deine Schwägerin? Deine Schwägerin – wohin ist sie verschwunden?" – „Ich weiß es nicht. Diesen Schlagball hat sie mir geschenkt. Dafür habe ich ihr gezeigt, wo ihr Gefieder verborgen war." – „Eh, so magst du den mit diesem Schlagball auch leben. Ich aber möchte fortgehen. In welche Richtung ist sie verschwunden?" – „Dorthin, wo die Sonne am Mittag steht, ist sie geflogen. In die Sonne schauend, ist sie losgeflogen", sagte Klein-Bujun. „Dorthin gehe ich. Aber du bleibst mit diesem Schlagball." So sprechend, zog Umtschegin fort.

Ging er kurz, ging er lang – man weiß gar nichts. Manchmal litt er Not, manchmal war er fröhlich. Manchmal ging er, manchmal war er beflügelt, manchmal ward er ein Wurm. Einmal war er nahe daran, zu sterben, seine Kraft versiegte. Er konnte nichts, nichts mehr tun, alles ging zu Ende. Während er so sich quälend dahinging, zeigte sich vor ihm ein Hügel. Auf jene Anhebung legte er sich wie auf ein Kopfkissen nieder, gedenkend zu sterben, zu vergehen. Während er wie auf einem Kopfkissen lag und schwer atmete, stieg von irgendwoher ein Rauchgeruch ihm in die Nase. Als der Rauch ihm in die Nase kam, wühlte er mit den Händen die Erde auf. Plötzlich sah er: Er hatte auf dem Rauchloch eines Zeltdaches gelegen. Früher, irgendwann einmal, war hier ein Zeltdach gewesen. Jenes Zeltdach war draußen zu Erde geworden. Das Zeltdach war ganz mit Erde bedeckt. Ganz ungewöhnlich viel Erde lag darüber. Mit Mühe fand er den Türvorhang, ging Schritt für Schritt hinein.

Ins Zelt tat er ein, eine Frau lag da: „Ah, Umtschegin, bist du's, der gekommen ist?" – „Ja, ich bin gekommen. Woher kennst du mich, den Umtschegin?" – „Deine Frau ist hier vorbeigekommen. Setz Dich!" – „Oh, ich bin recht hungrig." Er sah: Oben an der Zeltdecke der Frau kam die Erde heraus, die Erde war durch ein Fell von Tierköpfen verdeckt. Diese Frau öffnete ihre Zeltdecke, mitten aus der Zeltdecke zog sie Fleischstückchen hervor und gab sie ihm. Dann goß sie einen Fingerhut voll Wasser, mitten aus ihrer Zeltdecke, reichte es ihm hin. – Sehr böse hatte sie sich das ausgedacht, sehr böse. – Umtschegin wußte nicht, wo die Frau dies gefunden hatte: Als er hinsah, hatte sie es mitten aus ihrer Zeltdecke herausgeholt. Als er hinschaute, da brannte mitten im Zelt ein flackerndes Feuer. Untschegin tat, als trinke er das Wasser, das ihm die Frau gegeben hatte, goß es aber in sein Hemd, mit dem hervorgezogenen Fleisch tat er das gleiche. Die Frau fragte: „Wohin gehst du? Suchst du deine Frau? Wenn du sie auch noch so suchst, du wirst sie nicht einholen. Ich aber will dir (den Weg) zeigen. Holst du sie ein, so holst du sie ein, wenn nicht, dann nicht. Hier liege ich zwar, weiß aber Bescheid. Wenn du ein kühner Mensch bist, wirst du erfolgreich zurückkehren. Ich will dir (den Weg) zeigen. Bist du von hier aus weit gegangen, so lebt (dort) meine ältere Schwester."

Umtschegin ging hinaus. Er war recht frohen Mutes. Hinausgetreten, wollte er jenen Fingerhut voll Wasser und jenes Fleisch unterm Hemd fortwerfen. Aber dort war nichts mehr. Sein Magen war plötzlich voll, er war satt geworden. Er war ein wie ehemals satter Mensch geworden. Umtschegin war ein Mensch geworden wie der, der früher sein Zelt verlassen hatte. Ein solch satter Mensch war er geworden. So schritt er nun dahin. Wie lange er ging, weiß niemand. Manchmal flog er oben dahin, manchmal ging er unten wie ein Hermelin. Wie lange, wie lange er ging – wer weiß es? Nur das Märchen mag es wohl wissen. Von neuem versiegte seine Kraft. „Hier mag ich sterben", dachte er und legte sich auf einen Hügel, einen Abhang. Als er wie auf einem Kissen lag, stieg ihm Rauch in die Nase. Als der Rauch zu ihm aufstieg, atmete Umtschegin schwer. Aus dem Hügelchen, von unten her, rauchte es. Mit Mühe und Not kam er kriechend dahin. Der Türvorhang öffnete sich von selbst. Als sich die Tür geöffnet hatte, trat er ein, wie ein dem Tode Geweihter kam er dahin. Nur eine Frau war da. Oben an ihrer Zeltdecke wuchs Rentiermoos, auch Riedgras wuchs da.

Die Frau fragte: „Wer bist du, bist du Umtschegin?" – „Ja, ich bin Umtschegin." – „Du suchst deine Frau? Ah, deine Frau wirst du nicht finden." – „Ja, ich suche meine Frau." – „Ich will ein Feuer anzünden. Ein Flackerfeuer will ich anzünden, entflammen, zum Suppekochen." Da flammte das Feuer schon auf. Als er hinsah, da kochte die Frau nichts, bereitete auch nichts zu. Die Frau gab etwas mitten aus ihrem Zeltdach heraus und sagte: „Umtschegin, iß das." Wie zuvor gab sie Wasser in einem Fingerhut: „Wenn du trinken magst, Umtschegin, trink das aus." – „Wo hat sie das gefunden?" dachte Umtschegin und nahm es. Dann gab die Frau drei Fleischstückchen. Umtschegin tat, als ob er äße, tat es aber in das Hemd. Er hatte vor, wenn er hinausgegangen war, das Essen und das Wasser fortzuschütten. Die Frau fragte von neuem: „Du suchst deine Frau?" – „Ja", sagte Umtschegin, „aber wie finde ich sie?" – „Ah, ich will es dir zeigen, so wirst du sie finden." – „Oh, hilf mir, Tante, ich bin ein Erdenmensch, ich bin nicht vom Teufel gekommen, ein Erdenmensch bin ich." – „Oh, wenn du ein Erdenmensch bist, will ich es dir zeigen", sagte die Frau, „ich gebe dir meinen Brustschmuck. Nimm meinen Brustschmuck. Noch ehe du müde geworden bist, ehe du dich abgequält hast, wird vor dir ein riesiges, riesiges Meer erscheinen. Doch woher willst du die Kraft nehmen, dieses Meer von alleine zu durchschwimmen? Jene Kraft wird dir dieser Brustschmuck geben. Lege du diesen meinen Brustschmuck quer hin und schreie so: ‚Nun gefriere vor meinem Brustschmuck!' Dann wird es zu Eis gefrieren. Du setzt dann über das Eis, du läufst dann darüber. Wenn du es mutig überquerst, wirst du es überqueren, wenn nicht, dann nicht." Die Frau gab ihm ihren Brustschmuck, zog ihn unter dem Rentiermoos hervor. „Tante, du hilfst mir", versicherte Umtschegin. Er nahm den Brustschmuck und ging hinaus. Hinausgehend, hinausgegangen, wollte er jene drei Fleischstückchen und jenen Fingerhut voll Wasser wegschütten, aber es war nichts mehr da. Sein Magen, sein Bauch war schon voll. Aber den Brustschmuck hielt er fest. Er ging den Weg, den ihm die Frau gewiesen hatte.

Wie lange, wie lange er gegangen ist, weiß niemand. Manchmal flog er oben, manchmal ging er unten. Schließlich erschien vor ihm ein großes Meer. Als das Wasser, das Meer erschien, legte er den Brustschmuck quer, wie die Frau es gesagt hatte, dann schrie er: „Nun gefriere vor meinem Brustschmuck!" Sowie der Brustschmuck da war, gefror das Meer. Umtschegin aber, zu einem Hermelinmännchen geworden, setzte über auf das andere Ufer des Meeres. Er hatte übergesetzt, ein Hermelinmännchen geworden, zog er nun dahin. Wieviel er gegangen ist, wer weiß es? Nur das Märchen mag es wissen. Manchmal mühte er sich, manchmal freute er sich, manchmal flog er oben, manchmal ging er unten. Manchmal ward er beflügelt, manchmal ging er, ein Wurm geworden. So begann er matt zu werden. Er wurde matt: „Möge ich hier sterben", dachte er, begann ein

Hügelchen zu suchen. Plötzlich bemerkte er ganz nahe sieben Schwäne. Wie sie in Umtschegins Heimat zu spielen gepflegt hatten, so spielten sie und spielten auch alle zusammen. Als er ihr Spiel betrachtete, da hatte Umtschegins Frau ein Vögelchen gebeten, auf ihr Kind aufzupassen. Dieses Vöglein sang:

> „Kindlein, weine nicht,
> Umtscheginchen, dein Väterchen
> hat sich als tapferer Mensch erwiesen,
> er ist im Kommen, er ist gekommen."

Die Schwäne hatten Umtschegins Ankunft nicht bemerkt. Sie beschimpften und schlugen das Vöglein: „Was singst du? Bringe das Kind nicht zum Weinen. Wir spielen noch. Bringe das Kind nicht zum Weinen."

Als sie den Vogel beschimpft und viel geschlagen, geschlagen hatten, liefen die Mädchen fort. Sie gingen spielen. Über kurz oder lang stimmte das Vöglein von neuem an:

> „Kindlein, weine nicht,
> Umtschegin, dein Väterchen,
> hat sich als tapferer Mensch erwiesen,
> ein gewaltiges Meer hat er durchquert,
> er ist im Kommen, er ist gekommen."

Die Mädchen schlugen das Vöglein von neuem: Was pflegst du (das Kindchen) anders als sonst? Was singst du anders als sonst? „Und von neuem liefen sie fort. Um in ihrer Bucht, in ihrem Berglein herumzulaufen, um zu spielen, gingen sie fort.

Das Vöglein sprach wieder zu seinem Kinde, seinem Kindlein, hub abermals an zu singen:

> „Kindlein, weine nicht,
> Umtscheginchen, dein Vater,
> hat sich als tapferer Mensch erwiesen,
> auf der Oberfläche der Erde
> ist er zum Hermelinmännchen geworden,
> er ist im Kommen,
> er ist gekommen."

Da die Schwäne zum Spielen fortgegangen waren, ließ sich Umtschegin das Schwanengefieder der Mutter dieses Kindes vom Vöglein zeigen, fand es, nahm es. Als sie des Vögleins Gesang hörten, kamen die Schwäne wieder und schlugen das Vöglein. Umtschegin verbrannte jenes Schwanengefieder, das er genommen hatte, im Lagerfeuer. Jene Schwäne erblickten das Feuer und den Rauch; sechs fanden ihr Schwanengefieder und flogen davon. Nur ein Schwan, des Kindleins Mutter, blieb zurück. Von ihren Gefährtinnen blieb sie zurück, sie konnte ihr Gefieder nicht finden. So wurden sie für immer Erdenmenschen, Umtschegin und die Schwanenfrau. Auch das Vöglein wurde ein Erdenmensch. – Alle wurden sie Besitzer von großen Rentierherden. – Umtschegin zog nun in sein Land. Das zu durchquerende Meer durchzog er. Die Männer, die im Lande waren, sagten: „Heda, laßt uns (mit ihm) davonziehen!", sie hatten schon lange darauf gewartet. So viele geworden, zogen sie weiter in Umtschegins Heimat. Wie lange sie auch gingen – sie kamen bald in ihre Heimat.

Als sie in Umtschegins Heimat ankamen, lagen von Klein-Bujun nur die Knochen noch da. Da taten sie Klein-Bujuns Skelett zusammen, gossen Lebenswasser darauf. So wie er früher gewesen war, so schlief er aus, wurde wach, stand nun auf. So waren sie gut in Umtschegins Heimat zurückgekehrt.

Umtschegin und Klein-Bujun erlegten viele wilde Rentiere. Sie wurden große Rentierbesitzer. So lebten sie. Wer weiß, wie lange sie lebten? Nur das Märchen mag es wissen.

(Das Märchen stammt von den in weiten Teilen Nordsibiriens lebenden Lamuten, die zum Volk der Tungusen gehören: Waldjäger, die unter härtesten Lebensbedingungen in der Nähe des Eismeeres leben. Es gibt heute noch etwa hunderttausend Tungusen. Trotz ihres mühevollen Lebens nennen sie sich selbst das „glücklichste Volk". Sie lieben Spiel und Tanz, ihre Märchen sind durch ihre Schamanen überliefert.

Die Beschreibung der Hexenwohnung in diesem Märchen entspricht den steinzeitlichen Erdhäusern der Paläoasiaten des 1. Jt. v. Chr. Die Frage des Schwanenmädchens an den Märchenhelden, ob er „gleichaltrig" sei, hat die Bedeutung, ob er „unsterblich" sei wie sie selbst; die Menschen sind „jünger".

„Der Feuervogel und Wassilissa Zarewna",
ein Zaubermärchen aus Rußland
AaTh 465B „Suche nach der goldenen Feder"

Text aus: Alexander N. Afanasjew, Russische Volksmärchen,
Winkler Verlag München 1985,381

In einem Reich, hinter den dreimal neun Ländern, in dem dreimal
zehnten Land, lebte einmal ein großer und mächtiger Zar. Dieser Zar
hatte einen tapferen Strelitzen, und der tapfere Strelitz hatte ein Heldenpferd. Eines Tages ritt der Strelitz auf seinem Heldenpferd in den
Wald, um zu jagen; er ritt über einen Weg, ritt über einen breiten Weg
und sah auf einmal auf dem Weg eine goldene Feder des Feuervogels.
Die Feder leuchtete wie ein brennendes Feuer! Das Heldenpferd
sprach: „Rühr die goldene Feder nicht an; wenn du sie anrührst, wirst
du das Leid kennenlernen!" Der brave Strelitz überlegte: Sollte er die
Feder aufnehmen oder nicht? Hebt er die Feder auf und schenkt er sie
dem Zaren, ist ihm ein reicher Lohn gewiß; und wer möchte auf die
Gunst des Zaren verzichten?

Der Strelitz hörte nicht auf sein Pferd, er hob die Feder des Feuervogels auf, ging zu dem Zaren und überreichte ihm die Feder. „Hab
Dank", sagte der Zar. „aber wenn du mir schon eine Feder des Feuervogels bringst, so mußt du mir auch den ganzen Vogel bringen. Und
wenn du ihn mir nicht bringst – das Schwert, das schwingt, ist mein,
der Kopf, der rollt, ist dein!" Der Strelitz weinte bittere Tränen und
begab sich zu seinem Heldenroß. „Warum weinst du, Herr?" – „Der
Zar hat mir befohlen, ihm den Feuervogel zu bringen." – „Ich habe
dir doch gesagt: Wenn du die Feder anrührst, wirst du das Leid kennenlernen! Aber fürchte dich nicht, gräme dich nicht: Dies ist nicht
die große Not, die große Not kommt noch! Geh zu dem Zaren und
bitte ihn, daß bis morgen hundert Säcke vom besten Sommerweizen
über das freie Feld verstreut werden." Der Zar befahl, hundert Säcke
vom besten Sommerweizen über das freie Feld zu verstreuen.

Am nächsten Tag ritt der brave Strelitz bei Sonnenaufgang auf dieses Feld hinaus, stieg ab, ließ sein Pferd frei laufen und versteckte
sich hinter einem Baum. Plötzlich rauschte der Wald, das Meer
schäumte auf – der Feuervogel kam geflogen; er kam geflogen, ließ
sich auf dem Feld nieder und begann, den Weizen aufzupicken. Das

Heldenpferd näherte sich dem Feuervogel, trat mit dem Huf auf einen Flügel und drückte ihn fest gegen die Erde; der Strelitz sprang hinter dem Baum hervor, lief herbei und band dem Feuervogel die Flügel und die Beine mit Stricken zusammen, schwang sich auf das Pferd und sprengte zum Palast. Er brachte dem Zaren den Feuervogel; der Zar betrachtete ihn, freute sich, dankte dem Strelitzen für seinen Eifer, zeichnete ihn durch eine Beförderung aus und stellte ihm sogleich die nächste Aufgabe: „Du hast es verstanden, den Feuervogel zu holen. Nun mußt du mir die Braut holen. Hinter den dreimal neun Ländern, genau am Rande der Welt, dort, wo die rote Sonne aufsteigt, lebt Wassilissa Zarewna – die will ich haben. Wenn du sie mir bringst, werde ich dich reich mit Gold und Silber belohnen, und wenn du sie mir nicht bringst – das Schwert, das schwingt, ist mein, der Kopf, der rollt, ist dein!" Der brave Strelitz weinte bittere Tränen und begab sich zu seinem Heldenpferd. „Warum weinst du, Herr?" fragte das Pferd. „Der Zar hat befohlen, Wassilissa Zarewna zu holen." – „Fürchte dich nicht, gräme dich nicht: Dies ist nicht die große Not, die große Not kommt noch! Geh zu dem Zaren und bitte ihn um ein Zelt mit einem goldenen Zwiebeldach und allerlei Speise und Trank für den Weg." Der Zar gab ihm Speise und Trank für den Weg und ein Zelt mit einem goldenen Zwiebeldach. Der brave Strelitz schwang sich auf sein Heldenpferd und ritt hinter die dreimal neun Länder; ob er lange ritt oder kurz – eines Tages kam er an den Rand der Welt, dorthin, wo die rote Sonne aus dem blauen Meer aufsteigt. Da sah er, wie auf dem blauen Meer die Zarentochter Wassilissa in einem silbernen Nachen fuhr und mit einem goldenen Ruder ruderte. Der tapfere Strelitz ließ sein Pferd in den grünen Wiesen weiden, sich an dem frischen Gras laben. Er schlug das Zelt mit dem goldenen Zwiebeldach auf, stellte allerlei Speise und Trank auf, setzte sich, schmauste und wartete auf Wassilissa.

Wassilissa sah das goldene Zwiebelchen, ruderte ans Ufer, stieg aus dem Nachen aus und staunte über das Zelt: „Sei willkommen, Wassilissa Zarewna", sagte der Strelitz, „verschmähe nicht mein Brot und Salz und koste von meinen fremdländischen Weinen!" Wassilissa betrat das Zelt; sie tafelten und unterhielten sich aufs beste. Die Zarentochter trank ein Glas von dem fremdländischen Wein, es machte sie trunken und sie fiel in einen tiefen Schlaf. Der brave Strelitz rief sein Pferd herbei, das Pferd war sogleich zur Stelle; im Nu schlug der Strelitz das Zelt mit dem goldenen Zwiebeldach ab,

schwang sich auf sein Pferd, legte die schlummernde Wassilissa Zarewna vor sich auf den Sattel und flog dahin wie ein Pfeil.

Er kam zum Zaren; als dieser Wassilissa Zarewna sah, freute er
sich über alle Maßen, dankte dem Strelitzen für seine treuen Dienste, belohnte ihn reich mit Gold und beförderte ihn zu einem hohen
Rang. Wassilissa Zarewna erwachte, sah, daß sie weit, weit fort war
von dem blauen Meer, und begann zu weinen und zu trauern, und
bald sah sie ganz vergrämt aus; wie oft der Zar ihr auch zuredete – alles war vergeblich.

Endlich wollte der Zar sie zur Frau nehmen, aber sie sagte: „Derjenige, der mich hierher gebracht hat, soll zum blauen Meer reiten,
mitten im Meer liegt ein großer Stein, unter dem Stein liegt mein
Hochzeitskleid – ohne dieses Kleid werde ich niemals heiraten!" Der
Zar ließ sogleich den braven Strelitzen kommen: „Reite, so schnell
du kannst, an den Rand der Welt, dorthin, wo die rote Sonne aufgeht;
dort liegt mitten im blauen Meer ein großer Stein, und unter dem
großen Stein liegt Wassilissas Hochzeitskleid. Hol dieses Kleid und
bring es her; es soll Hochzeit gehalten werden! Wenn du es bringst,
werde ich dich noch reicher belohnen. Bringst du es nicht – das
Schwert, das schwingt, ist mein, der Kopf, der rollt, ist dein!" Der
Strelitz weinte bittere Tränen und begab sich zu seinem Pferd. „jetzt
ist mir der Tod sicher", dachte er. „Warum weinst du, Herr?" fragte
das Pferd. „Der Zar hat mir befohlen, Wassilissas Hochzeitskleid
vom Meeresgrund zu holen." – „Habe ich dir nicht gesagt: Rühr die
goldene Feder nicht an, sonst wirst du das Leid kennenlernen! Aber
fürchte dich nicht: Dies ist nicht die große Not, die große Not
kommt noch! Steig auf, ich bringe dich zu dem blauen Meer."

Ob sie lange ritten oder kurz – schließlich kam der tapfere Strelitz
an den Rand der Welt und hielt am Ufer des Meeres; das Heldenpferd
sah, daß ein riesiger Seekrebs über den Sand kroch und setzte seinen
schweren Huf an seinen Hals. Da sagte der Seekrebs: „Laß mir das
Leben und gib mir nicht den Tod! Ich will alles tun, was du von mir
verlangst." Da antwortete das Pferd: „Mitten im blauen Meer liegt
ein großer Stein, unter dem Stein liegt Wassilissas Hochzeitskleid;
hol dieses Kleid!" Der Krebs ließ einen lauten Ruf erschallen, der im
ganzen blauen Meer zu hören war. Sogleich wallte das Meer auf, von
allen Seiten kamen große und kleine Krebse auf das Ufer gekrochen –
unübersehbar viele! Der älteste Krebs gab ihnen den Befehl, sie
tauchten wieder unter, und als eine Stunde vergangen war, zogen sie

vom Meeresgrund, unter dem großen Stein hervor, das Hochzeitskleid von Wassilissa Zarewna ans Ufer.

Der tapfere Strelitz ritt zurück und brachte dem Zaren Wassilissas Kleid; aber Wassilissa verlangte einen neuen Aufschub: „Ich werde dich nicht heiraten", sagte sie zu dem Zaren, „solange du deinem Strelitzen nicht befiehlst, in kochendem Wasser zu baden." Der Zar befahl, einen eisernen Kessel mit Wasser zu füllen, es zum Kochen zu bringen und den Strelitzen in das siedende Wasser zu werfen. Alles war bereit, das Wasser kochte so stark, daß es nur so sprudelte und spritzte; der arme Strelitz wurde geholt. „Nun kommt die große Not", dachte er, „ach, warum habe ich nur die goldene Feder des Feuervogels aufgehoben? Warum habe ich nicht auf mein Pferd gehört?" Er erinnerte sich an sein Pferd und bat den Zaren: „Gnädigster Zar! Erlaube mir, bevor ich sterbe, von meinem Pferd Abschied zu nehmen." – „Gut, geh und nimm Abschied." Der Strelitz kam zu seinem Heldenpferd und weinte bittere Tränen. „Warum weinst du, Herr?" – „Der Zar hat mir befohlen, in siedendem Wasser zu baden." – „Fürchte dich nicht und weine nicht, du wirst am Leben bleiben!" sagte das Pferd und besprach den Strelitzen, damit das siedende Wasser seinem weißen Leibe nichts anhaben könne. Als der Strelitz aus dem Pferdestall zurückkam, packten ihn die Knechte an Händen und Füßen und warfen ihn in den Kessel; er tauchte einmal unter, er tauchte noch einmal unter, dann sprang er aus dem Kessel und war ein so schöner Jüngling, wie man es nicht im Märchen erzählen und nicht mit der Feder beschreiben könnte! Der Zar sah seine wunderbare Verwandlung und wollte ebenfalls in dem siedenden Wasser baden; er war töricht genug, in den Kessel zu klettern, wo er sogleich umkam. Der Zar wurde beerdigt, und der tapfere Strelitz zum Zaren gewählt. Er heiratete Wassilissa Zarewna, und sie lebten lange Jahre in Liebe und Eintracht.

Mädchen, 12 Jahre, „Von Johannes-Wassersprung und Caspar-Wassersprung"

Mädchen, 12 Jahre, „Von Johannes-Wassersprung und Caspar-Wassersprung"

weiblech 15 Jahre

Mädchen, 16 Jahre, „Prinz Schwan"

Mädchen, 16 Jahre, „König Lindwurm“

Mädchen, 15 Jahre, „Die Königstochter in der Flammenburg"

Schlußbemerkung

In der Kommunikationsgesellschaft gehen die Entwicklungen sehr rasch voran, vor allem die Jugendlichen werden täglich mit neuen Bildzeichen konfrontiert, auf die sie so gut wie gar nicht vorbereitet sind. Dem Umgang mit Symbolen und ihrer bildlichen Rezeption müßte daher in der Schulpädagogik eine vorrangige Stellung zukommen. Das vorliegende Modell gibt Pädagogen in Lehre und Praxis ein Konzept an die Hand.

Die technische Bilderwelt, die uns heute umgibt, ist überraschend vielfältig, doch in den Massenmedien erzeugt sie einen gigantischen Werbefeldzug. Je sinnloser ein Produkt ist, z. B. ein Suchtmittel, desto aggressiver sind die Gestaltungsmittel. Die Jugendlichen wollen dem allem gegenüber „cool" bleiben, und doch ist nichts wichtiger als ein intensives „feeling". Aber das gute „feeling" ist ein vorüberhuschendes Gefühl, und wer es stabilisieren will, muß beständig irgendwo Erneuerung suchen. Abhängigkeiten enstehen aus bestimmten Gefühlszuständen. Das Streben der Süchtigen ist nicht auf Sinnsuche gerichtet, sondern auf die Herstellung eines Gefühlszustandes. Er soll die eigene Wertschätzung erhöhen und schließlich ersetzen.

In den 80er Jahren wurden in Amerika über 400 Drogenpräventionsprogramme entwickelt und an Schulen zum Einsatz gebracht (E. Lukas, 1995). Doch das Sprechen über die Drogengefahr hatte wenig Erfolg, eine Verbesserung der Situation wurde nicht erkennbar. Im Unterschied dazu reduzierten zwei Programme, die nichts mit Drogenprävention zu tun hatten, die Suchtgefährdung von Schülern erheblich. Es war ein Programm zur Intensivierung von *Selbstachtung* und ein Programm zur Intensivierung von *Verantwortung*.

Die Zaubermärchen wecken Urbilder und Urhandlungen, die eindrucksvolle Erfahrungen der Menschheit darstellen. Ihre Energie treibt zum Handeln an. Die bildhaften und dynamischen Grundmuster in den Motiven und Strukturen der Zaubermärchen prägen sich gut ein, sie können das Seelenleben ordnen und ihm eine positive Zielrichtung geben. Ihr vorrangiges Thema ist die Entwicklung im Jugendalter.

Alphabetisches Verzeichnis der Märchentitel

Bibliographie

AFANASJEW, ALEXANDER N.: Narodnye russkie skaski, Moskau 1855–1863;
dt. Übers.: Swetlana Geier: Russische Volksmärchen, Winkler Verlag
München 1985

ANTTI AARNE/ STITH THOMPSON: The Types of the Folktale, a classification
and bibliography, Helsinki 1910/ 1981

AUSUBEL, DAVID: Das Jugendalter, Fakten, Probleme, Theorie, München
1968 (engl. 1954)

BARZ, HEINER: Postmoderne Religion am Beispiel der jungen Generation in
den Alten Bundesländern, Teil 2 d. Forschungsberichtes Jugend und Religion, Opladen 1992

BAUSINGER, HERMANN: Formen der Volkspoesie, Erich Schmidt 1980
(Grundlagen der Germanistik)

BECKMANN, J.: Taufe liturgiegeschichtlich, in: Die Religion in Geschichte
und Gegenwart VI, Tübingen 1962, Sp 648

BEIT, V. HEDWIG: Das Märchen, sein Ort in der geistigen Entwicklung, Bern
1965

BERNE, ERIC: What do you say after you say hello? 1972, dt. Was sagen Sie
nachdem Sie ‚Guten Tag' gesagt haben? Psychologie des menschlichen
Verhaltens, Kindler München 1975

BETTELHEIM, BRUNO: The Uses of Enchantment, New York 1975; dt. Kinder
brauchen Märchen, Deutsche Verlagsanstalt Stuttgart 1977

BETTELHEIM, BRUNO: Love is not Enough. The Treatment of Emotionally
Disturbed Children; Free Press 1950; dt. Klett Stuttgart 1971

BLEULER, EUGEN: S. Psychatrisch-neurologische Wochenschrift 18–21
(1910/11)

BLY, ROBERT: Iron John. A Book about Men, 1990; dt. Eisenhans. Ein Buch
über Männer, Kindler München 1991

BOLTE, JOHANNES/POLÍVKA, GEORG: Anmerkungen zu den Kinder- und
Hausmärchen der Brüder Grimm, Olms-Weidmann Hildesheim Zürich
1994

BORATAV, PETREV NAILI: Zaman zaman icinde. Tekerlemeler-Mascallar,
Istambul 1958; teilweise dt. Übersetzung: Akademie-Verlag Berlin 1968

BREDNICH, ROLF WILHELM: Art. Comic, Enzyklopädie des Märchens (s.u.)
1981, Bd. 3, Sp 88–101

BRENTANO, CLEMENS: Briefe, Hsg. Seebass, Nürnberg 1951.

BURKHARDT-SEEBASS, CHRISTINE: Lücken in den Ritualen des Lebenslaufes,
in: Ethnologia Europea XX

COOLEY, G. H.: Human Nature and the Social Order, N. Y., Scribner's 1922, Kp. 6

DENECKE, AXEL: Vertreibung oder Befreiung aus dem Paradies: Was die Märchen und die Bibel gemeinsam haben, Eschbach 1990

DOWLING, COLETTE: The Cinderella Complex – Women's Hidden Fear of Independence, 1981; dt. Der Cinderrella Komplex. Die heimliche Angst der Frauen vor der Unabhänigkeit, Fischer 1982

DREWERMANN, EUGEN: Märchen und die Bewahrung der Natur, Erich Röth Regensburg 1993

DUNDES, ALAN: THE Morphology of North American Indian Folktales, Helsinki 1964

ELIADE, MIRCEA: Schamanismus und archaische Ekstasetechnik, Paris 1951, dt. Suhrkamp Frankfurt 1991

ELKIND, D.: All grown up, no place to go, 1941, dt. Bergisch Gladbach 1990

ENZYKLOPÄDIE DES MÄRCHENS, Handwörterbuch zur historischen und vergleichenden Erzählforschung, begründet von Kurt Ranke, hsg. von Rolf Wilhelm Brednich (Göttingen), Walter de Gruyter Berlin New York, erschienen Bd. 1 1977 – Bd. 7 1993, weitere Bände folgen (einzl. Art. angef. unter Autorennamen)

ERIKSON, ERIK H.: Identity. Youth and Crisis, N. Y. 1986; Jugend und Krise. Die Psychodynamik im sozialen Wandel, Klett Stuttgart 1970

ERIKSON, ERIK H: Identity and the Life Cycle, 1959; dt. Suhrkamp Frankfurt 1977, Ferchoff, Wilfried: Jugendkulturen am Ende der 80er Jahre der Bundesrepublik Deutschland, in: Kindheit und Jugend im interkulturellen Vergleich, Opladen 1990

FREUD, SIGMUND: Einige Bemerkungen über den Begriff des Unbewußten in der Psychoanalyse, in: Proceeding of the Society for Psychical Research, London 1912 Bd. 26; dt. Psychologie des Unbewußten, Fischer Frankfurt 1975

FREUD, SIGMUND: Märchenstoffe in Träumen, Intern. Ztschr. f. ärztl. Psychoanalyse, 1913; ges. W. X, London 1949

FREUD, SIGMUND: Vorlesungen zur Einführung in die Psychoanalyse 1915–1917, Fischer Taschenbuch Frankfurt 1977

FREUD, SIGMUND: Die Traumdeutung, Fischer Taschenbuch 1989

FREUD, SIGMUND: Totem und Tabu, Imago Publishing London 1940; Fischer Taschenbuch 1991

GEHRTS, HEINO: Vom Sinn der Blutsbrüderschaft, in: ,Märchenspiegel' MSP4/93

GONZENBACH, LAURA: Szilianische Märchen, Leipzig 1870; Greno Verlag Nördlingen 1989

HAYM, R.: Die romantische Schule, Berlin 1914. Haltrich, Josef: Deutsche Volksmärchen aus dem Sachsenland in Siebenbürgen, Berlin 1856; Hsg. H. Markel: Sächsische Volksmärchen aus Siebenbürgen, Kriterion Verlag Bukarest 1974.

HERDER-DORNEICH, PHILIPP: Perestroika und Ordnungspolitik. Modelle der Systemreform in Teilschritten, Nomos Verlagsgesellschaft Baden-Baden 1989

HERDER LEXIKON FÜR THEOLOGIE UND KIRCHE, 1956, Bd. 8, Sp1332

HOLBEK, BENGT KNUD: Interpretation of Fairy Tales, Helsinki 1987

HORN, KATALIN: Handlungsrolle und Strukturänderung im Volksmärchen, Acta Etnnographica Academiae Hungaricae 32, 1983/1987, 199–205

HORN, KATALIN: Der aktive und der passive Märchenheld, Schwz. Gs. f. Volkskunde, Basel 1983

HORN, KATALIN: Art. Gold, Geld, in: Enzyklopädie des Märchens s.o., 1987,Bd5,Sp1357 1372

HUIZINGA, JOHAN: Homo ludens, vom Ursprung der Kultur im Spiel, London 1949; Rowohlt 1958,40

JOLLES, ANDRÉ: Einfache Formen. Legende, Sage, Mythe, Rätsel, Spruch, Kasus, Memorabile, Witz; Halle 1929; Darmstadt 1958

JUNG, CARL GUSTAV: Gesammelte Werke, Walter-Verlag Olten Freiburg

JUNG, CARL GUSTAV: Ein Beitrag zur Psychologie des Gerüchtes, Zentralbl. f. Psychoanalyse 1910,III

JUNG, EMMA: Animus und Anima , Bonz Fellbach-Oeffingen 1990

KARLINGER, FELIX: Das Mädchen im Apfel, italienische Volksmärchen, Deutscher Taschenbuch Verlag, München 1964

KAUFMANN-HUBER, GERTRUD: Kinder brauchen Rituale. Ein Leitfaden für Eltern und Erziehende, Herder, Freiburg 1995

KELLER, GABRIELE: Adapa, ein sumerisches Urmärchen, Freiburg 1992.

KELLER, GABRIELE: Zaubermärchen und Übergangriten. Eine vergleichende Strukturanalyse, in: ‚Märchenspiegel' MSP1/96

KLAAR, MARIANNE: Zum Stand des Märchens in Griechenland und zu meiner Sammlertätigkeit (1988), in: ‚Märchenspiegel' MSP J/95 (Jubiläumsausgabe)

KLAAR, MARIANNE: Mein Erzähler Joánnis Koutsabássi, in: ‚Märchenspiegel' MSP 4/93

LÉVI-STRAUSS, C.: Das Rohe und das Gekochte, Mythologica I, Frankfurt 1971

LÜTHI, MAX: Das Volksmärchen als Dichtung, Ästhetik und Anthropologie, Köln 1975

LÜTHI MAX/ SYLVIA GRIDER: Art. Ambivalenz, Enzyklopädie des Märchens s.o. 1977, Bd. 1, Sp 446–448

LÜTHI, MAX: Das europäische Volksmärchen, Francke Tübingen 1988

LUKAS, ELISABETH: Süchte, in: Kompendium der Logotherapie und Existenzanalyse, Kurz/Sedlak Hsg., Tübingen 1995,246

MALLET, CARL-HEINZ: Märchen in der Lernbehindertenschule, aus: Märchenerzähler – Erzählgemeinschaft, Erich Röth Verlag Kassel 1983

MÄRCHENSPIEGEL, Ztschr. für internat. Märchenforschung und Märchenkunde, Hsg. Märchen-Stiftung Walter Kahn, Braunschweig

MEAD, G. H.: Mind, Self and Society, 1934, dt: Geist, Identität u. Gesellschaft, Frankfurt 1973

NOVALIS, FRIEDRICH: Fragmente, 1803; zitiert nach P. Kluckhohn, Leipzig 1929

OERTER, ROLF / DREHER, EVA: Jugendalter, in: Oerter Montada: Entwicklungspsychologie, Psychologie Verlags Union Weinheim 3. Aufl. 1995

OLK, THOMAS: Jugend an der Grenze der Moderne, in: Päd. Jugendforschung, Opladen 1989

PROPP, VLADIMIR: Istoriceskie korni volsebnoj skazki, Leningrad 1946, dt. Die historischen Wurzeln des Zaubermärchens, Carl Hanser Wien 1987

PROPP, VLADIMIR: Morfologija skazi, Leningrad 1928; dt. Morphologie des Märchens, Carl Hanser München Wien 1972 (Taschenbuchausgabe: Frankfurt 1975)

RIVIERE, JOAN/ KLEIN, MELANIE: London 1937, dt.: Seelische Urkonflikte, Frankfurt 1992

RÖHRICH, LUTZ: Vom Methodenpluralismus in der Erzählforschung, Schweiz. Archiv f. Volkskunde 68/69, 1972/73

RÖHRICH, LUTZ: Märchen und Wirklichkeit, Steiner Wiesbaden 1974

RÖHRICH, LUTZ: Art. Brauch, Enzyklopädie des Märchens s.o., 1979, Bd. 2, Sp. 688–700

ebd. Art. Grausamkeit, 1990, Bd. 6, Sp 97–110

ebd.: Art. Drache, Drachenkampf, Drachentöter, Bd. 3 1981, Sp 787–820

ebd.: Art. Erlösung, 1984, Bd. 4, Sp 195–222

RÖLLEKE, HEINZ: Die älteste Märchensammlung der Brüder Grimm, Synopse der handschriftlichen Urfassung von 1810 und der Erstdrucke von 1812, Fondation Bodmer Cologny-Genève 1975.

RÖLLEK, HEINZ, HSG.: Brüder Grimm Kinder- und Hausmärchen, mit Originalanmerkungen und Herkunftsnachweisen, Philipp Reclam Jun. Stuttgart 1982

RÖLLEKE, HEINZ, HSG.: Die wahren Märchen der Brüder Grimm, Fischer Taschenbuch 1989

ROSENMAYR, LEOPOLD: Jugend, Handb. d. emp. Sozialforschung Bd. 6, Stuttgart 1976

SCHAUFELBERGER, HILDEGARD: Märchenkunde für Erzieher. Grundwissen für den Umgang mit Märchen, Herder, Freiburg 1987

SCHENDA, RUDOLF: Art. Fingererzählungen, Enz. des Märchens s.o. 1984 Bd. 4, Sp. 1146–1157

SCHERF, WALTER: Psychologische Funktion und innerer Aufbau des Zaubermärchens, in: Märchenerzähler – Erzählgemeinschaft, Erich Röth Kassel 1983, 162–175

SCHERF, WALTER: Die Herausforderung des Dämons. Form und Funktion grausiger Kindermärchen, Mü/N.Y./L./Ox./P. 1987, 25–65

STEFFEN, UWE: Taufe, Kreuz Verlag Stuttgart 1988

THALMANN, MARIANNE: Das Märchen und die Moderne, Kohlhammer Stuttgart 1961.

TIECK, LUDWIG: zitiert nach der Reimer Ausgabe, Berlin 1829.

THOMPSON, STITH: Motif-Index of Folk-Literature, a classification of narrative elements, Helsinki 1934.

UTHER, HANS-JÖRG: Art. Blind, Blindheit, Enzyklopädie des Märchens s.o., Bd. 2, 1979, Sp 450–462

VAN GENNEP, ARNOLD: Les Rites de passage, Paris1909, dt. Übergangsriten, Campus Frankfurt 1986

WARDETZKY, KRISTIN: Märchen-Lesarten von Kindern, eine empirische Studie, Peter Lang Berlin 1992

WAIBLINGER, ANGELA: Rumpelstilzchen – Gold statt Liebe, Kreuz Verlag Zürich 6. Aufl 1993

WINNICOTT, D. W.: The Maturational Processes and the Facilitating Environment, London 1956; dt. Kindler München 1993

WÜHRL, WOLFGANG: Das deutsche Kunstmärchen, Geschichte, Botschaft und Erzählstrukturen, Heidelberg 1984.

ZITZLSPERGER, HELGA: Ganzheitliches Lernen. Welterschließung über alle Sinne mit Beispielen aus dem Elementarbereich, Beltz Weinheim Basel 1989